理论探讨与调查研究　引导推动与典型案例
风险隐患与防范化解　制度办法与实施方案

普惠金融

的理性思考与实证研究

闵小文 ／ 著

百花洲文艺出版社
BAIHUAZHOU LITERATURE AND ART PRESS

图书在版编目（CIP）数据

普惠金融的理性思考与实证研究 / 闵小文著. –– 南昌：
百花洲文艺出版社, 2019.12
ISBN 978–7–5500–3673–4

Ⅰ. ①普… Ⅱ. ①闵… Ⅲ. ①金融体系 – 研究 Ⅳ. ①F830.2

中国版本图书馆CIP数据核字（2019）第287759号

普惠金融的理性思考与实证研究

闵小文　著

责任编辑	杨　旭
书籍设计	黄敏俊
制　作	何　丹

出版发行　百花洲文艺出版社
社　址　南昌市红谷滩世贸路898号博能中心一期A座20楼
邮　编　330038
经　销　全国新华书店
印　刷　廊坊市海涛印刷有限公司
开　本　710mm×1000mm　1/16　印张 26.25
版　次　2020年1月第1版第1次印刷
字　数　330千字
书　号　ISBN 978–7–5500–3673–4
定　价　96.00元

赣版权登字　05–2019–436

邮购联系　0791-86895108
网　址　http://www.bhzwy.com
图书若有印装错误，影响阅读，可向承印厂联系调换。

自 序

对自己所经历的金融改革与发展事件进行回顾，特别是对近十年来普惠金融的理论探讨与工作实践进一步梳理和深化，是我这两年一直在做的事情，现在到了交卷的时刻。

回顾三十余年职业生涯，我忽然发现自己金融人生走过的历程，恰好与改革开放以来我国金融发展的演进有不谋而合的重叠，第一阶段是从1983年9月中央银行体制确立并开始建立宏观金融体系，我刚从学校毕业入职人民银行。第二阶段是资本市场发展阶段，从1990年末上海、深圳证券交易所成立开始，这一年我再次回母校脱产学习两年。第三阶段是普惠金融发展阶段，从2005年开始，我的履职重点和研究方向侧重于普惠金融发展。三十余年职业生涯使我执着于金融这一皇冠上的事业，并与普惠金融结下不解之缘。自参加工作以来，我在货币信贷、调查统计、金融稳定、征信等岗位上摸爬滚打三十多年，大部分干的是普惠金融的事，从1986年亲手发放第一笔专项贷款，到粮、棉、油收购贷款，到后来支农、支小再贷款、扶贫再贷款等，无论是执行货币政策、维护地方金融稳定、抑或是建设和谐金融生态、助推地方经济发展，面对的大都是普惠金融服务群体。工作中所斩获30多项集体和个人荣誉，见证了我与普惠金融事业的深厚感情和敬业、勤业、精业的职业姿态。我从爱上金融，进而痴迷于普惠金融专题研究，并长期笔耕不辍，力图独辟蹊径深层次探究、解析并藉此提出一些前瞻性新思路，竭力使调查论证见解独到、辨析精准，让我的理论功底及工作实践相互增进和升华，从而为决策部门提供更多有益参考和可操作建议。近十多年来，厚积终得以薄发，在《金融参考》、《金融时报》、《武汉金融》等省级以上报刊发表的百余篇论文和调研报告，多篇调研文章甚至得到省委、省政府主要领导的签批肯定，就是对自己心血与汗水最好的诠释，也是我多年扎根基层、埋头钻研的力量之源。于是，就有了出本书的冲动。

普惠金融是联合国在2005年宣传小额信贷时提出的概念。在这之后，我一次次深入企业、农户、乡村、社区调研，目睹了众多小微企业、城镇低收入人群、农民、贫困户等特殊群体较难获得正规金融服务，大量社会资本也无法流向有资金需求的小微企业与弱势群体，导致金融服务的覆盖率、可得性、效率不能有效提升。十多年来，我致力于县域普惠金融的发展研究与推动，欣喜地看到，服务于普通消费者、"三农"和小微企业的各类小微金融机构迅速发展，其小额、便捷、灵活、救急、解难等服务特点，深受广大底层民众的喜爱，填补了金融服务未能覆盖的空白，这是新时代金融发展的必然趋势。2013年，党的十八届三中全会将"发展普惠金融"确立为国家战略，2015年，在国务院《加快推进普惠金融发展规划（2016-2020）》、《关于进一步深化小微企业金融服务的意见》等政策指引下，普惠金融在基层落地生根，被赋予了更为丰富的内涵，呈现出覆盖面广、主体多元化等特点，开启了"以小助微"、"扶弱助贫"等服务模式的新篇章。但也应当看到，在新旧动能转换加速，金融监管日趋严格、金融行业脱虚向实、回归本源的大背景下，普惠金融服务面临诸多新的挑战，比如，部分小微企业、农户、贫困户等群体缺少规范的财务报表、缺乏征信记录和信用验证支持，无法量化风险等。因此，普惠金融亟待构建宏观、微观的完整体系以及风险控制、融资渠道、数字化等多层次的核心竞争力。恰如其分地设计相应的金融产品和服务体系，探索中国特色的普惠金融发展模式，是下一步普惠金融应该思考的方向。普惠金融事业发展既责无旁贷又任重道远，这是本书出版的另一层含义。

一个人的价值不在于他拥有什么，而是在于他做了什么，负出了什么。作为一名基层金融工作者，我立足于基层工作实际，对县域普惠金融服务场景建设，特别是农村金融普惠、小微金融普惠、消费金融普惠等领域作了长期的观察与跟踪分析，尝试用理论思考与实证相结合的研究方法对普惠金融领域的问题进行认真地探讨和考证，寻求接地气、可操作的运作模式和发展之路，这对一个基层金融工作者来说，不仅要长期忍受孤独、寂寞，还要负出呕心沥血的劳动，尽管如此却也无怨无悔并乐此不疲。从理论层面学习与思考、探析与研究，再回到实践中去检验、矫正、服务、指导工作，是本书出版的真正意义之所在。愿本书能对业内同仁、新入职行员和金融专业在校大学生均有所裨益。由于本人知识的肤浅及水平有限，本书肯定有许多不足，特别申明，文章只代表个人观点，当然文责自负，部分观点可能有些滞后或陈旧，书中缺陷可能给读者带来不便，谬误之处，恳请读者雅正。

是为序，愿与诸君共勉。

前　言

习近平总书记指出：“发展普惠金融，目的就是要提升金融服务的覆盖率、可得性、满意度、满足人民群众日益增长的金融需求，特别是要让农民、小微企业、城镇低收入人群、贫困人群和残疾人、老年人等及时获取价格合理、便捷安全的金融服务。”

普惠金融是指立足机会平等要求和商业可持续原则，以可负担的成本为有金融服务需求的社会各阶层和群体提供适当、有效的金融服务。普惠金融以广大小微企业及农户、贫困人口等弱势群体，能及时有效获取价格合理、便捷安全的金融服务为宗旨。同时追求金融机构等自身的可持续发展成为普惠金融发展的目标要求。具有四层含义，即服务对象的包容性、服务产品的全面性、服务方式的便捷性以及经营模式的商业化和可持续性。

本书结合本人多年普惠金融工作实践，通过对普惠金融各个领域深层次调查、分析、探究，力图独辟蹊径藉此提出一些前瞻性新思路，尽量使调查论证见解独到、辨析精准，使理论研究，再回到实践中去检验，为决策部门提供更多有益参考和可操作建议，为探索中国特色的普惠金融提供可借鉴发展模式，从而更好地服务、指导工作。第一部分理论探讨与调查研究，主要是普惠金融提出以来，特别是近两年本人对普惠金融的理论探讨与调研成果。第二部分引导推动与典型案例，是理论回到实践、检验理论、服务实践的过程，主要是本人参与谋划和推动普惠金融发展的工作做法和成功案例。第三部分风险隐患与防范化解，主要是揭示和矫正普惠金融发展过程中的问题和风险隐患，并提出化解方略。第四部分是本人撰写并由上级批转的一些制度办法与实施方案。这是实践再回到理论的过程，也是把工作实践、调研成果转化为解决问题的具体行动和促进工作的方法。

普惠金融首先是一种理念，其实质是每个社会公民平等获取金融资源、融资渠道等的公平性。普惠金融还是一种为满足各阶层金融服务需求，进行制度、产品、科技等方面的创新。普惠金融更是一种责任，要为传统金融服务不到的低端客户、边远山区，低收入者、贫困人口、小微企业等提供金融服务。

正如中国人民银行、中国银保监会最近发布的《2019年中国普惠金融发展报告》中指出的，我国普惠金融整体发展趋势向好，公众享有金融服务的广度和深度迅速提升，农村金融服务覆盖面持续扩大，重点领域金融服务供给持续增加，金融精准脱贫攻坚力度加大。发展普惠金融是功在当代、利在千秋的事业，但发展中仍存在一些问题。如：对普惠金融仍存在一些认识误区，商业可持续仍需进一步探索，金融产品创新仍需加强，服务水平有待提高等。普惠金融亟待构建宏观、微观的完整体系以及风险控制、融资渠道、数字化等多层次的核心竞争力。因此，必须进一步增加普惠金融工作合力，充分利用数字技术推动普惠金融发展，加强金融消费者保护和教育，强化金融风险防控，守住安全底线。

目录

1. 理论探讨与调查研究

地方支柱产业发展与金融普惠

"三农"经济发展与金融普惠

精准扶贫与民生工程金融普惠

2. 引导推动与典型案例

推动小微企业发展金融普惠

助力乡村振兴与扶持弱势群体金融普惠

3.风险隐患与防范化解

4. 制度办法与实施方案

后　记

1. 理论探讨与调查研究

普惠金融是指立足机会平等要求和商业可持续原则，以可负担的成本为有金融服务需求的社会各阶层和群体提供适当、有效的金融服务。具有四层含义，即服务对象的包容性、服务产品的全面性、服务方式的便捷性以及经营模式的商业化和可持续性。

普惠金融以广大小微企业及贫困户、低收入人口等弱势群体为重点服务对象，以能及时有效获取价格合理、便捷安全的金融服务为宗旨，同时追求金融机构等自身的可持续发展成为普惠金融发展的目标要求。实践证明，普惠金融已成为促进减贫脱贫、乡村振兴、改善民生的重要途径，特别是党的十八大以来普惠金融受关注程度之高、推进力度之大前所未有。但是，普惠金融发展现状特别是欠发达地区发展现状如何？存在哪些问题？产生问题的深层次原因是什么？如何降成本、防风险，推动普惠金融提质增效？对这些问题的理性思考、深入调查研究、提出解决方略、探寻发展规律与发展趋势、进一步完善普惠金融体系等无疑是一项重要且紧迫的课题。本章节尝试用理论思考与实证相结合的研究方法对普惠金融领域的问题进行认真地探讨和考证，寻求接地气、可操作的运作模式和发展之路。

地方支柱产业发展与金融普惠

新常态下金融发展与产业供给侧改革的内在关系研究

吴迪　闵小文

随着我国经济逐渐步入新常态，金融对产业供给侧改革的支撑和引导作用将决定经济能否实现更高水平的发展。通过对我国近十年来省级面板数据的实证研究发现，金融规模能够有效推动产业层次的提高，但边际效应逐渐递减；传统间接融资为主导的金融结构已不再适应新常态下我国产业结构升级，深化金融体系改革意义重大；金融效率的提高能够显著促进产业高效化发展。

一、引言

次贷危机之后，受到国际经济格局调整的影响，我国经济运营环境、经济增长方式也发生了深刻变化，GDP增长速度逐渐回落、经济结构调整和产业转型升级压力凸显、改革创新成为经济增长新的驱动力，所有这些都预示我国经济发展进入了新常态。在新的形势下，有必要进一步厘清金融发展与产业供给侧改革的内在新型关系，有效发挥金融的核心功能和助推作用，通过"三去一补"实现传统产业向战略新兴产业转型发展。为此，以2008年金融危机作为特殊时间节点，将样本区间分为两个不同阶段，试图揭示经济新常态下金融发展推动产业结构升级的特殊规律性。

二、文献综述

"供给侧"经济学派的开端可以追溯到萨伊定律的提出。萨伊（1803）认为，供给能够创造自身的需求，这也意味着经济能够自发进入到均衡状态。国内供给侧改革最早由贾康（2014）提出。他认为新供给经济学应该注重非完全竞争市场的真实场景，并以此为基础来强调和重视供给侧管理。王君和周振（2016）认为为落实供给侧改革，我国当前产业政策应从传统选择型产业政策向市场导向型产业政策转型，用市场方式来制定和实施产业转型升级的相关政策。林卫斌和苏剑（2016）通过理论分析，发现实现供给侧改革，一是要破解体制机制障碍，二是要求政府在政策引导、监管约束和公共服务三个方面完善自身职能。黄成莲等（2016）以江西为样本，实证检验了金融在区域供给侧改革中发挥的创新性和领导性作用。

对于金融发展对产业结构供给侧改革的影响，多数学者认为前者对后者具有明显的促进作用。从货币政策的角度来看，王朝明和朱睿博（2016）发现实际有效汇率、信贷规模与股票市场发展规模对产业结构升级具有正向影响，而利率与房地产价格会对产业结构升级产生负向作用。楚尔鸣和何鑫（2016）证明产能过剩型产业更易于受到存贷款余额的影响，而资本急需型产业更易于受到货币供给的影响。从财政政策的角度来看，江飞涛等（2016）认为宏观经济政策在与产业政策协调时，应更多采取财政政策、金融发展政策而不是货币政策来推动结构性调整与升级。而从两者内在关系的角度来看，Patrick（1972）认为，金融的发展要先于产业结构的需求，发展较快的金融体系可以促进产业结构的升级。曾繁清和叶德珠（2017）认为我国金融体系与产业结构长期处于水平较高的耦合阶段，金融体系与产业结构有很强的互动关系。姚华和宋建（2016）证明从长期来看，我国金融发展与产业结构升级之间的相对弹性存在长期稳定关系。谢家智等（2017）认为政府应重点加强经济与金融的耦合性、提升金融服务创新能力，促进金融可持续发展与产业结构转型升级。黄建康等（2016）通过研究江苏省的数据，证明江苏省金融发展与产业结构升级之间存在长期均衡关系，金融发展是促进江苏省产业结构升级的格兰杰原因，是江苏省产业结构优化升级的重要助推器。

通过对相关文献地梳理，我们可以做出以下总结：1.大多数学者对供给侧改革的研究停留在理论层面，实证层面的研究相对较少。2.对于金融与产业结构之间的关系研究，多数学者没有考虑经济新常态这个大背景，得出的结论不能深刻反映两者之间的新型内在关系。3.没有厘清金融对产业供给侧改革的具体作用机理，实证检验的说服力有待商榷。鉴于此，本文将从理论机制出发，揭示金融发展作用产业供给侧改革的机理，并通过构建实证模型来探究新常态下金融如何影响产业转型升级，从而给出相关政策启示。

三、理论分析

运行良好的金融系统能够充分发挥自身资金聚集、资金引导和信用扩张的功能，从资本、创新和技术三个角度来驱动产业的高级化、高端化和高效化，实现产业的供给侧改革。其机理主要表现在以下三个方面。

一是资金聚集效应。一方面，随着我国金融业的不断发展，金融体系的不断完善，市场间的交易成本不断下降，居民边际储蓄倾向不断提高，结果带来的是一国资本存量的不断聚集。另一方面，金融发展推动金融改革与金融创新，能够为企业带来一系列的新型金融工具，充分迎合中小企业的融资需求，为第三产业的兴起提供良好的发展平台，通过资本因素来促进产业结构由一二产业逐步向第三产业过渡，从而实现产业的高级化。

二是资金导向功能。金融机构作为中介职能部门，充分发挥自身信息优势、资金优势与风控优势，引导资金向产品附加值高、发展潜力大、市场前景广阔的企业和行业倾斜，从而提高资金回报率。此外，发达的资本市场能够有效降低信息成本和交易成本，让优质企业通过上市的方式获取企业发展的大量资金，促进企业的技术升级，通过创新机制实现产业的优胜劣汰，完成产业的高端化。

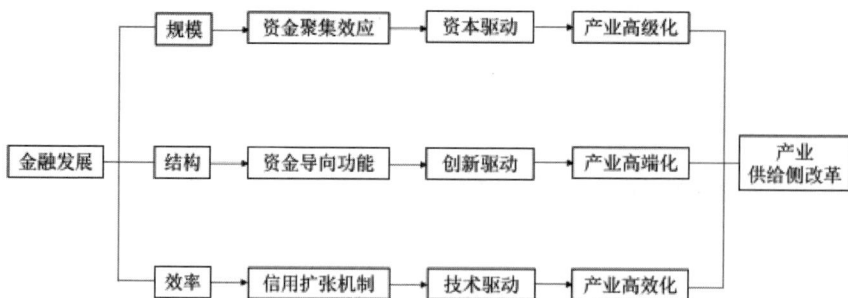

图3-1　金融促进产业供给侧改革作用机理

三是信用扩张机制。传统的理论认为，金融可以聚集居民储蓄，将这部分闲置资本投向实体经济，促进经济的发展。对于我国以银行为主导的金融体系而言，银行的贷款业务能够充分利用居民的储蓄存款，加快资金的形成机制，使得资源在企业中更加高效的配置，将更多的信贷资源分配到具有先进管理技术的企业当中，引导企业通过先进技术来驱动自身转型 升级，从而实现产业的高效化。

四、实证检验

（一）变量选取与数据说明

本文采用我国31个省市2001-2015年的年度面板数据，数据来源于各省统计公报、国家统计局及wind数据库，共有15期，样本容量为465。数据缺失的省份，采用已有数据平均值近似替代，或采用已有数据平均增长率计算所得值近似替代。为使不同年份的数据具有可比性，本文对所有与价格有关的变量都使用居民消费价格指数进行平减处理，换成以2001年为基期的可比价。此外，对于所有绝对值变量，为消除异方差的影响，全部进行对数处理。变量选取如下：

（1）被解释变量

1.产业层次（il_{it}）。产业层次包含了三次产业占国民经济比重的变化状况，因此采用产业层次指标度量。本文借鉴李晓峰等（2012）对产业层次系数的设定思路，指标设定如下：

$$is_{it} = \sum_{j=1}^{3} q_{itj \times j}$$

其中q_{itj}表示i省t年第产业增加值占当年GDP产值的比重。产业层次的取值范围在（1，3）之间，越高说明该地区产业发展层次越高，产业结构越好。

2.产业结构（is_{it}）。产业结构指高科技产业所占比重。产业结构越高，说明产业科技水平越高，处于产业链的上游。考虑到相关数据的可得性，本文在赵放（2017）的研究基础上，利用研究与试验发展（R&D）经费支出占GDP的比值来衡量某省产业的科技创新水平。

3.产业效率（ie_{it}）。产业效率越高，说明一单位的投入所带来的产出也越大。产出通常用GDP来衡量，投入则用全社会固定资产投资额来衡量。因此本文将用GDP与固定资产投资额的比例来衡量产业效率。

（2）解释变量

对于金融发展水平的度量，本文将联系金融对产业结构的影响路径，构造金融规模、金融结构和金融效率三个指标。

1.金融规模（fsc_{it}）。采用各省市每年金融业增加值与该省GDP的比值来衡量。金融规模越大的省份，金融对GDP的贡献程度越大，聚集资金的能力越强。因此，用金融规模来研究资金聚集机制对产业升级和经济发展的影响。

2.金融结构（fst_{it}）。采用各省市每年各金融机构本外币贷款余额与该地区贷款余额、证券总融资规模（包括股票、债券）与保费收入之和的比值来衡量。根据Allen（2000）的理论，金融结构分为银行主导型和市场主导型。不论哪种结构，都能够对资金进行合理配置，引导资金进入朝阳产业。因此，用金融结构来研究资金引导机制对产业升级和经济发展的影响。

3.金融效率（fe_{it}）。采用各省市每年各金融机构本外币贷款余额与贷款余额之比来衡量。金融效率越高，反映银行放贷能力越强，对资金的创造和运用更加高效。因此，用金融效率来研究信用扩张机制对产业升级和经济发展的影响。

（3）控制变量

在控制变量选取方面，不同学者有不同的侧重，但都没有一个选择的标准或者依据。根据曼昆（2011）宏观经济学理论，在一个开放经济体下，从需求端的角度来看，国民收入由消费、投资、政府购买和出口组成。基于此，本文选取投资水平（inv_{it}）、消费水平（con_{it}）、出口规模（ixp_{it}）和财政支出规模（gov_{it}）作为控制变量。

表4-1 变量定义及说明

变量类型	变量名称	变量符号	变量定义
被解释变量	产业层次	il_{it}	/
	产业结构	is_{it}	各省专利申请受理量
	产业效率	ie_{it}	各省GDP/固定资产投资额
解释变量	金融规模	fsc_{it}	各省金融业增加值/GDP
	金融结构	fst_{it}	金融机构贷款余额/（贷款余额+证券融资规模+保费收入）
	金融效率	fe_{it}	金融机构贷款余额/存款余额

变量类型	变量名称	变量符号	变量定义
控制变量	投资水平	inv_{it}	各省市固定资产投资总额
	消费水平	con_{it}	各省市社会零售消费品总额
	出口规模	ixp_{it}	各省市出口总额
	财政支出规模	gov_{it}	各省市一般公共预算支出

（二）模型设定与估计方法

（1）模型设定

本文基于我国2001年以来的面板数据，建立了三个模型分别研究金融规模对产业层次、金融结构对产业结构和金融效率对产业效率的影响。对于模型一，林春（2016）用各产业增加值占GDP的比重来表示产业结构升级程度。但这种做法无法全面反映产业结构。因此本文使用了综合考虑第一、二、三产业的GDP占比的产业结构层次作为代理变量。对于模型二和三，则在模型一的基础上，分别替换不同的被解释变量和解释变量。模型设定如下：

$$il_{it} = \beta_0 + \beta_1 fsc_{it} + \beta_2 \ln inv_{it} + \beta_3 \ln con_{it} + \beta_4 \ln exp_{it} + \beta_5 \ln gov_{it} + \lambda_t + u_i + \varepsilon_{it} \quad （1）$$

$$is_{it} = \beta_0 + \beta_1 fst_{it} + \beta_2 \ln inv_{it} + \beta_3 \ln con_{it} + \beta_4 \ln exp_{it} + \beta_5 \ln gov_{it} + \lambda_t + u_i + \varepsilon_{it} \quad （2）$$

$$ie_{it} = \beta_0 + \beta_1 fe_{it} + \beta_2 \ln inv_{it} + \beta_3 \ln con_{it} + \beta_4 \ln exp_{it} + \beta_5 \ln gov_{it} + \lambda_t + u_i + \varepsilon_{it} \quad （3）$$

其中，下标i表示个体（$1 \leq i \leq n$），本文指某个省份；下标表示时间（$1 \leq t \leq T$），本文指某个年份。本文中，n=31，T=15。λ_t为第t期独有的截距项，代表第t期对被解释变量的效应。u_i为31个省市的个体固定效应；ε_{it}为随机误差项，并假设其为服从零均值和有限方差σ^2独立同分布。

若对方程（1）、（2）、（3）使用LSDV法来估计，即对每个时期定义一个虚拟变量，然后把（T–1）个时间虚拟变量包含在回归方程中（未包括的时间虚拟变量即为基期），则方程可写成如下形式：

$$il_{it} = \beta_0 + \beta_1 fsc_{it} + \beta_2 \ln inv_{it} + \beta_3 \ln con_{it} + \beta_4 \ln exp_{it} + \beta_5 \ln gov_{it} + \gamma_2 D2_t + ... + \gamma_T DT_t + u_i + \varepsilon_{it} \quad (4)$$

$$is_{it} = \beta_0 + \beta_1 fst_{it} + \beta_2 \ln inv_{it} + \beta_3 \ln con_{it} + \beta_4 \ln exp_{it} + \beta_5 \ln gov_{it} + \gamma_2 D2_t + ... + \gamma_T DT_t + u_i + \varepsilon_{it} \quad (5)$$

$$ie_{it} = \beta_0 + \beta_1 fe_{it} + \beta_2 \ln inv_{it} + \beta_3 \ln con_{it} + \beta_4 \ln exp_{it} + \beta_5 \ln gov_{it} + \gamma_2 D2_t + ... + \gamma_T DT_t + u_i + \varepsilon_{it} \quad (6)$$

其中，当t=2时，时间虚拟变量D2$_t$=1；当t≠2时，时间虚拟变量D2$_t$=0；以此类推。

（2）估计方法

由于各省产业结构与各省省情相关，因此本文假设模型存在的个体效应为固定效应，因此考虑建立双向固定效应模型。在这种情况系，OLS估计量是不一致的。解决的方法是通过建立模型转换，消去个体效应，从而获得一致估计。此外，由于样本数量较多，信息含量丰富，扰动项 ε_{it} 可能存在组间异方差（$\sigma^2_{it} \neq \sigma^2_{jt}, i \neq j$）、组内自相关（$Cov(\varepsilon_{it}, \varepsilon_{is}) \neq 0, t \neq s, \forall i$）或组间同期相关（$Cov(\varepsilon_{it}, \varepsilon_{jt}) \neq 0, i \neq j, \forall t$）。对于以上情况，可以考虑先用LSDV来估计系数，之后对标准误差进行校正。

（三）描述性分析

表4-2　变量的描述性统计

变量	平均数	标准差	最小值	最大值
il_{it}	2.2945	0.1215	2.0690	2.7904
is_{it}	0.0123	0.0103	0.0005	0.0601
ie_{it}	1.9309	0.7310	0.7528	3.9548
fsc_{it}	0.0460	0.0265	0.0064	0.1706
fst_{it}	0.9355	0.0719	0.46	0.99
fe_{it}	0.7275	0.1308	0.23	1.14
inv_{it}	5760.297	5856.549	73.1	33651.7
con_{it}	3513.696	3666.872	49	22384.7
exp_{it}	355.7499	705.6931	0.82	4674.57
gov_{it}	1600.777	1348.47	78.94	9110.67

首先考察被解释变量。从产业层次来看，目前我国主要以第二产业为主，其中产业层次最高的地区为北京市，达到2.7904；最低的地区为海南省，仅为2.0689。从产业结构来看，结构最优的地区为北京市，达到0.0601；最低的地区为贵州省，仅

为0.0005。从产业效率来看，上海市效率最高，达到3.9548；而青海省最低，仅为0.7528。

其次考察解释变量。从金融规模来看，北京市最高，其金融业增加值占GDP的比重高达0.1706；黑龙江省则只有0.0064。从金融结构来看，西藏自治区高达0.99，其融资渠道几乎全部来自银行贷款；北京市则最优，达到0.46，说明北京市的主要融资渠道已逐渐从间接融资转换为直接融资。从金融效率来看，效率最高的地区为吉林省，高达1.14；而西藏自治区则最低，仅为0.83。

（四）金融发展对产业供给侧影响分析

表4-3　金融发展对产业供给侧改革的影响

	2001-2008年			2009-2015年		
	il_{it}	is_{it}	ie_{it}	il_{it}	is_{it}	ie_{it}
fsc_{it}	3.9764*** (0.1123)			3.4644*** (0.2028)		
fst_{it}		-0.1082*** (0.0085)			-0.0935*** (0.0042)	
fe_{it}			-0.1998 (0.1271)			0.7374*** (0.1471)
inv_{it}	-0.0340 (0.0213)	-0.0011 (0.0013)	-1.0107*** (0.1758)	-0.0801*** (0.0169)	-0.0038*** (0.0011)	-1.5197*** (0.1131)
con_{it}	-0.0215 (0.0036)	0.0004 (0.0009)	1.0673*** (0.1348)	0.0824*** (0.1406)	0.0062*** (0.0010)	1.0701*** (0.1136)
exp_{it}	0.0171*** (0.0036)	0.0012*** (0.0003)	0.0824*** (0.0301)	-0.0040 (0.0045)	0.0020*** (0.0002)	0.0941*** (0.0222)
gov_{it}	0.0589*** (0.0093)	0.0024*** (0.0008)	-0.1323 (0.0986)	-0.0089 (0.0084)	-0.0044*** (0.0006)	0.4504*** (0.1166)
R^2	0.7477	0.6825	0.7446	0.8115	0.7877	0.8474

注：（1）★、★★、★★★分别表示在1%，5%，10%置信水平上显著。（2）每个表格内第一行表示系数，第二行表示标准差。下同。

首先考察金融规模对产业层次的影响。本世纪初，金融规模对产业层次的影响显著为正，且每提高1%，产业层次上升3.97%。进入新常态后，金融规模的影响依然显著，但系数略有下降，金融规模每增加1%，产业层次上升3.46%，意味着金融规模对产业层次的影响存在着边际递减的作用。现阶段而言，金融规模对产业高级化仍具有显著的拉动作用。

其次考察金融结构对产业结构的影响。无论是金融危机前还是金融危机后，以间接融资为主导金融结构对产业结构的升级都存在着不利影响，且在1%的置信水平上显著。具体来看，间接融资规模每提高1%，产业结构将下降约0.1%，表明当前商业银行仍然将贷款主要投放给传统行业的具有政府背景的大型国有企业，并没有根据资金的有效需求实现资金的合理配置，导致企业在日常生产经营活动中无法获得足够的资金支持，无法进行技术的更新换代，直接导致了我国产业长期处于全球制造链的下游，对产业高端化带来了不利了影响。

最后考察金融效率对产业效率的影响。在2001-2008年，金融效率对产业效率的影响为负，但不显著。说明这一时期由于商业银行自身体系不够健全，未能有效配置信贷资源，对产业效率的提高没有带来实质性地提高。进入新常态后，金融效率的系数显著为正，每提高1%，可以为产业效率带来0.74%的提升，表明随着我国银行业竞争的加剧，以商业银行为主导的金融中介对资金的使用效率有了较大的提高，能将资源配置到具有比较优势的企业，从而促进整个行业产出效率的提高，对产业高效化起到了促进作用。

（五）稳健性检验

本文将从以下几个方面来检验前文结论的稳健性：一是考虑不同代理变量的差异；二是考虑不同地区的差异，将样本划分为东部、中部和西部，分地区利用双向固定效应模型进行回归。

1.使用不同的代理变量

4-4　金融发展对产业供给侧改革的影响：考虑不同代理变量

	2001-2008年			2009-2015年		
	il_{it}	is_{it}	ie_{it}	il_{it}	is_{it}	ie_{it}
fsc_{it}	1.3618*** （0.0258）			1.2916*** （0.0468）		
fst_{it}		-1.2177*** （0.2706）			-1.9476*** （0.3629）	
fe_{it}			-0.1922 （0.1181）			0.6405*** （0.1233）

	2001–2008年			2009–2015年		
inv_{it}	0.0575*** (0.0154)	−0.1080 (0.0982)	−0.0344 (0.0729)	0.0231 (0.0152)	0.2610** (0.1118)	−0.4064*** (0.0984)
con_{it}	−0.0585*** (0.0110)	1.0708*** (0.0894)	−0.1742*** (0.586)	−0.0106 (0.0101)	0.8214*** (0.1124)	0.5278*** (0.0989)
exp_{it}	0.0260** (0.0013)	0.3018*** (0.0234)	0.3721*** (0.0118)	0.0118*** (0.0008)	0.3569*** (0.0288)	0.1384*** (0.0223)
gov_{it}	0.0070 (0.0076)	−0.1051 (0.0670)	−0.1300*** (0.0505)	−0.0096** (0.0043)	−0.1659** (0.0687)	−0.4075*** (0.0537)
R^2	0.8368	0.9376	0.7487	0.8899	0.9056	0.6393

分别将产业层次、产业结构和产业效率的代理变量替换成第三产业增加值在GDP中的占比、专利申请受理量（对数化处理）以及人均GDP（对数化处理）后，无论是从规模、结构还是效率来看，金融对产业供给侧改革的影响并没有发生显著变化。

2.考虑不同的区域划分

表4-5　金融发展对产业供给侧改革的影响：考虑不同的区域划分

	东部			中部			西部		
	il_{it}	is_{it}	ie_{it}	il_{it}	is_{it}	ie_{it}	il_{it}	is_{it}	ie_{it}
fsc_{it}	1.4431*** (0.0208)			0.9623*** (0.1432)			0.9851*** (0.0462)		
fst_{it}		−0.1090*** (0.0055)			−0.0557*** (0.0164)			−0.0123 (0.0097)	
fe_{it}			0.0096 (0.1345)			−0.4003** (0.1948)			0.1864* (0.1017)
inv_{it}	0.0795*** (0.0113)	0.0010 (0.0016)	−1.7580*** (0.0759)	−0.0214 (0.0247)	−0.0021** (0.0009)	−1.3812*** (0.1038)	0.0063 (0.0068)	0.0005 (0.0009)	−0.2535*** (0.0738)
con_{it}	−0.0565** (0.0124)	−0.0111*** (0.0024)	1.3078*** (0.1073)	−0.0429*** (0.0155)	0.0082*** (0.0012)	0.5974*** (0.0827)	0.0659*** (0.0067)	0.0092*** (0.0012)	0.2654*** (0.0966)
exp_{it}	0.0458*** (0.0020)	0.0058*** (0.0006)	0.0656*** (0.0251)	−0.0037 (0.0059)	0.0002 (0.0002)	0.0443 (0.0307)	−0.0041 (0.0028)	−0.0017*** (0.0005)	−0.0084 (0.0252)
gov_{it}	−0.0235*** (0.0067)	0.0071*** (0.0011)	0.4056*** (0.1127)	0.0647** (0.0270)	−0.0082*** (0.0023)	1.0944*** (0.1276)	−0.1323*** (0.0046)	−0.0085*** (0.0009)	0.2095*** (0.0808)
R^2	0.9553	0.8791	0.9111	0.7044	0.5724	0.9559	0.8899	0.4855	0.8621

将样本分为东中西部三个子样本后，我们发现金融对不同区域的产业升级有着不同程度的影响。从三个区域来看，金融规模对产业层次的影响作用均显著为正，但

是东部地区最高，反映出东部地区较为完善的金融体系对实体产业的转型升级具有明显的促进作用。金融结构对三个地区产业结构的影响均为负，但东部地区影响最大，说明当前以贷款为主要融资手段的信贷扩张机制阻碍了东部地区大量中小企业、高新企业的创新动力。金融效率对中部地区影响显著为负，对东西部均为正，但对东部地区的作用并不明显。这也说明对于产业结构相对落后的西部地区，信贷扩张机制能够促进企业使用更为先进的生产技术，显著提高企业的生产效率；对于正处于产业转型升级的中部地区，信贷资源还会向产能过剩的企业倾斜，导致企业生产效率的进一步下降。

五、结论及政策建议

本文基于我国31个省市2001-2015年的年度面板数据，通过建立双向固定效应模型，考察了金融发展与产业供给侧改革的内在关系，并得出以下主要结论：

金融发展水平的高低对产业高级化具有显著影响。经济危机以前，稀缺的金融资源能够显著提高产业层次，金融的资金聚集机制效用显著，促进第二、三产业的发展壮大，使得整体产业层次提高。进入新常态以后，由于边际效用递减的作用，金融规模对产业层次的影响稍有下降，但总体来看依然促进了第一、二产业向第三产业的转型升级。

金融结构的优化对产业高端化具有重要意义。随着我国逐步迈入资本密集型和技术密集型发展阶段，需要以创新来驱动企业的转型升级。当前以银行为主导的金融体系不能满足实体经济的融资需求，金融的资金引导机制失灵，对实体产业的转型升级带来不利影响。加快我国金融结构改革，提高中小企业直接融资比例对于产业结构的供给侧改革具有重要意义。

金融效率的提升对产业高效化具有促进作用。随着我国商业银行体系的不断完善，资金配置效率的不断提高，金融对实体产业产出效率从过去的阻碍作用到新常态下的推动作用，这反映出银行的信用扩张机制能逐步发挥作用，有利于进一步提高实体部门的产出效率。

针对以上研究结论，本文提出以下几点政策建议：

激发金融活力。不断完善我国金融市场体系，建立公开、公平和规范发展的金融市场，促进各区域间金融合作程度，提高各区域间金融开放水平，盘活居民与企业存款，扩大金融对实体经济的拉动效用，促进产业的高级化发展。

深化金融改革。一方面，要继续深化金融结构的改革，不断优化融资结构，提高资源配置效率，提升金融服务实体经济的水平和能力。同时，还要结合供给侧改革，加快多层次资本市场建设，完善多元化的融资渠道，切实降低实体经济杠杆率。另一方面，要稳步推进金融制度的完善，健全金融机构体系，改善金融机构治理机制，创新宏观调控的思路和政策工具，切实提高产业的高端化发展。

提高金融效率。加快国有商业银行的改革，建立起以客户满意度为引导、以精细化管理和综合化管理相结合的管理体系，建立健全激励约束机制，把握移动互联网的发展机遇，创新服务理念，提高经营效率，从而实现资金配置的不断优化，提高金融对经济发展的服务效率，推动产业的高效化发展。

（本文与湖南大学吴迪博士合作撰写，定稿于2019年6月。）

参考文献：

[1]萨伊.《政治经济学概论》.商务印书馆，1963：199.

[2]贾康，苏京春.探析"供给侧"经济学派所经历的两轮"否定之否定"：对"供给侧"学派的评价、学理启示及立足于中国的研讨展望.财政研究，2016（11）：2-16.

[3]王君，周振.从供给侧改革看我国产业政策转型.宏观经济研究，2014（8）：114-121.

[4]林卫斌，苏剑.供给侧改革的性质及其实现方式.价格理论与实践，2016（1）：1-19.

[5]黄成莲，黄晖，温智良，刘辛欣，肖青云.区域供给侧改革与金融发展协调问题研究：以江西为例.金融与经济，2016（8）：29-36.

[6]王朝明，朱睿博.产业结构升级中的货币政策与金融市场效应——基于BVAR模型与门限回归模型的分析.财经科学，2016（12）：23-34.

[7]楚尔鸣，何鑫.金融结构与产业结构的互动机理及实证.财经纵横，2016

（7）：168-171.

[8]江飞涛，李晓萍，贺俊.财政、金融与产业政策的协调配合研究——基于推进供给侧结构性改革的视角.学习与探索，2016（8）：107-114.

[9]HT Patrick.Financial Development and Economic Growth in Underdeveloped Countries. Economic Development and Cultural Change 14（1972）：37-54.

[10]曾繁清，叶德珠.金融体系与产业结构的耦合协调度分析——基于新结构经济学视角.经济评论，2017（3）：134-147.

[11]姚华，宋建.中国金融发展与产业结构升级协整关系的多指标交叉检验.湖南大学学报，2016（1）：76-82.

[12]谢家智，王文涛，李尚真.包容性金融发展的产业结构升级效应.当代经济研究，2017（3）：74-83.

[13]黄建康，姜美慧，边晨露.江苏省金融发展与产业结构升级研究.科技管理研究，2016（23）：102-107.

[14]李晓峰，陈凤林.中国对外直接投资与国内产业结构升级关系的实证研究——基于VAR模型与脉冲响应的分析[J].浙江工商职业技术学院学报，2012（11）：1-8.

[15]赵放.谁在有效刺激经济增长？——基于中国省际空间动态面板数据的分析.社会科学战线，2017（1）：52-60.

[16]Allen F, Gale D.Comparing financial systems［M］.Cambridge, MA:MIT Press, 2000.

[17]曼昆.宏观经济学（第7版）［M］.中国人民大学出版社，2011.

[18]林春.金融发展、技术创新与产业结构调整——基于中国省际面板数据实证分析.经济问题探索，2016（2）：40-48.

[19]刘金全，解瑶姝.中国金融发展对经济增长的非线性作用机制研究.南京社会科学，2016（3）：8-16.

[20]曾慧.FDI、金融市场发展效率与中国经济增长[J].科学学与科学技术管理，2008（12）：105-109.

陶瓷行业信贷风险压力测试的实证研究

2013年某县级市陶瓷行业产能达7.5亿平方米，在全国五大建陶主产区中列第三，共引进陶瓷及配套企业178家，拥有陶瓷生产线218条，总投资210亿元。2014年以来，受全国经济下行压力、房地产持续低迷等影响，辖内陶企出现了淡季提前、库存积压严重、停线限产等现象，少数企业由于扩张较快，负债过重，资金链面临断裂，有的企业已停产或进入破产程序，充分暴露出产能过剩行业的经营风险，引起银行和政府部门高度重视。为此选择在辖内有贷款的42户陶瓷企业进行调查，截至2014年9月末，42户企业贷款余额20.01亿元，增幅较年初下降14个百分点，同比下降7个百分点。鉴于陕西神木、内蒙古鄂尔多斯产业贷款过度集中风险的教训，有必要对辖内陶瓷行业信用风险进行压力测试，以此评估商业银行贷款损失风险承受能力。

一、产业发展现状

（一）产销率不断下降，产能严重过剩

受2013年行情火爆利好影响，陶瓷企业在去年年底不断增线增产，去年以来全市陶瓷产业共增加49条生产线，产能集中过剩。进入2014年，受需求端房地产持续低迷影响，陶瓷行业淡季较往年提前，8月末，65%的企业存货在5000万以上，行业产品库存较年初增加12.84%，较去年同比增加53.85%，产销率均值为81%，较年初下降15个百分点，较去年同比下降9个百分点，反映陶瓷行业销售情况下降较快而且比去年同期更差。

（二）产品附加值低，产业转型升级成本压力大

该市陶瓷行业研发水平较低，产品主要销往中低端市场，自有品牌市场占有率低，产品定价权掌握在佛山企业手中，因此面临销售行情不好时，价格波动剧烈，造成打价格战的恶性循环，65%的企业销售利润率在10%以下。2014年以来企业成本呈快速上升之势：一是用工成本大幅上升。普通工人由去年每月2200元上升到2600元，技术工人由2600元上升到4500元。二是资金成本上升。由于银行新增贷款有限，一些企业转向民间融资，而据调查，上半年陶瓷行业民间融资平均利率由去年同期的15%

上升至18%。三是环保成本增加。政府大力推进节能减排，规定新开工企业燃料全部改用天然气，煤改气后废气排放量将减少80%，但企业生产1平方米瓷砖需增加2元成本。陶瓷行业属于典型的"三高"行业，据测算，每条陶瓷生产线平均要消耗2万吨煤、10万吨瓷土、1500万度电，一些企业由于不能承受产业转型升级成本，出现搬迁现象。

（三）企业负债主要依靠银行贷款和民间融资，自有资本少

过高的企业经营杠杆凸显企业自有资金不足，70%的企业经营杠杆在1.5以上，资金来源主要依靠银行借款占总负债55.06%，占流动负债62.36%。另一方面挤占供应商和经销商货款，应付帐款是应收帐款的2.03倍，一旦供应商停止供应原材料，经销商销售不畅容易引发资金周转问题。据专家测算，截至9月末，全市陶瓷产业民间融资总量约65亿元。另据统计，今年一季度企业为弥补到期续贷、展期贷款、到期银票等资金需求达3亿多元，几乎都要依赖民间融资或小贷公司、担保公司的过桥资金，贷款才能到位。民间融资潜在的风险已由担保链、资金链、产业链逐步衍生为更广范围，一旦部分企业民间借贷资金链断裂可能引发群体性债务纠纷案的集中爆发，最终会把风险转嫁给银行。

二、压力测试对象及影响因素

（一）承压对象和承压指标的选取

二十世纪90年代国企改制时期，某县级市陶瓷企业破产给银行带来了13亿多元的贷款损失，由于体制原因，银行对企业的不良贷款进行了核销。据调查，2014年9月末，9户生产异常陶企可疑、行业不良贷款率达5.6%，同比上升3个百分点。由于贷款五级分类对不良贷款的界定较为严格，故不选择以不良贷款率为承压指标。陶瓷行业净利润水平的降低带来资产增长的下降，在银行信贷风险方面就表现出行业的违约风险，而违约概率水平则是评估贷款违约风险最直接的指标，因此本文以高安陶瓷行业为承压对象，以信贷资产的（可疑、次级、损失）违约概率作为压力测试的承压指标。

（二）压力因素和压力指标的确定

本文采用基于KMV模型计算出违约距离的变化量，并利用其对商业银行内部测

算的违约概率进行修正，最终得到陶瓷行业违约概率。假定净利润影响企业下一期资产总量，进而导致企业违约概率发生变化。由于净利润的影响因素很多，既有宏观因素，又有微观因素，结合模型的需要，本文选取了30个大中城市房地产销售面积、存货周转率、陶瓷均价三个指标对净利润进行线回归预测，各类指标的定义和数据来源如表1。考虑到陶瓷行业与房地产行业呈现高度正相关，且2014来以来房地产市场销售下行明显，企业为消化库存打折促销，陶瓷均价出现不同程度的下降，两者因素必对陶瓷行业需求端带来最直接的冲击，故最终选择陶瓷均价、房地产销售面积分别作为压力冲击指标。

表1 变量定义及数据来源

变量名称	变量解释	变量符号	数据来源
净利润	行业净利润	NETPROFIT	对某县级市42家陶瓷企业的统计结果
房地产销售面积	30个大中城市房地产销售面积	S	WIND数据库
陶瓷均价	行业销售收入与行业销售面积的比值	PRICE	对某县级市42家陶瓷企业的统计结果
存货周转率	行业销售成本与存货的比值	CH	对某县级市42家陶瓷企业的统计结果

（三）压力测试操作流程和压力传导机制

在选定了承压对象、承压指标，确定了压力因素和压力指标之后，有必要对压力测试操作流程和压力传导机制进行归纳总结，以便更加清晰每个环节间的关系，做到有的放矢。

第一，确定分析标的。本文选取陶瓷行业违约概率作为承压指标。

第二，收集整理相关数据。本文的数据来源主要是WIND数据库和42家陶瓷企业的财务报表数据以及部分统计数据。

第三，确定冲击变量。根据前文设置，本文选取房地产销售面积和陶瓷均价作为压力指标。

第四，建立压力测试模型。本文首先要计算压力情境下预期资产价值。利用预期资产=本期负债+本期所有者权益+净利润=本期资产+净利润（假设本期负债与预期负债相等，实收资本不变，且净利润全部转化未分配利润）的关系估算借款人在假设情境下的净利润，从而得到预期资产价值。具体的计算过程为：以净利润为中间变量，并采用回归预测法对净利润预期值进行估算。然后代入"预期资产=本期资产+净利润"对资产进行预测。

将预期总资产和相应的指标值代入KMV模型中对违约距离的变化量进行估算，并用其对商业银行对陶瓷行业评估的违约概率进行修正，最后得出不同情景下的违约概率。

具体压力测试操作流程如图1，压力传导机制如图2。

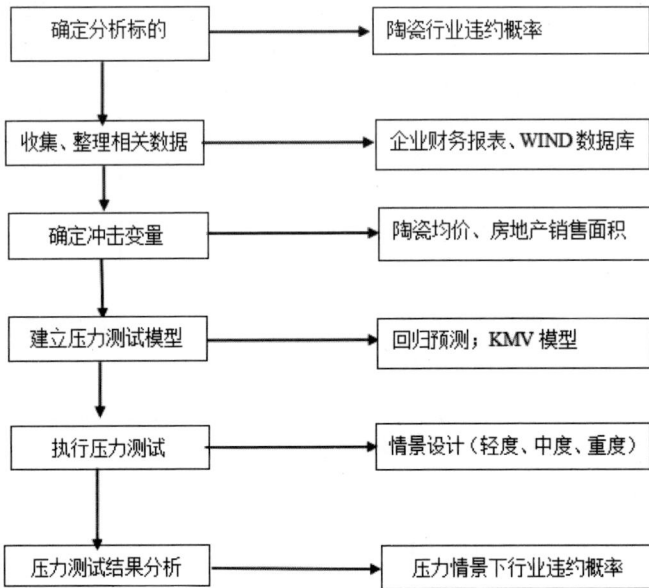

图1　压力测试操作流程图

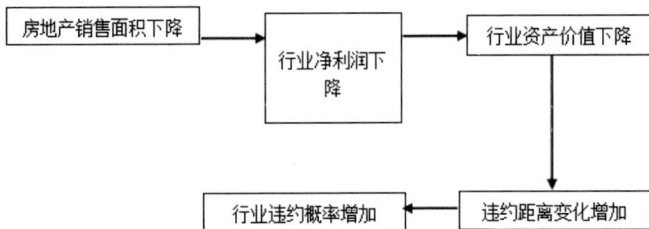

图2　压力传导机制流程图

三、压力测试过程与模型设定

（一）压力情景假设

在选择好各种风险因子以及模型的初步确定之后，就是确定风险冲击的大小。目前常用的有两种方法来确定冲击大小，一种方法是采用历史情景法，即利用历史压力事件中产生的冲击大小来确定；另外一种方法是专家情景法，即根据经验人为直观判断来确定冲击的大小。

情景一：结合上文分析，本文采用历史情景法确定房地产销售面积压力值，2011年1月至2014年6月的房地产销售面积环比变化状况如图3。

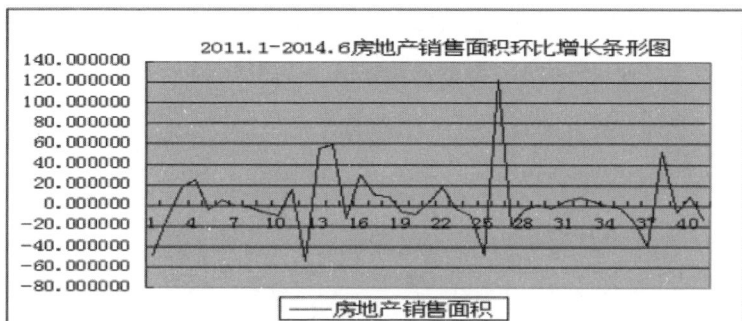

图3　房地产销售月环比增长

从上图得出2011年1月份至2014年6月份30个大中城市的房地产销售面积波动区间很大，考虑到房地产销售面积的季节性差异，以2014年6月份为基准期，假设未来12个月房地产销售面积较基准期下跌10%，20%，30%分别对应轻度、中度、重度三种不同程度的压力情景，同时假设存货周转率、陶瓷均价、原材料成本保持不变。压力测试情景一如表2所示。

表2　压力测试情景一

主要风险因素	轻度	中度	重度
房地产销售面积下降	10%	20%	30%
对应面积（万平方）	1218.68	1083.27	947.86

情景二：对于陶瓷均价，根据专家情景法设定未来12个月陶瓷均价较基准期分别下跌10%，20%，30%。同时，房地产销售面积、原材料成本和存货周转率保持不变。如表3所示。

表3 压力测试情景二

主要风险因素	轻度	中度	重度
陶瓷均价下跌	10%	20%	30%
对应价格（元/平）	23.18	20.61	18.03

（二）模型设定

本文基于KMV模型的思想，将公司作为一个期权，公司的股本是期权的价格，标的物为公司资产价值，标的价格为公司债务，利用Black-Scholes提出的期权定价理论，来估计债务人的风险中性违约概率（记为Pd*）。由于Pd*并非真实世界的风险水平，不能直接使用，但Pd*对应的违约距离Dd*变化量却有着实际业务含义。因此，本文采用该风险中性违约概率公式，计算出在不同压力情景下的违约距离变化量，并用其修正商业银行内部估算的违约概率，从而得到不同压力情景下陶瓷行业的违约概率值。具体计算方法如下：

Pd^* 和 Dd^* 的计算公式如下：

$$Pd^* = N(d) = N(-\frac{\ln(S_0/D_T)+(r-0.5\sigma_s^2)T}{\sigma_s\sqrt{T}})$$

$$D_d^* = \frac{\ln(S_0/D_T)+(r-0.5\sigma_s^2)T}{\sigma_s\sqrt{T}}$$

其中，N（x）为标准正态累计分布函数，ln（x）为自然对数，T为债务剩余期限，收益率，其中为期初资产价值，为债务到期时预期资产价值，为借款人的银行债务总额。资产价值波动，其中。

利用上述公式，可以计算正常经济条件下、经济下滑情境下的风险中性违约概率和，并利用如下违约距离和违约概率关系公式，计算出违约距离变化量。

$$Pd^* = N(-D_{d1}^*), \quad Pd^*_{press} = N(-D_{d2}^*), \quad \Delta d = D_{d1}^* - D_{d2}^*$$

然后，利用前文所计算出的违约距离变量量对商业银行为陶瓷行业评出的违约概率（PD）或者其所处的信用等级所对应的平均违约率进行修正，公式如下：

$$PD_{press} = N(\sqrt{1-r} \cdot N^{-1}(PD) + \sqrt{r} \cdot \Delta d)$$

其中为违约相关性，采用巴塞尔协议II给出的公式：

$$r = 0.12 \times \frac{1 - e^{-50PD}}{1 - e^{-50}} + 0.24 \times (1 - \frac{1 - e^{-50PD}}{1 - e^{-50}})$$

（三）净利润回归预测

在回归分析中，本文选取净利润作为被解释变量，30个大中城市房地产销售面积、存货周转率、陶瓷均价三个指标作为解释变量。为消除变量间自相关性，净利润、销售面积、均价取对数进行线性回归，数据期间为2011年1月至2014年6月，共42个月连续时间序列数据，得回归方程：

LNNETPROFIT = 9.333217289 + 0.6130650678*LNS + 3.703950534*CH + 0.966098121*LNP

回归结果显示R方为0.85，P值均小于5%，整体回归效果较好，回归系数显著，能够用来做预测。

表4　回归系数表

Dependent Variable: LNNETPROFIT

Variable	Coefficient	Std. Error	t-Statistic	Prob.
C	9.333217	0.975470	9.567919	0.0000
LNPRICE	0.966098	0.122988	7.855243	0.0000
LNS	0.613065	0.155353	3.946284	0.0003
CH	3.703951	0.524861	7.057018	0.0000
R-squared	0.846599	F-statistic		69.90535
Adjusted R-squared	0.834488	Prob F-statistic		0.000000

（四）不同情景下违约概率预测

在KMV模型中，本文以2014年6月为基期，行业贷款剩余期限为12个月，根据"预期资产=本期资产+预期净利润"，本期资产价值已知，将预测利润代入公式求得预期资产。最后把各个指标代入KMV模型及调整公式，根据情景一的假设，得到当房地产销售面积分别下跌10%，20%，30%时，违约概率分别为8.28%，9.25%，10.51%，三种情况下较基准期2014年6月的违约率5.6%分别增加了2.68，3.65，4.91个百分点。如图4：

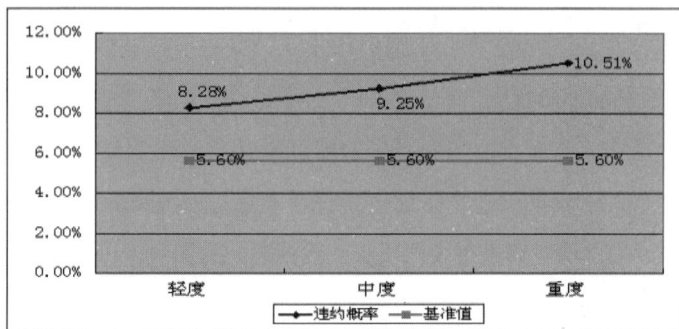

图4　房地产销售面积下降时对应的压力测试结果

同理，在情景二的设定下，考虑到陶瓷均价的波动对产成品的价值影响较大，笔者将根据存货跌价损失对每期的总资产进行调整。具体调整过程为：42户陶瓷企业的统计结果显示，存货约占总资产的20%，而产成品占存货的50%左右。当陶瓷均价发生变动时，存货随之变动，进而本期总资产的价值也随之变动。因此，当陶瓷均价分别下跌10%，30%，50%时，违约概率分别为10.83%，18.08%，40.82%，三种情况下较基准期2014年6月的违约率5.6%分别增加了5.23，12.48，35.22个百分点。如图5：

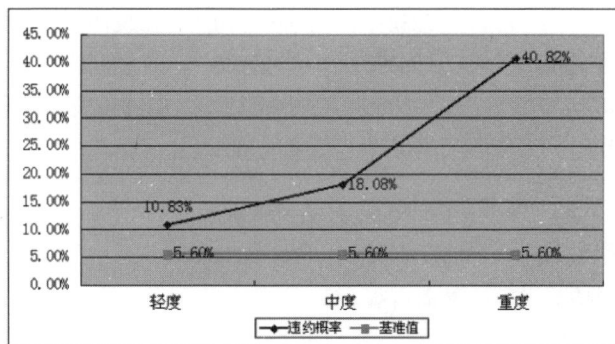

图5　陶瓷均价下跌时对应的压力测试结果

从违约概率的预测结果可以看出，随着房地产销售面积或陶瓷均价下跌程度的增大，陶瓷行业信贷资产的违约概率也逐渐增大，且违约概率随陶瓷均价下跌而增大的程度更大。表明陶瓷行业信贷风险变化对陶瓷均价的变动更加敏感，一旦陶瓷均价下跌，陶瓷行业的信贷风险成倍增加。这主要是因为：一方面，陶瓷均价是影响陶瓷企业盈利的最直接因素，陶瓷企业更加关注产品价格的变化；另一方面，本文仅对未来12个月的资产价值进行预测，房地产行业作为陶瓷行业的下游端，其销售面积的变化对陶瓷行业资产价值的影响具有一定的时滞性，因此在压力测试的传导模型中并没有对违约概率产生较大的影响。

四、结论和政策建议

本文主要基于KMV模型，从宏观和微观两方面，分别选取了房地产销售面积和陶瓷均价作为压力指标，并结合实际情况针对两个压力指标设计了三种不同程度的假想冲击，估算了不同压力情况下的陶瓷行业信贷风险违约概率，并得出了"陶瓷行业信贷风险的变化对陶瓷均价更为敏感"的结论。这有利于商业银行信贷部门和监管当局在经济下行时期把控行业信贷风险。

本文的创新之处在于没有选择传统的不良贷款率作为承压指标，而是巧妙地运用违约概率进行替代，得出的结果与事实较为接近。建陶产业作为某县级市支柱型产业，为当地经济建设和就业发挥了重要作用，对上下游产业及汽运物流产业的拉动明显，另一方面属于产能过剩行业，"三高"模式难以维继，产业的转型升级势在必行。为此，提出以下几点建议：

一、提升企业品牌建设，避免价格战。目前高安陶瓷自有品牌少，市场竞争力弱，依靠贴牌生产，自身附加值较低，在价格竞争中处于弱势。事实证明，比如精诚陶瓷、太阳陶瓷等注重研发新产品的企业在本轮竞争中不仅销售不受影响，价格反而处于上升趋势。

二、密切关注房地产市场动向，调整产能和产品结构。房地产市场与陶瓷行业高度正相关，根据国家对商品房及农村建房的政策大背景，做好生产计划，避免受行情热时一窝蜂上线，产品同质化造成产能集中过剩。

三、发挥金融支持企业发展作用，防范企业信贷风险。对经营状况好或者由于流动资金紧张但符合产业转型升级导向的企业继续加大扶持进度，帮助企业渡过难关；对管理混乱、产品结构落后的企业密切关注信贷风险，必要时提前收贷。

区域金融生态环境的差异对地方经济增长的影响

区域良好的普惠金融生态是金融体系功能充分发挥和经济金融良性互动、健康发展的基础条件。没有一个好的金融生态，就难以形成金融业良性发展的环境，也难以建立一个健全的金融体系，也影响着企业、居民对市场信号的反应程度以及货币政策传导效果。因此，区域良好的金融生态，将为货币政策的制定、执行、传导提供一个理想的外部环境，从而进一步促进地方经济发展。

一、区域性金融生态建设与区域经济增长的相关性

区域经济的良性增长有利于良好的金融生态环境构建，良好的金融生态环境对区域经济的发展具有正向的推动作用，金融生态环境建设与区域经济发展是相互促进、相互依赖的。离开金融生态环境的优化，就不能充分发挥金融在现代经济中的核心作用，而离开了经济持续快速协调健康发展，优化金融生态环境就失去了支撑。

从辖区金融生态建设的实践看，金融生态环境的内涵十分丰富，既包括宏观层面上的制度建设，如金融法律法规、司法执法体系、企业会计准则和信息披露制度、社会信用体系、市场约束机制等，也包括微观层面上的企业治理结构、个人和企业诚信意识、银企关系、中介服务体系等。

从金融生态建设具体内容看，良好的金融生态是由以下六个方面的环境决定的：既稳定的经济环境、优良的行政环境、完善的法制环境、良好的信用环境、协调的市场环境、平等的银企关系。

二、区域金融生态建设对区域经济发展的重要性

良好的金融生态环境是金融体系功能充分发挥和经济金融良性互动、经济可持续健康发展的基础条件。改善金融生态环境有利于吸引资金流入，有利于完善市场体系，有利于提高经济金融整体竞争力，有利于确保经济金融安全，有利于提高宏观调控的有效性。

（一）加强金融生态建设，是提高区域经济竞争实力的必然要求。经济的持续、快速、协调、健康发展，离不开资金的有效投入。在市场经济条件下，区域间的

资金流动取决于金融生态环境，这是资金按市场规则自由流动的结果。一个地方的金融生态好，商业银行对该地区的评价就高，在资金调度、信贷规模或授权授信时，就会产生倾斜，就会有更多的信贷资金向这个地方流动，形成资金聚集的"洼地"效应，从而促进进经济更快地发展。反之，则会引发资金的外流，削弱一个地方经济的竞争力。

（二）加强金融生态环境建设是区域经济可持续发展的必然要求。经济欠发达地区往往基础弱，发展滞后，资金供求矛盾突出。一方面，基础设施建设、生态环境保护等方面存在着较多的历史欠帐，而地方政府要求加快经济发展、缩小差距的愿望又十分迫切，需要大量的资金予以支持；另一方面，融资渠道狭窄的特征比较明显，使得金融资金供需矛盾更加突出。在资金需求刚性较强的情况下，要继续保持经济较快发展，就必须想方设法吸引资金，形成长期稳定的资金来源渠道。要达到这个目标，就必须致力于创建良好的区域金融生态环境。

（三）加强金融生态建设是实现农村金融经济和谐发展的必然要求。解决"三农"问题的关键则是发展农村经济。农村经济的发展离不开农村金融的发展，而目前农村金融存在着金融支持弱化、金融风险隐患较大，农户、农企"贷款难"和农村金融机构"难贷款"的两难境地。能否解决好这些问题关系到"三农"问题的解决和全面建设小康社会目标的顺利实现。通过构建良好的农村金融生态环境，就能有效解决这些问题。

（四）加强金融生态环境建设是防范化解金融风险的必然要求。金融业的经营行为涉及各行各业、千家万户，同群众生活息息相关，金融部门出了风险，就有可能由经济问题转变为社会问题，严重影响社会政治稳定。加强金融生态环境建设，充分运用经济、行政、法律手段消除产生金融风险的因素，防范化解金融风险，确保金融安全、高效、稳健运行，维护安定团结的大好局面十分重要。

三、区域金融生态的差异对区域经济增长的影响力

区域经济的差异，常常与区域金融发展有着直接的关系。在经济货币化金融化的进程中，金融的增长常常具有一定的超前性。金融对区域经济的主动性作用越来越明显，区域经济的差异直接形成了区域金融活动的差异。

（一）区域金融生态发展的三个不均衡及其原因。区域金融生态发展一是金融发展水平不平衡，二是区域金融机构发展不均衡，三是区域间金融市场发展不平衡。主要原因，一是市场化改革进程的区域差异。率先改革的地区从市场化之初就努力构造金融活动与运行的市场经济基础，经济结构调整步伐较快，市场发育程度较高，拥有相当程度的创新金融工具，金融机构和企业有很强的拓展融资渠道的意识与能力，加上其自身利用金融资源的成本消化能力不断增强，效率不断提高，从而使该地区形成了较强的资本积聚能力。二是金融政策环境的差异。发达地区的金融发展依靠市场的成分较多，地区制定的发展战略往往是开拓型、创新型和开放型的。欠发达地区的金融发展计划成分较多，市场发育程度低，区域政策制订的发展战略往往是平衡型、保守型和封闭型的，其目的在于满足静态的平均化的边际收益。但金融调控则不是根据区域发展的差异因地制宜，而是更多以区域金融运行一体化为前提，强调金融政策的统一性。这种金融政策造成了事实上的政策不公，等同于对不发达地区的政策歧视，进而容易诱发地区金融经济利益的摩擦，造成"抽瘦补肥"局面的出现。三是金融市场化差异。发达地区较早建立的金融市场形成了金融资产流动的极化效应，凭借这一效应引致大量区域外资金流入。欠发达地区的金融组织结构单一，大量存在的国有商业银行支持的重点对象往往是效益低下的地方国有经济，非国有经济处于被忽视的地位。银行业务受到上级行政的过多干预，很难切实顾及区域经济发展的实际需要，同时上级行政的宏观调控政策致使其在松与紧的狭小空间内顾此失彼，无法达到应有的经济效果。

（二）区域金融生态对区域经济增长的作用机制。一是资本积累机制。资本的积累源于储蓄，形成于投资。区域经济发展能否动员足够的储蓄是资本积累的关键。金融体系通过部门扩张降低交易成本，使其能够动员大量的社会闲散资金，提高边际储蓄总量；其次，通过金融创新提供流动性强、安全性高、收益稳定的金融工具，改善储蓄结构，提高储蓄倾向；最后，金融部门风险管理水平的提高，降低流动性资产持有量，增加生产投资的比例。通过金融功能的发挥，将资金有效转化为投资，这一点对促进经济增长起着关键作用。二是资金流导向机制。对区域经济增长，除要增加储蓄及投资总量外，还必须保证储蓄资源的优化配置及投资结构的协调。金融体系将分散的资金市场融为一体，使资金在整个社会实现重组和分配，同时金融体系利用自身信息优势及监督优势将资金引导向那些预期收益好、发展潜力大的区域、行业和企业，提高资金使用效率，从而起到以金融资源来实现区域经济资源优化配置。三是区域一体化机制。金融发展对区域产业结构和组织形式的演化具有重要作用。金融发展意味着金融机构和金融工具的多样化，它可以为信用扩张提供完备手段。金融发展促进资本的转移和集中，推动企业集团化、产业区域化发展，加速区域产业结构调整，推动区域组织演化，促进区域经济快速增长和转型。四是促进技术进步、产业升级机制。区域经济的持续增长方式的转变，技术进步和产业结构升级是关键。金融体系的存在和发展在满足融资能力的同时，通过风险分散管理影响资金对高新技术产业的供给，推动区域产业结构高度化，促进区域经济增长。

四、区域金融生态建设中的困难和制约因素

（一）金融产权制度缺陷，制约了金融主体成长

金融产权制度的现实，强调了产权的"权"和"利"，而没有强调随"权利"而来的"责"和"本"。正是由于这种对产权的片面应用，导致前些年在处理包括农信社、城信社、信托等机构的风险时，所有处置成本都由中央银行和政府承担。我们的全部产权还是一种以公有制为绝对主体的金融，其他产权主体对金融的介入尚未作出明确的基本法律规定和保护，因而出现许多金融机构名为股份制或集体所有，但实为私人所有，又不因此承担控制责任的现象。没有突出产权主体既股东在法人治理结构中的核心地位。随之出现"董事会不懂事、理事会不理事、监事会不监事、出了问题不见股东"的怪现象。非公有制的金融主体发育不健全，小贷公司等非银行金融机构仍处于不规范发展状态，使区域金融组织体系"一条腿长、一条腿短"；为了逃避有关管理规定，采取变相控制金融机构的做法，即名义上是公有或集体所有的，实质上为私人资本所控制，不仅追求利润，更主要的是为了融资，容易产生新的道德风险。

（二）金融生态的调节机制被破坏

信用担保机制破坏了优胜劣汰的竞争规则。经营不善的乃至失败到严重资不抵债的金融机构无法及时退出金融市场，恶化了金融生态体系，最终导致有问题类的金融机构污染了正常的金融机构。如一些农村信用社资不抵债、金融机构出现风险由

政府"兜底"、由中央银行再贷款垫付，刺激了金融机构的冒险性投资，使得金融资源没有得到有效、合理配置。基层金融机构信贷权责不对等，重惩轻奖。欠发达地区基层金融机构基本没有贷款产品开发权和审批权，每笔贷款均须得其上级行逐级审批，环节多，时间长，要求严，与现代经济快节奏的特点极不适应，没有区别对待"三农"同其他行业、经济不发达地区与经济发达地区、城市与农村、大客户与小客户之间的差别。贷款的审批权在上级，责任却在基层，并对贷款风险责任者实行诸如"终身责任追究"等严格的责任追究措施，而对贷款投入有功者却奖励很少，形成贷款权与责之间强烈的反差，造成基层金融机构及其信贷从业人员畏贷惧贷心理，严重影响了放贷积极性。随着金融改革的深入，国有商业银行的经营战略发生了重大转移，机构主要向大中型城市转移，而在经济欠发达地区、广大农村、中小企业等，金融机构种类和数量严重不足，金融服务的质量和水平比较低下，有的甚至成为金融服务的盲区，在经济发达区域与非发达区域金融服务形成了"两级分化"。

（三）外部环境制约了金融生态的平衡和优化

金融生态的外部环境包括经济环境、法制环境、诚信环境、行政环境、司法环境、社会中介服务环境等方面。一是有效信贷载体稀少，严重制约着金融信贷投入水平。特别在经济欠发达地区，经济基础较差，经济总量小，支柱产业少，产业结构不合理，使得追求利润最大化而"嫌贫爱富"的金融机构"放贷无门"。农业是经济发展的薄弱环节，投入不足、基础脆弱的状况长期存在，农村经济社会发展明显滞后；县域工业化程度低于中心城市，企业普遍规模小且分散，经营管理不规范，比较效益偏低，自我发展能力不足。地方维护银行债权不力，贷款安全难有最后保障。受执法和司法环境的影响，银行债权保护面临手段少、难度大，效果差的困境。企业改制时银行债权落实难，破产时金融债权受偿难，借改革或破产之机"金蝉退壳"逃废银行债务现象时有发生。受地方保护主义等因素的影响，银行维权的起诉难、判决难、执行难的"老大难"问题没有得到根本性改观，往往是"赢了官司赔了钱"。二是区域金融生态环境的基础还很脆弱，信用缺失现象大量存在。主要表现为：银行业中不良资产居高不下，证券业中一些上市公司信息不透明，假账丑闻濒发，导致投资者信心缺失。保险业中保险公司在营销时往往夸大其词，客户与保险公司间合同纠纷不断。

银企间债务纠纷长年不断，一些部门和企业在地方保护主义的庇护下，逃废银行债务。企业相互间缺乏信任，商品交易信用度不高。部分信用中介机构的不规范运作，配合有关企业造假，影响信用中介行业的健康运行。三是银政、银企关系存在偏差。政府部门对金融业缺少具体支持措施，对金融机构取多予少，税费项目多、环节多，银行交易成本很高。一些地方还存在行政干预、乱检查、乱罚款、乱摊派的现象，影响了金融机构服务地方经济的积极性。银企之间、银行与农户之间，虽然依存度非常高，但彼此沟通渠道不畅，信息交流不充分，缺乏诚信基础上的合作，"贷款难"和"难贷款"的问题不能很好解决，严重影响了金融生态的平衡和优化。

五、区域金融生态环境改造建议

通过建立政府主导、央行推动、金融部门完善、企业主体自律、相关部门配合的工作机制，不断优化经济环境、行政环境、信用环境、司法环境、中介环境、金融内部环境"六大环境"，着力培育农村信用工程、企业信用工程、社区信用工程、区域信用工程"四大工程"，最终实现金融主体产权制度完善、金融生态平衡、金融自我调节灵敏，促进区域经济与金融生态的协调发展。

（一）夯实金融生态的经济基础

一是转变经济增长方式。着力依靠制度创新、科技创新和管理创新，加快技术创新步伐，在关键领域掌握更多的自主知识产权，以提升产业结构和整体经济竞争力。努力发展循环经济，走节约型发展道路，缓解资源环境约束，统筹人和自然协调发展，提高经济增长的社会质量。二是大力优化产业结构。大力推进工业结构调整，坚持以信息化带动工业化，广泛应用高新技术和实用技术改造传统产业，培育发展高新技术产业，做强主导产业，发展新兴产业，不断壮大产业实力。加快农业产业结构调整，稳步建设社会主义新农村，大力发展畜牧业、水产业，稳步发展林业，大力培育和发展龙头企业，加强优势板块和基地建设，着力提高农产品转化增值率。

（二）创新驱动，增强金融生态的自我调整能力

进一步疏通货币政策传导渠道。人民银行要切实加强窗口指导力度，适时出台地方信贷增长与结构调整的指导意见，引导金融机构贯彻落实好宏观调控政策，贷款投放有保有压、客户项目有进有退，突出信贷支持重点，为政府决策参考提供依据；

在确保银行资金安全的原则下，合理运用货币政策工具，引导市商业银行和农村信用社加大对"三农"支持力度，推动下岗失业人员小额担保贷款、生源地助学贷款等普惠金融业务在辖内平稳发展，提高资金使用效率。金融监管部门全面分析和把握当前银行业经营状况，稳步推进银行业改革发展，积极鼓励支持有条件的金融机构加快金融创新的步伐，提高金融支持经济发展的水平和质量。通过公平有序竞争，努力营造辖内金融良性的竞争合作伙伴关系，共同提高全辖金融整体发展水平。

（三）出台优惠政策，促进金融生态可持续发展

制定减免企业办理抵押贷款和银行处置抵债资产所涉费用相关政策，降低收费标准和项目。简化收费环节，收费部门全部进入当地行政服务中心进行阳光操作，实行"一站式"服务，限时办结，提高办事效率。对部门乱收费、超标收费等行为严肃处理。降低融资成本。对小微企业贷款进行贴息，鼓励中小企业争上高新技术项目，支持企业做大做强。加大"三农"贷款贴息扶持力度，大力支持农村种植、养殖、加工、销售大户。对下岗失业人员创业进行贴息，支持下岗失业人员合伙经营和再就业。建立信贷投入奖励机制。政府要制定支持地方经济建设信贷投入奖制度，对金融机构存贷款业务发展情况、对经济发展的贡献度进行综合考核，对金融机构有功人员进行奖励，以调动金融部门支持地方经济发展的主动性和积极性。

（四）强化城乡一体化信用体系建设，夯实社会信用基础

一是深化农村信用体系建设。要把信用村（户）占比、不良贷款占比、三农有效信贷增长等指标作为经济发展考核的重要内容，进一步明确创建工作责任坚持不懈地抓好信用环境创建工作。牢固树立服务"三农"意识，积极探索针对农村个体业主和种养殖大户个性化信贷管理模式，支持农业产业化发展。二是强化企业信用评级工作管理。不断完善对企业评级授信的管理，对新培植的企业要强化服务，对达到评级要求的企业要积极申报，对提升信用等级的企业，要优先授信，落实信贷优惠政策。三是深化社区信用工程建设。制定信用社区创建实施管理办法，逐步扩大信用社区创建面，提高信用社区占比。制定社区居民信贷管理办法，简化信贷审批手续，创新金融产品和服务手段。

（五）维护司法公正，落实金融债权

严厉惩治违法金融活动。要利用多种手段联合制裁拖欠贷款的行为。对久拖不还、恶意逃废悬空银行债务人员实行黑名单制裁，对"钉子户"进行曝光。对公务员欠款的采取行政、纪律手段，限期归还。在违约集中的重灾区，要建立健全金融风险预警监测机制，金融监管机构及时监测，及时通报司法机关，及时取缔和制止违规行为，司法部门与金融部门要建立联席会制度和通报制度，沟通金融监管信息，构筑"打击使用、贩运、制造假人民币，逃汇、骗汇、套汇、出口骗退税、网络电信诈骗、外汇黑市交易以及洗钱犯罪"社会监督网络体系。加大金融诉讼案件执行力度。金融部门与法院联合要建立联合协调协作机制，对金融纠纷诉讼案件采取专项受理、专项审理、专项执结，全面清理和处理积累案件，提高审结率、执行率。

（六）加强绿色金融产品创新，创新融资担保方式

一是要积极开发多元化绿色金融产品，尝试实施绿色租赁、绿色信托、绿色资产证券化等新措施。二是完善政策性信用担保和商业性融资担保相结合的融资担保体系，突出政策性信用担保公司的公益服务功能，大力促进商业性融资担保公司发展，共同推动绿色金融良性发展。三是打造生态文明样本，出台鼓励企业节能减排和技术创新的融资政策。建议环保部门建立企业环境信用评价制度，积极推动企业环境信用信息公开，形成惩戒和约束企业环境失信行为的合力。

某县级市建筑陶瓷产业转型升级亟待解决的几个问题

某县级市建筑陶瓷从2007年重新起步，在八景镇建立了首个国家级建筑陶瓷产业基地。到2012年，全市建筑陶瓷产能达7.5亿平方米，完成产值122.99亿元，实现利税10.89亿元，吸纳从业人员2.34万人，分别为2007年的7.89倍、9.01倍、8.86倍和3.55倍。目前，某县级市建筑陶瓷已在全国占有一席之地，产能达第4位。专家认为，高安建筑陶瓷已到转型升级的关键时期，如解决好一些关键问题，将会推动该产业成为我省建材领域龙头行业，产品质量将会得到明显提升，产值、税利也会成倍增长，前

景十分看好。

一、综合发展优势明显

1. **资源优势**。一是瓷土资源优势。该市及相邻县市已探明瓷土储量5亿立方米，预测储量10亿立方米，可容纳400条生产线生产100年，且瓷土品位高、品种多，能满足绝大多数建筑陶瓷品种生产需要。二是人力资源优势。改革开放初期，该市建陶产业异军突起，在国内辉煌了近20年，当时产品占国内市场的份额超过1/8，并且培养了一大批技术、管理和营销人才。目前，全市在省内外从事陶瓷业的技术和管理人才超过3000人，熟练工人1万多人，可用劳动力5万多人。

2. **总量优势**。全市现有产能居全国第4位，占全国产能的比重超过8.3%。中国陶瓷学会预计，三年内该市产能将提升至全国第2位。

3. **集群优势**。建陶基地规划面积30平方公里，建成区面积20平方公里。基地现有陶瓷及配套企业106家，形成了完整的产业链。入驻企业包括新中源陶瓷集团、新明珠陶瓷集团等10多家国内领军型建陶企业。

4. **配套优势**。目前，基地拥有从业人员6万人；陶瓷国检中心、建筑陶瓷采购交易中心等科研展销平台要素齐全；铁路专用线一期工程已竣工并引进京九物流公司开通运营，年发货量1600万吨；中国建筑陶瓷实训中心年培训能力达3000人；口岸作业区计划今年底投入运营。同时，全市建陶业在全国29个省市区的大中城市建立了300多个销售网点，信息畅通、销售快捷。

二、转型升级任务紧迫

1. **环保压力大**。基地内大部分企业的环保设施或升级改造不到位或运转不到位、管理不到位。目前，仍有16家企业没有淘汰改造，严重影响空气质量的炼排炉，只有1家企业通过了环保验收。

2. **原始研发能力接近于零**。全市尚无一家独立的建陶研发机构，所有研发工作均为企业内部自主进行，企业研发投入费用较少。从研发情况看，外来企业基本将研发留在佛山等原迁出地，而本土企业研发水平仍处于跟踪模仿阶段。目前，当地产品多属中低档，竞争力依赖价格优质，属"薄利多销"型。

3. **品牌建设滞后**。全市共有建筑陶瓷品牌136件，其中，中国驰名商标3件，省著名商标16件、行业知名品牌15件、著名品牌23件，但真正在全国叫得响、畅销的知名品牌极少。由于品牌知名度不高，同样品质的产品、该市建陶的售价不到佛山品牌的1/3。例如，同等质量的800*800的微粉抛光砖，该市品牌的单位售价大多在35–50元，而佛山品牌售价上百元甚至几百元。因此，该市生产的建筑陶瓷产品在销售过程中贴佛山品牌，甚至产地也标上佛山，利润多被授牌方拿走。

4.市场范围亟待扩展。 目前，该产区已投产176条生产线，规划待建的有190多条，各类瓷砖日产量高达200多万平方米（不含西瓦）。与如此庞大产能不相适应的是，该市建筑陶瓷的销售半径只有500公里，集中在湖南、湖北和本省的区域内。在这个范围内要消化掉近400条生产线的产能极为困难，将使该市陶瓷产能与市场消化能力之间的矛盾进一步加剧。

三、需要省里协调解决的几个问题

随着国家新型城镇化战略的深入实施和城乡一体化进程的加快推进，以及"东陶西进、南陶北移"的发展态热，该市建筑陶瓷产业未来发展空间仍然较大。该市正在按照打造"全国四区"（第二大主产区、清洁生产示范区、品牌效益聚集区、产城一体综合区）的发展方向和目标，着力优化各类生产要素配置，推进建陶产业产能升级、产品升级、附加值升级，努力实现基地良性发展、统筹推进。从其进展看，有些问题仍需省里协调解决。

一是中节能落地问题。目前，该市94%的陶瓷企业使用煤制气作燃料，近百家企业各自炼气，难过环保关。若改用天然气，以现行价格计算，生产成本将直接增加25%以上，企业无法承受。为此，该市寻求通过集中制炼供应煤制气的途径解决这一问题。在国内，中节能工业节能有限公司是最理想的合作对象。今年8月15日，市政府与该公司签订了集中供气战略框架协议。如果项目能顺利落户建陶基地，将有效改善环境污染问题，促进陶瓷生产企业达产达标。鉴于中节能的央企身份，县级市与对方沟通存在较大难度，需省里出面协调，推动项目尽早落地建设。

二是国家级检验检测中心建设问题。去年3月份该中心就已经获得国家质监总局的批复，进入筹建阶段。但到目前为止，该机构还未能获得省里批复，所有人员、经费都由市里负责，建设进度过慢，高学历专业人才严重不足。需要省里落实人员、编制等事项。

三是口岸作业区建设问题。基地口岸作业区是省商务厅批准建设的陆路口岸作业区，如今办公场所已经全部建成，但相关部门迟迟未进驻运作。需省里协调，督促相关单位尽快进驻，打通建陶铁海联运通道。

四是产学研一体化问题。目前，市政府已与景德镇陶瓷学院签订了产学研协议，但未能真正实施。需省里关注协调此事，鼓励支持更多高等科研院校参与合作，促进产品升级换代。

五是金融机构进驻问题。建陶基地企业资金流动规模较大，但至今没有一家金融机构在园区内设点，增加了企业办理相关业务的难度。需省级层面协调相关监管部门，尽快在基地设立银行网点。

六是企业用地指标问题。由于用地紧张，基地仍有数十家企业在排队等待用地指标尽快落地建设，已投产企业也因用地限制而无法扩建，需省里统筹协调解决。

注：此调查报告为笔者与某县级市委办联合撰写，并被中共江西省委办公厅内刊《信息研判专报》2013年第13期刊登，时任省委书记强卫10月12日阅后批示：请协调省直有关部门帮助解决相关问题，促进该市建筑陶瓷产业健康发展。

公路运输实行计重收费对地方汽运产业的影响及对策

目前，我国已有四川、广东等10个省市对车辆通行实行计重收费，江西省自2006年7月1日起也实行了此项政策。笔者通过对辖内某县级市（全国四大运输县市之首）调查显示，这一政策的实施，在促进汽运产业发展的同时，也存在一定弊端，并产生了一些负面影响，广大运输业主目前的规费等各种负担仍然很沉重，银行汽车贷款风险明显增加，民间汽车融资也基本停滞，车辆超载超限的根源并没有完全消除。

一、基本情况

目前该市拥有二级以上资质汽车运输集团三个，下辖汽运子公司168个，各类货运汽车7385辆，总运力5.5万吨，汽运产业带动了汽车修理、房地产、饮食、信息等相关产业的发展，从业人员十万余人，其中85%是农民。汽运产业2006年上交税收5157万元，成为该市财税增长、农民增收的重要支柱，许多乡镇新住宅70%是运输户购买或兴建的。作为汽车消费"动力引擎"的"高安汽车信贷"，一度成为省内知名信贷品牌，贷款高峰时余额达两亿元，2006年业务开始萎缩，至2007年6月末，全市汽车贷款余额6626万元，比上年末下降22.8%，汽运产业搞活了民间融资，吸纳的民间资本达15亿元。

二、主要弊端和负面影响

（一）计重收费偏重于"宽入限出、以罚代治"，致使"三超"治理本末倒置。由于养路费按核定载重吨位计收，国内汽车制造商为便于销售，汽车大吨小标现象较为普遍，原来核定载重5吨、7吨的汽车，实际可装10吨、12吨。在实际经营中，车主如果按核定重量承载，多数车辆将产生亏损。为此，在实行计重收费前，个体车主为获取更多利润，普遍采用超载方式经营。计重收费后，由于路等部门实行"宽入限出"的原则，即超载、超限的货车在下高速时只要按重量交足了费用就可以继续上路，因此80%以上的货车仍是超载经营。但新的计费标准直接导致路桥超载、超限收费明显增加，部分线路超载罚款收费，甚至增长了近7倍，造成部分车型、线路在超载营运后仍将亏损。以高安至广州线路为例，据对45名车主调查，一辆载重12吨的三轴车，如果不超载、超限运营，计重收费前亏损240元/次，计重收费后仍亏损590元/次，如果超载、超限至40吨，计重收费前则可获利3180元/次，计重收费后则亏损630元/次（具体见下表）。

营运利润调查对比表（以高安至广州线为例）

单位：吨、元

车型：三轴车	载重	运费	油费	交警罚款	路桥收费	路政罚款	利润
计重收费前	12	1860	1380		720		−240
计重收费后	12	1920	1390		1120		−590
计重收费前	40	6260	1780	200	600	500	3180
计重收费后	40	6400	1860	210	4260	700	−630

（二）**计重收费的准确性及透明度不高，缺乏科学性和合理性，致使逃避计重收费行为有增无减。**一些司机通过摸索发现：车辆在计重过磅时采取走"S形"、"跳车"、"造车"等方式能降低计费重量，可以逃漏或少缴不少通行费，于是引起司机之间纷纷仿效，司机对计重设备的准确性产生怀疑，收费站与司机因此常常发生争执，甚至引起交通中断，过往司机苦不堪言。一些车主为避免计重偏差带来的损失，干脆选择绕行非收费公路方法逃漏计重收费，致使这些车辆付出更多的运输成本，甚至无利可图。而这些绕行的非收费公路，通常都是技术等级较低的县乡公路，经受超重车辆的辗压后变得千疮百孔，破坏程度加剧，同时非收费公路等级低、路况差，经常发生翻车事故，一些车主血本无归，甚至家破人亡。

（三）**计重收费对该市主要营运车型影响和冲击程度大。**目前，该市货运汽车以两轴车、三轴车为主，截止4月末，两种车型保有量为4061辆，占全部车型的55%。实行计重收费后，两轴车、三轴车由于核定载重量较低，超限超载罚款与路桥收费均出现较大幅度增加。对50户三轴车车主调查显示，超限超载罚款比计重前上升了30%，路桥收费上升了6倍，有42户车主出现亏损。而四轴（及以上）车型，由于本身核载重量较大，尽管超限超载和路桥收费也有所增加，但车主仍可获得一定的利润（具体见下表）。据对农村信用联社425名拖欠汽车消费贷款车主调查，有137人购买了两轴车，有165人购买三轴车，两者合计占比达71%，以上车主均由于经营亏损而无法按期偿还贷款。

超载超限车辆计重收费前后利润变化情况（以高安至广州为例）

单位：元

车 型：三轴车	载重	运费	油费	交警罚款	路桥收费	路政罚款	利润
计重收费前	12	1860	1380		720		−240
计重收费后	12	1920	1390		1120		−590
计重收费前	40	6260	1780	200	600	500	3180
计重收费后	40	6400	1860	210	4260	700	−630

（四）**汽运业民间融资风险突显，增加了社会不稳定因素。**银行信贷的高速增长加速了汽运产业资本聚集效应的形成，而银行信贷业务的萎缩又促进了民间融资的发展，许多汽车经销商、汽运公司由于求贷无门，纷纷以20%左右的年利率向民间融资，目前，汽运业吸纳的民间资本达15亿元。随着竞争的加剧，有的汽运公司打出了"车主1万元就可以提新车"的口号。车主购买一部17万元的新车，如果到银行贷不到款，汽运公司不惜为车主垫付16万元购车款。通过对43家汽车运输子公司调查，公司通过民间融资为车主购车垫付资金4532万元，目前车主已有2039万元无法按期付息。据此测算，该市汽运公司大约为车主购车垫付资金1.77亿元，约有0.8亿元占45%的资金无法按期还本付息，而在去年同期这一比率不足10%，目前，大多数汽运公司不敢再扩大民间融资规模，民间汽车融资处于停滞状态，到2007年6月末，全市汽车拥有量比去年同期下降1000多辆。

（五）**计重收费引发的车贷风险有扩大之势，金融机构缺乏有效的控制手段和应对措施。**至2007年6月末，全市汽车不良贷款达2156万元，不良贷款率达32.54%，较上年同期增加23个百分点。计重收费引发的车贷风险日渐显现，更为严重的是，针对出现的风险，金融机构未能依据汽车市场的新变化而及时调整信贷风险控制措施，导致车贷潜在风险进一步加剧。部分金融机构对借款人的经营状况及还款来源没有进行动态管理，不能准确判断借款人的信用变化，对未按借款合同进度还贷的借款人催收不力，导致贷款风险在初期未能得到有效化解。同时，对借款人非法转让车辆控制不力，汽运公司挪用借款人还贷资金的现象不能有效制止；保险公司"车贷保证保险"业务的退出，使金融部门创建的"四连环"车贷风险防范体系断了一链，进一步加剧了贷款风险。

（六）计重收费后旧车型大幅贬值，影响汽车贷款及时偿还。车主在购车初期的借款均是以所购车辆作为抵押品，一旦车主无力偿还借款，金融机构就可以通过法院拍买车辆获得补偿。实施计重收费后，由于原有的两轴车、三轴车营运难以营利，这两类车型在二手车市场价格大幅下跌。如目前一部26万元的三轴车营运一年后的市场价格仅为18万元，而去年同期类似车辆价格可达20万元，因此，金融机构即使处置车辆也难以完全避免贷款损失。另外，随着车辆贬值速度的加快，一些司机认为偿旧债比买新车的成本大，客观上诱使借款人欠债不还，而赖债行为没有得到应有的惩罚，又助长了欠贷不还的不正之风。

（七）"三超"屡禁不止不仅增加了道路维修成本，农民运输户生命财产也难以保障，进而影响新农村建设进程。在对超载、超限车辆采取了带处罚性的超额通行费后，一些车主因不堪重负而铤而走险，采取加倍超载、超限、变买车上货物等更缴端、更隐蔽的手段来弥补损失，致使道路杀手、经济纠纷有增无减。据高安祥符收费站了解，2007上半年通行的货车中，超载货车占20%，超限车辆占50%。另据交警部门反映，2007年上半年发生的交通事故中，由于超载引起的占了85%。交通事故引起的伤亡人数中，农民占了68%。汽运业，是许多农户主要的收入来源和改善居住条件的重要途径，面对计重收费带来的冲击和货运市场运价的低迷，农民运输户面临生存挑战，一旦汽运业收入无保障，将直接影响新农村建设进程。

三、相关建议

必须肯定，从按车型分类收费改为计重收费是一种进步，但在实施的过程中存在的缺陷不容忽视，相关政策和配套措施还没有跟上，其收效还有赖于相关部门的协调配合。调查显示，要从根本上遏制超限、超载运输，必须尽快建立起标本兼治的长效机制。

（一）进一步完善计重收费相关条款和配套措施，增强政策的透明度和科学合理性。建议改进"宽进限出、收费为主"的收费管理模式。实行在入口处就计重收费，一定范围内的超载车辆在交纳较高的惩罚性收费可以通行，超过一定超载比率的车辆要实行强制卸货，改变"交费就可上路"的经营理念。此外，要进一步加大对超载、超限车辆的处罚力度，使违规车辆无法获利，通过市场使车主自行选择新的营运方式。目前试行的《江西省收费公路载货类汽车计重收费实施方案》基本上是由交通部门组织测算制定的，执行中尚存在不少争议，尤其是计费办法的透明度、合理性方面以及与原办法的可比性方面，有待于进一步修订和完善。为此，建议交通部门对已出台的计重收费办法边试行边会同有关部门研究修改，将新旧两种收费方式标准进行科学的比较和衔接，以保证它的公允性、合理性和科学性，各相关部门要按各自的职责范围消除引起车辆超限超载的主客观因素。适当减轻车主的收费负担及不合理罚款，提高计重设备的精确度和透明度，尽量使货车司机拿了票据就能算出交了多少钱，排除司机对称重设备不准确的疑虑。

（二）建立车贷风险控制的信息共享平台，重构"四连环"车贷风险防范体系。以人民银行信贷登记咨询系统为基础，开发《汽车贷款风险监测与货运信息查询系统》，定期采集汽车货运车主的个人经营、缴费、纳税等方面的信息，通过应用准确的决策模型控制信贷风险，发布货运信息。为金融机构及涉运部门办理业务，查询信用记录，提供一个信息共享、业务借鉴的平台。开户行定期公布违约逃废债车主黑名单；协同保险公司更新车贷保证保险险种；交警利用监测网络及时反馈车辆动态，不为逃债车辆办理年检与年审；交通运管部门不为逃债车辆办理养路费登记手续；汽运集团可引进GPS定位系统，24小时监控汽车行踪，避免车主逃贷和隐藏车辆现象发生。

（三）更新汽车信贷管理的方式和手段，降低车贷风险。一方面，金融机构贷款要选择车型，要重点支持"6×2，8×4，10×4"等损耗小、费用低、安全系数高、接货率高的主流车型，增强车主的盈利能力，规避信贷风险。另一方面，金融机构可以充分利用自身信贷、资金、结算、网点和客户信誉等资源优势，改进对汽车经销商的信贷营销策略，明确商业银行在汽车销售过程中应承担的融资比例和享有处置汽车抵押物的便利。此外，还尝试汽车信贷与房地产等行业的捆绑式营销，全面推行车房组合抵押、经营权质押担保模式，降低车贷经营成本和风险，因地制宜，建立灵活、高效的车贷风险防范体系。

注：此文被时任江西省省长吴新雄签批，转相关职能部门阅研。

新常态下建筑陶瓷行业产能过剩情况调查

建陶业作为产能过剩行业，在国内经济下行压力不断加大形势下，诸多企业生产陷入困境，一些不确定性、不稳定性因素不断增加，突出表现在各类风险暴露增多，信用违约上升、民间融资风险向银行体系传导加速，上述风险相互交织、转移、传染和扩散，可能引发区域性、系统性金融风险的集中爆发，因此，化解产能过剩引发的各类风险是一项紧迫的课题。笔者以全国建陶业主产区江西某县级市产区为例，通过对行业产能过剩现状、引发的风险进行调查分析，揭示问题根源，提出对策参考。

一、建陶行业产能过剩现状

2014年，我国陶瓷砖产能与产量步入相对过剩阶段，行业在转型升级中竞争不断加剧，出现比以往更严重的产品库存积压爆仓现象，对该建陶产区调查表明：表象上呈现的是总量过剩，其实质是结构性过剩。

从总量上看：该产区是全国建陶五大主产区之一，2007年筹备建以来，产区充分发挥原料、物流、人才、配套能力、营销网络等比较优势，挤身佛山、晋江等五足鼎立的建陶产业新阵营。产区聚集效应愈益明显。规划起点高、产业链配套功能完整、注重走可持续发展之路是产区三大特点。截至2014年，建成国家级陶瓷产业基地一个，建成区面积20平方公里，共引进陶瓷及配套企业178家，总投资210亿元，建成陶瓷生产线218条，同比增长16%，高于全国增速5.6个百分点。年产能8.2亿平方米，增长9.3%，列全国五大产区第三，占江西建陶业的79.76%，2014年实现主营业务收入264亿元，同比增长17.3%，高于全省增速9个百分点。根据年底库存量及价格测算，该产区至少有15%的产能过剩。

从结构上看：该产区产品定位以中低端为主，销售半径以500公里为主，在全国建立了300多个销售网点。2014年以来，随着经济下行压力加大以及房地产萧条、农村建房用地严控等因素影响，该产区也出现了停产压线增多、库存积压严重等产能过剩问题，产能过剩诱发的多种风险因素增多，引起部分企业担保圈风险积聚、流动性风险扩大、民间借贷资金链风险逐渐暴露，信贷违约率不断上升。迹象表明，产业风险正加速向金融体系传导。调查显示：2014年底，陶瓷产业基地119条生产线，停产37条。大部分企业产销比为1:0.8，同比下降18个百分点，产品价格下降10%至15%。2015年开春此类现象有所缓解，但随着7月淡季的到来，压线限产、库存积压重现市场。调查的40家企业库存积压28.3亿元，同比增加2.92亿元。应付帐款5.17亿元是应收帐款的2.02倍，同比增加3.22亿元。

二、产能过剩引发的主要风险

（一）产能过剩加大了企业流动性风险。在对过剩产能进行整合、淘汰的过程中，一些企业流动性风险陆续暴露。调查显示，在出险企业资金结构中，自有资金比例过低是普遍现象，企业历年积累都投入了产能扩张，而把流动资金缺口留给银行。截至2015年上半年，调查的40户企业银行借款占总负债56.86%，占流动负债63.56%，其中14户企业流动性指标远达不到规定要求，自有资本占资金来源比例只有18%，其余资金主要依赖银行贷款、民间借贷、挤占供应商和经销商货款，40户企业应付帐款是应收帐款的2.63倍。国内经济下行大环境下，产能过剩潜藏的金融风险正进一步集聚、扩散并有随时爆发的可能。10户企业因资金链断裂，生产出现异常，进而拖欠职工工资、税费、电费，其中4户已停产并出现债权人哄抢设备、堵路、法人跑路等事件。

（二）企业流动性风险演变成民间借贷风险，并加速向金融风险传递。一是企业为弥补流动性缺口，不惜高息向民间借贷，过高的资金成本导致资金链断裂个案增多。企业用于续贷过桥的资金大都通过高息民间借贷获得。表现为小贷公司收费标准普遍高出银行基准利率3-6倍甚至更高，调查的两家小贷公司42%的贷款除正常利息外还收取了咨询费或财务顾问费，共计186.7万元。调查的40户企业今年上半年为弥补续贷、展期贷款、到期银票等资金需求共新增民间融资2.8亿元，少数企业甚至不惜以90%的年利率向民间借高利贷，伟鹏陶瓷涉及民间借贷1919万元，终因负债过重而停产。据法院了解，今年上半年审理的民间借贷案件占民事案件的38%，涉案标的额增长78%，涉及企业案件同比增长四成，企业资金链断裂无力还款是主因。民间借贷潜在的风险已由资金链断裂衍生为群体性债务纠纷集中爆发，最终将把风险转嫁给银行。二是担保、联保链断裂风险加大。担保、联保圈内部分负债率较高企业财务风险、债务违约频现，导致整个担保圈稳定性快速瓦解。调查的40户陶企担保、联保总额达8.7亿元，其中已出现重大风险的担保、联保圈4个，涉及贷款3.8亿元。伟鹏陶瓷对外担保891万元，被担保1.51亿元。新澳、永源陶瓷等多家法人因资金链断裂无力还款，选择跑路或失联，引起联保圈三家企业资金告急、职工讨薪、堵路等事件发生。

（三）供需失衡导致信贷违约率及不良贷款率快速反弹。部分银行违背承诺对企业随意抽贷、压贷，企业无奈只有高息向小贷公司或民间借贷来填补资金缺口，加大了企业资金成本。一些企业本身资金周转就十分困难，又担心银行不续贷，索性不还贷，导致信贷违约率上升。一是银行承兑汇票激增隐性放大信贷规模。少数银行为规避信贷规模限制、缓解存款压力，甚至虚开银票，人为增加风险敞口，将大量信贷资金移出表外，影响存款数据的真实性，弱化宏观调控政策效果。到2015年7月末，陶瓷产业银票余额12.74亿元，比年初增加3.9亿元，其中：10户生产异常陶企风险敞口7564万元，比年初增加4339万元。二是商业银行短贷长用、存贷款期限错配掩盖了大量隐性不良贷款。调查显示，陶瓷贷款中续贷或展期的占89%。大量短期贷款以展期、续贷形式被企业长期占用或用于弥补项目资金的不足，影响贷款增长的可持续性和均衡性，蕴涵着巨大的信贷风险。2015年7月末，全市银行不良贷款余额1.2亿元，不良率1.36%，比年初上升0.5个百分点。陶瓷业贷款余额35.2亿元，占全市各项贷款余额的18.6%，增量同比少增5.67亿元。其中10户陶企可疑、关注类贷款余额2.1亿元，占陶企贷款余额的5.96%，同比上升4%，特别是异地金融机构贷款风险暴露更具显性化。

三、原因分析

（一）产业规划与产品定位适应不了经济新常态。 随着国家经济发展进入新常态，新型城镇化建设迅速推进，未来几年我国大量农村人口将不断向城市集中，农民市民化步伐将加快，农村消费者陶瓷产品购买力及结构性需求将大大削弱，该产区产品中低端化及主要面向小城镇与新农村建设的战略定位没有顺应新常态新变化而调整。

（二）新常态下政策变动加大了对产能过剩行业的约束。 受房地产政策、反腐、不动产登记、房产税等因素影响，房地产价量下行，城市住宅大量积压，楼楼堂馆所大幅减少。随着国家新的环保法的正式实施及陶瓷工业污染物排放新标准的颁布，不达标的企业将被淘汰出局。信贷将重点向"三废"治理达标的陶企倾斜，严控新增陶瓷贷款、停止发放项目贷款、联保贷款等。外贸出口形势恶化，汇率不断上升，贸易壁垒频出，国际市场趋于饱和进一步加剧了产能过剩。

（三）产能扩张过快，加剧了企业流动性紧张。 2013年以来该产区共新增49条生产线，每条线投资近亿元，消耗了企业多年的资本积累，市场预期又未然如愿，加大了企业流动性风险，也扩大了产能过剩。一些内部管理混乱、资金链紧张、产品附加值不高的企业，难免在市场竞争中处于劣势。

（四）品牌建设严重滞后，束缚了产业转型升级步伐。 该产区，同样品质的产品的售价不到佛山品牌的1/3，这就是品牌影响力与产品附加值的差距。陶瓷产品以中低档为主，定价权受制于广东佛山，在全国叫得响的知名品牌极少。本地产品在销售过程中贴佛山品牌，甚至产地也标上佛山，利润多被授牌方拿走，这是造成高安陶企产品价格动荡甚至内耗的主因。

四、对策：差异化产品竞争与多元化融资创新

（一）政府方面：强力推进产业转型升级

产业能否可持续发展，关键是在转型升级、绿色环保上是否有突破。

（1）制定产业转型升级总体规划。地方政府要从市场准入、环境保护、产能扩张约束、资源优化组合等方面入手，高标准制定产业转型升级和遏制产能过剩总体规划，推动产业集群向资源节约和生态环保型转变，要制定淘汰落后产能的名录库、时

间表、责任人，引导部分经营不善，竞争力较弱、产品销路不畅的企业进行股权转让、并购、租赁承包，或转产粉料、模具等形式的兼并重组与技术改造，对出险企业制定处置预案。

（2）加大政策层面的扶持力度。一是设立"企业融资续贷专项资金"。帮助资金周转暂时困难企业还贷续贷，降低企业融资成本。二是加大政府控股的担保机构支持力度，建立地方财政层面的担保贷款风险补偿基金。三是引入商业保险和贷款保证保险，并建立企业保费补贴机制。四是建立土地管理绩效考核奖惩机制。政府要制定单位面积土地最低投资标准，建立土地利用状况、用地效益和土地管理绩效等考核、监督、奖惩机制。对投资强度不足要求的企业征收一定罚金，对超过动工期限仍未开工的征收土地闲置费直至没收土地，对关停企业加大拍卖、租赁、转让等整合力度，用活闲置土地。

（二）企业方面：提升差异化竞争能力

（1）找准市场定位。将产品发展战略定位调整为"发展高档、巩固中档、限制低档"，支持陶企引进先进高端化生产技术与装备，应用现代化管理模式，实施技术改造，促进产品结构优化升级，拓展陶瓷产品新领域，抢占陶瓷细分市场，把高安产区打造成现代化产业基地。

（2）坚持走自主品牌战略、铸造本地特色品牌。要重点扶持一两个优强企业加大科技投入，走差异化创新发展之路。利用当地的资源、人才优势，加快本土特色产品的研发，以示范效应，做大做强高安自己的品牌，改变外界对高安瓷砖"低质、低价、低档次"看法。

（3）调整产品结构，避免同质竞争。要推广薄型及薄板等高精尖生产工艺，开发各类新型节能、安全、美观的产品，不断满足人们在居住质量、人文欣赏等方面的要求。改善原料结构，加大固体废弃物等资源的利用力度。

（4）拓展影响渠道。要致力打造国家级生态型建陶生产示范基地，限期淘汰煤烧窑等落后产能和技术装备，降低资源消耗和三废排放，采用清洁能源和科学配方，改变商业区银行对陶瓷产业高排放、高污染的看法。

（三）银行方面：创新多元化融资对接模式

（1）创新沟通对接机制。政府应邀请国有商业银行省级分行实地考察陶瓷基地，加强其支持和理解。加强与基地管委会、担保公司三方合作，解决担保难、续贷过桥难等银企信息不对称问题，大力开展对企业财务辅导和信用评级工作，规范财务信息披露，为信贷供求衔接搭建好平台。

（2）创新信贷融资品种。商业银行要根据企业特点量身定制信贷品种和服务方式。探索仓单质押、权利质押、保理质押和应收账款质押贷款等新型贷款品种，开展陶企贷款保证保险、产业链、供应链全覆盖等融资模式创新。对一企多贷、担保圈复杂企业实行牵头行协调制度，合理确定授信规模，协调解决多家银行融资对接中的困难和问题。

（3）建立淘汰落后产能的信贷惩戒与激励机制。对仍在用落后产能、工艺生产、盲目扩大产能而导致过度负债企业要设立信贷限制或退出门槛，对优质企业量身定制差异化信贷产品，引导企业进行股份制改造，支持企业通过发行短期融资卷、中期票据等方式融资。

（4）建立防范和化解产能过剩风险动态预警机制。要及时监测陶瓷行业产能发展动向，把握风险趋势，为防范和化解产能过剩风险提供预警性动态信息，当前，特别要警惕民间借贷风险的集中爆发和交叉传递对产业风险、金融风险造成的影响。

对某县级市承接东部陶瓷产业梯度转移的调查和思考

在经济全球化和区域经济一体化进程加快的大背景下，主动承接产业转移，成为欠发达地区加快经济发展方式转变、实现跨越式发展的重要手段。2007年以来，某县级市抓住广东佛山等地陶瓷产业加速向中西部地区转移契机，主动做好产业转移的承接工作，在短短一年时间内，成功打造全省首个建筑陶瓷产业基地，取得了令人瞩目的成绩。

一、承接陶瓷产业梯度转移基本情况

随着沿海建筑陶瓷主产区资源及环境压力的加大，东陶西进、南陶北移进行产业分流已成为大势所趋。该县级市以敏锐的战略眼光、快速的应对策略抓住这一机遇，于2007年2月获批兴建江西省建筑陶瓷产业基地，基地挂牌后，充分发挥原料、物流、能源、人才、配套能力、营销网络等比较优势，强势构建"广东佛山、福建晋江、四川夹江、山东淄博、江西高安"五足鼎立的建陶生产新格局。一年来，基地基础设施建设迅速推进，企业引进速度大大加快，聚集效应愈益明显。至2008年5月末，已开发面积10平方公里，占总规划面积的33%；投入基础设施建设资金2.1亿元；引进建筑卫生陶瓷及配套企业50家，其中陶瓷生产企业24家，周边配套企业26家；合同引资金额110.3亿元，亿元以上项目16个；拟建153条生产线，有6条将于6月投产。其中该基地投资金额最大的企业新明珠建材有限公司计划分期兴建44条生产线，创造了全国陶企单厂单地设线的最高记录。

二、存在的主要问题

（一）基础设施高投入与引资企业投资强度不相称

为更好地筑巢引凤，该县级市集全市之财力支持陶瓷基地建设，前期规划园区面积10平方公里，目前已投入资金2.1亿元对 9.8平方公里进行"三通一平"，预计到2015年全部工业园区基础建设投资额将达50亿元，平均每亩投资额达到 100万元。与高额的园区基建成本形成鲜明对比的是企业土地获取成本较低。工业园区反映，园区企业土地名义成本为6万元/亩，但园区随后将以奖励形式将部分购地款返还，企业实际用地成本2万元/亩，仅为基地建设成本的2%。土地实际价值与企业获取成本不匹配问题不利于土地集约使用，降低了土地投资效率。调查反映，至4月末，园区企业实际进资额为35亿元，已使用土地面积11505亩，亩均土地投资额仅30.42万元，即使以基地投资额最大的新明珠公司计算，亩均投资额也不过113万元，大大低于沿海发达地区每亩200—250万元的平均水平。土地投资强度过低不仅背离了土地集约高效使用原则。更为严重的是，土地价格过低可能引发企业盲目圈地冲动，造成大量土地资源的闲置和浪费，加剧园区用地紧张状况。截至4月末，已被企业购买的土地面积为11505亩，占当期园区可用土地面积76.7%，土地窘境已初步显现。低微的成本投入使入驻企业违约成本大大降低，因而缺乏根植本土的决心和热情，一旦市场形势发生变化，极易抽资撤离。

（二）资本加速扩张与配套资源供给不匹配问题

一方面，人力资源缺口较大。按照该县级市建陶产业基地发展规划，至2010年将有200条生产线开工生产，5年后陶瓷生产线达到400条。根据业内人士测算，基地实现规划目标所需人力约为9万人，其中研发人员、技术型工人和高级管理人员需求量约为4000人。然而相关资料显示，截至2007年末，该市外出务工人员达17.9万人，全市农村剩余劳动力仅为2.1万人，其中大专以上学历占比1.3%。由此可知，该市陶瓷产业加快发展潜在较大的人力资源缺口，且技术和管理型人才尤为缺乏，最迟至2010年，基地将出现明显的"招工难"问题。另一方面，配套体系建设滞后。陶瓷产业基地座落于村镇，远离繁华市区，周边既无学校、医院、超市，也无银行和娱乐餐饮企业，基地建设规划中也较大程度上忽略了上述配套机构设施的吸纳，导致园区企业和人员基本生产、生活需求难以满足。例如宾馆餐饮业缺位使基地企业只好选择邻近的樟树市进行商贸洽谈和休闲娱乐；互联网线和闭路电视铺设成本较高，"7通1平"的承诺难以兑现；企业及员工即使办理简单的存取款业务，也需前往数十公里外的银行网点等等。配套体系不全将大大降低基地对优秀企业和人才的吸附能力。

（三）产业链低端化与可持续发展目标不适应

该市建陶工业园所接纳的陶瓷企业全部为陶瓷生产企业和为陶瓷生产服务的配套加工企业。在对产业可持续发展起支持作用的研发基地以及对行业战略性布局起决定意义的集团总部仍驻留在惠州的情况下，该市所承接的实际仅为惠州、佛山等地陶瓷企业的"总部经济"战略下延伸的"生产车间"。这种非核心竞争力的转移使转移企业关注点更倾向于如何努力争取廉价的土地、人力、原材料以及更优惠的政策等资源不断降低生产成本、扩大生产规模获取最大利润，而非通过加强企业科技创新、产品创新力以及更高层次的产业规划等方式增强企业竞争力。在此情况下，一方面，企业的稳定性依赖于当地能否持续地提供其发展所需要的廉价生产资源和过度优惠的政策待遇。一旦相关条件发生变化，企业极有可能改变投资地域，重新流向更具政策优惠的地区。另一方面，由于产业转移的低层次性，类似工业园可在其他地方轻易复制，极易产生同质竞争问题。据了解，目前全国与该市陶瓷工业园规模及性质类似的基地多达30余处，主要分布于江西、湖南、湖北等省份。在该市500公里最佳销售半径内还有2个大型陶瓷工业园，同质竞争问题已初露端倪。

（四）企业融资需求迫切与信贷跟进迟滞不协调

虽然该市陶瓷工业园尚处于建设阶段，但结构性融资瓶颈已有所显现，如不加以重视将成为制约工业园发展的重要因素。据四大国有商业银行反映，它们均已开展对园区企业授信前的尽职调查，但调查对象均集中于新明珠和新中源两家陶瓷行业龙头企业，而对其他企业鲜有介入。与此形成鲜明对比的是，由于新明珠和新中源两家企业集团公司实力雄厚，母公司下拨资金完全可满足生产需要，近期无融资计划，而其他公司因固定资产投资过大，普遍面临流动资金短缺问题，急需银行支持。据对园区10户企业抽样调查（不包括新明珠和新中源两家企业），预计今年流动资金缺口达到1.8亿元，其中意向性贷款为1.2亿元。调查显示，有三大因素制约了信贷供求衔接的顺利实现。一是缺乏有效沟通，银行"不敢贷"。产业转移企业均为外地企业，银行对这些企业缺乏深入了解，加之上世纪九十年代中后期该市本地陶瓷企业大规模逃废贷款行为对银行记忆犹新，导致银行对企业贷款需求过于审慎。二是体制约束过强，银行"不能贷"。在国家从紧货币政策下，基层信贷审批权进一步缩小，除农行某地级市分行有部分企业流动资金审批权外，各国有商业银行涉及企业贷款项目均需上报省分行审批。信贷环节的增加，审批条件的严格直接减少了企业获得贷款的成功率。三是企业素质欠缺，银行"不想贷"。产业转移企业大多为异地企业子公司，集团内部资金往来频繁，导致财务信息不透明状况更为突出。同时，建筑陶瓷生产过程中大量消耗瓷土和燃料，并产生工业粉尘、工业废水、高温烟气等工业废料，为高能耗和高排放产业。在绿色信贷理念下，陶瓷行业并非为信贷首选支持对象，即使有介入也仅限于对"三废"有严格治理的全国前十大陶瓷企业。在三大因素制约下，可以预见，随着基地企业基本建设投入的不断加大和陆续投产，信贷资金供求之间的矛盾将进一步凸现。

三、对策建议

（一）创新承接机制，合理布局产业结构

陶瓷产业承接过程中，应注意增强转移产业的完整性及对资源利用的集约性，强化产业在当地的根植性和可持续发展能力。一方面，要加大对产业核心部分的承接力度，提升引进产业品质。产业核心的转移将大大促进产业承接地的产业发展水平，提升当地产业竞争力，降低产业的再转移风险。陶瓷基地应鼓励企业"集团总部"落户高安，对整体转移企业在税收、资源供应等方面给予较其他企业更优惠的政策，并在人员落户、子女就学等方面提供便利。在目前整体转移尚有难度的情况下，要加大对产业高端部分，如研发、设计和装备制造等的转移吸纳力度，努力在基地形成完备的形成完备的产业集群，打造真正意义上的陶瓷产业基地。同时，要支持陶瓷企业实施技术改造，促进产品结构优化升级，拓展陶瓷产品新领域，抢占陶瓷细分市场，避免陷于同质竞争困境。另一方面，要提高土地利用效率，防止圈占、屯积土地行为。应制订基地土地出让的控制性详细规划和土地供应方案，明确容积率、绿地率和建筑密度等规划条件，制定单位面积土地最低投资标准。要建立基地土地利用状况、用地效益和土地管理绩效等评价指标体系，加快土地节约集约利用评估工作，督促企业按照合同约定及时开发利用，形成有效供给，确保节约集约利用每宗土地。应加大对闲置土地的处置力度。对投资强度不足要求的企业征收一定罚金，对超过动工开发日一定期限仍未开工建设的征收土地闲置费直至没收土地。

（二）创新配套机制，努力打通服务瓶颈

政府相关部门要进一步推进行政审批制度改革，减少审批事项，简化审批手续，提高工作效率，做好对产业转移企业的服务工作。当前要着力解决陶瓷转移企业所反映强烈的人力资源不足和配套体系建设滞后问题。一方面，倾力人才吸纳培养，再造人力资源优势。劳动部门应在加强对产业转移趋势分析的基础上，超前组织劳动力素质、专业技能培训，将农村剩余劳动力和城市失业人员转化为熟练产业工人，不断扩大适合企业需要的劳动力大军数量。针对本地工人可能不足的现象，政府既要努力挽留本地外出打工人员，更要通过组织劳动力招工交流会、招工小分队等形式协助企业在全省甚至全国范围内招收操作员工。与此同时，要督促企业进一步规范用工行

为，切实保障劳动者合法权益，建立起企业与工人互惠互利，唇齿相依的良性关系，提高员工队伍的稳定性。另一方面，科学规划园区建设，再造基础设施优势。城市是工业的主要载体，城市化若不能与工业化过程同步跟进，将不利于对产业结构升级空间的拓展。为此，该市在注重基地的生产功能同时，要努力提高其城市功能，在基地周边引入银行、电信、超市、宾馆等与生产生活关系密切的机构（设施），提升基地"人气"，在降低企业经营的综合成本的同时，促进工业化和城市化的良性互动。

（三）创新信贷机制，努力打通融资瓶颈

产业转移的顺利实现离不开金融的大力支持。打破融资瓶颈应从以下三方面入手。一是创新沟通机制。在召开园区企业信贷推介会、银企座谈会等传统沟通手段基础上，针对信贷权限大幅上收的现状，应将沟通重点放在各国有商业银行上级行身上。政府应邀请国有商业银行省级分行实地考察陶瓷工业园，将园区发展规划、产业承接战略设想及承接企业状况等情况与各国有商业银行省分行沟通，加强其对承接战略的支持和理解。针对商业银行所诟病的陶瓷行业"高排放、高能耗"问题，应与商业银行进行专题交流，向其展示引进企业的治理能力和技术，扭转其固有的陶瓷企业环保不佳的印象。二是创新信贷平台。可借鉴奉新工业园的做法，利用园区管委会对企业资金实力、纳税情况等熟悉的特点，与管委会、担保公司三方合作，以担保公司担保、同时园区以土地向担保公司作反担保，解决陶企贷款中信息不对称导致银行贷款难问题。同时，工业园区要充分发挥服务管理功能，协助银行收信园区内企业信用信息，支持银行建设信用信息数据库，大力开展对企业财务辅导工作，规范财务信息披露，为信贷供求衔接搭建好平台。三是创新信贷品种。金融机构要转变观念，根据产业转移企业特点创新信贷品种，满足其资金需要。要努力探索仓单质押贷款、权利质押贷款、保理质押贷款和应收账款质押贷款等新型贷款品种，对大型产业转移企业要普及主办银行制，合理确定授信规模。金融机构要密切与当地担保机构合作，借助担保机构反担保行为降低信贷风险，提高信贷扩张能力。为解决单家企业担保物不足问题，可参考异地经验，以"信用共同体"形式推行企业联保贷款。即，在自愿基础上，由部分信用好、有一定生产规模的企业组成"信用共同体"，银行对"信用共同体"进行整体授信，各企业分别向银行申

请贷款，但贷款总额不超过银行对"信用共同体"授信额度。"信用共同体"内企业以其资产为担保对贷款的偿还负有连带责任。

四、几点启示

（一）因地制宜选准项目，这是做好产业承接的出发点

成功的产业承接应是外来产业与本土优势的完美融合。某县级市瓷土资源丰富，交通便利，运输业发达，素有"釉面砖王国"的美誉，市政府抓住佛山陶瓷产业转移的契机将其确立为主承接产业，正是在立足本土优势基础上做出的科学决策。高安经验提示我们，要做好产业承接工作，必须立足区域经济优势，准确把握产业转移的规律和特点，合理选择产业转移的承接点，以增强承接产业转移的针对性和有效性。从某地级市情况看，土地、电力、工业用水及劳动力等生产要素价格相对低廉，但经济发展水平、技术管理水平相对落后，这决定了我市在一定时期内仍应以注重物化生产要素投入的传统产业为主承接产业。进一步考虑到某地级市在医药、机械及纺织等产业上的传统优势，今后某地级市应以上述三产业为主要承接对象，进一步扩大承接规模，构筑起新的产业优势。

（二）以工业园区为载体，这是做好产业承接的关键点

工业园区是承接产业转移、加速产业集聚、培育产业集群的主要载体。发展工业园区，有利于优化资源配置、共享基础设施、集中治理污染、集约利用土地。目前我市共有10个工业园区，其中包括5个省级开发区。要首先以这些园区为基地，结合产业转移的实际需要，做好园区规划，科学合理布局，明确各类园区产业定位和发展方向，打造特色优势产业园区。在着力建设好现有园区的基础上，有条件的地方要建设一批承接东部产业转移的专门园区，努力使工业园区成为承接产业转移、带动本地工业快速发展的基地和龙头。

（三）自主创新求突破，这是做好产业承接的落脚点

从长远看，我市的产业发展只有走自主创新的道路才有可能改变产业分工中处于价值链低端的不利地位。要在承接产业转移的同时，努力增强产业技术水平和自主创新能力，建立由企业主导的产业创新体系，联合产业内的企业、科研院所、行业协会和政府组织，对产业共性技术进行合作研发，加速优势资源互补和技术在产业内的

有效扩散。就陶瓷产业而言，要积极致力于发展生态型建陶工业，采用清洁能源和科学配方，将对环境的污染减少最低，打造国家级生态型建筑陶瓷生产示范基地，实现产业发展的真正跨越。

（四）多方融资谋发展，这是做好产业承接的助力点

一方面，商业银行既是宏观调控执行者，同时又是市场主体之一，应找好双重职能间的平衡点，在全面、准确、积极理解货币政策、产业政策和银行业监管政策的基础上，紧密结合区域差异性和多元化的市场实际，实事求是地加以贯彻落实，防止执行政策生搬硬套，避免简单的"一刀切"，把握好支持地方经济发展与防范风险的关系。另一方面，政府应努力加强社会诚信建设，搭建企业与银行之间信用合作的平台，既减少商业银行的金融风险，又增加企业的信用度和实际融资能力；要积极引进地方性商业银行，充分挖掘内源融资潜力，扩大融资渠道，创造条件吸引外埠资金，以弥补辖内信贷资金的不足。

陶瓷产业转移与承接的金融资源配置问题研究

地处赣中、人口83万的某市新兴陶瓷城高安，最近被中国建筑材料联合会命名为"中国建筑陶瓷产业基地"。随着沿海产业梯度转移速度加快，建陶业正进行新一轮重组和洗牌，该市抓住这一机遇，依托比较优势，突出产业招商，引领业界建陶航母纷纷落户高安，在不到两年的时间内，建起一个首期占地10平方公里省内首家建筑陶瓷产业基地。在此背景下，实现产业转移与金融资源配置协调发展是一个现实的课题。

一、该市承接陶瓷产业转移的基本情况及特点

从2007年兴建到2008年9月，该市承接东部陶瓷产业企业共52家，合同引进资金110.4亿元，其中投资亿元企业16家，五亿元企业8家。随着今年六月，建陶航母新中源、新明珠陶瓷集团等18家陶瓷企业22条生产线的相继投产，基地板块经济正迅速崛起，产业集群效应逐步显现，并呈现以下特点：

（一）基地规划建设起点高、定位准。基地规划之初充分听起了专家和客商的意见和建议，确立了"五个一"的集群发展思路：建设一个功能齐全的产业园区，一个建陶瓷生产中心，一个产品研发中心，一个三产服务中心，一个全国知名品牌聚集中心。同时依托比较优势，选准产业转移的承接点。针对基地占地面积大、建设速度快、聚集效应强的特点，该市围绕"坚持可持续发展、着眼产业系统化布局，打造全国一流的建陶主产区"的目标定位，扶持和鼓励一批科研实力强、技术装备精的企业申报高新技术企业，扶持和鼓励一批有市场竞争力，市场前景好，质量过硬的产品申报中国名牌，省著名商标、驰名商标，着力打造本市陶瓷品牌。从目前建设情况看，已开发面积10平方公里，占总规划面积的33%；投入基础设施建设资金1.6亿元。火车站、变电站扩建，集中供气、实训中心等建设项目正紧张进行。2007年前，该市做了30年的建筑陶瓷，只有33条生产线，可在2007年当年引进的生产线就达52条，创造了"一年超三十年"的"高安速度"。基地投资最大的企业新明珠建材有限公司计划分期兴建44条生产线，创造了全国陶企单厂单地设线的最高记录。然而基地目标远不止于此，将在五年内新建200多条生产线，2010后，年陶瓷制品将达10亿平方米，销售收入200多亿元，利税达30多亿元，年产量将是全国的四分之一以上，将成为全国建陶瓷产业的"风向标"。

（二）注重培育产业配套的链式发展格局。基地注重产业配套发展，其目标是5公里半经内应有尽有。为实现这一目标，基地有意识地引进了陶瓷模具、供气、机械、包装、配料、物流等相关企业26家。产业配套发展更离不开基础设施的完备，面对即将到来的用电高峰，基地对企业用电进行了科学设计和规划，短时间内新建瑞州220伏电站，使金子山电站专供基地；面对即将到来的货运压力，争取了省政府和南昌铁路局的重视，目前全省最大的铁路专用货场，正在基地加紧建设，公路运输更有全国汽车运输第一大县市的金字招牌作保证；面对即将到来企业用工难等人力资源问题，基地争取到省政府的支持，政加快建设"中国建陶实训中心"，中心建成后，年实训能力将达3000人以上，探索"政府买单、社会承办、订单培训"等多种模式解决基地用工难。

（三）注重节能、降耗，坚持走可持续发展之路。该市本着对历史负责，对人民负责的态度，防止重走一些老陶瓷基地"先污染后治理"的老路，狠抓环保工作，以节能、降耗、减排为重点，走可持续发展之路，采取市场运作方式，着力推行三个集中，一是集中处理污水，引进大型排污处理企业，集中处理基地污水，确保循环用水、废物回收、污水零排放；二是集中供气，引进江西安泰燃气有限公司投资10亿元，兴建大型燃气发生站，集中供应燃气，以节约能源、减少排放；三是集中供应原料，引导原材料供应企业，针对不同产品，集中配料、统一供料，以减少资源浪费，减少企业资金投入。

二、高安承接产业转移的金融资源配置缺陷

目前在投资拉动型发展模式中，实施的是项目推动产业升级战略，因此资金问题就成了发展的关键。然而，当前该市经济运行却呈现产业流进与资金流出的怪圈，资金市场融资平台缺失，产业转移与金融资源配置严重失衡。这种反差将对承接产业转移带来不利影响。

（一）存贷借差持续扩大，存贷比逐年下降凸显了金融资源配置不当

自2001年该市银行系统首次由贷差转为存差以来，存差总额逐年扩大。近五年，存差总从2003年11.17亿元扩大到2008年9月的49.82亿。其次从存贷款增速上看也不协调。2007年，某县级市各项存款比2003年末增长144%，各项贷款比2003年末增长57.24%；存款年均增幅高于贷款增幅86.76个百分点。再从存贷比上看也呈逐年下降之势。2003年末，某县级市存贷比为69.9%；2008年9月末，存贷比为45%，较2003年末下降了41.76%。而建陶产业对地方经济的贡献率从2003年的8.6%上升到2008年的24%。存贷差持续扩大，是该市产业经济与金融资源配置相脱节的表现。

（二）承接产业转移的有效信贷需求不足，"马太效应"加剧了金融资源匹配的失衡

在从紧货币政策下，金融资本为追逐高额利润，其资源配置往往会呈现出"马太效应"，导致资金向大企业、大项目和大城市集中。目前出现的"二八"情形，即20%的企业占有80%的信贷资金，就是这种效应体现。金融资本在产业领域的配置被扭曲后，产业政策与信贷政策的偏离度也就会随之增大。据统计，全市有1548家中小企业，其中规模企业有91家，2008年9月末，全市各金融机构向中小企业发放贷款余额99018万元，仅占各项贷款余额的24.4%，其中建陶企业2.88亿元，占7%。今年9

月，在人民银行牵头组织的一次银企对接活动中，全市124户有信贷需求企业信贷需求总量12.78亿元，1-9月获贷率23.4%，其中陶瓷企业获贷1.68亿元，占需求总量的13.15%。从获得贷款的企业户数看，获贷企业共21户，只占有贷款需求企业的17%，从贷款投向上看，扶大扶强的特征明显，103户未能获得贷款的企业，其信贷需求多在200万元以下，相反获得贷款的企业大都是规模大、资金实力强的骨干龙头企业，如新明珠建材有限公司获贷6000万元，占获贷陶瓷企业的36%，"垒大户"导致信贷资金配置严重失衡。据调查，企业未能获得贷款的原因中，由于抵押不足、环评没有通过、信用等级低、企业在建未投产、财务报表不符合银行要求等企业自身原因占76%，反映企业方面的有效信贷需求不足；由于银行信贷权限不够、受行业信贷风险限制、受信贷规模限制、产业政策限制等外部因素影响占18%。银行方面对产业发展前景把握不准、项目建设介入不足、财务信息了解不透继而"惜贷"也是一个重要原因。虽然该陶瓷基地尚处于建设阶段，但结构性融资瓶颈已有所显现，今年全市信贷增量中陶瓷产业占比仅占12%，这与陶瓷产业超常发展速度相比显然不协调，如不加以重视将成为制约基地发展的重要因素。

（三）城乡金融资源配置失调，市域资金外流现象未能根本扭转

该市是传统的农业大市，但近五年工业逐渐占据全市GDP主导地位。目前，全市农村金融网点占全市的52%，存款占全市金融机构存款的63%，贷款占全市贷款的75%；这样的金融资源配置结构显然与全市以工业为主体的经济结构布局很不匹配，并且农村资金还通过各种途径大量转移或外流，从而加剧了市域经济发展资金紧张局面。据统计，2008年9月末全市金融机构存差49.82亿元，存差扣除资金主要占用形式：法定存款准备金、二级准备金、现金库存、投资等，实际可用资金为37亿元，但这部分资金没有投入到当地，而是以上存形式流出辖内，如9月末全市金融机构行内往来资金余额达33.47亿元。金融对转移产业的信贷支持被严重削弱。另一方面县域金融机构信贷权限萎缩及严格的授权授信制，贷款门槛提高，贷款业务萎缩等也加速了全市信贷资金的外流。

（四）资金市场融资平台缺失，阻碍了产业资本与金融资本的融合

企业资金来源渠道主要有两种：一是内源融资（资本金、职工及股东集资），二是外源融资（银行贷款、商业信用、民间融资、社会集资、上市或发行债券）。据调查，该市陶瓷企业的融资结构中外源性占比呈逐年上升之势，对银行依赖性逐步增强。据今年十月调查的10户重点陶瓷企业融资总额中有 28 %来自于银行贷款，同比上升9个百分点，而内源性融资则同比下降6个百分点。在企业直接融资渠道基本阻断、民间资金融资不畅的情况下，资金瓶颈严重制约了产业发展速度，另外，该市既没有陶瓷企业上市融资，也没有企业发行债券，并且进入全省拟上市后备资源数据库的企业也只有2家，后续上市企业资源严重不足。再看该市的金融市场，全市至今尚未有一家股份制商业银行机构，金融组织欠完善。全市已注册的担保公司有两家，实际开展业务的才 1家，且业务范围单一，担保金额未突破2000万元。全市目前还没有银行机构进入全国银行同业拆借市场，这都说明该市的金融市场是比较落后的。

三、促进产业转移与金融资源配置协调发展的对策建议

产区如果不抓住承接产业转移的良机加快发展，那么就可能成为产业转移塌陷区，最终在新一轮经济发展中落伍。因此，政银企及各部门必须认清形势，创新理念，形成产业转移与承接的合力。金融部门当务之急是要做好产业转移的金融对接与合作，创新金融服务，搞活金融市场，优化金融资源配置，努力实现产业转移与金融资源配置的协调发展。

（一）做好产业转移的金融对接，促进产业资本与金融资本的融合

金融信贷部门要在产业转移升级中建立资金项目的无缝对接。要加大信贷配套措施，及时满足流动资金的需求，放大金融资本乘数，积极组建区域银团贷款，在加大对大型企业集团的信贷支持力度的同时，带动并吸引外来资本投资本土企业，以合资、合作、参股、并购等方式直接投资参与本土低效企业改制，促进产业升级；通过设立各类产业投资互惠型基金，如引进风险投资基金，搭建金融资本转移平台。主动承接东部沿海金融机构先进的信贷管理理念，加快建立区域高层次的金融合作沟通协调机制。加快金融机构引进步伐，把交通银行、浦发行等股份制银行，引进陶瓷基地来，促成高安金融体系多元化。要积极引进金融战略投资者参与构建和重组地方中小金融机构，实现金融资本对外融合。要尽量吸收外来金融资本入股参股高安中小企业担保公司，通过不断完善金融机构担任组织，提高地方中小金融机构资本聚合能力。

要通过外引内出方式，鼓励大型企业集团走出去，通过信托投资公、财务公司的综合投资业务吸纳境内外资金，推进区域金融资本的产融结合。

（二）基层央行要把握货币政策与区域产业结构的结合点，实现货币政策与陶瓷产业的融合发展

一是人行要按照国家产业政策和区域发展实际，灵活执行货币政策，加大窗口指导力度，充分发挥货币政策在引导信贷投放和调整信贷结构的积极作用，实现货币政策下区域产业结构调整方向的有效对接。二是完善对陶瓷业信贷投放的动态监测制度，密切关注该行业信贷增长、不良贷款变化情况并及时预警，防止信贷投向的过度集中。三是运用再贷款、再贴现等货币政策工具，提高商业银行信贷投放积极性，充分发挥利率杠杆、信贷政策在引导资金配置上的积极作用，合理把握信贷投向与投量。

（三）改进对陶瓷产业的金融服务，突破企业抵押担保难的瓶颈制约

商业银行要大力推广"上游企业十产业链核心企业十下游企业"集群式产业链融资模式，对陶瓷产业链进行动态跟综、综合测评、全面授信、金融产品组合，形成对整个陶瓷产业链全过程的综合金融服务。努力探索"银根"与"地根"相结合的联动贷款模式，通过土地使用权的分步抵押，实现土地利用和银行贷款的联动。探索适应陶瓷产业特点的应收账款质押、仓单质押、股东贷款等方式，为陶瓷企业提供个性化信贷服务。拓宽融资渠道，要支持符合条件的企业通过发行公司债券，短期融资券等方式，在银行间债券市场进行融资。

（四）商业银行要加强陶瓷行业风险监测，科学规避行业信贷风险

要根据国家产业政策及陶瓷行业建设宏观规划发展目标，科学合理确定陶瓷行业信贷规模，既要横向总揽该行业在本地区及全国发展现状，也要纵向比较该行业近年发展趋势，分析全市金融机构对该行业信贷支持情况，在此基础上综合评估行业盈利能力、抗风险能力，测算银行信贷支持的利润回报力和可能的坏账率，以此作为决策依据。

（五）营造良好的金融生态环境，为金融支持陶瓷产业可持续发展创造良好的空间

一是人行要加强对地方政府及有关部门的协调沟通，使地方政府及职能部门，认识到优化金融生态环境对吸引信贷投入，促进陶瓷产业发展的重要作用。建议地方政府建立金融生态环境监测与考核评价指标体系，将金融生态环境建设列入政绩考核内容。二是充分利用央行征信系统，探索建立企业信用评级及跨区域信用担保体系，建立统一的信用信息共享平台。要建立公开透明的企业信息发布渠道、投资信息渠道，加强区域资金流动的监测与预警。三是优化执法环境，维护司法公正，提高金融诉讼案件的执行率。合理确定、适当降低企业抵押担保的中介收费标准。

欠发达地区承接产业转移对经济金融发展的负面效应

近几年来，某县级市主动承接沿海及"珠江三角洲"等发达地区的产业转移，通过定点、持续的产业招商，引来大批来自福建和广东佛山的陶瓷、水泥企业集团纷纷落户该市。通过承接产业转移，使该市经济得到快速拉动，产业结构得到升级提速，聚集效应增强，资源得到优化配置，农村剩余劳动力得到充分利用，还带动了相关产业联动发展。但据调查，承接产业转移对欠发达地区的经济金融也带来一定的负面效应。

一、产业转移对当地资源依赖程度高，导致本土企业成本增长快。一是原材料资源依赖程度高，价格上涨快。引进的陶瓷企业经过市场调查考证，确认该市的陶瓷原料储藏丰富，且拥有10多万农村剩余劳动力，这是选择该市的主要原因之一。调查的杨圩、黄沙、相城等6个乡镇，16个自然村，储藏丰富的硅铅矿、瓷土沙、米质瓷土等资源，理论储量约80000万立方米。周边县市丰城、上高、奉新、宜丰也有丰富的陶瓷原料，目前企业对原材料的争夺十分激烈，推动了价格上涨。二是劳动力价格快速上涨。这些企业的转入，加剧了当地劳动力的的竞争，据对该市太阳陶瓷企业的调查，该企业劳动力价格从06年的800百元，上涨到08年的1200元，平均每年以25%的速度上涨。三是原煤价格上涨过快，据对该市太阳陶瓷企业调查，该企业每月耗煤3500吨，成本价格从07年的每吨790元，上涨到08年的每吨1080元，就煤的成本该企业每年要多增加成本1000多万元。

二、转移企业整体科技含量偏低。一是企业信用等级低，对转移到该市三大工业园区达到AAA信用企业等级的只有1家，多数企业在一个A以下；二是这些企业生产的产品附加值不高、竞争力不高、科技含量低，如该市某金盛陶瓷有限公司生产的中低档地板砖，08年1至4月产品库存达1300万元，据调查，该产品积压除市场环境影响外，主要是产品档次低，产品更新换代速度慢；三是企业粗放化管理，大部分企业管理人员文化程度只有高中水平，缺少市场开拓型和实用型人才。

三、高能耗、高排放等隐蔽性"污染转移"项目较多，环保措施不到位。受地方政府招商引资政绩影响，盲目引进发达地区淘汰的高耗能、高排放企业。据调查，目前落户高安三大工业园区的陶瓷企业有45家，如高安太阳陶瓷有限公司，该企业每年消耗原煤42000吨，600多万度电，用水量达70000万吨；特别是污水排放严重，虽然该企业装置了近百万元的污水处理系统，但污水处理还是达不到"零"的目标。

四、企业有效需求不足，信用信息不准确，不透明，以致于信贷满足率低。一是产业转移企业都是新建企业，从开工到建成投产再到达产达效需一定的资金投入，而企业大量自有资金被用于先期的固定资产投入，生产性资金普遍不足，急需流动资金贷款支持。二是产业转移项目中，陶瓷、水泥等资源密集型、劳动密集型企业居多，企业发展的层次和管理水平普遍还不高，甚至有些是限制发展、淘汰的产业和行业，很难进入银行的信贷门槛。三是转移企业在创业初期由于在建土地、房产等权属证明都难以到位，很难向银行提供足够有效的抵押和担保，从而造成银行贷款支持难。如某陶瓷有限公司自动工四个月以来，4500万元自有资金基本用完，现急需银行流动资金贷款支持，但抵押手续不全。

五、服务配套尚有差距，员工子女教育问题担忧，生活设施、办证报批手续缓于沿海地区。如：落户于新街陶瓷基地的企业，离市区40多公理，政府在基地提供的交通、住宿、培训等配套服务不到位，一是给员工学习、娱乐、子女教育等带来不便。据调查，外地员工除考虑工资外，多数因交通不便或无法解决子女教育问题，不愿到基地就业。二是政府虽然在基地设立办事机构，但办证报批手续都需到市区办理，降低了办事效率，增加企业成本。

六、农信社信贷资金过多投向被转移产业，偏离"支农"方向，削弱了从紧货币政策效应。据调查，至2008年4月底止，该市农村信用社近两年向18家陶瓷行业发放贷款余额10790万元，2007年的9家6150万元，2008年净增9家4640万元，占该社新增贷款35.2%；而2008年新增支农8550万元，比2007年10949万元下降2399万元，同比下降22%。

七、民间资本过度投向国家限制行业，偏离产业政策方向，削弱了宏观调控效应。 调查显示，民间借贷既在总量上使央行货币政策调控有效程度下降，又在结构上使民间资金流入一些国家限制的行业或明令禁止的高污染、高能耗、高排放项目。一方面，民间借贷只注重市场需求量和自身效益，而不会按照产业、金融政策要求去调整融资规模和结构，使地方投资热不断升温，并居高不下，从而助推了发达地区的产业转移速度。另一方面，民间借贷在带动民间投资增长的同时，也带来了重复建设、资源浪费、环境污染等负面效应，承接的一些发达地区的陶瓷、水泥、化工、造纸等行业，因民间借贷的参与，使这些转移来的限制企业生产仍然红红火火，一些属于国家严令关闭的企业，因民间借贷的参与而死灰复燃。如调查的该市7家水泥厂民间融资4862万元，化工企业8家民间融资1257万元，造纸企业6家民间融资1358万元。据某县级市环保部门了解，近二年，全市共关闭高污染、高耗能、高排放企业15家，调查的5家关停企业，1.8亿元的资金来源中民间借贷占56%，其中800多万元形成不良。关停的康盈铜业、瑞明纸业等公司，有的异地改建，有的躲进深山老林继续生产。

县域工业园区产业配套发展与金融支持

强手过招，取胜靠什么？靠竞争优势。当前各地在工业园区建设中，产业配套发展与聚集效应日趋成为园区做大做强的致胜法宝。为了解县域工业园区产业配套发展现状，剖析制约产业配套发展的困难和障碍，从中找寻金融支持园区可持续发展的现实途经，以某工业园为个案，从中窥豹一斑，供决策参考。

一、工业园产业配套发展现状与贡献

某市新世纪工业城2001年7月动工兴建，规划面积10平方公里，已开发4平方公里。截止目前，共有111个项目落户，其中投产项目有57个，合同资金48.3亿元，实际到位资金10.20亿元，累计完成固定资产投资17.9亿元，其中投资亿元以上项目6个，五千万以上项目16个，已形成机电、纺织、建材、医药4大支柱。园区2004年完成工业产值13.66亿元，占全市工业产值的33.6%，上缴税收6142万元，比上年增长72%，安置就业人员19180人。比上年增长2.2倍。园区的聚集效应和辐射效应日益显现，成为推动经济增长、财政增收、就业增加的关键因素。

1.园区产业配套发展的基本格局。目前园区已形成了以清华泰豪、龙工集团为主的机电制造业，以中瑞纺织、大盛纺织、以雅星纺织、森仕服装为主的纺织织造业，以美康陶瓷、奥丽丝陶瓷、金盛陶瓷为主的建筑陶瓷业，以三爱尔、科美制药为主的医药制品业四大主导产业，占园区企业总数的62%，产值占83%。

建筑陶瓷业是该市传统的支柱产业，走过1993年鼎盛时期后，逐渐步入低谷，经过4年多脱胎换骨的改制后焕发出新的生机和活力，发展势头强劲。目前全市10家建陶企业拥有24条自动化生产线，年生产能力达4000万平方米，拥有固定资产4亿多元，占全市工业企业固定资产的46%，年销售收入3.3亿元。建陶业在自身发展壮大的同时，产业链不断延伸，带动了运输、采矿、机械、化工、包装、商业、餐饮等相关行业的发展，全市拥有货运汽车5000余辆，原料开采加工企业8家，陶瓷机械模具厂3家，包装箱厂7家，经营陶瓷配件产品的工商户100多户。

纺织行业是新兴的支柱产业，工业园现已初步形成了纺织——织造——印染——制衣为一体的产业链。目前，全市纺织行业拥有企业15家，其中纺纱企业6家，织造企业5家，印染企业1家，制衣企业3家。轻纺工业已形成8万锭纺纱生产能力，年销售收入3.2亿元。

机电制造业，共有企业11家，仅工业园就有6家企业投产，2004年销售收入20517万元，比上年增长12%，其中龙头企业泰豪特种电机有限公司总投资1.5亿元，是上市公司清华泰豪科技集团投资的"军工"及"精品电机出口"生产基地。拥有现代化数控、数显设备及具有国际水准的产品试验检测中心。产品远销东南亚、拉美、西欧等地区。2004年销售收入8757万元，利税1324万元。

2.园区配套管理，政策服务情况。政府把工业园作为招商引资项目的主要载体，不断加大管理和扶持力度，一方面实施政策倾斜，筑好"巢"；出台了系列的招商优惠政策，如对地价实行优惠，规费减免，税收返还，对用地和基础设施都作了统一规划管理，仅基础设施建设资金就投入1.2亿元。另一方面提供优惠服务，留住"凤"。园区由一名市委副书记和一名政府副市长负总责，成立了正科级工业园管委会，市委市政府还成立了专班，对重大项目跟踪服务，园区还开通了小灵通基站，配备了公交车，设立了公安分局、供电所和电信所。在全市营造一个亲商、重商、扶商氛围。

二、制约园区产业配套发展的困难和障碍

尽管园区产业配套发展的效应明显，但产业链延伸发展中暴露的一些困难和问题，影响着园区可持续发展。

其一，从产业链的横向结构看，产品配套的相关性低，加大了企业生产成本。

园区机电产业6家企业，分别生产电机、齿轮、机械配件、冷轧钢，产品几乎处于同一链连点，自成体系，互不关联，企业原材料的购进和产品销售两头在外，加大了企业生产成本。泰豪特种电机有限公司，外地采购成本高达2079万元，占总成本的61%，外地销售收入4017万元，占产品销售总收入的100%，纺织龙头企业，中瑞纺织有限公司只有到收棉季节，才收购本地棉花占总成本的73%，其他季节则到外地采购，占总成本的27%，纺织产业没有利用好作为全国产棉大县的资源优势。

其二，从产业链的纵向结构看，企业偏重下游产品的开发和生产，造成对上游产品的依赖性增强。

纺织产业关联企业中，大盛纺织有限公司等企业当初是看好了龙头企业、中瑞纺织公司的纺纱生产能力和技术，而进驻工业城的，经营的是其下游产品织布，而中瑞纺织公司主要生产17支棉纱，只适合做灯芯绒等粗纺布，随着市场行情的变化，生产下游产品企业纷纷开拓市场，调整产品结构，生产高支纱布，其原材料不得不从湖北、安徽等地购进，这样纺织产业便形成上游产品销住外地，下游企业产品原材料从外地购进的不正常格局。不仅加剧了上下游产品的供需矛盾，而且造成产业链梯次结构的断裂，从而影响了产业链的拓展和延伸。

其三，产业链科技含量及聚集效应不高不强。

政府在项目招商中往往重规模而轻结构，重数量而轻质量，导致园区粗放型、劳动密集型企业多，而高科技等技术密集型企业偏少，在四大支柱产业中，只有泰豪

特种电机有限公司科研开发投入80万元，其他企业均无投入。产品科技含量低，使企业在市场竞争中丧失优势。2005年园区企业实现销售收入10.2亿元，其中支柱产业8.4亿元。利润总额7282万元，实交税金6142万元。四大支柱产业的聚集效应并不明显，另外该市还拥有4个乡镇级工业园，企业产品大多数也不能和工业城支柱产业实现对接和配套，而且相互争夺原材料，形成内耗，严重影响了工业支柱产业的配套发展。

其四，园区企业信贷满足率低，银企双方信息不能对称。

近三年来，全市金融机构对工业园累计投入信贷资金8960万元，2005年末贷款余额3778万元，企业信贷满足率仅31.5%。信贷满足率低的主要原因：一是入园企业投产时间短，运行质量不高，市场前景难以预料，企业还款来源没有切实保障，致使金融机构不敢介入。二是企业财务制度和信用记录的缺失，贷款抵押担保不足或难以落实，企业难以满足贷款条件，致使金融机构不能介入。三是银行信贷营销观念滞后，以及严格的贷款责任追究制，致使金融机构不愿介入。一些商业银行惜贷、惧贷时有发生，既使一些具有良好资质和成长优势的企业、项目也得不到贷款支持。

三、策应园区产业配套发展的金融取向

（一）改善金融支持的外部环境

一是政府项目招商应由过去的以政策招商为重点，转向以产业集群招商为重点。有目的，有重点，有规划地引进一批上规模、上档次、上效益的企业集团，加大关联企业的协作、联动，全面提升园区企业的整体装备水平和核心竞争力。二是加快担保体系建设。担保机构组建形式可以多样化，以股份制的担保公司为主，由个人、集体、企业投资入股，增加担保基金数额，切实缓解一些入园企业创业初期资金不足，同时普遍缺乏担保、抵押能力的困难局面。三是加快工业园区企业征信体系建设。由政府有关部门牵头，对园区企业的资信、纳税、合同履约及生产经营等情况进行真实性统计和评定，建立相应信用的档案信息库，为金融部门贷款提供参考。适当降低担保、抵押、评估登记收费标准，简化相关手续，以进一步降低工业园区企业融资成本。

（二）提升金融支持的整体合力

人民银行要灵活用再贷款，再贴现等货币政策工具，支持园区产业配套发

展。要牵头举办信贷营销会、银企恳谈会，为银企双方信贷供需搭建信息沟通平台。敦请政府尽快启动按市场化运作的园区企业信用担保中心，化解贷款担保难题。农发行应发挥政策性信贷杠杆作用，抓住可开办农业产业化龙头企业贷款新业务的有利时机，对园区带动能力强，农产品转化水平高，具有一定规模和良好效益的龙头企业，提供信贷支持，使其延伸产业链，增加附加值。各商业性金融机构，要发挥各自信贷优势，对产业配套发展的各个环节寻找最佳链接点，必要时对大型企业集团公司或大型项目实施银团贷款，加强信息沟通，信贷监测，对企业实行分类管理，对产业配套发展的全过程实行全方位的跟踪服务。

（三）找准信贷投向的支持重点

信贷资金要重点扶植一批起点高、规模大、科技含量高、市场带动力强的龙头骨干企业，力争在三年内培育泰豪特种电机、中瑞纺织等几个具有较大竞争优势的龙头企业包装上市。信贷资金要重点向名优品牌倾斜。力争三年内培育出三个在全国有影响、市场占有率高的全国驰名商标或全省著名品牌。

（四）创新服务手段，推广新型信贷品种

对资信好有发展潜力的龙头企业，银行要扩大信贷授信范围，实行综合授信，在授信额度内实行可循环周转贷款；对流动资金需要量大、周转快的龙头企业，大力推行出口退税、应收帐款质押贷款、联保协议、信用证、保函贷款。广泛推行派驻园区信贷员制和客户经理制模式。

"三农"经济发展与金融普惠

金融支持农业供给侧改革调查与思考

2017年初，中共中央、国务院印发了《关于推进农业供给侧结构性改革，加快培育农业农村发展新动能的若干意见》，为金融支持农业供给侧改革提供了政策指引和制度安排。这对金融业如何加快创新与发展，提升金融供给结构的适应性和灵活性，促进农业提质增效等方面提出了新要求。本文以某县级市的实际现状作为典型个案，通过归纳提炼成功做法，调查分析金融支持农业供给侧改革存在的问题，并提出相应的政策建议。

一、金融支持农业供给侧改革现状

该市自古有"农业上县"的美誉，农业有一个"厚家底"：全市88万人中农业人口占72%，全国粮、棉、油、猪、牛、茶及无公害蔬菜生产基地，粮食年总产量达14亿斤，稳居全省前三名，连续十一年被评为全国粮食生产先进县市；年出栏生猪200万头，出栏肉牛21万头；棉花和肉类生产进入全国百强县（市）行列；耕地面积239万亩，其中土地流转面积50万亩；拥有国家级农业龙头企业1家、省级12家、市级28家。农民专业合作社730家，其中国家级示范社5家。

截止2017年7月末，全市金融机构各项存款余额430亿元，各项贷款余额281亿元，其中涉农贷款266亿元（财政惠农信贷通6.8亿元）。近三年全市各项贷款年均增长35.15亿元，净增额连续五年排宜春各县市第一。现有银行业金融机构14家、营业网点90个，保险业19家，证券业3家，担保机构和小贷公司各4家，近年来，金融部门围绕"三农"发展需求，积极开展农村金融产品和服务方式创新，有效提升了农业发展内生动力和活力，满足了农村多元化、多层次的金融需求。

二、主要做法

（一）以需求为导向，助力农业发展转方式、调结构

金融机构充分发挥信贷导向和引领作用，引导农业发展方式以追求数量增长的温饱型，向品质安全高效的小康型转变，立足绿色生态，通过提供生产资料、消费贷款，农产品收购、流通贷款、电商贷款等方式，有效提升农业机械装备水平，促进农业需求端转型升级，促进农业布局区域化、经营集约化、生产标准化，全市银行业投放农业结构调整类贷款28亿元。

一是支持生态农业示范区建设，促进资源优势向产业优势转化。该市依托境内569平方公里的富硒资源优势，按照百亿投资、千亿产业的要求打造中国硒产业发展示范基地，高标准开发富硒功能农产品。金融机构发放贷款6.5亿元，支持祥符镇万亩连片高标准园田化建设，杨圩镇志平园林花卉苗木产业园、百峰岭生态产业园，蔬菜标准园，裕丰农牧肉牛养殖示范园等项目，着力培植油茶、肉牛、蔬菜、大米等特色优势产业，仅油茶种植就达25万亩，建立示范点56个。省农科院投资12.3亿元，依托6000亩富硒资源，致力打造具有科研试验、科普教育与休闲观光，多功能农业科技创新示范基地。

二是对接融合三产发展的功能服务需求，促进产业优势向经济优势转化。金融部门围绕政府三大产业融合发展的政策扶持项目，积极为巴夫洛田园综合体提供功能性服务方案。该项目是全国8个首批试点项目之一，总投资30亿元、占地2万亩，由生态谷、产业园、巴夫洛小镇"一谷一园一镇"组成，将农业生态示范、农产品加工销售、电子商务、创业孵化、新农村建设、乡村旅游等一体化融合发展，三产高度融合，打造"田在城中、城在田中、人在景中"新型田园化城市。目前该项目银行贷款1000万元，总授信6亿元。项目完工后，可提供就业岗位1万个，销售收入将达200亿元，成为全省引领现代农业再出发、提升经济新增点标杆性项目。

（二）以创新为动力，打造个性化涉农信贷品牌

近几年，该市金融机构积极探索"资金链、产业链、物流链、信息链"互动发

展模式，开展农村金融产品和服务方式创新，推出具有典型的、可复制、易推广的、适合"三农"需求特点的金融创新产品和服务方式30多个，主要有：

一是创立"四连环"肉牛贷款担保模式和风险分散机制。该模式优化了肉牛贷款管理流程，理顺了肉牛产业不同风险的承载主体，被人行南昌中支评为全省农村金融产品创新项目一等奖。二是"汽运产业链全程覆盖式融资模式"。满足了农村缺抵押、少担保客户的信贷需求，形成覆盖全产业链的融资服务体系，产业链信贷品牌成就了高安"全国汽车货运第一县"金字招牌，被《金融时报》等媒体专题推介。在农村金融产品和服务方式创新推动下，肉牛养殖基地形成万头规模，5万亩的高产油茶基地、5万亩的中药材种植基地、2万亩的无公害蔬菜种植基地、1万亩的白茶种植基地、3千亩的莲藕种植基地逐步向规模化、产业化、专业化发展。全市特色农业种植面积达16.5万亩，培育新型农业经营主体8690家。

（三）以激发新动能为推手，助力农业发展提质增效

近年来，金融机构充分运用互联网技术，塑造三农金融服务新生态，大力发展"互联网+三农"金融服务方式，利用互联网金融服务的低成本、数据全的特点，提供信贷、保险、理财、信息等全方位金融服务。通过推广"涉农信贷+农业科技+品牌认证"信贷模式，大力提升农业经营主体内生创新动力和活力，信贷资金重点投向农业新品种、新技术、新业态。对亿童年、淘实惠、等电商企业发放贷款3850万元，推动农村电商网点建设261个，促进政府建立农技推广服务站48个，推动农业由规模扩张向提质增效转变。国家级农业龙头企业江西维尔宝食品，银行贷款3600万元，自主研发出微胶囊壁材，产品获省级专利，新增年销售收入1.35亿元；志平园林公司银行贷款1000万元，培育出猴樟树种，填补了国内空白，每亩育苗收益达3万元，带动周边农民人均增收2400元。裕丰农牧有限公司银行贷款1200万元，联合中国农大、省农科院等高校、科研院所共同参与组建全省唯一肉牛产业产学研合作平台。农业信贷加大向"三品一标"农产品倾斜力度，引导推进品牌农产品建设，发放此类贷款3.6亿元。培育出无公害农产品认证14个，绿色食品认证6个，基地面积20余万亩；中国驰名商标2个、省著名商标8个。高安腐竹、辣椒、大米被列为国家地理标志登记保护品牌。

（四）以特色产业为依托，助力贫困农户增收脱贫

金融机构以央行"扶贫再贷款"为纽带，以产业扶贫为重点，定向施策，精准发力，加快贫困户脱贫进程。协助政府落实扶贫贷款担保基金3700万元、扶贫贷款风险补偿基金500万元，用于撬动全市光伏发电等产业扶贫贷款，防范信贷风险，极大调动了商业银行精准扶贫的积极性。截止2017年7月，商业银行对贫困户发放小额扶贫贷款601.28万元；对龙头带动型企业发放光伏、肉牛产业扶贫贷款1.98亿元，吸纳4481户贫困户就业，人均年增收2500元；发放农业基础设施贷款2.93亿元，直接受益贫困户4709人。目前全市有3600余名贫困户从事特色产业，形成了"一村一品"、"一村多品"格局。贫困户谢金平加入香菇种植专业合作社后，和村里的贫困户搭建香菇种植基地，种植香菇菌棒6万多个，年收入在12万元以上。目前全市已有7636人实现脱贫。

三、存在问题

供给侧改革的核心在于实现供给与需求的有效匹配。目前，相对应市场需求，农业供给端与金融供给端匹配都不尽合理。

（一）农业供给与市场需求不匹配

一是低端供给过剩与高端供给不足并存。从结构看，该市农产品生产依然以水稻、生猪、蔬菜等传统农副食品为主，虽然生产规模较大，但低端农产品过多且层次不高，难以满足消费者多品种、高品质产品需求。绿色食品、有机蔬菜、特种养殖等高端农产品供给、深加工明显不足，高附加值产品比重偏低。农业品牌多而不响，有竞争力的匮乏等供给矛盾突出。

二是产业链各环节协同效应不强。据调查，目前各种农业优惠政策和资源要素投入主要集中在生产环节，对产品研发、品牌效应等产前产后环节投入不够，生产、加工等环节处于粗放低效状态，销售环节与现代流通融合度不深，价值实现难度大，生态休闲旅游、观光农业、农产品冷链物流等产业链难以前伸后延。

三是农业组织化程度不高。目前农业生产普遍以订单式、流转承包、单个或合伙制方式为主，中价服务组织利益联结机制松散，真正采取股份制或合作制，将农民与新型农业经营主体利益紧密联系的组织很少。农产品生产与流通存在较大信息局限

性和盲目性，"互联网+物流"、农村电商等新兴业态尚处于起步阶段。对职业农民培养力度不够，农业科技人员匮乏阻碍了农业新技术的有效转化。

（二）金融供给与市场需求不匹配

一是信贷供给期限及审批节奏不匹配。现代农业生产中大棚、农机具等设备投入，尤其部分种植业生长周期需要三到五年甚至更长，而目前全市11家银行除农商行提供三年农贷外，多数银行仅以一年期及以内贷款为主，难以满足农业中长期资金需求。农业资金需求具有短、频、急的特点，而目前多数银行信贷审批手续时间相对过长，手续繁杂，影响借款人错过生产旺季。

二是信贷投向及品种结构不匹配。信贷投向以零散的小额农贷为主，农村电商、互联网金融等新兴业态、种养大户资金需求满足率低，农业新型经营主体信贷投入不足，大型农机具等设备贷款、两权抵押、林权抵押、商标质押贷款等业务进展缓慢。

三是融资工具不匹配。县域农产品期货交易、股权交易等服务机构处于空白，涉农信贷资产证券化等新业务匮乏，直接债务融资工具使用较少，农业产业发展基金、PPP项目等新型投融资平台建设滞后，多层次、多元化农村资本市场尚未形成。

四是融资担保机制不匹配。融资难往往是缺乏有效抵押物，而承贷主体符合贷款要求的抵押品范围有限，只能求助于担保机构，而辖内目前还没有一家农业担保机构，风险分担和撬动贷款作用发挥有限。

五是农业保险品种不匹配。据调查，全市农业险种主要有能繁母猪等6种，蔬菜、肉牛、养鸡等业务没有开展，农业保险覆盖率低推高了银行评估承贷主体的风险等级，使农业贷款难以通过保险释放风险。

（三）金融扶贫中强制供给现象凸显信贷风险新隐患

据调查，该市大多数贫困户地处偏僻，农业基础设施、卫生交通条件差、思想观念落后，文化程度低，往往缺乏有效信贷需求，而目前金融扶贫是一项首要任务，各级行层层下达了信贷指标并列入年度考核，导致农村金融风险压力增大。据调查，全市贫困人口中因病致贫的65.42%，因残致贫的13.2%；无劳动能力和部分缺乏劳动能力的贫困户占比92.76%。部分贫困户本身不需要或不符合贷款条件而被迫接受贷款，造成部分贫困户误认为不需要还贷而形成新的信贷风险。

四、政策建议

金融支持农业供给侧改革，既是责任担当，也是自身发展机遇。关键在于如何有效配置金融资源，在培育农业发展新动能上坚持创新引领，有针对性地解决金融供给中存在的实际问题。

（一）创新多元化的农村金融产品和融资模式。深入推进农业供给侧改革重在加快培育农业发展新动能，关键要突出融资模式创新，针对承贷主体生产、加工、储运、营销等融资链差异化资金需求，提供多样化融资方案。组合运用股权融资、产业基金、债券承销、融资租赁等融资手段，为地方政府PPP等融资项目提供专业化服务，提升金融供给效率、降低融资成本。创新融资渠道，拓宽服务功能，推动手机银行、微信银行向乡村和社区延伸。

（二）建立财政金融政策和社会保险相结合的激励机制。建立中央省级财政层面的农贷损失补偿机制和激励政策，发挥政府增信和龙头企业增信的杠杆撬动作用，放大农业信贷倍数，破解抵押、担保难题。建议对信贷政策导向评估合格金融机构增加支农再贷款额度或定向降准。开办"两权"抵押贷款保险等险种，扩大农业保险覆盖面，在商业保险不愿介入的领域，引入政策性农业保险，建议提高中央财政对农业保险保费补贴比例。

（三）推动金融供给向新主体、新业态、新动能有效配置。解决农业结构低端化、农产品同质化问题，重在发挥信贷资金导向作用，引导优势企业对低效、弱小企业的并购重组，重点对接高附加值产业、新型经营主体市场需求，促进农业生产要素优化配置，产业链向更深层次延伸。对互联网、农村电商、乡村旅游等新兴业态、技术创新等新动能项目建立信贷受理、审批、发放优先通道，及时满足、合理确定贷款周期和还款方式。

（四）创新担保方式，健全信贷风险分担机制。积极探索担保公司担保、保险公司保险、财政资金风险补偿、行业协会外部保障为特色的信贷风险分担机制。建议政府出资组建较有实力的农业担保公司，对农业龙头企业、种养大户等新型农业经营主体进行担保；对涉农优质产业给予第三方出让土地所有权抵押、大型企业担保等政策支持；产业链相关联的新型农业经营主体，可共同设立风险担保基金，为关联企业贷款提供担保。

农民金融资产结构与选择实证分析

改革开放以来，我国农民金融资产结构发生了深刻的变化，对农村经济发展也产生了深远的影响。研究分析转轨经济中农民金融资产结构选择的特点、要求和变化，从中推导农民金融行为偏好的形成机理，探寻提高货币政策在农村区域传导效应的现实途径，提出完善农村金融合理的制度安排是当前值得研究的一项重点课题。本文以某地级市36个村组360户农户为调查样本进行了研究分析。

一、某地级市农民金融资产结构与选择的现状

某地级市是传统的农业大市，农业人口393.9万人，占全市总人口的75.0%。改革开放以来，党的惠民政策使广大农户家庭收入迅速增长，收入来源呈多元化趋势，农民资产（主要有实物资产和金融资产）户均持有量也大幅度增长。农民金融资产的品种结构已由传统的储蓄、手持现金，发展到股票、债券、保险等多个品种，其中储蓄约占金融资产的70%左右。2005年全市农村居民储蓄存款达64.1亿元，占全市居民储蓄存款的25.8%，是1986年的38.8倍。从结构上看，农民金融资产的比重过高，其增长速度超过实物资产的增长速度，并出现了持续的存款化趋势。据对某县级市70户农民的问卷调查，农户收入主要来自三方面：一是种养业收入；二是乡镇企业及汽车货运收入；三是外出打工收入。农民金融资产结构中69%的农民首选储蓄。活期存款中1000元以下的农户占72%，定期存款中1万元以上的占63%；农户手持现金在1000元以下的占89%，持有股票、债券、保险单的农户不到8%。在储蓄目的选项中，选择"供子女上学"高居首位比重达64%，其次是扩大再生产、更新农具占13%，第三是养老防病占12.8%，第四是建房占7.14%。调查显示，农民金融资产持有结构、分布层次的不均衡，对金融资产的品种选择也呈现明显的梯次特征。

二、农民金融资产结构层次性和区域性特点及相关分析

1. 农民收入层次的差别影响农民金融资产的分布不均衡。调查显示，1986年以来，全市农民金融资产的增长主要是靠农民年均纯收入增长和农户固定资产投资的增长来推动的。而农民收入层次差距的拉大，不仅影响农民金融资产占有量差距的扩大，还影响了对持有金融资产动机的选择。（见下表）表中选择某县级市70户样本农户进行分析发现，全年可支配收入按三个层次划分，其金融资产占有量与收入呈正相关，即收入越高的家庭，金融资产占有量越多；收入越低，占有量越少，且随着年限的增加差距逐年拉大。

某县级市农民金融资产层次结构表

项目	时间	全年可支配收入4000元以下农户	全年可支配收入4000元至9000元农户	全年可支配收入9000元以上农户	合计
农户金融资产构成	2003年	26209	136397	254339	416945
	2004年	27804	140772	278947	447523
	2005年	29636	148635	302752	481023

由于收入差距的拉大，还影响了农民对持有金融资产动机的选择。从以上三个收入层次家庭来看，他们因收入差异而对储蓄动机进行了不同的选择。

（1）子女上学、养老、看病治疗，这三种动机的占比与其收入呈负相关，即收入越低家庭以此为储蓄动机的占比越大，调查中户全年可支配收入在4000元以下的家庭，选择子女上学、养老、看病治疗分别占62.2%、60.71%、52.88%，而全年可支配收入在9000元以上的家庭占比只有12.3%、13.8%、12.6%

（2）添置生产设备、扩大再生产为储蓄动机的占比与其收入成正比相关，即收入越高家庭以此为储蓄动机的占比越大。调查中年可支配收入在9000元以上的家庭，有34%是为添置生产设备，36%是为了扩大再生产，而年可支配收入在4000元以下的家庭分别占6.8%、5.4%。

（3）以建房、购买耐用消费品为储蓄动机的家庭占比在中低收入中与收入正

相关，即收入越高以此为动机的占比越大，而在中高收入中这种动机又随收入增加而下降。

2. 金融资产结构地域分布的集中化趋势日益明显。首先，家庭成员文化结构及从事经营活动的能力影响农民金融资产的分布。家庭成员文化程度越高，负担越轻，其金融资产越多；从事经营活动的家庭其金融资产明显高于非经营户。如样本调查显示，农民金融资产向种养专业户、汽车运输户集中的趋势明显。据对农民运输户调查，一部车的平均年收入约3万元，在还清贷款后，每年车主储蓄存款将增加3万元。随着收入的逐年增加，就会产生扩大再生产的冲动，更新车辆或入股汽运公司，会增加5至10万元的借贷需要，反之如车辆发生意外事故，则直接影响收入的减少，而对借贷的需求将成倍增加。其次，产业结构的布局与发达程度影响不同区域的农民金融资产分布。无论是山区还是丘陵经济地带其受宏观经济的影响趋势基本一致，但经济带的产业结构布局不同，农民收入影响程度也略有不同，铜鼓、靖安等山区经济带第一产业占的比重大，农民收入来自第一产业的集中程度也大。从农民人均纯收入指标上也可看出，地处山区经济带的铜鼓县，2005年农户人均可支配收入2636元，与拥有公路运输优势、第二、三产业发展较快的高安相差493元。再次，农民金融资产分布的区域性特征明显。从地域分布上看，金融资产呈向郊区和资源优势地区农民集中的趋势明显。处于城市郊区农民能有机会获得非农建设土地征用补偿费，其金融资产明显高于非郊区地域农民。调查的样本县中，某县级市10户郊区农户2005年金融资产拥有量为26716万元，即14.28%的郊区农民掌握了25%的金融资产。调查还显示郊区农民年内户均借入款也高于全部样本农民1.8倍，借入款来源选择银行占18%，选择民间借贷占82%，借款用途用于运输业和养殖业居多，而用于纯农业的较少。农民之间的小额借贷以零利息居多，金额大时利息多以同期贷款利率为标准，种养大户、购车农户民间借贷利率相对较高，而且钱要得越急，时间越短，利率越高，最高达月息25%。如铜鼓县棋坪镇柏树村盛产黄金，该村村民户均持有黄金在100克以上，多的达上1000克；永宁镇钓鱼村，由于人口少，山岭多，而且山上林业资源丰富，该村村民户平均年收入万元以上，不少家庭储备有50-100万元的森林资源，而且其资源经营得当增值较快；港口乡华仙村，由于自然条件恶劣，山上不长树，山下没有田，全村人口生活非常贫困，村民收入主要靠外出打工。

3. 经济金融政策变化对农民金融资产增长密切相关。首先，从历史数据分析，农民金融资产增长与国家惠农政策十分密切，特别是与粮食价格高度相关，每当粮、棉、油的收购价格与当时综合物价相比处于历史低位时，会出现农业生产投入减少，粮食种植面下降，粮、棉、油总产量下滑的局面，农民收入增长缓慢，甚至出现负增长。如自2005年国家在调整农业政策，采取减免农业税、财政实行种粮直补、农机补贴和调高粮食收购保护价格后，农民金融资产总量增加快。铜鼓县自从实行林业政策改革后，减少了林业规费和中间流转环节税基，林农人均年增收达400元，不但提高了农民的收入，更增加了农民投资开发林业的信心和积极性，有效地保护和改善了生态平衡。其次，农民按照收益最大化原则选择金融资产，有时还会受金融政策变化影响。1996年至2002年央行连续八次调低存贷款利率，累计下调5.98个百分点。由于农民收入差异拉大，储蓄行为与其收入一样形成两极化。对于低收入者，降息会产生逆反选择，储蓄愿望反而更强烈，对于高收入者，他们传统的消费已饱和，受经济结构矛盾的影响，降息仍难改变其储蓄愿望，因此降息政策在县域农村经济中刺激消费和拉动投资的政策效应并不明显。由于农民不享有住房、医疗、养老等社会福利，因而这些制度的改革对农民影响较小，但却强烈地刺激了农民为女子上学、办婚事、防病、养老、建房的储蓄积累性动机。

4. 农民收入增长和消费的周期性特征是影响金融资产增减的特殊原因。从历史数据观察研究农民整体消费行为表明，农民消费存在周期性特征。在某段时期，如果居民消费行为高涨，则将形成剧变期，如1988年货币贬值，导致农民对大件家用电器的消费热潮，引起农民金融资产大幅度减少，实物资产迅速增加。在下一个剧变周期到来之前，农民又需要一个较长的缓变期积累资金，目前农民消费正处于这一时期。加上当前农村消费市场处于结构性供求失衡阶段，农民消费支出增速低于收入增速，从而使农民金融资产快速增长。进入九十年代，市场机制的推进，我国经济实现腾飞，农民金融资产也得到快速积累。调查显示，农民金融资产增长还受市场投资风险的制约。如今年铜鼓县有近362户种反季节地埋香菇的农民受到香菇烂仓影响，损失惨重，农信社的部分小额农贷也形成不良贷款，有的农民连多年积累的金融资产也赔进去了，成了贫困户。

5. 农民的金融资产结构和选择对农村金融的影响。据调查分析，当农民的金融资产处于极度贫乏时，农民的金融资产不但对农村的金融发展提供不了足够的资金支持，而且农民对信贷资金的需求也非常小。如在2000年铜鼓县农村储蓄存款为5700万元时，全县农业贷款仅为3392万元，存贷款占比为59.5%。而2005年末，农村储蓄存款为12600万元时，全县农业贷款增到10828万，存贷款占比为85.9%，即随着农民金融资产的增长，农民的金融资产不但支撑着农村金融改革和发展，并且农民对农村金融的需求也逐步增加。从农村信用社的股本金变化可以得到验证，如2002年某县级市农村信用社社员股金1749万元，到2005年底，入股金额达到3466万元，增长了2倍。

6. 农民对新兴产业的特定需求，往往会诱发一个新产业的崛起，从而推动农民收入和消费的需求增长。 某县级市农民九十年代初兴起汽车运输热，许多农民找到一条致富路，汽运业收入成为金融资产增长的主要来源。近年来，该市农民购买货运汽车的热情不断升温，汽运业发展成为地方特色产业。据该市样本户的调查，2005年70户样本户在239万元的总资产中，货运汽车占了28%，比上年上升5个百分点。在购买方式中，有3户是独家购买，有18户以入股等间接方式参与，投入汽车总资产66.92万元，其中向亲戚朋友、银行借入款占48%，自有资金占52%，样本点所在的石脑镇投入在汽运业的民间融资总量达1186万元。

目前，该市汽车拥有量近万辆，是全国最大的汽车运输县市。全市共有168个汽车运输公司，420多个信息服务部，从业人员10万余人，其中90%以上是农民。2005年汽车运输业营业收入4亿多元，实现税收3200万元，占全市财政收入的10%，汽车运输业日趋成为农民发家致富奔小康的主要途径之一。该市龙潭镇塔水行政村是全省闻名的汽车村，时任国家副主席曾庆红、省委书记孟建柱先后到该村视察，并对该村以汽车货运业来拉动农民奔小康模式给予了高度评价。目前该村平均每3户人家就有一部车，户均年增收2.8万元，每辆车拉动信贷需求8万元，该村新建住房的80%是运输户建的。

如今，"十万大军搞运输、万辆货车跑全国"成为该市汽运业的生动写照。汽运业不仅促进了财政增税，农民增收，还带动了汽车修理、房地产、饮食、信息等相关产业的发展，产业链不断延伸。汽车运输业的发展促进了金融业发展，"高安车贷"已成为全省响当当的信贷品牌。近年来，在市人行引导下金融部门创新建立的"四连环"车贷方式和风险防范体系，确保了汽车贷款放得出，收得回，有效益。全市金融机构汽车贷款年均累放额达6000多万元，余额最高时达到1.8亿元，支持车主购买货车3000多部。

农村汽车运输业还启动、激活了民间资本。据调查测算，全市汽车产业共吸纳民间资本4.8亿元。随着汽运产业的不断发展壮大，农民将金融资产投向汽运业的行为偏好将进一步增强，汽运业的民间融资投向将不断扩大，成为民间融资的主流，同时为拓宽辖区企业的融资渠道，完善民间投资机制提供了广阔的发展契机。

三、政策建议

1. **完善农村经济金融制度安排，优化农民金融资产结构**。缩小农民收入差距，对优化农民金融资产结构具有重要的现实意义。要加强对个人所得税的征管力度，推行累进税率制，调节贫富差距。要完善转移支付制度，加大对贫困阶层的扶持力度。合理调整产业结构，激活农村资本市场。

2. **优化农村金融生态环境**。以富民工程为依托，以农户小额信用贷款为载体，采取"政府搭台，信用社唱戏，人民银行引导，农户配合参与"的"四位一体"的运作模式，四方联动共建和谐的农村金融生态环境，支持三农经济发展，加速农民奔小康的进程。

3. **农村信用社要尽快建立完善的贷款利率定价机制，缓解农民贷款难矛盾**。地方法人金融机构可根据产品类别、风险状况、生产周期和生产成本等因素进行差别利率定价，杜绝"一浮到顶"过分追逐利润现象，提高农村资金使用的长期效益。

4. **尽快理顺邮储资金回流体系，增加农村金融市场上的资金供给**。目前，大部分的邮政储蓄存款来源于农村，却被大量上存，没有建立一种邮储资金回流农村机制。可出台政策将一定比例的邮储资金投放到当地，探索贷款担保、保障机制，适当降低转存资金成本。

5. **扩大农业政策性保险业务范围，增加农民融资渠道**。通过财政补贴，减免相关税收等方式，引导、鼓励商业性保险机构开展农业保险业务。探索建立"社区银行"、"社员担保、资金互保组织"、"小额贷款公司"，合理引导、规范民间借贷行为，拓宽融资渠道。

对农村金融市场发展现状与问题的调查

当前，我国农业和农村经济已进入一个新的发展阶段，作为传统农业大市的某地级市，其农村金融市场的改革与发展正面临新情况、新机遇的严峻考验。为全面了解该市农村金融市场改革和发展现状，分析农村市场资金供需矛盾，探索农业、农村资源合理、高效配置的实现途径，为有关部门提供决策参考，组织开展了本次调查。

一、某地级市农村经济金融基本情况

该市地处赣西北，受亚热带湿润性气候影响较大，为国家重点农业基地之一，全辖一区三市六县，1.87万平方公里，拥有耕地34万公顷，人口510万，其中农业人口402万，占78.8%。初步形成：优质米、竹木加工、果业有机食品、三辣、肉牛、中药材、水禽、食品、油茶十大农业主导产业。拥有省级以上农业龙头企业16家，市级20家，2006年，全市农业GDP实现75.3亿元，增长2.5%，占全市国内生产总值的30.2%，农民人均纯收入2689元，增长4.1%。全市农业贷款余额35.92亿元，占各项贷款余额的17.4%，比年初净增6.4亿元，增长21.5%，农业贷款用于支持"三农"占78%。人民银行为支持十家信用联社改革，置换专项央行票据达2.62亿元。

二、某地级市农村金融市场资金供需现状审视

（一）农业资金需求状况

去年十月以来，该市主要农产品价格呈现恢复性上升，大大调动了农民发展种养业的积极性，特别是今年初"中央一号文件"出台后，全市各部门发展农业生产的积极性更加高涨，因此，农村市场出现了强劲的资金需求。具体表现在：一是种植业面积扩大，农民对土地的投入增加。据调查，今年我市早稻面积达331万亩，比去年增长18.7%，占全省的16.7%，棉花、蔬菜、果树、中药材等主要经济作物面积达20.18万亩、65.3万亩、33.11万亩和10.8万亩，同比分别增长56.1%、13%、9.82%、46.73%。各地特色农业、生态农业、订单农业的兴起，进一步加大了农业生产资金需求。二是养殖业发展势头强劲，资金需求增大。目前，全市生猪存栏151.89万头，同比增长7.84%，牛存栏54.27万，增长5.5%。三是农业产业化主导产业，农业龙头企

业需要大量的资金投入。据调查显示，该市36户有批文的市级以上农业龙头企业资金缺口达1.2亿元，今年上半年十大农业主导产业，实现产值10.6亿元，增长14.4%，税收3500万元，增长13.6%。通过基地推动，龙头带动，招商促动，各地产业化经营步伐明显加快，初步形成了种养加一条龙，产供销、贸工农一本化的农业产业化新格局，需要大量的资金投入。四是农村土地流转倾向加剧，使农、田、水、利、电网改造等基础设施建设资金需求增加。五是乡镇企业的改制和重组，以及小城镇建设需要大量的信贷资金投入。总之，农村市场对农村金融的需求总量和需求空间不断扩大，要求改变信贷资金需求结构层次的意愿日益强烈，对农村金融市场，融资方式、手段提出了新要求。其次，资金需求分布层次的不均衡，不同地区的不同调整方向、时机的把握与发展水平，对金融需求呈现出梯次特征。

（二）资金供应状况

目前该市农业资金投入已由财政主导性转为金融主导性，金融投入实际上已由多家变为农村信用社一家支撑。我市农业贷款占贷款总量的比重一直处于低水平。从贷款结构上看，人民银行支农再贷款发放8.19亿元，比年初净增2亿元。农信社各项贷款余额49.47亿元，比年初净增12.91亿元，其中"三农"贷款占各项贷款比重达80%，成为名符其实的支农主力军，是联系"三农"的金融纽带。农业银行由于实施战线收缩战略，对基层农村网点进行了大范围的撤并，基本退出农村经济的圈子，服务重点转向大城市、大项目，其农业和乡镇企业贷款只增加1072万元。财政支农资金有限，财政支农资金只占当年财政支出的5%。为了帮助农信社减轻历史包袱，消化历年亏损和不良贷款，人民银行发行央行专项票据达2.62亿元。为落实好中央一号文件，今年财政通过信用社直接向农民发放的粮食直补和良种补贴款达1.15亿元，出台的各项财税优惠政策已基本落实到位。

民间资金是支农资金的重要渠道。近几年，某地级市民间借贷无论从规模还是速度都有较大发展。居民储蓄存款目前已达240亿元。如果10%转化为农业投资全市就有24亿元。本次收回的百份问卷调查资料显示：支农资金来源渠道中农民自我积累占42%，民间借贷占23%，银行贷款占28%。民间借贷形式：私人之间互动型占56%，内部集资占27%，高利贷占4%。某县级市龙潭镇塔水行政村是全市闻名的汽车村，该村靠民间融资起家，通过信用社扶持，目前拥有8个汽运公司，280多辆汽车，平均3户人家就有1部车，激活民间资金6千多万元。年创税收近百万元，安置剩余劳力490多人，车主人均月收入2200多元，汽车货运成为当地农民致富的主要财源。上湖乡则以生产大棚蔬菜，辣椒而远近闻名，该乡4700多亩大棚蔬菜成为上海徐汇区蔬菜批发市场供应基地，有的品牌蔬菜还出口到东南亚国家。

从全辖农村金融市场总的资金供求状况来看，需大于供是大势所趋，但从供求结构上看，夏秋两季粮食生产资金基本上小额农贷能保证需要，但种养大户和农业龙头企业、农业综合开发、产业化经营资金缺口大；水利、水电等农业基础设施资金不能满足需要。本次百户客户贷款满足率问卷调查显示：贷款满足率不到30%的57户，满足率在30%至70%的有32户，满足率在70%以上的有11户，贷款不能满足的原因中信用观念差占36%，无有效抵押资产占32%，效益差占10%。

（三）资金供求状况总体评价

某地级市是传统农业大市，全市总人口中农业人占78.8%。金融业在推动农业经济发展中有着举足轻重的地位，农业资金投入已由财政主导性转变为金融主导性，并以农村信用社为主渠道，农业贷款呈现逐年增加的趋势，但农业贷款占比处于较低水平。全市农业GDP增长2.5%，而农业贷款增长21.5%。农业GDP占全市国内生产总值的30.18%，而农业贷款余额仅占全市各项贷款的17.4%，比重偏低。农信社贷款增量占了全市农业贷款增量的98%；信贷支农几乎信用联社独撑。全市农民人均纯收入2689万元，比上年净增106元，相当于金融机构每投入603万元，全市农民人均增收1元，金融支持农民增收效益有限。

三、某地级市农村金融市场供求矛盾分析

（一）农村金融资源分流形势严峻，资金供需缺口大。综上所述，2006年全市农业资金需求总量在35亿元左右，从供给渠道上看，农户自有资金、财政支农资金、支农贷款、民间组织投入量约30亿元，初步匡算农村资金的供需缺口在5亿元左右。目前，农村资金存在三种流向：一是行社、邮储资金向上存；二是县域农村资金向市里流；三是市里资金向省城流，致使农村金融资源分流形势十分严峻。

（二）产业结构性矛盾突出，影响资金供求关系的平衡。在某地级市农村产业结构中纯农业比重高达43.6%，林、牧业、养殖业比重偏低，分别为7.4%、27.19%、7.19%。由于产业结构调整不到位，使农产品的供求矛盾也由总量短缺的数量问题转变为因品种、品质不适应市场需求造成的结构性问题，农产品生产周期变化大，市场价格信息滞后也影响了资金供求的平衡。

（三）金融机构布局失衡，农村金融的市场份额下降。一方面农村金融机构网点呈大幅缩减之势。另一方面，农村金融存款占比不断下降。2006年末农村金融机构网点520个，比1996年缩减251个，其中农行缩减190个。由于农行实施机构全面收缩战略，农行对基层营业网点进行大撤并，县市农行机构基本退出农业经济领域，其业务重点偏移至大城市、大企业、大项目。

（四）农村资金非农化，加剧了农村资金供需矛盾。一是农业信贷资金质量恶化，损失了一块。据统计到2006年末，某地级市农村金融机构不良贷款46.11亿元，占比46.82%。二是商业银行资金上存转移了一块。商业银行资金上存收益实际大于贷款收益，因此，宁愿将相当部分的农村存款上存也不愿冒险放贷。据统计，全市商业银行的资金上存年均在十亿元以上。三是邮政、保险资金上划抽走一块。全市农村邮政储蓄吸储能力已达23.68亿，占农村信用社存款的33.6%，四是信贷投入的趋利性，流失一块。主要是农村信贷资金通过各种途径流入证券市场或发放工业贷款、员工责任贷款。

（五）信贷政策束缚放贷，缺少政策支农的制度安排。农发行业务日趋萎缩，而对于资金需求日益扩大的农业综合开发、农业基础设施建设、贫困农户的扶持等需要政策性信贷支持的领域，又缺少政策扶持的制度安排。一是当前紧缩的信贷政策约束了金融机构放贷。据匡算今年存款准备金的上调，就直接减少商业银行可用资金3.74亿元。二是信用社大户贷款比例管理限制了放贷，农村信用社发放专业户贷款只能限制在一定额度之内，规定对最大一户贷款金额不能超过资本金的30%，对最大十户贷款总额不能超资本金的1.5倍。三是信贷额度管理限制了放贷，大多数信用社对农户每户最大额度限为2万元，小额农贷政策与种养大户资金需求大额化矛盾日益尖锐。信用社面临既要支持"三农"，促进农民增收又要防范风险，提高盈利能力的两难选择。四是商业银行信贷资金的效益性、安全性、流动性原则恰与农业的低效益、高风险、时间长的特性形成反差，客观上造成商业银行缺乏信贷支农的主动性，况且商业银行扶大扶强政策也限制了对农业的信贷支持。

（六）农村金融产品和服务方式不能很好适应农村市场发展的多元化服务需求。首先，农贷投入的手段与方式与农村资金有效需求间的渠道没有完全衔接和沟通。农户经营方式分散化与金融服务集约化难以协调配合。农户贷款需求的突出特点是额度小，笔数多，流动快，风险高，成本高，效益低。而目前为配合农村经济结构的调整，农村金融的集约化经营是大势所趋，农行已实施"双大"战略，扶大扶强，瞄准农产品深加工集团和龙头企业。另外，农业贷款"春放秋收冬不贷"传统信贷方式，限制了一些种养大户因季节差异形成的合理资金需求，其次，小额农贷难以满足种养大户大额资金需求，迫切需要大额农贷政策的出台；再者，农村金融机构不能提供农业仓单质押贷款、营运证质押贷款、出口创汇贷款、账户托管贷款等新型信贷品种，存在信贷品种少，结算工具落后，服务质量差等问题；利率政策调节失灵，农信用对农业龙头企业贷款一律执行个体工商户贷款利率，贷款利率基本上一浮到顶，上浮90%以上，超出农业的实际盈利水平和龙头企业承受能力。

（七）农业的市场风险加大，给农业信贷的风险管理增加了难度。农村产业的弱质性决定了高风险性，除了市场风险外还要面临自然灾害的风险，运输贮存过程中的风险，而信贷责任制及风险管理硬约束的增强，制约了信贷部门放贷积极性，呈现出惜贷求稳的倾向。

四、推进农村金融市场改革发展的对策建议

1. **构建合理的农村金融市场组织体系，明确农村金融的市场定位，有产支持农村经济的可持续发展。** 一是在农村金融改革中应坚持合作制、股份制等多元化组织形式，坚持与农业市场体系相结合，以满足农村经济发展的客观需求，坚持因地制宜原则。比如，对经济相对落后的乡镇或规模较小，网点偏僻分散，难以抵御风险的小信用社可结合县级行政机构撤乡并镇改革，对部分乡镇信用社撤并调整或按经济区域设置，对一些乡镇信用社只保留储蓄机构。二是对原有以承担政策性业务为主的农村信用社进行改造，人员或业务并入农业发展银行分支机构。

2. **不断健全和完善新型农村金融市场体系。** 一是继续发挥农村信用社在金融市场中的主力军地位。把邮政储蓄吸收的存款，通过人民银行全额用于增加对农村金融

机构的再贷款，由农村信用社贷放给农户和民营企业等农村经济组织，发挥好金融支农主力军的作用。二是调整农业银行经营定位，扭转农业银行不支农的状况。农业银行必须立足服务"三农"，要创新金融产品和服务方式，拓宽信贷支农渠道，重点支持农业产业化、农业龙头企业、农村小城镇建设、扶贫开发等。扶持"三农"要确保一定信贷比例。三是政策性银行要扩大业务范围。农业发展银行要延伸服务对象，贷款向粮食产前、产中领域延伸，围绕农业结构调整和产业化经营做好政策性金融服务。四是组建与农村民营企业和农户经营相适应的农村中小民营银行。五是完善农村农业保险机构与保险业务，为农民农业生产经营及贷款风险提供保障。六是制定农业贷款与非农业贷款，小额农贷与大额农贷的差别利率，限定农贷利率上浮的高限。对贷款利率浮动幅度的各个档次要明确具体的贷款对象。以适当高于转存款利率的标准，扩大对农村信用社的特种存款业务，以解决部分信用社资金富裕的出路问题。

3. **不断健全和完善农村信贷管理与服务机制**。一是创新信贷经营理念。农村金融部门做到更新市场营销观念。把服务的触角伸到农户投资、生产、管理、销售各个环节。逐步由支持简单再生产为主转向以支持扩大再生产为主，重点支持规模经营、特色、生态、订单、农业和产供、销一条龙的经济实体，按照市场经济规律，追求资金的最大经营效益，应该正视农业信贷风险，尽量规避风险，化解风险。二是改革信贷管理模式。要由"春放秋收"向"常放常收"转变。要合理确定贷款期限。主要由贷款项目的生产周期和贷款主体的信用状况来决定，简化放贷程序，放宽贷款权限，明确信贷人员的权、责、利，调动主观能动性，帮助其克服"惜贷"、"惧贷"心理。三是创新支农贷款方式。探索有效解决农户大额贷款"两难"的重要途径。从调查征求的农民意见来看，农户小额信用贷款方式、授权授信贷款方式深受农户欢迎。在条件成熟的地方，推广农户联保贷款方式、大额农贷方式，提供保证保险贷款方式，由贷款户、信用社、保险机构签订贷款保险契约，并确定贷款额度、贷款期限，保险费用信用社和贷款户分摊。可借鉴推广高安汽车贷款"四连环"、肉牛贷款"三连环"信贷方式和风险防范体系。

4. **不断健全和完善农村金融的运行环境**。一是调整农业产业结构。政府对农村产业结构调整要按照市场规律引导。该市在发展生态农业方面有比较优势、全市农产品的竞争力重点要落在生态源的合理利用上。要在大力发展高产、高效、生态、安全农业上下功夫，要推进优势农产品产业带建设，促进农业产业化经营。二是完善配套政策措施，解除金融支农后顾之忧。对农村信用社因历史原因形成的不良资产和亏损挂账进行补贴。对政策性原因和政府行政干预造成的资产损失由地方政府逐步予以注资解决。给予农村信用社支农贷款税费优惠政策，政府对支农贷款免征所得税、营业税。对资金需求日益扩大的农业综合开发，农业基础设施建设，贫困地区农户的扶持等需要政策性信贷支持的领域，要尽快作出制度安排。三是整治好信用环境。各级党政部门要采取有效措施，制止乱收费、乱罚款、乱摊派，切实减轻农民和农信社负担，执法部门要为农村金融市场保驾护航，人民银行应积极配合政府大力整治农村金融环境，持之以恒地开展创建信用镇、村、组、户活动，优化农村信用环境，为农村金融与农村经济互动发展服务。

破解涉农普惠金融领域抵押担保融资难的建议

一、涉农企业向银行机构申办"应收帐款质押贷款、原材料和产成品质押贷款、订单质押贷款、出口押汇"等贸易融资业务。还可采取向银行交纳一定比例的保证金，银行签发承兑汇票的方式解决涉农企业融资瓶颈。鼓励金融机构通过发行理财产品，开办民间资金委托贷款等方式合理引导民间资本对有发展潜力的涉农企业和项目进行投资。

二、与担保机构合作扩大抵押范围。对一些购买了土地、建了厂房但没有办土地、房产证，贷款担保物严重缺泛的涉农企业，可与担保公司建立合作伙伴关系，以企业"土地、厂房、注册商标、汽车合格证、退税凭证"等达不到银行抵押条件的资产，到担保机构作抵押，交付一定的担保费，经银、企、保三方审核同意，签定抵押担保贷款协议，从而解决抵押担保不足难题。

三、"联保+征信十信贷"融资模式。由三户法人农业企业向贷款行签订联保协议书，自愿为其中之一企业贷款、签发银行承兑汇票、承担连带保证责任，企业法人到人民银行征信部门办理个人担保卡，进行个人信用登记，承担个人连带责任，银行据此签发承兑汇票。这种融资模式，客户具有相互了解、愿共担风险、易于结成信用共同体等特点。种养大户、家庭农场、农民专业合作社也可仿效实行。

四、围绕全市现代农业示范区规划发展需要，因地制宜，创新培育多种信贷模式，推动农业"产业链、资金链、物流链、信息链"互动发展。通过担保公司和保险公司的双重担保，构建"信贷风险由农信社和担保机构承担、意外损失风险由保险公司承担，市场风险由示范区承担，配套服务风险由政府职能部门承担"的工作机制，其资金瓶颈就可迎刃而解。

一是对接上湖万亩蔬菜产业示范区，石脑农产品加工贸易区，创新推广"合作社十农户十基地十信贷"、"合作社十农户十超市十信贷"融资模式。依托"全国汽车货运第一县"金字招牌的物流优势，将蔬菜产业链向农业基地和农产品超市延伸，统一营销策划、生产、加工和质量标准，统一注册商标，组织无公害、绿色和有机食品认证，提高农产品知名度，推动农民专业合作社实现规模化、产业化、专业化发展。

二是对接杨圩现代农业示范区、建山富硒农业示范区，创新推广"农业龙头企业十保险公司十信贷"信用模式，以海亮集团、大观楼等龙头企业作担保，引导保险公司开办"涉农贷款保证保险"险种，破解农业开发项目融资难瓶颈，分散贷款风险，支持有机稻、富硒农业的做强做大，打造有机农业品牌。

三是对接村前优质肉牛示范区，创新推广"养牛小区十担保公司十贷款"融资方式。成立政策性、商业性农业担保公司，通过与金融机构合作，分摊贷款风险。养牛大户可签定联保协议，增强担保实力。与政府畜牧、防疫等职能部门合作，监督贷款风险。

四是建议政府成立农业开发投资公司，向其划拨部分国有资产，如待处置的政府涉农部门资产、待建设的土地资源等，并明确对以上资产的处置权。此外，还可协助农投公司将已征收的土地尽快办理土地证，以扩大其可用于抵押的资产规模。

五是尝试以孵化式融资模式，建立创业投资基金。以政府、农业企业发展基金作为启动资本，引导民间资金参与，建立创业投资基金。通过投资基金的滚动发展，向农业高科技、高效益项目提供资金支持，为涉农信贷的后续大量跟进夯实基础。

六是担保机构要创新开办新型担保业务。要引导创新推广"资产回购"担保业务，为企业的抵押贷款提供回购担保，当贷款出现风险时，担保机构以约定出资额回购抵押资产用以偿还贷款，可以较好地解决金融机构处置抵押物难度大的问题。

七是要防范化解金融风险。要关注企业第一还款来源，注重对担保对象的行业判断、产品判断、市场判断、经营面的判断以及企业主的判断，其次关注第二还款来源即反担保，具体分析"三品三表"即人品、产品、抵押品、水表、电表、工资表。

对当前农民消费现状的调查和思考

为了解当前农民的消费现状及消费心理，分析阻碍当前涉农信贷发展的瓶颈因素，为引导规范农民消费行为、促进农村金融业务持续健康发展提供有益参考，笔者选择某县级市70户农户为调查样本对此进行了调查。

一、当前农民消费现状

本次调查的70户农民家庭总收入为84.24万元，比上年增长13.15%，总支出为90.35万元，比上年增长8.5%，人均储蓄存款余额1086元。调查显示，由于长期受传统消费观念的束缚，农民无论是吃、穿、用、住消费，还是在子女教育、医疗、养老保险等方面的支出都与城镇居民存在较大的差别，支出的增长速度慢于收入增速。从支出结构上看，食品支出31.8万元占消费总支出的49.78%，居住支出8.29万元占比13%，文教支出8.1万元占12.63%，此外农户消费信贷支出中，主要为汽车和耐用消费品贷款占总支出的9.8%，家庭生产性设备、服务用品支出较少为1.86万元只占3%。收入结构上看，主要是务工或务农收入，其中储蓄存款29.17万元比上年增长3.1%。近三年来农民支出的结构比重基本按食品、居住、文教、生产性支出排序。特别是住房消费从上年的第四位上升到第二位。从市联社个人消费信贷统计数字表明，农村个人住房贷款新增564万元，增长16.6%，一些先富起来的农民对进城买房表现出浓厚的兴趣，如大城镇村民刘卫国借贷3万多元，加上自己准备建房的2万多元，在县城连锦住宅小区购买了一套商品房，一家人喜迁新居到城里过了年。如今他家仍有5亩水田，1亩旱地，同时又在城内租赁了一个门面做服装生意，务农经商两不误。据统计目前城里各住宅小区入住人员60%以上是来自农村的个体户、运输户或陪同子女读书农户。由此必然派生出巨额的投资需求和消费需求，在增加就业、就学压力的同时必然也会创造、提供许多新的就业机会和领域，尤其对推动第三产业的发展产生重大影响。

二、农村消费市场发展的制约因素

调查显示农民收入主要来自三个方面：一是来自种养业的收入，二是来自本地企业的收入，三是来自外出打工的收入。近二年，随着农产品价格的上升，以及农村税费改变的完成，农民收入增长小幅上扬，但局部地区也出现增产不增收的情况。出现"柑桔烂在枝头，蔬菜烂在地里，生猪存在栏里"的现象，其次，农民外出打工机会有减少的趋势，由于城市企业现代化步伐的加速，对员工素质要求普遍提高，下岗失业人员增多，农民外出打工机会明显减少，这在一定程度上也影响了农民的收入。

从农村消费环境的角度来分析制约农村消费市场发展的原因，主要有五个方面：

一是农村基础设施建设滞后，农民有钱不能花。目前农村大部分的水、电、路、讯等基础设施仍比较落后，很大程度上抑制了农村的家庭消费。一部分先富起来的农民对彩电、冰箱、洗衣机、摩托车等耐用消费品有购买的欲望，也有购买的能力，就是缺乏使用的环境，如电价太高、无自来水、彩电收视效果差、路况不好等，这些都严重降低了农民的购买欲望，阻碍了潜在的购买力转化成现实的购买力。

二是工业产品结构不适应农村的需求，农民有钱不愿花。目前大多数企业把产品生产、开发、销售着眼点放在城市，农村市场则成了被人遗忘的角落。并且城市工业企业又往往把城市滞销的产品销往农村，把农村市场作为处理积压商品的地方，造成了企业产品结构难以适应广大农村居民的消费需求，导致一方面企业的产品在城市积压，而在农村市场却无人问津；另一方面农民真正需要购买的产品却买不到，直接制约了工业市场的销售范围的扩大和农村消费市场的发展。

三是产品和服务质量低劣，农民有钱不敢花。一些不法分子抓住农村市场管理的漏洞，利用农民图便宜的心理，将大量假冒伪劣商品运往农村，特别是假化肥、假农药、假种子坑农事件屡禁不止，农民吃亏赔钱苦不堪言，使农民在消费时总是心有余悸；还有一些厂家（商家）鉴于农村居住环境的影响，怕麻烦和增加服务成本，不愿为农村居民购买的产品上门安装、调试、修理，对农村居民售后服务的不到位或承诺不兑现，使农民在消费时总是心存顾虑。

四是以物易货，物物交换，无钱变通花。调查发现，近年来部分农村以物易物现象较为普遍，且有蔓延扩大之势。主要交换对象有：油菜籽、花生折合斤两换食用油、稻谷换种子、水果，麦子换面条、面粉，大米换米粉、米糖等。交易场所在村里、村外、农贸市场的都有。古老的以物换物现象缘何又重现农村，笔者认为这是近几年来农村消费市场持续低迷的结果，反映了农民手持现金减少的现状和对未来收入预期降低的心理。以物换物现象的弊端：一是不利于准确测定和掌握地区农副产品交易价格水平，也遏制了农副产品流通增值水平，货币的价值尺度职能不能有效发挥，支付手段、流通手段职能也不能实现，导致现金回笼加速，进而直接影响央行货币供应量和市场货币流通速度，这实际上是市场经济的倒退；二是农民手持现金减少，削弱了农村购买力，使农村消费市场日趋萧条，制约了农村生产力的发展。

五是盲目攀比盛行、人情往来增多，手里无钱也舍得花。调查显示：农民一年的人情往来、礼金档次越来越高，份子越凑越大。有户农民置办红白喜事、上学、当兵、盖新房子等喜宴，全年花去四千多元，接近一年的收入，而一些不惜高息借款的攀比消费，结果是还了旧债欠新债，驴打滚的高利贷越欠越多，劳命又伤财。

三、对策建议

农村市场是国有最大最有发展前景的市场，尤其是在当前国内出口增长受阻，城市消费降温的局势下开拓农村市场、启动有效需求，促进经济增长显得尤为重要。当务之急，要把增加农民收入，提高农民购买力和改善农村消费环境，增强农民购买欲两者有机结合起来，做到双管齐下，形成合力，才能取得成效。

一、调整农村经济结构，增加农民收入是开拓农村消费市场有效途径。调优产品结构，通过品种改良和新品种的开发，加速农产品品种的更新换代。调优产业结构，在粮食结构上要加大优质稻的比重，在种植业上要加大林果业的比重，在传统农业结构上要加大养殖业的比重。提高农产品加工转化增值率，积极发展农产品加工、保鲜、储运业和农产品精深加工，延长农业产业链，实现农产品的多次增值。调整农村劳动力的就业结构，增加农民的非农收入比重，大力发展小城镇，把农村剩余劳动力吸引到城镇从事第二、第三产业，扩大农业就业和增收的空间。落实减负政策，使农民收入隐性增加。

二、优化农村消费环境，大力拓展农村消费信贷是开拓农村消费市场的动力之源。要加大工业产品结构的调整力度，增强农村市场的有效供给。企业要下力气研究农民消费心理、消费水平和需求特点，生产出适合农村市场需求产品。要加大市场管理力度，保护农民的合法权益，杜绝假冒伪劣产品流向农村。发挥民间流通等中介组织的生力军作用，搞活农产品流通。要发挥消费信贷的导向作用，引导、更新农民消费观念，鼓励农民大胆消费。要构建农村信贷资金持续投入机制和制度性安排，从农村吸纳的存款要按一定比例投入到"三农"中去，真正做到农村资金要为农。要大力发展农村消费信贷，大力推广适合农民消费特点的信贷品种，简化贷款手续，提高金融服务的质效。

金融支持新型农业经营主体发展情况调查

2014年2月，人民银行印发了《关于做好家庭农场等新型农业经营主体金融服务的指导意见》，为金融支持新型农业经营主体的发展提供了政策指引和制度安排。为了解辖区金融部门在支持新型农业经营主体发展中的进展情况，以及存在的主要问题，提出解决制约发展的融资难、抵押担保难等瓶颈问题，笔者对某县级市进行了专题调研。

一、金融支持新型农业经营主体发展情况

截至2014年末，全市拥有国家级农业产业化龙头企业2个，省级8个，市级21个，总产值超过100亿元。其中国家级农业产业化龙头企业，江西省维尔宝食品生物有限公司"维宝"牌，省级龙头企业大观楼集团的"大观楼"牌等五件商标获中国驰名商标。注册的农民专业合作社294个，加盟社员9.6万户，直接带动农户18万户，家庭农场达到65家，从业人员3.6万人。市益农果业专业合作社荣获"全国农民专业合作社示范社"称号。土地流转面积达到7.2万亩，户均增收2300元。全市经注册的粮

食加工厂134家，现有种粮专业大户257户，耕地面积达到18万亩。

（一）金融体系网点布局发展态势良好。全市金融体系较为健全，现有银行业金融机构12家、营业网点88个，保险业19家，证券业1家，担保机构6家，小贷公司5家，金融市场日趋活跃，服务品种快速增长，银行卡发放和电子结算机具的布放年平均增幅分别达到16%和13.6%。

（二）银行信贷支持力度不断加大。为了更好的发挥信贷杠杆作用，促进农村经济增长、农业增产、农民增收，辖内金融机构加大涉农贷款支持力度，积极扶持新型农业经营主体发展。金融机构共为6家产业化龙头企业、2家农民专业合作社、27家家庭农场、151户种养大户提供1.2亿元信贷支持。

（三）金融产品和服务方式创新扎实推进。全市银行业金融机构在提供金融产品和服务方面进行了积极探索。一是创新推出肉牛产业信用担保模式和风险分散机制。该模式中最有价值的创新点是创立了肉牛贷款管理模式，规范了操作流程，理顺了肉牛产业不同风险的承载主体。使信贷风险由农信社和担保机构承担、意外损失风险由保险公司承担，养殖市场风险由专业合作社社员共同承担，配套服务风险由政府职能部门承担。从而探索出一条农村金融产品创新与地方特色产业相结合、信贷政策与财政政策互动融合做强做大地方特色产业的成功路子。被人行南昌中支评为全省农村金融产品创新项目一等奖在全省推广。二是对接农民专业合作社，创新推出"合作社十担保公司（保险公司）十信贷"信用方式。通过担保公司和保险公司的双重担保，构建"信贷风险由农信社和担保机构承担、意外损失风险由保险公司承担，市场风险由示范区承担，配套服务风险由政府职能部门承担"的工作机制，化解资金瓶颈。如某县级市5家农机专业合作社，入社成员120人，注册资金161万元，每年完成机耕面积10万亩，机插面积2万亩，机收面积8万亩，年收入1000万余元。三是对接家庭农场，创新推出"家庭农场十公司担保十信贷"、"家庭农场十农户联保、农场经营权质押"等信贷方式。信用联社对家庭农场贷款的评级、授信一次完成，贷款用途除了流动资金外，可购买农机具、农田基本建设等。对水稻种植规模在500亩以上的家庭农场贷款额度放宽到200万元，引发广大农民创办家庭农场的热潮。

二、金融支持新型农业经营主体存在的主要问题

（一）**缺乏有效的抵押担保物，融资难。**当前新型农业经营主体生产的农产品主要是活禽、生猪、水产品，其拥有的固定资产主要是农村自有宅基地、家庭承包土地，但是这些农产品和固定资产由于变现难、风险高以及法律上的障碍等原因，难以成为银行认可的抵押品。据调查，新型农业经营主体从银行获得的贷款占其融资量的17%、从民间融资的资金占其融资量的15%，自有资金占其融资量的68%。可以看出，新型农业经营主体贷款融资因抵押担保物不足，从银行贷款的量很少，主要还是靠自身的积蓄以及亲朋好友之间的借贷。

（二）**部分金融机构贷款利率偏高，融资贵。**由于新型农业经营主体拥有的有效抵押品不多，贷款大多是联保互保贷款和信用保证贷款，所以贷款利率偏高。以涉农金融机构贷款利率为例，农业产业化龙头企业贷款平均利率为7.6%，农民专业合作社贷款平均利率为8.5%，家庭农场贷款平均利率为8.7%，种养大户贷款平均利率为9.2%。

（三）**贷款额度期限不匹配，适用差。**当前部分金融机构没有转变观念，依旧把种养大户和家庭农场主作为普通农户来放贷，不仅贷款规模不能满足求，而且贷款期限也不适用。根据调查，金融机构发放给种养大户和家庭农场主户均贷款额仅为12万元，期限大多为一年，很难满足种养大户和家庭农场的融资需求以及生产经营周期的需要。

（四）**农业保险还有待加强，保障弱。**由于农业保险费率偏低，经营风险偏高，保险机构办理农业保险的业务的积极性不高。目前全市有保险机构有19家，但办理农业保险业务只有2家。同时农业保险涉及众多农户和农业企业，对承保种类、承保面积、保费、保额、投保人、一卡通等数据都需要逐一核实，保险机构需要大量的人力物力和财力，影响了农业保险的推广。

三、政策建议

（一）建议组建财政出资为主的政策性农业担保公司，开展办理涉农担保业务，银行要加强与商业性担保机构的合作，适当扩大担保贷款的放大倍数。推广"银行+保险"的贷款保证保险等融资模式，满足新型农业经营主体的资金需求。

（二）推进农业产权交易平台和产权融资平台市场建设。提高农村各类资产的变现能力，在农村土地承包经营权确权登记颁证的基础上，建立综合性农村产权交易市场，搭建农村产权交易平台和产权融资平台，促进农村生产要素自由流动，把闲置资产变成资金和可抵押、可融资的资产。

（三）鼓励新型农业经营主体参与"财政惠农信贷通"项目。2014年8月，江西正式启动"财政惠农信贷通"试点，支持农民合作社、家庭农场和种养大户，其中农民合作社最高授信额度为300万，家庭农场和种养大户最高授信额度为200万。新型农业经营主体参与"惠农信贷通"项目可以享受贷款优惠利率，免抵押，有效减少贷款成本和担保抵押难题。

（四）扩大涉农贷款规模和期限。建议金融机构适当提高新型农业经营主体信用贷款和担保贷款额度，允许其根据生产经营周期和还贷来源合理确定贷款期限。扩大可用于抵押担保的财产范围，探索开展土地承包经营权、宅基地、林地使用权等抵押贷款试点。

（五）加大农业保险政策扶持力度。建议中央财政拿出更多的资金补贴农业保险，鼓励和支持更多财产保险公司深入农村开展农业政策性和商业性保险业务，让新型农业经营主体获得更多保障，调动新型农业经营主体的生产积极性，免除生产发展的后顾之忧。

返乡农民工金融服务与需求存在的问题及解决途径

受全球金融危机影响，沿海及工业发达地区企业生产形势严重下滑，大量企业不得不减员或停产，导致工厂打工的异地农民工出现了返乡潮。为了解全市返乡农民工金融服务及金融需求现状、存在的问题，提出针对性措施，改善对返乡农民工的金融服务水平。选择了50位外出打工返乡农民工进行了问卷调查。

一、返乡农民工流动的现状特点

1. 农村劳动力输出结构以青壮年为主，文化素质较低。问卷调查显示：50份返乡农民工人员问卷中，青壮年劳动力占多数，其中21岁—30岁的23人，31岁—40岁的14人，合计占被调查者总数的74%；50岁以上的2人，仅占4%。文化程度方面，初中文化居多，占72%；高中和小学文化以下的各占15%。50个返乡农民工人员中，15个未接受过任何培训，占比30%，而明确接受过不同程度岗前培训的只有16人，占比仅32%。由于用人单位越来越注重技能和资质，未接受培训且又缺乏一技之长的农民工外出寻找工作难度较大，只能从事脏、险、苦、重工作，工作环境差、收入低、缺乏市场竞争力。

2. 返乡农民工人员从事的行业相对单一。问卷调查显示：某县级市目前劳务输出以建筑装潢、服装加工为主，50个被调查返乡农民工中，从事建筑业的占44%；其次是从事服务加工行业的占22%，再就是从事纺织业的占18%。近几年农村劳动力向矿山采掘业、餐饮业、家政服务、企业高管等行业转移的也有所增多，被调查返乡农民工中从事餐饮和交通运输的占转移劳力总数的10%；其他行业的8人，占转移劳力总数的16%。

3. 农村劳务输出组织程度较低。由于劳动信息不通畅，农民外出务工绝大多数都是通过亲友介绍，约占被调查者76%，而由当地政府或劳动部门组织的只有4人，仅占总人数8%。受信息来源的限制，农民外出务工存在一定程度的盲目性，多数是前往北京、上海、江苏、浙江、广东等经济发达地区，在被调查的50人中，转移省外的劳力占84%。

4. 劳务收入不断增加，工作环境有所改善，自我保护意识增强，但劳动时间较长。随着转移劳力素质的不断提高，不少外出打工人员逐渐由体能型向技能型、管理型转变，大部分转移劳力年收入都在万元以上，其中月均收入1000-2000元的约占被调查者32%；月均收入2000-3000元的约占被调查者24%；3000元以上的占被调查者8%。但劳动时间普遍较长，周工作41-60小时的约占40%，工作61小时及以上的约占46%。其次外出农民工务工者的自我保护意识不断增强，工作环境也有所改善。50个被调查者中，办理了医疗保险的7人，办理了工伤保险的10人，办理养老保险的3人，占40%；有22人与用工单位单位签订了劳动合同占44%；认为住、食条件较好或一般的占84%；对目前工资水平过得去和满意的43人占86%；认为工资发放及时或不及时但基本能接受的45人占90%。调查的44%返乡农民工认为明年务工收入会增加，30%

认为收入不稳定，不好说。76%的明确表示经济好转时会继续外出打工。有6%的表示自己回乡已创办或正准备创办实业，充分利用自己在外务工的管理经验、掌握的技能、信息等为家乡服务。

5. 返乡农民工收入占其家庭收入的比重较大。返乡农民工人员的大部分收入都会寄回老家。50个被调查者中，有60%的人会将纯收入的一半以上寄回家，其家庭收入的70%左右来自外出务工。有70%的被调查者认为未来由于外出务工收入的持续增加，家庭收入会稳中有升。

农村大量劳动力转移，从根本上来说，相对缓解了农村人多地少的矛盾，增加了农民收入，促进了农村经济向多元化发展，繁荣了农村经济，加速了城镇化进程和城乡经济社会发展的步伐。同时也拓宽了农民视野，促进了人们思想观念的转变，提升了广大农民综合素质，为建设社会主义新农村，实现农业现代化，提供了有效的尝试和积累了宝贵经验。

农民工的大规模流动、转移，对区域经济发展产生积极推动作用的同时，也给金融运行带来积极而深远的影响。首先农民工劳务收入的回流，大幅度提升金融机构存款规模，壮大资金实力。据统计，金融机构储蓄存款年净增5.3亿元，其中65%来自农民工劳务收入；其次，农民工数十万元的资金流，通过金融部门的汇划、清算，改变了金融机构盈利结构，增强其财务能力。调查显示，农民工的资金流动，将给金融机构带来近30万元的中间业务收入；再次，农民工的劳务收入信用回笼，优化了金融机构的资产负债结构，提高了银行现金的速动比率，促进了金融机构经营的良性循环和金融业的稳健运行。

二、返乡农民工金融服务现状

1. 农民工银行卡服务情况。金融机构在从农民工流动大潮中获得巨大收益的同时，高度重视农民工群体的金融服务工作，在服务手段上不断创新，在服务产品上不断推陈出新，特别是在为农民工的"支付结算"方面，大力推行"电子化、一站化、全能化"，积极引导农民工使用银行卡这一电子货币，使银行卡成为农民工资金汇划最方便、安全、快捷的主打服务品牌，并越来越多的被广大农民工朋友接受。调查显示，2008年某县级市在外务工农民达10.9万人，全年创造务工收入约11.9亿元，其中约有1.5亿元是通过带现金流入家中的，除自身开销外，其他收入则通过各种结算工具汇入家中，其中通过百福卡的有1.6亿元。全市为农民工提供结算服务的农村金融机构主要有邮政储蓄、农行和农村信用联社。农行在农村的营业网点只剩5个，农村金融机构的结算服务，基本上靠邮政储蓄和农村信用社提供，其中汇款服务邮政储蓄占主导，目前农行银行卡等结算工具种类主要有"9599"银联借记卡，"103"借记卡，邮政有"绿卡"等。调查显示，目前农行办理银联借记卡124164户，其中2008年办理38241户，比上年末增长30.8%，办理"103"借记卡52311户，增23%。据了解农行借记卡在10个农村网点共办理16443户，只占总量的13.2%。2008年农村信用社已办百福卡35622户，占各借记卡的20%。因此，农村农民工支付结算大都选择邮政的"绿卡"或"通存通兑"业务，传统的邮政汇兑业务，除在边远的地区仍在使用外，已基本由邮政绿卡代替。某县级市邮政绿卡业务在2003年开展以来，目前已在邮政15个农村机构，5个城镇机构广泛使用，目前已发卡48557户。

为了更好的服务农民工，扩大农民工的持卡面，辖内金融机构做了大量的工作，开展了多种形式的银行卡宣传、促销、业务拓展工作，银行卡业务呈现快速稳健发展，真正让广大农民工朋友体会到银行卡在"通汇、异地存取"方面的快捷、便利、安全，实实在在感受到持卡的好处。市中国银行、建设银行分别通过举办"银行卡之春"、"银行卡质量效益年"等活动，积极向农民工宣传和推介银行卡，演示如何正确使用银行卡，向农民工详细解释持卡同带现金及汇兑的区别，让农民工确确实实感受到持卡的方便之处；市农行在农民工输出规模较大，且相对集中的乡镇，上门服务，为数百名农民工朋友登记、签发了"银联借记卡"。市邮政储蓄银行为满足农民工朋友对银行卡业务需求，新增了制卡机和相关配套设施，在全市范围实行"银联"绿卡适时制卡、适时发放。同时启用了全省邮政储蓄统一版本，整合邮政储蓄五大系统，优化计算机网络系统结构，强化了汇兑中心软件处理，大大提高了2小时加急电子汇兑和适时电子汇款业务效率，极大地提高了农民工银行卡服务质量。金融机构除5万元以上大额资金需要按照规定提前预约外，农民工存取款均能实行通存通汇，资金实时到位，保障农民工及时存取，可以说是"一卡在手，走遍全国"，既为广大外出农民工真正得到了银行卡优质服务，又为各金融机构自身的发展打下了良好的基础。

2. 农村信用社提供特色服务。某县级市信用联社利用两节期间，通过召开农民工联席会，加大宣传力度；对大额现金采取电话联系派车上门服务；对一些资金短缺的外出农民工创业给予资金扶持，某县级市八景镇约有30多人去上海、北京等地开办纸箱加工厂，由于资金短缺，信用社得知这一消息后，主动上门服务，为农民工排忧解难，给予每人扶持资金约5至60万元，这些农民工每年也将创收的300多万元通过信用社账户汇往家乡。

3. 农民工信贷需求不断增长。农民工信贷服务机构主要有三家，即市农行、农村信用社、邮储银行，市农行从2008年起，开始为农民工开办"惠农卡"，目前为农民工办理了11798张，发放贷款3015万元；农村信用社作为农民工主要金融服务机构，担负着支持农村金融的80%的支农责任，截至2008年底，该社发放农业贷款95714万元，有力地支持了"三农"经济发展。某县级市八景镇石头渡村农民谢红卫在上海创办了纸箱加工厂，某县级市联社在对其认真考察后，为其发放贷款200万元，为其企业的发展壮大提供了强大的资金支持；返乡农民工江福生利用在浙江务工学到的企业管理经验，回乡在某县级市新工业园区创办了一家三江精密针车有限公司，该公司创办第一年就获得利润80多万元，市农行在对其认真考察后，为其授信200万元。

三、返乡农民工金融服务存在的问题

1. 部分金融机构在思想认识上存在偏差。部分金融机构认为，农民工群体的支付能力不强，社会信用意识淡薄，金融需求品种单一，应将业务发展重点放在城市，而忽略了农村金融市场。使得许多农民工对票据、结算、银行卡等知识了解较少，一些农民工不能正确选择金融服务工具。调查显示，农民工对金融需求日益丰富，打工赚到的钱要想带回家需要汇兑；刚出来打工和想要自己创业需要贷款；还有许多农民工兜儿里揣着钱却不知道该干什么。但许多金融机构都没有认真去进行市场分析，很少能考虑他们的这些需求。因此说，农民工金融服务短缺的原因并不是农民工缺乏需求或支付能力差，而是金融机构思想认识上的偏差，忽视了农民工这块"大蛋糕"。

2. 农村网点的缺失及分布不均，影响银行业务在农民工客户群体中的延伸和拓展。近年来，国有商业银行实行集约化经营战略，基层网点进一步收缩，目前仅有农

行在部分乡镇还保留少数业务量较大的5个网点。尽管商业银行业务功能有强大的优势，由于基层没有网点，难以给生活在乡镇的农民工提供便捷的服务；邮储银行虽然网点不少，但仍有大多数乡镇没有布点，面对广大的农村市场，仅靠邮储银行和农村信用社两家，农民工对金融服务需求难以满足。

3. 结算渠道不畅，削弱了金融服务农民工的能力。由于目前农村信用社结算渠道不畅，具有异地存取款功能的银行卡业务无法办理，而且农村信用社主要服务于广大农村，点多面广，其存款净增量的40%是来自于外出务工人员的收入，由于安全、便捷的银行卡业务的缺失，存入信用社的资金，都是以现金方式带回来的，这大大增加了农民工返乡途中因身带大量现金而担心和不安全因素，也反映出对农民工提供特色服务方面有欠缺。

4. 金融服务环境及设施配备不到位。农村信用社目前仍然停留在单机核算服务上，国有商业银行和邮政储蓄的自动柜员机、POS机的农村配备率近于零，针对农民工的金融服务基本集中于营业柜面，由于农村金融网点配置率低，农民工返乡高峰期，现金存取频度高、量大，柜面人员手工操作难免出现差错，部分农村金融机构甚至出现难以应对的场面。

5. 农民工受自身思想观念的束缚。据调查，目前农民工群体因受传统观念影响，加上自身的综合素质不高，一半以上外出务工者仍在使用现金结算方式。这不仅增加了现金在途风险和货币真伪识别风险，也影响了银行非现金结算业务的拓展。不少农民工对金融新产品和新业务使用热情不高，甚至拒绝接受。

6. 返乡农民工金融服务获得感偏低。一是农村机构网点萎缩。返乡创业一般情况下回到原籍，而乡镇金融格局近几年发生深刻变化，农村资金供给主体不断减少，调查显示全市近十年乡镇金融机构减少76%，（含信用社、信用站、营业所），目前，乡镇仅有农村信用社提供信贷服务，而农村信用社信贷投向以服务"三农"为主，对企业只是少量并有选择地扶持，造成农村企业融资渠道狭窄，返乡创业贷款难。二是金融机构贷款门槛高，手续繁杂。一是信贷品种的缺失，没有适合返乡创业企业信贷品种。二是基层行贷款审批权限有限，贷款审批权限普遍上收，农户小额信用贷款最高3万元，其他贷款需要提供相应担保抵押。三是返乡创业企业授信受到限制，对刚起步创业企业因未达到两年期限而不能授信，大多企业没有符合条件的抵押物。调查显示，全市金融机构新增短期贷款4.3亿元中，回乡创业企业贷款只占3.6%，返乡农民工申贷企业获贷率只有8%。

四、改善返乡农民工金融服务的思路和建议

1. 金融机构要更新服务理念。随着农村经济总量、资金流量激增，农村金融市场资源更丰富、农村金融服务领域将愈来愈宽广。外出打工人员资金汇划和异地现金存取业务迅速增加，为金融机构业务拓展提供了新的机遇。因此，金融部门要从服务"三农"的大局出发，克服"重工轻农、重城市轻乡村"错误认识，结合自身改革，针对金融现代化服务中存在的问题和不足，认真搞好服务定位，营造优良的农村金融生态环境，努力为返乡农民工提供优质高效的金融服务。

2. 创新金融产品，大力推广银行卡业务。国有商业银行要充分利用通讯、网络优势，将银行卡与网上银行、电话银行紧密结合，扩大银行卡业务在农村的覆盖面。农村金融机构要紧贴农民工的服务需求，加大农村金融服务基础设施建设力度，实现业务操作电子化，网络化。可借助商业银行服务网络或研究开发网络接口，形成自己的银行卡业务服务体系，为农民工汇款和异地存取提供方便、安全、快捷的服务。创新银行卡的服务功能，开发诸如代发农民工工资业务、代理农民工工伤保险业务、代理农民工疾病医疗保险相关服务功能。

3. 加快农村信用社结算体系建设，解决银行卡业务技术问题。现行结算体系下，农村信用社难以满足外出农民工结算服务需求，许多农民工不得不携带大量现金回家，也限制了信用社业务发展。因此，农村信用社要积极与上级主管机构申请，加快结算体系建设，解决农村信用社资金结算渠道不畅、资金汇划难等问题。尽快开通特色银行卡业务，扩大服务领域，增强对农民工提供特色服务的功能。

4. 发挥金融部门各自优势，为农民工提供特色金融服务。要大力推动农民工工资实行银行卡支付方式，由用人单位在当地银行为每个农民工设立工资账户，委托银行直接将工资发放到农民工本人手中。要发挥银行自己的优势，帮助农民工解决工资拖欠问题。利用账户管理、电子汇兑信息，对用工单位进行监督，维护农民工经济权益，树立银行良好形象。如邮政网点具备邮政通信服务、物流服务和金融服务的综合能力。要充分发挥网点优势和资金优势，拓展新业务领域。

5. 对返乡农民工创业服务职能部门要形成合力。金融机构要及时为返乡创业农民工推介金融服务新产品，简化贷款手续，降低贷款担保门槛，提供贷款优惠利率，为返乡创业农民工开办仓单、订单、产成品等质押贷款和循环贷款。财政部门与合作银行要加大再就业小额贷款发放力度，为返乡农民工创业贷款提供贴息贴补。税务部门要简化各种办证手续和费用，为返乡创业农民工创业提供及时有力的税收支持和优质的纳税服务。

新农村建设资金需求缺口及解决途径

2007年中央一号文件《关于积极发展现代农业扎实推进社会主义新农村建设的若干意见》，对金融支持新农村建设提出了新的要求。某地级市作为农业大市，未来十年新农村建设将驶入快车道，如何解决新农村建设资金问题，金融部门责无旁贷。本课题采取抽样调查与点面结合的调查方式，揭示了该市新农村建设资金需求的层次性结构特征，以此测算各层次资金需求总量及缺口，并对形成缺口的主要原因及解决途径进行了研究和探索。

一、新农村建设资金需求的层次性结构特征

调查显示，新农村建设资金需求主体主要有三种：农户（纯农户和种养专业户、农村个体工商户、外出务工农户）。企业（农业产业化龙头企业、农村中小企业、农村经济合作组织）。农村社会管理机构（乡村两级政权组织）。各需求主体内部呈现明显的层次性特征：一是农户富裕程度及从事行业不同，在生产经营活动中出现不同层次的资金需求。贫困农户的谋生救助性需求，种养大户规模经营的发展性需求，外出务工农民的就业与消费性需求，个体工商户的临时周转性资金需求等。二是农村产业结构的多元化发展，各类农村企业必然出现多层次的资金需求，已由较单纯的农业生产需求向综合发展需求转变。如农村大量出现的农业龙头企业、农民专业合作社、农庄主、小工商业主、小运输业、建筑业主等，其经营范围与生产规模都有所扩大，导致其生产性资金需求增加。三是乡村两级政府由于担负的经济职能不同，资

金需求除了农村基础设施或公益项目、小城建设所需外，还包括用于满足正绩工程及推动本地经济增长的投资项目等资金需求。四是该市"心圈廊"经济带的差异性，使资金需求层次的区域差异出现多样化。该市十大农业主导产业，大都分布在沿320国道两旁或以北的山区经济带，其种养业的资金需求突出。而"丰、樟、高"经济圈的农业龙头企业的资金需求量大。按需求主体的不同层次来考察，其主要资金需求特征及满足程度如下表所示。

表一　宜春新农村建设资金需求主体的层次性结构及需求特征

资金需求主体	层次结构	主要资金用途	主要需求特征	资金满足程度
农户	纯农户	简单农业再生产，改善生活设施	侧重生活保障，信贷需求小额、分散、应急性强	基本满足
	种养大户	扩大生产规模，购农业生资、原材料	侧重生产周转，信贷需求大、集中、季节性强	未能满足
	个体工商户	农资经营，购原材料，加工、储运等临时周转	侧重小商品购销，额小、频率高，期限稳定	未能满足
	外出打工户	掌握生产技术与技能等谋生与就业性开支	侧重生活需求，打工创业、住房等消费贷款需求大，额度小	基本满足
农村企业	农业产业化龙头企业	用于新建、扩建、技改需求生产周转、购原材料、市场拓展	项目投资性需求大、周期长、资金实力强、抵押担保充足	基本满足
	农村中小企业	用于中小型、成长型、落后型企业生产性周转与技改	需求较为固定，有一定资产作保障，民间借贷活跃	成长型、中小型未能满足落后型基本满足
	农村经济合作组织	专业化规模生产、加工、销售，农产品流通、储运、农资经营、农技推广	需求金额大、组织性强、期限长短不一、缺少抵押物、民间借贷、联保贷款多	未能满足

资金需求主体	层次结构	主要资金用途	主要需求特征	资金满足程度
农村社会管理机构	乡镇政府	农村基础设施、小城镇建设、公共产品、准公共产品	需求金额大、周期长、财政支持大、政府担保、社会效益好但经济效益差	未能满足
	村级政府	农村水利、道路、人居环境（"六改""三清"）等投资需求	投资风险大、资金来源渠道窄、承贷条件不具备，集体筹资能力有限	未能满足

二、某地级市新农村建设资金需求总量测算

某地级市位于江西省西北部，土地总面积1.87万平方公里，辖六县三市一区，156个乡镇、2159个行政村、23750个自然村。全市总人口530万，其中农村人口388万。课题组采取抽样调查与点面结合的方式，从十个县市区各选取一个乡镇为样本点，将收集到的各样本点的数据进行统计分析，计算出各样本指标均值，然后把全市156个乡镇作为一个总体，按农业生产、农产品流通、改善农村面貌、文教卫和社会保障等资金需求来考察，测算出全市新农村建设每年的资金需求量。据此测算出全市新农村建设每年资金需求量为84.32亿元，其中农民投入36.04亿元，政府投入19.42亿元，信贷投入25.92亿元，村集体、民间等其他渠道投入2.94亿元。（见表二）

表二　该市新农村建设资金需求测算结果

单位：亿元

	资金需求	需要农民投入	需要政府投入	需要信贷投入	政策性银行	商业性银行	需要其他渠道投入
农业生产	31.23	20.55	1.78	8.9		8.9	
农副产品流通	12.05		0.01	11.42	10.8	0.62	0.62
改善农村面貌	34.09	15.28	11.01	5.6		5.6	2.2
文教卫和社会保障	6.95	0.21	6.62				0.12
总计	84.32	36.04	19.42	25.92	10.8	15.12	2.94

（一）农业生产方面资金投入

农业生产资金主要由购买生产资料、水利设施建设和中低产田改造、农业保险三块资金组成。

1. 购买生产资料的资金投入

一是农田生产资金需求。全市现有水田面积431万亩，旱地面积71万亩，按每亩水田需投入350元，每亩旱地需投入150元测算，总共需要资金投入16.14亿元，其中70%的资金需要农民自筹，30%的资金需要靠贷款解决，则农民和金融机构各需投入资金分别为11.3和4.84亿元。二是购买农机具资金需求。据样本调查测算，每个乡（镇）购买五台收割机、五台插秧机，每个自然村购买一台犁田机和五台打谷机才能基本实现农业生产机械化。目前按市场价购买联合收割机每台4万元，插秧机每台1.7万元，打谷机加动力装置每台500元，犁田机（加柴油拖机）每台5500元，全市共有156个乡镇，23750个自然村，在购买农机具方面的资金投入大约为23446万元，按使用期限5年计算，每年需要投入资金4689万元。财政按不超过农机具价格的15%进行补贴，30%靠贷款解决，则农民、财政和金融机构各需投入资金分别为2580万元、703万元和1406万元。同时，按近两年全市粮食直补和良种补贴标准计算，每年财政对农民给予粮食直补和良种补贴为1.4亿元。这样，宜春每年用于农业生产资料方面的财政资金投入是1.41亿元，金融机构的资金投入为4.98亿元，农民自身要投入资金11.55亿元。

2. 水利设施建设和中低产田改造的资金投入

据调查，目前农村小水利建设中水库、水坝、河堤、水渠的加固除险等项目一般需要10至20万元，工程较小的一般在3万元以内，中低产水田改造每亩需资金600元左右，按一个乡镇需要投入400万元资金匡算，全市需要投入6.24亿元，按照15年内全部改造完毕的要求，每年需要投入资金0.42亿元。具体的分配比例是，中央财政、地方财政出资50%，农民以出工出劳的方式出资50%。因此，水利设施建设和中低产田改造需要政府每年出资0.21亿元，农民出资0.21亿元（其中农民需要贷款0.14亿元）。

3. 农业技术推广的资金投入

农业技术推广方面的资金投入主要是改革传统耕作坊式，实行机耕、机插、机收。据样本点调查，目前每季每亩机耕需要100元左右，机收需要65元左右，机插需要35元左右。去年全市早稻插种、中稻及一季稻插种、二晚插种面积，合计788万亩。按80%实行机耕、机插、机收计算，则全省农业技术推广每年农民约需要投入12.6亿元，其中30%需要靠贷款解决。

4.农业生产保险方面的资金投入

如果仅仅把粮食生产纳入保险，参照家庭财产保险费率计算，每亩的保费大约是2元，全市农民每年支付农业生产保险资金1576万元左右。为了使保险公司做到保本经营，财政也要投入1576万元左右用于补偿保险公司的经营亏损。

表三　农业生产资金需求情况

单位：亿元

	资金需求	需要农民投入	需要政府投入	需要信贷投入	政策性银行	商业性银行	需要其他渠道投入
购买生产资料	17.89	11.5	1.41	4.98		4.98	
水利设施和中低产田改造	0.42	0.07	0.21	0.14		0.14	
农业技术推广	12.6	8.82		3.78		3.78	
农业生产保险	0.32	0.16	0.16				
总计	31.23	20.55	1.78	8.9		8.9	

（二）农副产品流通方面资金投入

目前，农村农副产品流通方面的资金投入主要包括农产品收购资金和农村集贸市场建设资金。

1.农产品收购的资金投入

宜春农产品的商品率在60%左右，根据近两年全市的收购贷款以及农业总产值按60%的商品率测算，全年用于农产品收购资金约为12亿元。根据对样本点调查显示，其中农发行政策性资金为10.8亿元，其他为社会资金1.2亿元。在其他社会资金中有50%是靠商业银行贷款解决，约需要信贷资金0.6亿元，其余由粮、棉、油加企业和其他从事农产品流通的企业和个人的自有流动资金解决。

2.改造农产品批发市场的资金投入

据样本点调查，改造乡镇农产品批发市场每个约需30万元。按每个乡镇改造一个市场计算，则全市156个乡镇此项约需4680万元。其中乡镇政府提供基础设施建设，投入占20%，需投入936万元；其他资金由农村工商户自筹解决80%，需投入3744万元。按照10年改造完毕的要求，则每年需要投入468万元，其中，乡镇政府财政投入93万元，农村工商户投入195万元，其中农村工商户需要贷款180万元。

表四　农产品流通资金需求情况

单位：亿元

	资金需求	需要农民投入	需要政府投入	需要信贷投入	政策性银行	商业性银行	需要其他渠道投入
农产品收购	12			11.4	10.8	0.6	0.6
改造农产品批发市场	0.05		0.01	0.02		0.02	0.02
总计	12.05		0.01	11.42	10.8	0.62	0.62

（三）改善农村面貌方面的资金投入

改善农村面貌，主要以"三清三改"和"五通一气"为重点，可以分为新村建设、建房、道路改造、公共环境改造、公共设施建设五个方面。

1.自然村新村建设的资金投入

自然村新村建设，主要是移民建镇和中心村建设。据抽样调查，全市各地受经济条件制约，每户农民新建住房需要资金约6万元，按照每年有1%农户需要搬迁建设房的标准，政府给以20%的补贴，全市约有0.995万户农户需要整体搬迁，需要投入资金5.97亿元。其中，农民投入4.78亿元（农民建房有30%的资金需贷款解决，为1.43亿元），政府投入1.19亿元。

2.农民建房的资金投入

按照每个村民小组每年有一户农民需要建房，每户建房需资金5万元计算，每年全市农民建房需要投入资金分别11.9亿元。据调查农民建房有30%的资金需贷款解决，故农民和金融机构投入的资金分别为8.33和3.57亿元。

3.道路改造需要投入的资金

来自交通部门的统计显示，目前村级公路改造为水泥路，在已经有比较平整的砂石路基的条件下每公里造价约20至25万元。一个自然村村内道路建设平均按2.5公里，每公里22万元计算，全市2.38万个自然村道路改造费用至少需要130.9亿元。按15年内全部改造完毕，则每年道路改造方面需要资金8.73亿元。按照政府补助70%、村集体和农户各筹15%计算，需要政府投入6.2亿元，村集体投入1.31亿元，农民投入1.32亿元，其中农民面要贷款0.6亿元。

4.公共环境改造和治理污染的资金投入

一是农村饮用水改造。实施农村饮水"户户通"自来水工程是新农村建设重点之一，按每年解决农村4万户计算，每户需要资金500元，每年全市农村自来水工程建设需要资金0.2亿元，其中政府补助40%需要投入0.08亿元，农户自筹60%需要投入0.12亿元。二是农村厕所改造。建公共厕所每个需资金5万元左右，每个村民小组建一个公共厕所，按五年完成，则每年用于改厕的资金2.38亿元，由政府、村集体和农民三方出资解决（不包括各家各户的水冲式厕所，这笔资金已计入建房资金），出资比例为50%、25%和25%。三是建沼气池。按目前建一沼气池需要1500元，全市农村每年建3万座，需要投入资金0.45亿元。其中按政府财政每座投入1000元，农民自筹500元计算，财政需投入0.3亿元，农民自筹0.15亿元。四是三清（清垃圾、清路障、清污泥）及改猪、牛栏。按每户用于此项资金需500元，村集体与农民自筹占比为3：7计算，全市99.5万户农民按照五年内完成，每年需要投入资金1亿元。其中，村集体出资0.3亿元，农民出资0.7亿元。

5.公共设施建设的资金投入

一是开通有线电视。根据调查测算，目前全省农村有线电视入户率为15%左右。按5年内全省所有未开通农户都开通广播和有线电视，每户500元计算，则每年需要资金1亿元。其中财政补助占40%为0.4亿元，农民自筹占有60%为0.6亿元；二是安装电话。据调查目前初装电话手续费每户158元，全市目前仍有70%农户未装电话。按5年内60%农户需要安装电话，则每年农户自筹初装费需要资金0.13亿元。三是开通互联网。据调查，目前全市有80%的自然村无互联网设施或设施需要更新，每个自然村需8万元，按15年内所有的自然村都开通互联网，则全市每年在互联网设施建设上需要投资金1亿元。其中财政投入占60%为0.6亿元，农民自筹占40%为0.4亿元。四是进行农村电网改造。目前全市仍有大约40%的自然村未进行农网改造。每个自然村约需资金8万元，按5年内所有的未改造自然村都进行农网改造，则全市财政每年用于农网改造的资金需要1.52亿元。

表五　改善农村面貌资金需求情况

单位：亿元

	资金需求	需要农民投入	需要政府投入	需要信贷投入	政策性银行	商业性银行	需要村集体等其他投入
自然新村建设	5.97	3.35	1.19	1.43		1.43	
农民建房	11.9	8.33		3.57		3.57	
道路改造	8.82	0.71	6.2	0.6		0.6	1.31
公共环境建设	3.75	1.56	1.3				0.89
公共设施	3.65	1.33	2.32				
总计	34.09	15.28	11.01	5.6		5.6	2.2

（四）农村医疗卫生、教育、文化事业和社会保障方面的资金投入

1.医疗卫生方面的资金投入

目前农村合作医疗的筹资模式为中央财政对每个参加合作医疗的农民补助20元，省、市、县财政共补助20元，农民个人出资10元，假若在五年内全市合作医疗覆盖率达到100%，全市每年在合作医疗保障方面的资金投入是0.39亿元，其中，政府投入0.31亿元，农民投入0.08亿元。为了做到小病不出村、常见病不出乡，在5年内达到每个行政村有一个卫生所、每个乡镇的卫生院设施达标的要求，按照兴建、改造一个卫生所投入1.5万元，改造卫生院30万元的标准，全市每年需要政府投入资金0.16亿元。

2.义务教育方面的资金投入

据调查，目前全省农村实行九年义务教育免费制，并对困难学生实行免收课本费、学杂费，对寄宿的困难学生给予生活补贴的政策，由此推算每个学生一年财政需要补助200元左右。据估计，农村人口中有16%正在接受九年义务教育。财政每年需要投入1.24亿元。

3.文化事业建设的资金投入

根据该市新农村建设规划要求及样本点调查，每个行政村应建设一个综合性的文化娱乐中心（包括电影、图书室、阅览室、文体活动室共计20万元），每个乡镇建一个电影院（30万元）、一个图书馆（10万元）、一个广播站（10万元）。如果10年完成，则全市每年需要投入资金0.5亿元。按政府出50%，农村集体和农民自筹25%计算，财政每年需投入2500万元，农村集体和农民每年各需投入1250万元。

4.社会保障费用的资金投入

城镇居民的最低生活保障费是每人每月100元，财政状况较好的地方是每人每月150元。如果按照目前最低生活保障每个每月100元的标准，全市农村60岁以上老人占农村人口的10%以上，约为38.8万人，预计农村老人的养老保障政府财政每年需支出4.66亿元。

表六　文教卫和社会保障资金需求情况

单位：亿元

	资金需求	需要农民投入	需要政府投入	需要信贷投入	政策性银行	商业性银行	需要村集体等其他投入
医疗卫生	0.55	0.08	0.47				
义务教育	1.24		1.24				
文化事业	0.5	0.13	0.25				0.12
社会保障	4.66		4.66				
总计	6.95	0.21	6.62				0.12

三、宜春新农村建设资金缺口分析

目前，该市新农村建设的投资主体是农民和政府。但是，我们在分析中发现，新农村建设投资渠道较为狭窄，总体投入水平与现实需求相比存在较大的反差，无论是农民还是政府，以现有的财力支持新农村建设都存在较大的资金缺口，这样，未来十年，金融将成为新农村建设的资金的重要来源，但从我市农村信贷资金实际投入与现实需求之间也存在较大的缺口。

（一）农民资金投入缺口

据2006年该市统计年鉴数据计算，全市农民人均纯收入是3653元，人均生活消费支出是2776元，人均生活消费节余是877元，在新农村建设84.32亿元的年总需求中，农民自筹36.04亿元，人均年需要费用928元。在一般情况下，农民不会将所有的生活消费节余用掉，会留出一定的比例作为预防临时性支出。如果农民生活消费节余的80%用于新农村建设，则农民人均投资缺口是226元，全市农民投资缺口是8.76亿元。从样本调查的村容建设资金需要量与农户实际投入情况来看，调查的某县级市两个自然村新村建设项目均由公共设施和农民自用组成，据测算以旧村改造为主的车田村公共设施户均需要投入8621元，农户自用5000元，户均村改费用共1.36万元。实施整体搬迁的东头村公用和自用部分分别为8333元和7.8万元，户均需出资8.7万元。而从农户实际投入来看，不但公用部分基本上没有投入，而且相当部分农民自给资金也存在很大缺口。近几年，我市农民增收主要是政策因素和价格因素起了主导作用，农业比较效益、产业化水平仍偏低，农技推广机制还不健全，农民增收的长效机制没有真正形成，制约了农民自主投入的动力。

（二）政府资金投入缺口

根据《某市统计年鉴》，2005年，该市用于大农业的财政支出是4.37亿元，其中所包括支援农业生产、农村基本建设、林业、水利气象部门的事业费等其他支出。财政用于大农业的支出占财政支出总额46.33亿元的9.43%。2006年，这一比例为10.2%，即当年用于农业的财政支出是6.01亿元，按照需要投入19.42亿元财政资金的要求，资金缺口是13.41亿元。而且还要注意的是，在用于农业支出中有将近1.8亿元的资金是用于农林水利气象部门的事业费，实际上用于农业的支出占财政支出总额的比重是7%左右，这样，资金缺口总量为15亿元。据报载，2006年某地级市本级财政预算用于新农村建设资金只有7498.9万元。分项目来看，一是从对农业生产的财政支出看，近几年，该市光用于农业的财政支出逐渐增长，2003年是1.67个亿，2004年2.61个亿，2005年3.05个亿，2006年4.2亿，由于这块资金主要由中央财政支出，而且有了明确的政策规定和资金落实办法，目前基本上不存在缺口。二是从对农村基础设施建设的财政支出看，农村基础设施包括道路改造和农村面貌改善二个部分。由于多年来，财政在这方面的投入不多，欠账较大。2004年，财政在农村基本建设的投入不到1亿元，2005年有所增加，2006年是2亿元左右，即使如此，仅占财政总支出的3.3%。而根据建设新农村的要求，农村道路改造需要财政投入6.2亿元，农村公共设施建设需要财政投入2.32亿元，二项总共需要财政投入8.5亿元，资金缺口是6亿元左右；三是财政用于农村文教卫和社会保障的支出。近几年该市财政每用于农村其他方面的支出是1.5亿元左右，假设这些支出全部用于农村文教卫和社会保障。由此测算2007年财政用于农村文教卫和社会保障的支出是2亿元。而新农村建设在农村文教卫和社会保障方面需要财政投入6.62亿元，资金缺口是4.62亿元。

（三）金融机构信贷资金的缺口

2006年末，全市金融机构人民币各项存款余额为445.56亿元，各项贷款余额为241.76亿元，"存差"高达203.8亿元，存贷比仅为54.25%，低于75%的控制水平。从全市金融资源的总量上看，完全能满足新农村建设对信贷资金的需求。但目前的事实是，农村大量资金流向了城市，农村成为金融资源的净供给者。国有商业银行县级机构基本上只存不贷，邮政储蓄机构成了农村资金的"抽水机"。大量的本可用于农村经济建设的资金流向城市，这样就造成了金融机构对农村的信贷投入力度不够，形成了金融机构对农村信贷资金的缺口。从2006年全市金融机构发放的贷款构成来看，农业发展银行全年累放农产品收购贷款为7亿元，基本能满足政策性农产品收购资金需求。作为新农村建设提供信贷资金的主要渠道，农业银行和农信社近几年每年新增农业贷款大约在10亿元左右（基本上是农信社新增），而测算新农村建设对信贷资金每年需求量达25.92亿元，信贷资金缺口达8.92亿元。

（四）村集体投入的资金缺口

从我市实际情况看，村集体经济实力不强，许多村集体不但没有积累，而且负债不少，无法提供新农村建设所需资金，测算中村集体所承担的新农村建设资金2.94亿元基本上是一个硬缺口。

表七　该市新农村建设资金缺口情况表

单位：亿元

	农民	财政	信贷	村集体
资金需求总量	36.04	19.42	25.92	2.94
目前可提供量	27.28	8.8	17	0
资金缺口量	8.76	10.62	8.92	2.94

四、新农村建设资金缺口的解决途径

解决某地级市新农村建设资金缺口的总体思路是：坚持统筹兼顾、协调配合的原则，构建以公共财政投资为先导，农民直接投资为主体，银行信贷投入为支撑，民间融资、乡村集体等多种经济成份共同参与的多元化、多层次的投融资体系。充分发挥银行信贷的支撑作用，必须从实际出发，从顺应新农村建设主体对信贷资金需求的数量、结构、用途出发，重构农村金融体系，同时要培植财政支农和农民增收的稳定增长机制，进一步优化农村金融生态，为金融投入创造良好的外部环境。

（一）农民投入资金缺口解决途径

一是增加农民收入。按照统筹城乡经济社会发展的要求，坚持"多予、少取、放活"的方针，调整农业结构，扩大农民就业，加快科技进步，深化农村改革，增加农业投入，强化对农业支持保护，力争实现农民收入较快增长。如果能实现农民纯收入每年增长10%，这样农民人均一年可增加收入365元，剔除生活消费支出的增加和必要的储蓄，全市农民每年可增加8亿元新农村建设资金。二是增加农民外出务工数量。从目前情况来看，全市有农业劳动力187万人，农业生产只需要100万人，全市还有剩余劳动力87万人。如果其中增加10万人外出务工人员，剔除务工人员生活消费支出，按每人每年可增加纯收入5000元，则每年可增加农民收入5亿元，剔除家庭成员生活消费支出，农民可增加用于新农村资金约为3亿元，基本上可以解决新农村建设农民自身资金投入缺口。

（二）财政支农资金缺口解决途径

拓宽政府农业投资渠道，探索建立财政预算外资金、农业发展基金、政府产业项目运营投资公司等市场化融资方式。政府要建立有效筹集和使用支农资金的管理机制，要在资金来源渠道的拓宽、资金投入的持续性、支农项目效益的持久性等方面通盘考虑，明确各级政府财政支农责任和支出范围。要逐年提高财政支农资金的比重并保持一定增长率，形成支农资金的稳定投入渠道。目前，该市财政支出中用于农业支出的比重占10.2%。随着经济的发展，财政收入将有较大的增加，为增加财政支农资金提供了可能。根据目前的财政状况，建议适当提高财政支农资金的比重，近期如提高到15%，那么财政用于农业的支出达到9亿元以上，中期可提高到20%，基本上可以解决财政支农资金缺口。

（三）信贷资金缺口解决途径

一是提高农村信用社信贷支农比重。目前全市支农贷款主要是农村信用社承担，农村信用社每年新增贷款中农业约占70%左右。农村信用社要积极进行新的探索，加强信贷结构调整力度，加大信贷产品开发力度。如果其每年新增贷款中农业贷款能提高到80%，则可以每年增加信贷支农资金1亿元；二是建立县域金融机构信贷支农长效机制。据有关部门的调查，2006年全市国有商业银行县域吸收存款中年新增加24亿元，考虑到新增存款中法定存款准备金、备付金及系统内二级准备金等非可用资金一般占用20%左右，确定我市国有商业银行新增存款的15%投放农村是可能的，这样全市新增信贷支农资金3.6亿元。三是建立邮政储蓄资金回流机制。2006年末，全市邮政储蓄存款余额达71.43亿元，当年新增存款9.43亿元，其中农村新增存款3.8亿元。如果邮政储蓄银行每年能将吸收农村存款的80%用于农村，则每年可增加支农信贷资金3亿元。四是充分发挥政策性银行的作用。农业发展银行和国家开发银行应该介入农村道路改造、大型水利设施建设、公共设施建设、农村生态环境改善等方面，若两行每年各投入1亿元，可以解决2亿元的资金缺口。

（四）村集体资金缺口解决途径

推进新农村建设，要建立农民企业共同参与、城乡一体互助联动机制，进一步落实好今年7月国务院颁布的《农民专业合作社法》。在村一级，政府的投入只能起到引导作用，关键要充分发挥农民专业合作社等农村集体组织在资金投入中的作用。另外，新农村建设还需要社会各方的广泛参与和大力支持。运用政策引导鼓励民间资本和产业资本进入农村发展产业，鼓励社会力量进入农村发展社会事业，鼓励企业帮助建设农村公用事业。当前在新农村建设中，各地以挂点、帮扶单位为主的社会捐助，不失为一种有效办法，预计每年全市可以筹集资金近2亿元，可解决村集体资金缺口。

（五）准确定位农村金融体系，建立与需求增长相适应的信贷供给制度安排，全面支持新农村建设

一是积极拓展农业政策性业务功能。农发行除了为国家粮棉油储备提供资金支持外，还应为农村基础设施建设、农业综合开发及扶贫、农村技术研发和推广以及推动农业产业化进程提供强有力的资金保障。加大对农村电网改造、供水工程等基础设

施项目、农业龙头企业贷款支持，成为全面支持新农村建设的农业政策性银行。

二是要加大推进农业银行股份制改革。农业银行改革必须以实现面向"三农"和商业运作的有机结合为目标，特别是农业银行县域机构筹措的资金，总体上都要用于支持"三农"和县域经济，以满足农民生产生活、农村中小企业、现代农业、农村基础设施和小城镇建设等方面需求为主要服务领域。

三是要建立农村资金回流机制。农村信用社要对传统种养业改进小额农贷管理办法，维持合理贷款规模。信贷重点向订单农业、规模种养及农产品加工、流通等新型农业转型。要明确各金融机在县域经济和农村的投放比例。省联社不能以行政手段要求基层信用社上存资金。设有农村网点的国有商业银行，应按从农村地区所吸收存款至少60%比例投放于农村。

四是加快县域邮政储蓄银行、村镇银行筹建步伐，进一步拓展其支农功能，将邮政储蓄抽取的农村资金通过邮政储蓄银行的贷款业务向农村回流。邮政储蓄银行信贷投向应以"三农"经济为主。加快村镇银行设立步伐，充分发挥正规金融的补充功能作用，在支持对象上，应主要扶持农户、农村互助合作组织。

五是成立农村政策性保险机构，大力开办生猪、肉牛等农业保险业务，解决养殖户的后顾之忧。商业性保险应向农村下延机构，下摆业务，充分发挥保险防范农业风险和信贷风险的作用，同时建立多主体、多形式的信用担保机构，分散化解农业信贷风险，增强农业担保实力。

金融支持新农村建设：现状、问题及对策

最近，笔者以宜春某县级市的四个新农村建设试点乡镇为样本，对新农村建设中信贷资金需求状况进行了抽样调查，针对存在的问题探讨了金融支持途径。

一、新农村建设信贷资金需求状况

调查表明，当前新农村资金需求主要集中在村容建设、生产发展、基础设施及各类消费信贷等方面。据测算，该市2006年新农村建设需投入资金7.86亿元，其中信

由表可知，两个旧村改造模式的村庄户均成本分别为1.33万元和1.36万元，平均1.34万元；两个整体搬迁模式的村庄户均改造费用分别为8.9万元和8.65万元，户均8.7万元。

旧村改造型成本统计表

单位:元

村名	户数（户）	公共部分						户均费用（元）	自用部分					户均费用（元）	户均总费用（元）
		改路			改环境				外墙粉刷（元/户）	改猪、牛栏（元/户）	改水（元/户）	改厕（元/户）	沼气（元）		
		村内硬化	环村公路	下水道	绿化	活动室	公共场所								
车田村	29	70000	150000	25000	5000			8621	1600	1200	1000	1200		5000	13621
蔡家村	63	80000	310000	50000	10000		90000	8571	1200	1200	1000	50	1300	4750	13321

整体搬迁型成本统计表

单位:元

村名	户数	公共部分						户均费用（元）	自用部分					户均费用	户均总费用
		改路			改环境				改房	改栏					
		道路硬化	环村公路	下水道	栽树绿化	活动室	公共场所		平均每户建新房成本	改猪、牛栏（元/户）	改水（元/户）	改厕（元/户）	沼气		
南湖新村	42	60000	180000	40000	20000		100000	9524	79000	1200				80200	89000
东头村	72	70000	230000	60000	20000	90000	130000	8333	77000	1200				78200	86500

注：整体搬迁模式中，改水、改厕及沼气池计入新房建设成本，不单列。

以居住地自然环境恶劣、村庄分散偏僻且人口少于50人为整体搬迁标准，全市约有5%的农户需进行整体搬迁。按此比例，以年末15万农户数计算，该市预计采取旧村改造模式的农户14.25万户，需投入资金19.1亿元（14.25*1.34万元/户）；整体搬迁模式农户0.75万户，需投入资金6.53亿元（0.75*8.7万元/户）。合计全市村容改造需投入25.63亿元。按照15年完成全部改造任务的要求，平均每年需投入1.71亿元。按照村容建设公用部分政府资助三分之一，农户自筹三分之二，农户自筹部分向金融机构贷款50%；自用部分全部自筹，其中向银行贷款50%的比例测算，每年约需新增贷款7102万元（其中公用部分2895万元，自用部分4207万元）。

（二）农村生产建设信贷资金需求状况

调查显示，2006年全市农村各类生产行为对信贷资金需求量为1.27亿元，比上年增长24%，主要集中在以下几方面：其一，种养业信贷需求。据对独城镇、八景镇100户农户抽样调查，全年种养业共需新增投入5.1万元，其中自筹2.75万元，需向金融机构贷款2.35万元，户均贷款额235元。以全市15万农户框算，共需新增种养业贷款3525万元。其二，农村个体工商户信贷需求。据对该市4个乡镇100个农村工商户抽样调查，全年需新增资金80.5万元，其中意向性贷款需求量为44.6万元，户均4460元，较上年增长21%。以全市1.2万户农村个体工商户计，贷款需求量为5352万元。其三，各类农村企业信贷需求量。调查的4个乡镇在农村信用社开户的农村企业34家。全年34家企业计划新上生产线4条，销售额增长30%，据此需新增生产资金2450万元，其中贷款需求820万元。四乡镇工业增加值占全市乡镇工业增加值的21%，可由此推算全市农村企业资金需要量为11666万元，其中贷款需求为3904万元。

全市农村生产资金需求测算表

单位：万元

	当年资金需求量	其中:贷款需求量
种养业	7650	3525
个体工商户	9660	5352
农村企业	11666	3904
合计	28466	12781

（三）农村基础建设及消费信贷需求

根据该市制定的《新农村建设规划》，"十一五"期间全市将投入2.5亿元，修建乡村公路1200公里，基本实现村村通公路；乡村电网改造及输变电配套设施投入2亿元；新建及修理水库30座，需投入2亿元；城镇扩建20平方公里，需资金10亿元。以上各项合计需要投资16.5亿元，其中对信贷资金需求量为3.3亿元，每年约需6000万元。此外，各类教育、耐用品等消费信贷每年需新增1200万元。"十一五"期间，全市农村基础设施及各类消费主体信贷每年信贷需求为7200万元。

"十一五"期间每年农村基础设施资金需求及消费信贷需求测算表

单位：万元

	当年资金需求量	其中:贷款需求量
乡村公路	5000	1000
乡村电网改造	4000	700
小城镇建设	20000	3500
水利系统建设	4000	800
小计：农村基础设施信贷需求量	33000	6000
消费信贷需求量	——	1200
合计	33000	7200

二、金融支持新农村建设中存在的问题

调查显示，当前金融支持新农村建设存在三大不匹配，如不及时加以调整，将可能影响新农村建设的步伐。

1. 信贷需求量与投入量不匹配。以上分析表明，在全市新农村建设中，每年至少需投入信贷资金2.7亿元，但实际投入量远远不够。2005年，该市金融机构对农村新增贷款（不含政策性粮食收购贷款）1.24亿元，其中农村信用社发放的就达1.1亿元。农业银行在"农村向城市转移"战略下基本已退出农村信贷市场，大量撤并农村机构网点，压缩对农信贷，农业贷款投放直线下滑。市农业银行农业贷款余额较上年减少939万元，降幅达7.2%。据统计，近五年市农行共撤销基层网点8家，减幅达到33%，并呈进一步减少趋势。而面对总量庞大且服务方式多样化的农村金融服务需求，农村信用社将显得独木难支。该市农村信用社当年新增存款1.64亿元，远

远满足不了新农村建设对资金的需要。更为严峻的是，在此情况下金融机构不但不能为农业提供信贷支持，而且成为农村资金的"抽水机"。2005年市邮政储蓄及各家金融机构新增上存资金量达5.82亿元，即使考虑农发行收购贷款增加2.09亿元因素，以新增上存资金中来自农村部分占50%计，该市农村当年通过金融渠道外流资金也约为1.91亿元。

2. 信贷需求结构与投入结构不匹配。一是重农户小额资金需求，轻各类"三农"企业资金供给。在农村信用社全部贷款余额中，企业贷款占比仅15.7%，小额农贷占比在76%以上。抽样的10户"三农"企业2005年申贷成功率仅12%，远远低于农户贷款80.3%的满足率。此种状况无疑将制约农业竞争力的提高，影响到新农村建设最终支撑力。二是重短期流动资金需求，轻中长期资金供给。根据以上分析，新农村建设中包括基础设施及企业中长期贷款内的中长期信贷资金需求达1.4亿元以上，占全部农村信贷资金需求总量的52%。但在实际信贷发放过程中，农村信贷却呈现出明显短期化趋势。据对四乡镇抽样调查，一年期以上各类贷款额占全部贷款申请额的35.7%，而其贷款满足率不足3%，远远低于同期短期贷款60.4%的满足率。2005年末，农村信用社中长期贷款余额仅占全部贷款余额的0.97%。可以预见，随着新农村建设进一步深入，信贷需求与供给的期限结构矛盾必将进一步突出。三是重生产领域资金需求，轻消费领域资金供给。某县级市农信社消费信贷余额仅占全部贷款余额的8.3%，实际仅增加720万元，仅为当年需求量的60%，对已开展的新农村建设中的消费信贷需求也仅是尝试性介入，这种资金供给结构可能延缓村容建设及农民生活改善步伐。此外，农村信用社对小额农贷授信额度过低，不能很好满足地农户需要。

3. 农村金融生态环境与信贷投入要求不匹配。一是农村信用意识还有待进一步提高。部分农户及农村经济组织守信履约意识薄弱，拖欠金融机构贷款本金及利息行为时有发生，甚至有的认为对信用社贷款只要按期付息就行了，本金能拖则拖。调查的四乡镇2005年末不良贷款余额4177万元，不良贷款率为43.5%，个别乡镇不良贷款率高达54.7%。在削弱农村信用社放贷能力的同时也打击了其放贷积极性。二是农村担保能力不足难以解决。受农村发展水平制约，农民收入水平仍然偏低，农村经济组织实力偏弱，难以提供更多的有效抵押担保物；同时农村信用担保机制建设严重滞后于实际需要。该市现仅在八景镇设有一家担保基金250万元，为肉牛产业贷款提供担保的农业担保机构。并且由于对被担保者有严格的反担保条件，其担保功能未能得到充分发挥。2005年末，担保机构担保贷款余额105万元，仅为可担保能力的8%，远远不能满足新农村建设的需要。三是严格的信贷约束抑制了农村金融机构创新能力。一方面，按照现行监管规定，农村信用社信贷仍主要局限于种养业及农村小额贷款范围，对农业龙头企业贷款及农村基础设施贷款有着严格的限制，甚至视为贷款禁区，不但制约了金融支农能力，也不利于农村信用社拓宽业务范围，提升经营能力；另一方面，过度严格的授权授信制度，极大地挫伤了农业银行开展业务的积极性。调查显示，市农业银行除小额质押贷款权外，无任何信贷审批权，事实上成为一个存款专营机构。

三、对策建议

在新农村建设中，金融具有不可替代的作用。金融支持新农村建设，必须从实际出发，从顺应新农村建设主体对信贷资金需求的数量、结构、用途出发，健全农村金融体系，加强政策引导，提升服务效能。同时，要进一步优化农村金融生态，为金融投入创造良好的外部环境。

1. 以"明确农发行职能、组建邮政储蓄银行、规范民间融资"为重点，健全农村金融体系，形成有序竞争的态势。当前农发行定位狭窄、农行涉农少，农村信用社独木支撑的农村金融体系不但已成为加大对农村信贷投入的瓶颈，而且在客观上促成了农村信用社垄断农村金融市场局面的形成。在此环境下，农村信用社信贷营销积极性不高，贷款利率远超出农村承受能力，进一步加剧了农村信贷资金的供求失衡现象。因而，应从健全农村金融体系入手，构造一个良好的农村投融资制度。一是明确农发行职能定位。应将其作为全面支持新农村建设的政策性开发银行，除为国家粮棉油储备提供资金支持外，还应为农村基础设施建设、生态环境建设、农村技术研发和推广以及推动农业产业化进程提供强有力的资金保障。作为初步尝试，当前可对农村有稳定现金流的电网改造、供水工程等基础设施建设项目和有市场前景，但难于从商业性金融机构获得贷款的农村企业提供贷款支持。二是尽快设立县域邮政储蓄银行并对其功能加以准确定位。应进一步加快邮政储蓄银行建立步伐，将抽取的农村资金通过邮政储蓄银行的贷款业务向农村回流。邮政储蓄银行在支持领域上，应主要面向包括"三农"在内的县域经济;在支持对象上,应主要扶持农村中小企业及个体工商户。三是引导规范民间融资。要在打击非法集资和高利贷的前提下,规范民间融资行为,适度放宽农村金融市场的准入条件。一方面,可允许民间资金参股、收购农村信用社,将民间资金纳入正规金融体系;另一方面,要积极培育农村小额贷款机构,作为农村金融体系的补充。

2. 以"财税优惠政策、支农再贷款支持、相关费用减免"为重点,加强政策引导力度,形成资金回流机制。农村信贷风险高、成本大,应加强政策扶持力度,通过利益机制吸引信贷资金向农村回流。一是对农村金融机构实行财税优惠政策。应参考发达国家和一些发展中国家做法,对为"三农"服务的金融机构实行营业税减半征收和所得税减免政策。财政部门对特定政策性农业贷款给予贴息等政策,降低金融支持新农村建设中的贷款成本,引导金融机构增强支农积极性。二是强化支农再贷款的导向功能。支农再贷款应向农业贷款占比大的地区倾斜。为补偿金融机构涉农贷款成本,要合理确定支农再贷款利率,原则上以不超过同期国债利率为宜。支农再贷款适用对象也应做相应扩展,从仅限于农村信用社,扩大到县域经济中以"三农"为主要服务对象的金融机构。三是减免涉农贷款相关规费。对金融机构发放涉农贷款过程中的登记、评估等各类费用给予减免的优惠,对金融机构处置涉农不良贷款过程中的各类过户、保全等处置费用应予以免除,或仅收取工本费。

3. 以"信用建设、农村保险、担保机制"为重点,不断优化农村金融生态环境,推进经济与金融和谐互动。一是要将信用环境建设状况纳入对地方政府考核指标,增强对政府改善信用环境的约束力的同时,尽快建立健全农户及农村个体工商户信用和经济档案,并纳入全国企业或个人征信系统统一管理,为农村信贷风险控制提供依据。二是应将农村保险体系纳入农村金融体系建设框架内统筹考虑,开展政策性农业保险试点,商业性保险也应向农村下延机构,下摆业务,充分发挥农业保险防范农业经营风险和涉农信贷风险的作用。三是在担保机制建设方面,应以乡镇为单位建立多主体、多形式的担保机构,缓解龙头企业担保难状况。担保机构要适当简化担保手续,降低反担保门槛,并按年度补充担保基金,力争经过几年的努力使担保基金规模与实际需要相适应,为缓解农村担保难发挥积极作用。

农民专业合作社难以获得金融支持的症结及对策

《中华人民共和国农民专业合作社法》于2007年7月1日正式实施，这对于进一步规范农村合作经济组织，促进农民增收、农村经济发展具有深远意义，但其运行管理中也暴露出一些新问题。调查显示，农民专业合作社运作中存在"政策扶持弱，金融支持少，运行欠规范，管理层次低，辐射力不强"等问题，应引起有关部门重视。

一、某县级市农民专业合作组织发展基本情况

截至2007年全市已组建了各类农村经济合作组织286家，组织形式主要有协会、合作社、互助会、流通组织等，其中有评为国家级的市农业机械协会，地市级的上湖卢家辣椒专业合作社、神龙畜牧渔业专业合作社。农村经济合作组织已从合伙型、契约型发展到日益紧密的合作制、股份制，共发展会员3.8万人，带动农户5.6万户，占全市农户总数的38%，年创产值4亿元，年增加农民收入8000万元。经工商局注册的具有法人资格的农民专业合作社共46户，其中市上湖蔬菜专业合作社、上湖卢家辣椒专业合作社获得信用社贷款416万元。会员易宗根获得信用社贷款7万元种植辣椒6亩，大头菜4亩，全年创收3.2万元，走上了致富路。市农业机械协会是辖内唯一的一家国家级农机协会。现有兼职人员11人，协会下设两个分会：即农业工程机械分会和稻麦收割分会，现有会员105人，入会农机设备105台，固定资产180万元。协会采取会员入股方式，2006年股金总额193万元，人均入股18380元。设置会长1人，副会长4人，下设信息中心、培训中心、维权办、财办和四个作业队。决策机构是会员代表大会。协会还获得省财政扶持资金10万元，主要开展机耕、机插、机收和农田水利基本建设以及机耕道修整，农机设备调剂，维护会员合法权益，为广大机手技术培训等。

二、农民专业合作组织在农业和农村经济发展中的作用

农村合作经济组织引导农民在家庭联产承包经营基础上走向新的联合，调动了农民的积极性，较好地适应了市场经济专业化、一体化需求，为农村经济发展开辟了新路。

1. 拓宽了农民增收的渠道。农民专业合作经济组织以统一的技术组织生产，按

标准的质量进入市场，使农产品获得了较好的市场价格和收益，进一步拓宽了农民增收渠道，促进了农民种植业收入的增加。如某县级市上湖蔬菜专业合作社，注册资金20万元，会员300多人，有辣椒、大头菜、萝卜、大蒜四个品种被评为国家级无公害蔬菜产品，并注册了"上湖"牌蔬菜商标，开通了江西首家蔬菜网，产品销往广东、浙江等省市，辣椒、大头菜精品还远销美国、日本、韩国等地，该组织拥有大栅无公害辣椒面积1万亩，蔬菜年产量2000万斤，产值1000万元，菜农户均年收入2万元，人平纯收入4010元。

2. 增强了农户与市场之间的联系，提高了农产品流通环节的关联度。通过专业合作经济组织与龙头企业相联系，有计划地安排了种植品种和生产规模，发展了"订单"农业，降低了市场风险，提高了生产效益，企业通过合作经济组织与分散的农户相联系，建立了稳定的原料供应基地，既保证了原料品质，又节约了交易成本。高安农机协会建立了"一个联合、两项统一、三种服务"的管理模式。"一个联合"就是把会员入会的各种农业机械联合起来，形成群体作战优势，解决单家独户找作业难的问题，有效地争强市场竞争力，抵御市场风险；"二项统一"农业机械统一调配，大型项目组织联合作业，会员无条件地接受生产安排，严肃纪律，听从指挥，增强合力，确保作业任务按时完成。生产经营统一核算，为了加强管理，打破大锅饭，实行单机核算，多劳多得，按劳取酬；"三种服务"就是提供培训、信息、维权服务。

3. 推动了农业结构调整，培育壮大了特色优势产业。通过农民合作组织提供种、管、销等系列化服务，有效地把分散经营与整体生产联合起来，做大做强了区域性特色优势产业，促进了区域主导产业的发展壮大。如该市汽运产业和蔬菜产业就是依靠农民有组织的合作发展和壮大起来的。某县级市汽运业协会中的风盛汽运公司，拥有货车150部，货运业主163人，年上缴各种规费150多万元，货运业主年均获利3万多元，解决农村剩余劳动力98人。

4. 提高了农业生产的专业组织化程度。农民专业合作组织通过开展信息咨询、技术及购销服务，增强小生产与大市场的有效对接，解决了单个农户办事难的问题，减少了生产盲目性和随意性，有效化解了分散生产的市场风险。2006年市农机协会完成机耕面积7000亩，机械插秧960亩，水稻收割面积8000亩，农田整治面积1250亩及土地平整、机耕道修建、水利维修等完成土方量15.8万m³，总作业收入131.8万元，纯利43.8万元，其中耕作机械会员年人平纯利1200元，插秧机械会员3000元，收割机械会员8000元，农田整治机械会员18000元，比入会前增长10%。

5. 农民专业合作组织有助于解决会员资金短缺问题。现有的商业银行因为支农信贷回报率低，纷纷退出农村，而农村信用社一家难以担当支持三农的重任。农民想获得资金支持也就更倾向于民间资金互助、民间借贷等手段，因此农民专业合作组织使起的资金互助作用，在一定程度上弥补了农村金融服务的空白，有利于新农村建设和农村社会的稳定。

三、农民专业合作组织运行管理中存在的问题

尽管农民专业合作组织在服务"三农"、有效推进我市农业产业化过程中发挥了很大的优势和作用，但是，从总体上来看，仍处于发展的初级阶段，还存在许多困难和问题，需要在实践中不断完善。

1. 政策扶持太弱。目前，市乡镇财政基本上未列支扶持农民专业合作组织专项资金，在政策扶持上包括信贷、保险、税收、工商、社团发展等方面的政策优惠几乎是零。在对农民专业合作组织业务辅导和农业技术培训上也很少投入物力和财力，而据了解一些发达的省市每年都要安排数量较大的专项资金，专门用于扶持农民专业合作组织的发展。

2. 管理层次低，运行欠规范，辐射带动力不强。全市农村专业合作经济组织的发展尚处于初级阶段，从组织内部运行状况看，由于管理制度不够健全，规模偏小。重赢利轻服务，会员之间的合作关系较为松散，服务基本停留在信息、技术咨询等层面上。管理人员素质低，个别协会还属官办性质，行政干预多，导致组织自身发展能力明显不足，没有形成较好的利益联结机制，成员的权益没有得到很好的保障，对农民的吸引力不强。

3. 农民专业合作组织资金运作存在风险隐患。以该市农机协会为例。会员购买一台农机设备，往往要十几万甚至几十万元，除自身垫付有限的一部分资金外，一是采取民间高息借贷，利率达20%至50%，二是采取赊购方式，一部30万元的挖掘机，在提供信用担保情况下，20万元就能提货，但余款又要付20%至30%的利息给厂家，有时仅仅依靠自身实力是难以付清款项，协会的互助能力也有限，一旦资金链断裂就

会出现大面积风险隐患，进而影响辖区的金融稳定，甚至引发许多社会问题。

4. 农民专业合作组织金融支持有限，缺乏信贷支持的连接平台。据调查，目前该市拥有各类农村经济合作组织286个，共获得贷款512万元。近几年该市国有商业银行已撤消农村金融网点18个，真正面对"三农"开展信贷服务的机构主要是农村信用社。但是，农村信用社本身发展面临一系列的问题，比如不良贷款过多、支农实力不足、结算效率低等，导致在支持农村互助经济组织上十分有限，信用社用于农民专业合作组织贷款只有416万元。农民专业合作组织资质低，有效信贷抵押品少，抗风险能力弱，在承接大工程、大项目时资金短缺往往成为制约瓶颈。

四、加快发展农民专业合作组织的对策及建议

（一）选准切入点，规范利益分配机制。坚持因地制宜，围绕区域优势产业的基地建设和市场开拓，重点围绕支柱产业和优势特色产业等组建农民专业合作组织，把分散的农户和农业企业联合起来，提高广大农户进入市场的组织化程度。规范利益分配机制，保证农民专业合作组织利益共享，风险共担，增强合作组织的辐射力，提高抗风险能力。

（二）进一步加大政策扶持力度。政府要出台一系列有利于专业合作经济发展的倾斜政策：一是提供申报审批，登记上的方便；二是提供资金、技术、人才等领域的扶持；三是享受必要的税收优惠政策；四是以奖代补，鼓励龙头企业和经济能人牵头创办专业合作经济组织。五是地方财政要建立风险基金，重点扶持合作社。

（三）创新组织形式。一是要与农村基层组织的行政优势结合起来，引导村社组织把工作重点转移到联合农户组建产销协会闯市场上来，提高市场销售能力；二是与乡（镇）农技服务机构结合起来，积极为会员提供市场信息、优良品种、标准化生产技术等服务，并积极利用项目建设为合作组织提供解决发展等方面的资金问题，推进农民专业合作经济组织发展。

（四）注重建章立制。在鼓励引导发展的同时，推行民主管理、民主选举、民主决策和民主监督，正确处理好农民与专业合作经济组织的利益分配关系，坚持建立完善的农民专业合作经济组织的章程，明确以社员为主体的产权制度，确保会员权益的落实，推进合作经济组织健康快速发展。

（五）改善金融服务，加大对组织的信贷支持力度。金融部门要积极改善信贷服务方式，对有经济实力的组织，要简化手续，降低利率，直接向经济组织贷款；或由经济组织担保，以农户联保贷款的形式向会员发放联保贷款。同时，在金融部门实施信贷支持过程中，政府部门要积极给予财产评估、登记优惠等方面的政策，减轻专业合作组织、农民的负担，引导其向集约化专业合作组织发展。

（六）开辟农业保险新险种，建立农业风险补偿新机制。保险公司要扩大对农业风险承保的探索与偿试，开辟农业保险新险种增加对农业市场风险、自然灾害风险，病、虫、药害等风险的承保。建立完善各乡镇农业贷款担保中心，分散贷款风险，保护农民应得利益。专业合作社之间可根据自愿和实际需要，通过联合组建专业合作联社，从而增强合作社的经济实力和抗风险能力。

小微企业发展与金融普惠

金融支持小微企业发展：成效、问题及建议

2018年以来，为贯彻落实人总行等五部门联合印发《关于进一步深化小微企业金融服务的意见》，人行某县级市支行把深化小微企业金融服务作为支持实体经济的重要抓手，督促和引导辖内金融机构，加强与财政税务部门的合作联动，推出针对小微企业需求特点的差异化、特色化金融产品和服务方式，为小微企业发展增添了新的动能和活力。

一、小微企业融资现状

该市位于江西省中部，是享誉全国的物流汽运之都，也是中国建筑陶瓷产业基地，辖内小微企业众多，截止2018年11月底，全市拥有小微企业9713家，纳税百万以上企业467余家，在宜春各县市中排名第一。随着经济下行压力不断加大，小微企业经营越逾艰难，融资难融资贵仍然困扰着企业发展，但该市众多的小微企业在新旧动能转换中抢占先机，在创新驱动中激发新活力，为金融支持小微企业提供了发展动力，促进了小微企业信贷稳步增长。截至11月末，全市银行小微企业贷款余额达127.2亿元，较年初增加12.6亿元，增长11%，较全市各项贷款平均增速高出2.8个百分点。小微企业贷款的增长主要得益于信贷品种创新、融资程序简化、门槛降低和融资成本下降。但由于企业对租赁融资等新兴业务整体认知度偏低，小微企业许多融资功能尚未被充分利用，股票、债券融资尚处于酝酿阶段，信托融资有所突破，但业务发展很不规范。近年来互联网金融、创业投资、典当融资、民间借贷等其它融资方式日

趋活跃，成为小微企业融资的重要方式。

二、主要做法及成效

（一）银税联动，打造"差异化"信贷产品

为提高小微企业融资需求的针对性和可获得性，人行某县级市支行牵头在全市银行机构开展了旨在优化小微金融服务，推动改善营商环境的"进乡镇、进园区、进企业、进财务"的"四进"专项行动，引导金融机构找准服务对象，创新推出针对小微企业差异化需求的信贷产品。"云税贷"就是市建行联合税务部门推出的特色产品。是基于小微企业涉税信息，运用大数据技术进行分析评价，针对缴纳增值税、所得税两年的优质小微企业发放、最高额度200万元的全线上自助信用贷款。该产品刚一推出，人行某县级市支行就积极牵线搭桥，帮助他们与税务部门协调沟通，税务部门积极配合，主动搭建信息数据连线，帮助纳税小微企业以税授信、以税获贷。该产品具有免抵押担保、利率低、手续简、放款快等特点，为小微企业提供"互联网＋大数据＋信贷＋税务"的全新服务。小微业主随时随地通过网银、手机银行申请并可随借随还，大大提高了申贷获得率，让小微业主尝到甜头。截至目前，该行共有60多家小微企业获贷2380多万元。此外，辖内江西银行、邮储银行等多家商业银行也竞相推出"税易融"、"税银通"、"税贷通"等类似信贷产品，将企业纳税等级与银行信用等级有机结合，以年均纳税规模和信用等级确定贷款放大倍数，从而将纳税信用转化为融资资本，形成银税联动融资模式，为小微企业融资1.2亿元，350多家小微企业从中获利。

（二）借力撬动，提供"普惠式"融资模式

"续贷帮扶资金为我们这样的小微企业带来了福音，过去企业1000万元到期贷款都是向民间借入高息"过桥资金"用于转贷，现在有了续贷帮扶资金过桥，一次性就能减少利息开支50多万元，人民银行搭建的"融资金桥"确实为企业办了一件大好事。"江西鼎峰电子有限公司老总的这番话，是得益于人行某县级市支行出台的《某县级市信用示范企业续贷帮扶资金管理办法》，该办法促成当地政府成立续贷中心，财政出资1亿元，在宜春辖内率先设立企业续贷帮扶资金，专门为企业办理续贷过桥。自业务开办以来，共为360多户企业办理过桥贷款23.17亿元，为企业节约成本

6400多万元，许多小微企业重焕生机。"这可是咱企业的救命钱，为企业省下的是真金白银啊"，这是许多小微业主说的心里话。该行把真心帮扶小微企业，当作践行普惠金融的具体行动，促成政府把续贷帮扶对象从规模以上企业，扩大到规模以下小微企业；从工业园区企业扩大到乡镇小微企业、个体工商户、种养大户，普惠金融政策得到有效落实。高安续贷帮扶的经验做法在宜春辖内7个县市推广应用，其政银企联动效应得到社会各界广泛赞誉。

（三）创新驱动，推行"特色化"金融服务

为确保支持小微企业各项金融政策措施迅速有效落地，人行某县级市支行深入各银行机构和企业"问诊把脉"，找问题、查不足、问需求，解决企业申办业务时遇到的难点、堵点，着力打造辖区优质高效的营商环境。在人行政策引领和推动下，各银行机构通过举办辅导讲座、张贴开户流程，公开办结时间、投诉电话等方式，开展特色化服务。除了为小微企业提供个性化信贷产品外，创新推出融在线支付、财务管理、商务社交等多功能于一体，一站式、个性化服务举措。市农行试点汽运产业集群工厂化运作，出台批量化、一站式金融服务方案，促进了小微信贷营销方式的三大转变，运用互联网、大数据等新技术，提供线上线下智能化审批流程、集约化贷后管理等新型金融服务，满足了缺抵押、少担保小微业主的需求。在优化企业办事流程上，各商业银行创新服务方式，尽量让数据多跑路、企业少跑腿。充分利用网上银行、手机银行、微信公众号等电子渠道为企业提供预约服务，大大提高了办事效率，仅企业开户银行审核时间由原来的3至5个工作日缩短到1至2个工作日。市人行联合财政、税务部门推出"一站式"服务举措，优化直拨资金、集中支付流程，缩短资金在途时间，提供退税"一窗受理、一次办结"、"套餐式"服务，打通便民惠企"绿色通道"。

（四）合力推动，实施"一体化"帮扶举措

人行某县级市支行出台并由政府转发了《金融支持小微企业发展实施意见》，引导商业银行聚焦授信500万元以下小微企业信贷投放，建立小微企业融资成本和贷款投放监测台帐，落实小微企业授信尽职免责制定。联合金融办、财政、税务、工信委等部门，商议提出了财政、金融、税务互动、信息互通、数据共享、完善担保体系

等深化小微企业服务对策措施16条。联合举办小微企业融资对接会、洽谈会，现场授信17.8亿元，签订贷款协议19亿元；财政部门制定《财政性资金存放与小微企业贷款投放挂钩奖励办法》，拿出11亿元财政性资金，根据各商业银行小微企业信贷投放增量与增速情况，决定存放占比，进一步调动了商业银行对小微企业放贷积极性。财政增设各类融资担保资金3.8亿元，撬动贷款20多亿元，政府性担保公司，累计为767户小微企业担保贷款30.2亿元；银监部门适当提高小微企业风险管控容忍度，实行差别化监管，鼓励银行机构下沉服务网点，增设社区、乡镇小微支行4家，催生了"微贷事业部"等小微信贷机构12个，促进商业区银行网银、手机银行等业务向边远乡村、山区延伸服务触角，为小微企业发放POS机具300多台。市人行与财税部门积极推广使用一体化国库集中支付系统，推进直接支付、授权支付、退款等业务的电子化管理，办理小微企业政策性退库277笔，金额0.97亿元，退库时间平均压缩12天左右，办理小微企业直拨资金3.6亿元。大大节省了企业财务成本。税务部门积极为小微企业申报政策性税收减免项目，共减免税收2.7亿元。

（五）成效初显，取得多方共赢

银财税的联动和有效支持，大大激活了小微企业的新动能，辖内小微企业在"稳增长、扩就业、助民富"的社会效益不断显现。截至11月，全市财政总收入完成44.2亿元，增长15.4%，列某地级市第二，十家企业荣获全省工业增产增效奖。银行信贷产品和服务方式的创新，也呈现出较强的影响力和辐射力。小微企业贷款余额94.91亿元，净增23亿元，增长13.73%，小微企业申贷获得率上升到78%，实现了贷款增量、增速、户数"三个不低于"目标。小微信贷放得好、用得活、有效益，小微企业金融服务的覆盖率、获得率和满意度大大提升。据初步统计，小微企业贡献了全市约53%的税收、56%的就业，市场竞争力、品牌创新力不断增强，涌现出一大批省级科技创新示范企业。全市新增国家高新技术企业12家、国家级科技型中小微企业8家，拥有中国驰名商标18件，数量列全省县市第一。

三、仍然存在的问题

（一）抵押担保不足仍是制约小微企业融资的主要瓶颈。小微企业贷款可提供的抵押物一般只有房屋、土地等不动产，厂房、设备等由于处置难度非常大，一般不能作抵押，此外，抵押比率也过低，一般按土地、房屋的40%掌握，且工业园区土地还有最高评估价格限制。小微企业在寻求担保时，多数担保机构只对一年内的贷款提供担保，还要增加反担保等附加条件、提高担保费率等，增加了小微企业的融资成本。此外，各商业银行对担保机构准入门槛控制也逐步趋严。如工商银行要求资本金必须是1亿以上且现金出资、政府控股。目前与银行合作的五家担保机构中仅有两家获得准入。

（二）小微企业扶持政策执行存在偏差。目前的政绩考核仍驱使地方政府重点关注支柱产业、大项目和大企业，而对小微企业重视不够，用地、招工、资金、税收相关扶持政策没有落实到位。尽管国务院及相关部委出台了小微企业贷款到期，履行相关手续后商业银行可进行无还本续贷，但调查显示，辖内商业银行没有一家开办了无还本续贷业务，理由是小微企业达不到无还本续贷规定的条件或标准，致使这一信贷利好政策没有真正落地。

（三）信息不对称是小微企业融资受限的重要因素。小微企业由于经营波动较大，"逐利"的天性驱使在经营出现风险时不会及时地告知贷款行，对财务、生产经营信息收集、整理不重视也不规范，融资时难以提供准确、连续、可信的资料供银行调查与评估；另一方面，一些银行信贷人员贷后审查不力，对企业的经营状况，特别是民间融资情况缺乏实时了解，为控制风险，不得不花费更多时间对企业信息进行甄别与研判。当信息不对称时信贷审批人员在评估中对放贷标准把握会偏于严格，不仅延长了企业融资时间，还加大了企业融资难度。

（四）新型金融机构发展仍然不足。为解决企业融资难融资贵问题，辖内出现了小贷公司、典当行、投资公司、创投基金等准金融机构，特别是近年兴起的网贷（P2P）、众筹等融资平台机构，使得企业融资渠道得到拓展。但总体看，离完全市场化的金融机构进入、退出机制尚有很大差距，金融配置效率不高，真正市场化的供求对接机制尚未形成，小微企业融资难问题仍然受制于金融机构的发展和金融改革的推进。

四、几点建议

（一）进一步完善担保体系，填补小微企业融资短板。建议地方政府通过政府注资、市场引资等方式做大做强本区域的担保机构，银行应主动加强与地方担保机构的合作，为其提供必要的信息支持与技术辅导，使其能尽快达到与银行合作的准入门槛。政府要综合运用对担保机构的税费减免、风险补偿、奖励补助等措施，提高担保机构对小微企业的融资担保能力，鼓励担保机构大力拓展业务。银行可采取多种措施为小微企业增信，如引导企业通过购买商业保险或实行增信担保等方式提高抵押比率和融资额度。

（二）进一步发挥政策扶持合力，激活小微企业新动能。政府要进一步规范引导民间资金投向，有效发挥民间融资的资金配置功能，鼓励、集聚社会资本、民间资本向小微企业流动，增强小微企业发展动力。加快推进小微企业产权的确权、颁证和产权交易、流转体系建设，积极推进小微企业生产要素自由流动。财税部门要进一步加强对小微企业的资金扶持、税收减免等政策支持，优化投资环境，降低小微企业融资成本。金融监管部门要落实小微企业授信尽职免责制定，适当提高小微企业风险管控容忍度，鼓励银行机构下沉服务网点，加强社区、乡镇小微支行网点建设。

（三）加快金融基础设施建设，消除银企信息不对称性障碍。加强政府性企业信用信息、融资平台建设，进一步规范小微企业财务、资产增信的金融服务，加快支付系统、清算系统、征信系统等现代化、标准化、信息化建设，提高金融运行效率。规范发展网贷公司、众筹融资平台、投资公司、财富管理公司等市场化投融资机构，给予与其他各种金融机构平等合规发展的机会，畅通社会资金的流动和运作渠道。加快资产评估、市场拍卖、产权交易、资产证券化等制度建设，完善金融资产管理服务市场。

金融支持小微企业政策落实情况调查

近年来，为认真贯彻执行国务院关于支持小微企业发展有关文件、政策，人行某县级市支行充分利用金融工作座谈会、金融形势分析会等形式，积极主动向当地政府、职能部门和金融机构传导稳健的货币政策意图，引导金融机构合理调整信贷结构，加大对小微企业支持力度，创新小微企业金融产品和服务方式，继续做强"财园信贷通""惠农信贷通"等信贷品牌，努力破解小微企业融资难、融资贵等难题，有效降低小微企业融资成本。

一、金融支持及信贷产品创新情况

"财园信贷通"贷款发放情况。截至2018年4月，全市"财园信贷通"在贷企业246户，贷款余额11.54亿元，比上年同期增加1.10亿元，增长10.5%，比年初净增1.7亿元。其中：农商银行124户，贷款余额6.65亿元；农业银行30户，贷款余额1.2亿元；建设银行29户，贷款余额1.1亿元；工商银行16户，贷款余额7016万元；江西银行14户，贷款余额6755万元；邮储银行18户，贷款余额6110万元；中国银行12户，贷款余额4920万元；兴业银行2户，贷款余额700万元；九江银行1户，贷款余额500万元。全市共发生代偿企业21户，代偿总金顺7822万元代偿率为2.1%。其中省财政代偿3986.27万元，市本级财政代偿3737.11万元，追偿20万元，扣缴互助金75.3万元，银行负担3.7万元。截至4月，共发生逾期贷款企业10户，逾期本金3228.6万元，其中：农业银行5户，逾期本金2074万元；农商银行3户，逾期本金849.6万元；江西银行1户，逾期本金205万元；邮储银行1户，逾期本金100万元。

"惠农信贷通"贷款发放情况。2017年风险金代偿123万元，风险补偿金余额2941万元，加上利息收入73.14万元，风险补偿金账户余额3014.14万元。截止2018年4月末，全市风险补偿金余额3063.98万元。农商银行贷款余额为1.33亿元，需存入风险补偿金1813.75万元，实际存入风险补偿金为1709.13万元。邮储银行贷款余额为6549万元，需存入风险补偿金625万元，实际存入风险补偿金为604.625万元。农业银行贷款余额为3488万，需要风险补偿金436万元。

各家商业银行针对小微企业贷款难，积极主动向上级行争取政策支持和信贷规模，创新推出适合小微企业特点的信贷产品。

工行：推出了应收账款质押贷款，只要应收账款对应企业信用评级在2A以上，不论应收账款所有权企业是否评级或能提供抵押担保，都可以该企业的应收账款进行质押获得流动资金贷款 农行：推出了"简式快速贷款"，对能提供充足抵押、企业发展前景良好、符合环保标准的中小企业流动资金贷款，不需要评级，在200万元范围以内可自主审批。中行：开办了"个人投资经营贷款"业务，法人可利用企业固定资产等做抵押为个人贷款。在保理业务上对A级信用企业有1500万元审批权限，B级信用企业有1000万元审批权，C级信用企业有500万元审批权限。建行：推出了"速贷通"（免评级，企业成长性好、经营规范、讲究诚信，有充足抵押物、法人代表承担连带责任的，最高审批权限1000万元）和"成长之路"（需评级和提供抵押，最高审批权限1000万元）两个信贷品种。农商行：推出信用共同体、活体畜禽抵押、仓单质押贷款等方式支持小微企业发展。

二、主要做法

（一）高位推动，出台办法。推动政府成立了以市委常委、常务副市长任组长的某县级市"财园信贷通"、"财政惠农信贷通"工作领导小组，出台《某县级市"财政惠农信贷通"融资试点实施方案》，《某县级市"财园信贷通"代偿追偿管理办法》、《某县级市"财园信贷通"贷后管理办法》等多个方案、办法，充分发挥财政资金引导作用，带动金融资源的有效配置，加大对小微企业和"三农"的信贷投入。各相关部门、各合作银行也都成立了相应机构，全市形成部门协作，齐抓共管，上下联动的工作格局。

（二）强化引导，破解难题。引导辖内银行机构贯彻落实货币政策和省政府关于支持小微企业发展的文件精神，调整信贷结构，优化营商环境，切实提升对小微企业的支持能力与服务水平。鼓励金融机构开展信贷产品和融资模式创新，确保小微企业信贷投入有效增长。深入企业及时破解金融支持小微企业中的困难与问题，有关政府层面上的问题及时向政府及相关职能部门进行反馈处理。

（三）明确责任，把控风险。加强贷款风险监测分析，在引导金融机构提升货币政策实施效果、加大小微企业支持力度的同时，提示金融机构在发放"财园信贷通"、"惠农信贷通"贷款时，要按照"政府参与、风险可控、银行受益、企业发展"的原则，根据借款主体的资信状况和生产经营等情况，确定借款主体的授信额度，明确主体责任。对已形成的不良贷款，各部门要坚决按照管理办法规定的风险分摊比例，承担各自的风险责任。

三、金融支持小微企业发展中的困难和问题

（一）部分企业投入产出失衡，不符合贷款条件。部分企业竞争力较弱，产品科技含量不高，没有适销对路，管理不规范，财务制度不健全，经营效益较低，融资条件"先天不足"，单从自身资质来看，很难获得银行贷款。

（二）有效抵押物不足，难以获得银行贷款。在现行信贷政策条件下，欠发达地区工业园区中的中小企业，抵押贷款是主要的融资渠道，抵押贷款严格限定于厂房和土地，很多机器设备不能做抵押，致使部分中小企业抵押物不足，融资受到制约。

（三）银行与企业的信息交流沟通不畅。目前，各金融机构不能主动与企业、园区管委会有效对接，对企业深入了解的程度不够。同时，企业对银行的信贷政策和流程不了解，加上企业内部管理不规范，信息披露不真实，使银行难以真实掌握企业情况。

（四）贷款责任终身追究制使银行贷款更加谨慎。部分银行对小微企业实行新增贷款零风险管理和贷款责任的终身追究制，加大了经办人员的畏惧心理，对一般企业，信贷条件就高不就低，信贷投放就低不就高，限制了信贷投入。

（五）担保机构能力较弱资质较低。部分银行上级行规定，担保机构必须是省级机构、注册资金亿元以上，建立了市场化运作机制，才能以之开展合作，目前全市市3家担保机构都达不到这个条件，基本资质难以得到银行认可。

四、取得初步成效

截止2018年4月30日，全市金融机构各项贷款增量15.1亿元，比年初增长5%，其中小微企业贷款增量8.93亿元，占各项贷款增量59.1%，增速6.01%。农商行贷款增量5.9亿元，增速8%，其中小微企业贷款增量46718万元，占各项贷款增量的79.47%，增速8.17%。全市非法人金融机构各项贷款增量9.3亿元，增速4%，其中小微企业贷款增量43亿元，占各项贷款46.24%，增速4.76%。全市"财园信贷通"贷款余额11.54亿元，同比增长10.5%。辖内金融支持小微企业发展，达到"两个不低于"目标，较好地落实了国务院关于支持小微企业发展的政策意图。

小微企业融资和民间借贷规范发展情况调查

为了解近年来辖内民间借贷发展现状、问题，更好地破解小微企业融资难题，支持实体经济发展，笔者采取座谈、走访、问卷等形式，开展了此次专项调查。

一、小微企业融资状况及制约瓶颈

截至2014年5月末，某县级市小微企业贷款净增额6.44亿元，占全市银行各项贷款净增额14亿元的46%，增速11%，较全市各项贷款平均增速高出2.1个百分点。调查显示，小微企业融资具有短、小、频、急的特点，小微企业贷款的快速增长主要得益于融资程序简化、品种丰富、门槛降低、成本下降，信贷审批权限逐步下放。目前农行高安支行已能自主审批发放1000万元以下的小微企业贷款。特别是"财园信贷通"融资模式的推出，打通了小微企业融资瓶颈，解决了许多小微企业的燃眉之急。但据调查，辖内小微企业信贷满足率仍较低，许多小微企业融资仍然是以民间借贷为主，并存在以下制约瓶颈。

（一）抵押担保不足是小微企业融资难的主要瓶颈。一方面，资产抵押率过低使小微企业资金更为紧张。小微企业由于基本难以享受固定资产投资贷款，其流动资金需求量相对偏高，但对于大多数小微企业而言，其可有效抵押的资产偏少，特别是小微企业可抵押资产大多为工业园区厂房，金融机构处置难度非常大，因而对抵押比率控制较严。另一方面，对担保机构限制过严加大了小微企业融资的难度。去年以来，担保机构非法吸收民间资金、抽逃保证金、直接向企业放贷等现象时有发生，相关职能部门加大对担保行业的清理整顿力度。因此，银行对担保机构准入控制更为严格。

（二）银企信息不对称是小微企业融资难的重要因素。一方面，小微企业受自身主客观因素影响，对于财务、生产经营信息收集、整理不重视、不规范，融资时难以提供准确、连续、可信的资料供金融机构调查与评估。另一方面，由于缺乏全面的数据库，金融机构想要了解小微企业真实情况不仅需要上门收集信息，还要花费更多时间对所收集的信息进行甄别。信贷审批人员在评估中对相关标准把握会偏于严格，不仅延长了企业融资时间，还加大了企业融资难度。

（三）部分企业投入产出严重失衡，生产经营不正常，难以符合银行贷款条件。全市工业园以小微、民营企业为主，部分小微企业由于市场竞争实力较弱，生产规模偏小，经营效益较低，投产时间短、年销售收入、环保审核评估等指标达不到银行申贷要求。

（四）少数小微企业不守信用，或信用等级较低，难以达到银行准入门槛，制约了银行的审批放贷。小微企业诚信是小微企业能否获得贷款的决定性因素之一，目前少数小微企业诚信意识淡薄，长期拖欠银行贷款，既影响了银行的进一步资金支持，又降低了银行审批权限。

二、辖内民间借贷发展情况及变化特征

（一）发展情况

民间借贷存在着盲目性、无序性、不规范性、隐蔽性等特点，它的过度膨胀，容易导致经济金融秩序的混乱。据调查，近年来辖内民间借贷现象异常活跃，主要投向于地方特色产业、房地产行业、小贷公司、担保公司、各类投资管理公司、旧货交易行、典当行等。调查显示，民间借贷转化为非法集资风险是当前难以防范、需要集中整治的首要风险，新型互联网金融、地方小微金融、农村资金互助金融等其他形式的融资风险增长迅速，由于其管理方法和手段还不成熟，潜藏的风险不容忽视。

（二）变化特征

1. "隐蔽型"民间借贷向合股性、生产性投资转变

过去，民间借贷往往是以分散性的民间原生态的自由借贷，借贷的范围局限于亲戚朋友、乡里乡亲之间。随着民间金融的逐步发展，民间借贷也由过去的隐蔽性、生活用途为主，逐渐转向合法化、生产投资为主。据调查，近年来辖内民间借贷多是以合股经营形式投入到企业，成为民间借贷的合法投资路径。部份群体通过熟人或亲朋关系，将资金投入到小额贷款公司，有的以合股形式直接入股小额贷款公司。这种合股投资带有一定的隐蔽性，致使这部份民间借贷也难以统计。

2. 民间借贷催生职业放债人增多和民间连锁"贷介所"急速扩张

据调查，随着民间资本的扩大，一些专业放债人和中介人相继在辖内城乡出

现。目前，辖内出现了一大批撮合民间借贷的中介公司，部分以打造"连锁加盟品牌"为目标，在全国各地大量发展加盟商。调查发现，福元运通、东方正捷、阳光易贷、中亿佰联、盛大金禧、金信银通6家民间借贷中介公司扩张迅猛，均发展了50个以上的连锁加盟店，合计在全国各省、市、县推动成立了2170余家民间"贷介所"，较2010年增长了2.04倍，平均两年翻一倍。

3.民间借贷由小额转变为大额投资

近几年来，民间资本投资逐步向大额化转变，民间资本投资兴办企业、公司、各种特色种养业、加工业成为我市民间投资的主要行业。从10户调查的民间借贷资金融入企业来看，4户企业单笔金额均在50-100万元，3户企业单笔金额在20-50万元，其余均在20万元以下，民间借贷由过去小额、零散向大额化转变。

4.借贷对象由"分散"向"集中"转变

一是集中于当地热点优势产业项目。如某县级市民间借贷80%集中于陶瓷、汽运产业。据统计局专家初步测算，该市陶瓷产业民间融资总量约70亿元、汽运产业民间融资总量约35亿元。二是集中于民营、个私经济。仅某县级市小微企业总数就达2592家，而融资难依然又是小微企业反映最普遍、最突出、最迫切的问题，因此催生了民间借贷市场活跃。三是集中金融机构放贷较少地区。近年来，金融机构受信贷权限上收等体制影响，边远地区信贷服务减弱，导致民间借贷增多。

5.民间借贷利率偏高、纠纷案件增多

据调查民间借贷的平均利率增长幅度从五年前的10%-15%上升到2014年10%-25%之间，远高于银行同期基准利率，高利贷成为压垮企业的最后一根稻草。据市法院调查反映，近年来，民间借贷引发的民事纠纷案件数量呈直线上升趋势。2013年某县级市法院共处理民间借贷纠纷案件140多起，据全省各县市第二，在民事纠纷案件总量中，民间借贷民事纠纷案件达56%。

三、民间借贷存在的主要风险

（一）民间借贷转为银行贷款、银行贷款转为民间借贷现象增多，致使银行信贷资金被异化，形成新的信贷风险。调查发现，一些借款人还不起民间借款时，就向银行贷款，把民间借贷风险转嫁给银行。高安某农村信用社不良贷款中就有近2000万元是农户由于民间借贷欠款而转为贷款，致使农贷不能按期收回，有的形成呆帐。民间借贷出现了以银行贷款为资金来源的借贷形式，放债人在获取银行贷款后，又在外面放债，使部分低息贷款变成高息民间借贷，从而滋生非法金融问题扰乱了金融秩序。此外，民间借贷主要以现金形式运转，且现金交易规模日益增大，不利于金融机构准确预测现金库存，给金融机构现金管理增加了难度。再者，民间借贷交易的隐蔽性极容成为洗钱的重要途径，增加了反洗钱的难度，潜伏着巨大的金融风险和社会不安定因素。

（二）民间借贷存在投资结构上的风险。民间借贷的隐蔽性不仅在总量上使央行货币政策调控有效性下降，从而影响社会融资总量的测算，而且在投资结构上使大量民间资金流入一些国家限制的行业或明令禁止的高污染、高能耗、高投入项目。民间借贷主体用于自营生产企业的，若出现亏损或倒闭，该民间借贷就存在风险。民间借贷挪作它用的，比如投资入股或房地产行业，如果用于赌博、贩毒、走私等违法活动，就可能血本无归。

（三）引发群体性恶性事件风险。民间借贷表面上是一种个人与个人、个人与企业或企业与企业之间的关系，事实上在现实生活中，民间借贷的纠纷还是常有发生，比如民间借贷民事纠纷的起诉案，有的民间借贷还通过黑社会、爆力等手段来清收，甚至出现刑事案件。加上部分银行对企业的到期贷款可能不再续贷，导致企业资金链断裂，进而引发群体性债务纠纷案的集中爆发。

（四）引发区域性产融结合风险。产融结合是指产业资本与金融资本的相互渗透。目前该市产融结合主要是产业资本入股小贷公司，高安中兴小贷公司是由太阳陶瓷有限公司发起成立的，其控股占比达51%。当前县域产融结合主要风险：一是企业参股金融的动因主要是为获取信贷支持和金融服务，缓解融资压力，而没有真正履行股东的正当权利，参与管理和决策。二是入股的小贷公司发放"过桥贷款"比重偏大、利率偏高，且其统计数据的真实性、经营的合规性及信贷投向的偏差性、贷款过度超出持股等现象，隐藏资产投资的金融风险。三是地方政府和管理部门未形成监管合力，造成小贷公司出现监管真空。四是小贷公司股东资金来源构成，大部分都是以民间借贷形式筹集。

（五）金融服务满足不了市场需要，增大了民间借贷需求。调查显示，70%受访企业主认为银行信贷品种过少，50%的企业认为，难以从金融机构获得信贷需求，70%的企业认为，应该加大信用贷款放贷力度。80%的企业认为，金融机构贷款没有民间借贷便利，手续繁琐。30%的企业反映，银行贷款周期过长，从申贷至放款长达30天甚至更长。

四、防范民间借贷风险政策建议

对于合理的民间借贷要加强引导，对于非法民间借贷要坚决予以打击，使民间借贷步入规范化、法制化发展轨道。

（一）强化对民间借贷的监督与管理。民间借贷要从地下走出到地上，使之阳光化操作与管理，要接受规范化监管。建议地方金融办借鉴温州市民间借贷管理办法和成功经验，建立民间借贷利率价格指数，并及时公布，承担民间融资登记备案、使用管理、利率监控等工作，监督以恶性手段或黑社会性质的暴力催收欠款行为，维护好民间借贷秩序。

（二）要以支持实体经济发展为导向。要牢牢把握发展实体经济这一坚实基础，努力营造脚踏实地、勤劳创业、实业致富的社会氛围。民间借贷资金也要真正进入实业，并了解企业经营情况。另外，要引导公众合理投资回报预期，放弃资金炒作等"一夜暴富"的心态。

（三）拓宽民间资本投资渠道。建议加大引进村镇银行、小额贷款公司等地方金融机构的力度，并强化监管指导，切实解决小微企业融资难、民资投资难题。也可引导民间资本通过私募股权、风险创投等进行直接投资，进入实体经济。银行要创新更多适合民间投资的金融产品和理财产品。

县域普惠金融发展面临的主要问题与解决途径

党的十八届三中全会首次提出"发展普惠金融"。普惠金融是当前保障群众利益、践行党的群众路线的有效载体，用党的群众路线指导央行工作，切实把党的群众路线运用于基层央行履职实践，引领推动普惠金融发展，是基层央行提升履职效能的一项务实举措。

一、县域普惠金融发展面临的主要问题

当前我国普惠金融模式虽然取得了一定进展和有益经验，但县域普惠金融发展中，仍然面临许多亟待解决的问题。

（一）金融机构与普惠金融服务主体信息不对称。一方面，农民、个体工商户和小微企业等普惠金融服务主体往往缺少规范的财务报表、足够的交易信息，交易对象和场所的不固定使银行和客户之间存在严重的信息不对称，制约了信贷投放的准确性；另一方面，小微企业往往缺少足够的信用基础数据和抵押品，获得的信贷支持较难，有的不知道也从未办理过贷款业务。

（二）普惠金融服务成本较高，影响银行放贷积极性。因小微企业短、少、频、急的资金需求特点，其贷款调查环节相比大额贷款甚至更繁锁，加大了银行服务成本。此外农业的弱质性、效益低、抵押物变现难等特点，导致农户小额农贷利润低、风险高、抵御市场风险的能力弱，客观上加大了贷款风险的不确定性，从而影响了银行对小微企业、"三农"放贷积极性。

（三）普惠金融产品和服务方式创新力度不够。信贷准入门槛较高、手续繁、办理时间长等因素影响了企业生产黄金时间的资金急需。此外，金融机构为小微企业量身定制的信贷产品开发较少，信贷品种不能满足小微企业和市场需求。有的机构对待小微企业的信贷条件就高不就低，信贷额度、就低不就高，或"晴天送伞、雨天收伞"或乐于"锦上添花"不乐于"雪中送炭"，对小微企业产生歧视思想。

（四）普惠金融生态环境有待改善。诚信经营是客户能否获得贷款的决定性因素之一，目前一些客户群体诚信意识淡薄，长期拖欠银行贷款，甚至粗暴阻碍法院对银行胜诉案的执行。一些小微企业申贷项目投向国家政策限制的"三高一剩"行业，或因没通过环评审核关、信用等级较低等原因影响，难以达到信贷准入门槛，进而影响了银行的进一步资金支持。

二、推动普惠金融发展的现实途径

在普惠金融成本高、风险大、收益低的现实情况下，如何调动金融机构积极性，开拓普惠金融发展的新路径，提高普惠金融服务水平，建立普惠金融服务的长效

机制，是当前践行党的群众路线的一项重要举措。

（一）强化政策引导和支持，建立普惠金融正向激励机制。对普惠金融贡献大的银行，在信贷规模、风险权重、不良贷款容忍度和坏账核销等方面实行差异化的政策支持，通过政策扶持来调动金融资源支持普惠金融方面的杠杆作用和正向激励，让愿意干、有能力的金融机构有动力、能安心从事普惠金融服务。建议政府设立农业贷款担保基金，增加对农村土地流转贷款、农业保险方面的财政贴息。央行出台"窗口指导"意见，建立《普惠金融工作考核评价奖励办法》。设定评价指标，组织金融部门、新闻媒体、社会团体参与现场考核和评价，政府对评价总分前三名的金融机进行奖励并颁发"普惠金融标杆行"牌匾。

（二）整合各方资源，形成部门联动工作格局。建立"人行牵头、财政支持、银企对接、部门帮扶"普惠金融联动机制。通过召开民生金融政策通报会、工作联席会畅通信息沟通平台，推进各阶层、各部门与金融机构的交流与对接，打造全社会共同参与的普惠金融服务体系。鼓励和引导小贷公司、村镇银行利用其支农、支小的特有优势，发挥灵活多样、快捷方便等作用。进一步拓宽央行征信系统的应用功能，以最大程度地减少金融机构和客户之间的信息不对称，以"普惠信用"奠定普惠金融的基础。

（三）大力开展"支农支小，扶贫扶弱"为主题的"普惠金融服务年"活动。加强普惠金融产品的宣传推广和金融知识的普及教育，着力解决金融信息不对称问题，将普惠金融政策、产品服务"送上门、进到家、送到手"，开展农户信用评价，创建农村信用体系试验区，使城乡居民更好地运用金融工具，分享普惠金融成果。主要考核内容：农户贷款，小微企业贷款，再就业小额贷款，扶贫贴息贷款，教育助学贷款，保障房建设、污水处理、医疗设施等公益性项目贷款，金融消费者权益保护，面向农村和社区的服务网点和移动支付工具增长情况八大领域。

（四）引导金融机构创新推出具有地方特色的普惠金融产品。针对下岗失业等无力缴费的特困群体，银行可尝试联合财政、社保部门推出"财政风险把关、银行贷款助保、社保审核把关"的政、银、保"助保贷款"业务。由社保部门把关审核贷款对象，银行在贷款利率、期限额度等方面实行优惠政策，并按照个人参保一次性缴费额设定贷款最高额度，助保对象可选取一次性还款或按实际领取养老金的30%比例逐月还款。

（五）鼓励和引导互联网金融的健康发展。互联网金融延伸了普惠金融服务的深度和广度，是"最具普惠性、覆盖面和渗透率的金融创新"。应鼓励利用互联网技术创新普惠金融服务方式，降低服务成本，提高金融服务的覆盖面和效率，使边远地区、小微企业、低收入人群能够享受到价格合理、方便快捷的金融服务，同时建立完善相关的监管制度框架，使这一新生事物能健康成长。

在推动普惠金融发展中践行党的群众路线

习近平总书记指出："群众路线是我们党的生命线和根本工作路线，是我党的传家宝。"，"发展普惠金融，目的就是要提升金融服务的覆盖率、可得性、满意度、满足人民群众日益增长的金融需求，特别是要让农民、小微企业、城镇低收入人群、贫困人群和残疾人、老年人等及时获取价格合理、便捷安全的金融服务。"

多年来，作为一名基层央行工作者，我从事的许多工作与普惠金融密切相关，亲眼目睹了众多小微企业、低收入人群、农民、贫困户等特殊群体较难获得正规金融服务，导致金融服务的覆盖率、可得性、效率不能有效提升。学习总书记重要讲话精神，就要结合基层央行工作实际，坚持群众路线，深入调查研究，善于从群众中发现问题，寻找解决问题的办法，充分体现民心民意。普惠金融是当前保障群众利益、践行党的群众路线的有效载体。结合工作实际，要以群众路线为抓手，在推动普惠金融发展中，把解决广大农民、贫困户、小微企业等底层群体对金融的迫切需求，作为提升履职效能的出发点和落脚点。

一、普惠金融发展中面临的主要问题

一切为了群众，一切依靠群众，从群众中来，到群众中去，把党的正确主张变为群众的自觉行为，这是党的群众路线。落实普惠金融政策，为民服务解难题，是践行党的群众路线的实际行动，通过察民情、听民意、访民苦，解民忧，以为民谋利、为民尽责的实际成效取信于民。调查显示，当前普惠金融发展模式已在我国全面推广，各地虽然取得了一定成效和有益经验，但在实际工作中，仍然存在一些问题，困扰着广大群众日常生活和小微企业发展。

（一）金融机构与普惠金融服务主体信息不对称。一方面，农民、个体工商户和小微企业等普惠金融服务主体往往缺少规范的财务报表、足够的交易信息，足够的信用基础数据和抵押品，加上交易对象和场所的不固定使银行和客户之间存在严重的信息不对称，导致获得信贷支持较难。另一方面，因小微企业短、少、频、急的资金需求特点，其贷款调查环节相比大额贷款甚至更繁锁，加大了银行服务成本。农户小额农贷利润低、风险高、抵御市场风险的能力弱，客观上加大了贷款风险的不确定性，从而影响了银行对"三农"放贷积极性。

（二）移动支付等便民金融服务农村地区覆盖率低。笔者通过对100户农户问卷调查发现，农户在日常开支和交易结算中，使用移动支付等新型电子支付的仅占15%，使用网银、电话银行、银行卡转帐结算的占10%，使用现金支付的占75%。金融机构智能POS机在农村的布放覆盖率较低，有的乡镇村不到10%，现有机具普遍没有升级换代，不具备移动支付便民功能。手机银行、网银、电话银行、助农取款点等便民服务在农村推广力度不大、普及率低。究其原因，一是外部客观原因。农村地区留守人员以老人、儿童为主，对现代支付工具大多不会使用，传统现金结算方式影响较深，对先进支付工具使用认识不足，担心会形成资金风险。二是银行机构重视不够，资金、人力、物力等资源投入也有限，导致普惠金融制度、办法执行效率不高。

（三）续贷政策落实难到位，增加了小微企业融资成本。一是地方政府"续贷帮扶"政策落实难到位。为降低企业续贷过桥融资成本，几年前，人行某县级市支行协助政府出台了《企业续贷帮扶资金管理办法》，社会反响好评如潮，成效显著。作为主要策划人和撰稿人，我因只注重了前期调研、管理办法的出台和实施，对银行参不参与，或不响应的原因及阻碍因素关注太少，导致参与的银行积极性不高，只有4家参与，能够享受此利好政策的也只限于规模以上企业，小微企业几乎都难以享受此政策便利。经调查，以上原因的形成，主要是倒贷续贷资金受银监部门受托支付政策限制。银监会《流动资金贷款管理暂行办法》规定，银行续贷款项发放时"采用贷款人受托支付的，贷款人应根据约定的贷款用途，审核借款人提供的支付申请所列支付对象、支付金额等信息是否与相应的商务合同等证明材料相符。审核同意后，贷款人应将贷款资金通过借款人账户支付给借款人交易对象。"而政府背景的续贷帮扶中心既不是贷款人也不是借款人的交易对象，不能满足提款条件和贷款资金按约定用途使用，商业银行参与"帮扶"在受托支付上有违规挪用流动资金贷款之嫌，商业银行怕违反该条规定而受到处罚。这是部分商业银行不愿参与"续贷帮扶"业务的主要原因。二是银行"无还本续贷"政策落实难到位。据调查，银监部门无还本续贷政策出台以来，辖内还没有一家银行办理过此项业务，增加了小微企业续贷过桥成本。用唯物辩证法的观点方法分析其原因，既有银行部门的原因，也有企业自身的原因；既有宏观制度设计层面的客观原因，也有微观主体主观不作为的原因。银行若发生无还本续贷业务，就会产生借新还旧现象，这是监管部门严令禁止的，并且会在企业征信中产生不良记录，这是企业也不愿意看到的，这是制度层面的客观原因。而部分小微企业因自身经营不不善或产品不对路等因素难以符合无还本续贷政策规定的准入条件，而失去银行审核申报资格，这是其自身主观原因。事实上，部分银行也存在明知企业符合无还本续贷条件却故意找理由不办现象，这就是银行不作为。

（四）贫困户贷款有效需求不足，对扶贫贷款存在认识误区。截至2017年，调查的某县级市17078个贫困人口中因病致贫占65.42%，因残致贫占13.2%，年老缺乏劳动能力致贫14.14%。其中有贷款需求的贫困户2038户占11.9%，实际获得贷款的只有154户占比不到1%。据调查，贫困人员大多地处偏僻，农田水利等基础设施、文教、卫生、公交条件差。一是缺乏主观创业愿望和动力，不愿贷款。贫困户资金需求主要是农机具采购、建房、大病住院、子女上学等，在政府及部门帮扶下基本能满足日常开支，大部分贫困户满足于现状，对创业的动力和贷款的需求并不迫切。二是增收渠道单一，经济条件差，抗风险能力弱，怕担风险，思想保守，不敢贷款。三是有时大额农贷需求，又因缺乏有效抵押物，不符合贷款条件，不能贷款。值得重视的是，部分贫困户仍抱着依赖政府"输血"式救济的观念不放，有的甚至存在"扶贫贷款就是国家救济，可以不还"的想法，造成对扶贫信贷有"无偿"、"无责"等认识误区，可能形成新的金融风险。

二、解决途径

（一）整合各方资源，形成部门联动工作格局。建立"人行牵头、财政支持、银企对接、部门帮扶"普惠金融联动机制。通过召开民生金融政策通报会、工作联席会，畅通信息沟通平台，推进各阶层、各部门与金融机构的交流与对接，打造全社会共同参与的普惠金融服务体系。鼓励和引导小贷公司、村镇银行利用其支农、支小的特有优势，发挥灵活多样、快捷方便等作用。进一步拓宽征信系统的应用功能，以最大程度地减少银行和客户之间的信息不对称，以"普惠信用"奠定普惠金融的基础。

（二）强化政策引导和支持，建立普惠金融正向激励机制。一是对普惠金融贡献大的银行，在信贷规模、风险权重、不良贷款容忍度和坏账核销等方面实行差异化的政策支持，通过政策扶持来调动金融资源支持普惠金融方面的杠杆作用和正向激励，让愿意干、有能力的银行有动力、能安心从事普惠金融服务。二是建立《普惠金融工作考核评价奖励办法》。考核内容：农户、小微企业、再就业小额、扶贫贴息贷款；教育助学、保障房建设、污水处理、医疗设施等公益性项目贷款；金融消费者权益保护，农村、社区服务网点和现代支付工具增长量等。对突出贡献银行颁发"普惠金融标杆行"牌匾。

（三）提升农村地区便民金融服务的覆盖率。及时传导上级对移动支付工作要求，组织商业银行认领应用场景改造任务，制定各自营销策略，加大对农村地区便民、惠农工作站建设。强化督导，凝聚合力。督查银行是否按照工作步骤和时间节点落实各项工作，受理环境是否优化，受理机具功能是否合格。对各商业银行任务完成进度等指标动态管理，考核通报。了解农村居民对推广工作的认知度和满意度。在重点乡镇示范区内的超市、餐饮店、便利店等场所，派发宣传折页，解说云闪付的功能、各种优惠便利等，指导客户下载银联"云闪付"APP。

（四）切实把续贷帮扶及无还本续贷政策落实到位。落实好无还本续贷政策，不仅对民间高利贷有很大压制，也有助于减少银行内部人员"寻租"的机会，从而降低小微企业融资成本。一是银行在给企业办理续贷受托支付时，应事先通知续贷中心，同时督促企业在续贷款项到账时，及时归还财政续贷帮扶资金，防止发生企业不及时归还或挪用财政续贷资金风险，力争更多银行支持参与政府续贷帮扶业务。二是协调政府及财政部门，将续贷帮扶对象扩大到农村小微企业，农业龙头企业等规模以下企业。三是协调银监部门督促商业银行落实无还本续贷政策，让更多银行开办此项业务，同时加强企业增信辅导，让更多小微企业达到准入条件，享受政策便利，切实降低企业融资成本。

（五）提高扶贫贷款精准度，满足贫困户差异化信贷需求。建立定向施策、一村一品的产业扶贫导向。要以产业扶贫为重点，选准选优脱贫项目，择优先贷、免抵押和低利率为前题，操作性要强，发展前景要大、促进增收要明显，便于贫困户参与。产为扶贫要与农民专业合作社为纽带和桥梁，建立帮扶机制，形成联动效益，便于合作社带动贫困户整体脱贫致富。针对不同类别贫困户，采取差异化扶贫措施。对无信贷需求的贫困户，要强化政策扶贫的"输血"功能，通过财政补贴等政策，保障其基本生活需求，提升其自主创业意识，加大创业培训，积极引导其投入创业大军；对有信贷需求的贫困户，要突出金融扶贫的"造血"功能，引导金融机构加大信贷投放和扶贫金融产品和服务手段创新，提高贫困户扶贫贷款获得率。

突破融资瓶颈　创新担保模式

中小企业信用担保机构作为联系银行和中小企业的重要纽带，逐步成为中小企业增信的重要方式，较好地发挥了"船"和"桥"的作用。但是，由于国际金融危机的冲击，加之受经济下行和扶持政策不充分的双重影响，使信用担保业的发展出现了一些阻滞和问题。为此，人民银行某县级市支行充分利用窗口指导等货币政策工具，对该市中小企业信用担保模式进行改革创新，通过外部环境和内部机制的改造，建立符合市场规律的商业模式，完善运行机制和风险控制体系，为融资性担保机构的发展，创造了良好的机制模式。

一、中小企业信用担保的制度缺陷

某县级市地处赣抚平原中部，是重要的粮食生产基地和国家的陶瓷生产基地，具有较好的工、农业资源，为中小企业信用担保的发展提供了优良的外部环境，进而形成了该市信用担保业的"官办"特征，对集中财力完成政府的投资项目发挥了重要作用，然而却成为其可持续发展的必然缺陷。

（一）担保机构性质单一，难以适应发展。2008年以前，某县级市信用担保的

"官办"特征集中体现在政府设、政府管、政府办特征上，政府设，是指信用担保由政府设立，财政注入资本金，与财政部门两块牌子一套人马；政府管，是指信用担保听命于政府，无论是人事安排还是担保项目，均由政府定方向、财政作安排；政府办，是指信用担保的组织制度、经营制度和分配制度由政府决定，信用担保机构无任何自主权。"官办"特征的最大缺陷在于与市场机制相距甚远，无法适应市场经济的多元需求，因此，也就缺乏做大做强的原生动力。

（二）担保机构规模偏小，担保能力有限。某县级市"官办"信用担保没有执行规定的准入门槛，又缺少有效的增资扩股机制，以致规模偏小，发展水平不高，担保实力不强。加之信用担保的"官办"性质对企业融资增加了诸多限制，以致融资基础设施短缺，尤其是信息不对称和风险覆盖不足，造成了中小企业信贷存在较大风险，银行对其信用认可度不高，2008年前只有一家金融机构为其担保且担保规模在4000万元以下，担保基金不到2000万元，担保放大倍数较小，一般为1-3倍，盈利水平和信贷放大能力均受到很大限制。

（三）担保运作不够规范，担保机制缺失。某县级市"官办"信用担保也建立了董事会、监事会和经理层制度，但实质是流于形式，没有形成相互制衡的法人治理结构。担保公司与银行合作业务仍以流动资金贷款担保为主，以土地、房产等不动产抵押作为反担保居多，而以企业信用作为反担保的较少，以动产作为反担保的更少。担保运作不够规范的根源在于担保机制的缺失，具体说，没有建立具有金融、财务、法律、审计、评估及预测、分析、谈判、社交等综合知识的人才引进机制；没有形成比较规范的、按照《担保企业会计核算办法》建立的提取风险准备金的财务机制。

二、某县级市中小企业信用担保的模式创新

信用担保的体制缺陷受到政府的高度重视，为改变其"官办"性质，提升其市场功能，在人民银行某县级市支行的指导下，该市政府于2008年开始对信用担保的模式进行了为时三年的改造。改造的原则是：股份化制度、企业化管理、市场化运作；改造的目标是：建立覆盖社会各种经济成份的信用担保体系，坚持市场机制规定信用担保的产权、管理和业务制度，通过发挥功能、增强实力、提升效率以促进信用担保做大做强。改造后的某县级市信用担保业具有以下特征。

（一）覆盖多种经济成份，提升担保效率。按照信用担保改造的原则和目标，某县级市政府从四个方面构建信用担保体系。一是入股江西省信用担保股份公司，成立江西省信用担保股份公司的分公司，以重点解决项目中小企业的信用担保；二是将政府出资的信用担保公司进行股份制改造，使之成为面向工业园区中小企业融资服务的信用担保机构；三是为解决下岗人员再就业问题，成立市再就业小额贷款信用担保中心；四是成立民间性质的瑞强投资担保有限公司，主要解决小企业的信用担保。

（二）坚持市场运作规律，重在增强实力。该市四种模式形成的信用担保体系，突出的特点是坚持股份化制度、企业化管理、市场化运作。该市中小企业信用担保公司实现股份化以后，资本金由原来的500万元增加至5000万元，同时极大地调动了其他3家信用担保公司增资扩股的内在动力，其中，江西省信用担保股份公司分公司股本金达1000万元、市再就业小额贷款信用担保中心股本金达907万元、民营瑞强投资担保有限公司股本金达2000万元，有效地增强了信用担保实力。同时，基本实现了商业化运作模式，建立了担保风险的规避机制，明确了担保审查、反担保、跟踪监督、到期追偿、相互制约等各环节的操作程序。

（三）扩展经营内容方式，强化担保服务。人民银行某县级市支行引导担保机构积极开展"银行十园区十担保公司十企业、企业十股东捆绑式担保、资产回购、动产抵押、为异地金融机构担保、企业联保"等担保方式创新；通过搭建银企担保平台、银企交流平台、融资服务平台，对企业进行分类排队，择优推荐优势项目；制定《某县级市中小企业融资服务中心实施方案》，建议政府成立中小企业融资服务中心；引导促进政府担保中心与民营担保公司的深度合作。创新后的信用担保机构，较好地扩展了自身的业务经营范围，从单纯的担保业务发展到担保、联保、反担保、票据、投资等，同时，还加强了担保机构相互间的业务联系，包括：业务互荐、共同担保、联合担保、再担保、培训咨询和股权合作。通过相互间的业务联系，不仅扩展了信用担保业务的内容和方式，还强化了担保服务，促进了信用担保机构的做大做强。

三、中小企业信用担保的创新效应

某县级市中小企业信用担保的改革创新，通过外部环境和内部机制的改造，建立符合市场规律的商业模式，完善运行机制和风险控制体系，为融资性担保机构的发展，创造了良好的模式效应。目前，该市的信贷担保业务规模在全省各县市中排前列，担保的贷款风险得到有效控制，担保贷款产生明显的社会和经济效益。全市信贷总量及增长速度排宜春前列，银行信贷倍数得到放大，担保基金增长迅速，企业融资难题、担保难题得到有效缓解，辖内信用担保体系建设进一步健全，金融生态环境建设进一步优化，辖内政银企实现良性互动发展，人民银行在地方政府中的工作地位得到提升，履职能力得到加强。在江西省中小企业信用担保工作会议上，该市作了典型经验介绍，其担保模式和业绩得到省政府有关领导的充分肯定。并获国家有关部委和省中小企业局的补助、奖励计500万元。随后，各地前来取经和学习的单位络绎不绝，共接待来访者14批100多人次。今年12月8日，某县级市中小企业投资担保有限责任公司挂牌，新成立的公司注册资本金1亿元，其中政府控股占51%，入股会员占49%。该公司是全省注册资本最多的县级担保公司。公司采取股份制、市场化动作，将大大增强担保中心的抗风险能力和信贷放大倍数，对于解决当地中小企业融资难题，促进经济金融科学发展具有重要意义。综观该市信用担保模式创新的全过程，其模式效应主要体现在以下几方面：

（一）加强担保体系建设，提升客户信用。该市中小企业信用担保的改革创新，有效地提升了客户的信用层面，解决了潜在贷款客户可能由于信用不足而难以从金融机构申请到贷款的问题。从一定意义上讲，担保公司的介入，提升了贷款客户的信用意识，促进了信贷签约活动的进行，加大了对中小企业的信贷投入。2009年，人行某市支行组织召开了辖内金融机构中小企业的信贷签约大会，金融机构与全市的67户中小企业及民营企签订了8.49亿元的投入协议，履约率达到100%，进而完善了金融机构信贷投放考评机制的落实，调动了金融机构信贷投放的主动性，有效地支持了中小企业的发展和辖区的信贷增长。统计报表显示：今年1-11月全市金融机构新增贷款21.01亿元，同比多增16亿元。其中企业贷款同比增长2.5倍，全市信贷总量达64亿元，创历史新高，同比增长43.6%。

（二）促进贷款有效投放，化解融资困难。某县级市中小企业信用担保公司的改制，极大地激活了经营活力，仅今年就为48家中小企业提供了8620万元的担保贷款，特别是在2008年，受历史罕见的冰雪灾害影响，该市13家企业厂房、机器设备损失严重，为帮助这些企业尽快恢复生产，担保中心雪中送碳，简化手续，及时为13

户企业担保贷款1700多万元，解决了企业燃眉之急，也彰显了担保中心具有的社会责任感；该市再就业小额贷款信用担保中心，累计发放12752万元贷款，分别为27家中小企业提供了6570万元的担保贷款，为3046名下岗人员发放了6182万元个人创业贷款，扶持弱势群体，成就高安特色，并获全省小额担保工作先进单位；江西省信用担保股份公司该市分公司，向5家中小企业发放3300万元的担保贷款，解决了企业在金融机构贷款担保不足的现实问题；瑞强投资担保有限公司，累计为16家中小企业发放2150万元的贷款。有效信贷投放的增加，较好地解决了中小企业融资难的问题，支持了地方经济发展。

（三）规范担保合同关系，防范担保风险。信用担保机构实力的增强，得到了政府的肯定。某县级市中小企业信用担保公司得到了国家工业和信息化产业部补贴资金200万元，江西省中小企业局为该公司发放了江西省工业园区产业集群发展专项资金融资担保资本金补助奖300万元，大大增强了信用担保实力。担保公司的介入，中小企业信贷由过去银行与企业的两方合同关系，变为银行、企业、担保公司的三方合同关系，因此，信贷担保的风险防范，规范担保合同关系显得尤其重要。人行某县级市支行牵头引导金融机构，加强与市监察大队、公安经侦大队的合作，对逃废金融债务行为实施联合制裁，起到了惩治逃废金融债务的威慑作用，强化了借款企业的还贷意识，进而在较大程度上避免了企业恶意逃废债务行为，较好地防范了担保风险。据统计，全市四家担保中心，在累计2.7亿元的担保贷款中，不良贷款率始终控制在1%以下。

四、中小企业信用担保的创新体会

在中小企业信用担保机构的改革创新中，人民银行某县级市支行通过窗口指导，促进外部环境和内部机制改造，建立符合市场规律的商业模式，完善运行机制和风险控制体系，为融资性担保机构的发展，创造了良好的机制模式，积累了成功经验和实践启示。

（一）完善信用担保体系是基础。在中小企业信用担保机构的改革创新中，完善信用担保体系是重要内容。要制定中小企业信用担保机构管理办法，按照"谁审批设立、谁负责监管"的要求，确定相应的部门根据国家有关规定和政策，负责本地区融资性担保机构的设立审批、关闭和日常监管；要对中小企业信用担保机构的经营管理、风险控制、监督管理进行规范，督促担保机构认真执行担保机构会计制度；要健全行业自律组织，加强行业自律，通过行业自律逐步规范业务操作、行业协作，树立中小企业信用担保行业的良好社会形象和社会公信度。

（二）健全补偿激励政策是保证。在中小企业信用担保机构的改革创新中，健全风险补偿和激励政策是工作重点。县级财政要对中小企业信用担保机构进行风险补偿和激励，特别是对新设立的担保机构，给予一定比例资金予以补贴；要建立中小企业信用再担保公司，由政府全额出资组建，并收取参加再担保体系的信用担保机构的再担保费，也可以实行会员制，由政府部分出资，参加再担保体系的信用担保机构的会员共同出资，运营时再收取信用担保机构的再担保费。

（三）推进银行担保互利是根本。在中小企业信用担保机构的改革创新中，要推进担保机构与银行的互利合作，营造更加有利于担保机构开展业务的外部环境。一是银行业机构要增强社会责任意识，从政治高度和自身长远发展入手，积极作用，认真落实国家适度宽松的货币政策，采取有效措施，大力支持中小企业发展，在做大做强金融产业的同时，加强与中小企业信用担保机构的合作，共同为扩大内需、保增长作出应有的贡献。二是金融机构和担保机构要根据双方的风险控制能力合理确定担保放大倍数，建立风险比例分担机制。随着担保机构的发展，逐步由担保机构承担全部风险过渡到银行与担保机构分担风险的模式。

（四）促进担保机构改制是关键。中小企业信用担保机构的创新，改制重组是重要路径，目标是引导愿意且能够继续从事信用担保业务的信用担保机构通过合并重组壮大实力。对于大企业集团出资成立的信用担保机构，可考虑改组为依托企业集团、以其配套企业为成员的互助性担保机构；在更多的工业园区、产业园区推动和鼓励园内企业共同出资组建互助性担保机构；对重组后达到一定规模的信用担保机构，可追加没有投票权的优先股投资，并将此类担保机构视作可以享受减免税和奖励政策的政策性担保机构。

（五）纳入信贷登记系统是必须。一是赋予符合条件的担保机构因担保业务需要查询企业信用信息的权限，帮助其防范风险。二是将被担保企业接受担保以及偿还情况、担保机构的代偿和追索情况纳入信贷征信体系，从而有利于银行更准确地判断贷款企业和担保机构的风险，促进担保机构在市场原则下的优胜劣汰。

融资性担保公司发展面临的问题及政策建议

一、主要问题

1. 担保业务品种较少，信贷放大能力有限。担保公司担保品种比较匮乏，几乎只局限于短期流动资金贷款担保，期限在一年左右。缺乏创业贷款、科技开发贷款、设备和技术改造等中长期贷款担保业务。抵押物中以土地等不动产作为反担保居多，以动产作为反担保的较少。一些发达地区开展的知识产权、应收账款质押等担保方式几乎没有涉及。担保品种的局限和担保方式的缺失，制约了担保公司的信贷放大能力。

2. 风险分担比例影响银保合作意愿。某县级市中小企业投资担保有限责任公司按照银保合作协议规定：担保贷款发生风险时，先由担保公司向贷款银行代偿所欠本息的80%。而《担保法》规定，债务人不能归还其债务，担保方需承担全部债务，这样担保公司的代偿风险最高将达到100%。一旦担保风险无法化解时，最后风险终将转嫁给政府。另一方面，风险发生后银行要承担20%的损失，这种合作模式不仅收益低，也不符合银行盈利性与安全性的信贷原则，因此银行合作的积极性不高。

3. 内部管理存薄弱，担保运作欠规范。从内部管理角度看，担保机构缺乏科学完善的企业风险分析评估系统，集体审核制度、风险内控制度、运行监测制度、代偿制度和债务追偿等制度不够规范。从人员素质来看，某县级市中小企业担保有限责任公司，8个人工作人员有6人来自政府部门，且多是兼职人员，整体素质不高，日常管理中非市场行为难以避免，难以按照法人治理结构要求实行商业运作。对中小企业担保机构的监管主要由财政部门负责，这种监管方式无疑为政府的行政干预开了方便之门。

二、 政策建议

1. 搭建三方融资对接平台。由市政府金融办牵头，定期召开政府职能部门、银行、担保公司、企业参加的洽谈会，为融资项目对接搭建好平台。发改委、工信委负责收集有信贷需求企业的相关信息，交付各金融机构和担保公司进行筛选，由两家分别对选中项目进行申报、评估，并按照审批程序确定是否贷款和担保，以增强银保合作的成功率。

2. 完善担保运行机制。一要控制担保风险。建议每年要按担保贷款增量的一定比例补充资本金，同时合理确定担保贷款的放大比例，防止过度担保滋生信贷风险。二要建立银保信息共享机制。遵循企业、银行、担保公司三方互动的原则，银保要加强对中小企业的保前资信调查、贷款风险评估、保后履约监督、追偿债权等方面的联动。三是加强各担保机构之间的横向联系。引导促进担保公司与各类商业性担保公司的深度合作。

3. 建立多层次的担保贷款风险补偿和奖励机制。一是建立中央和地方财政层面的担保贷款风险补偿基金。地方财政对担保贷款投向、期限结构、实际效果进行考核，按担保贷款增加额和累放额的一定比例进行奖励。二是建议对担保贷款企业遭受的重大疫情、自然灾害损失，由保险机构提供"企业灾害补偿险"，并建立企业保费补贴机制，以分散信贷风险，对经办该险种的保险机构适当减免税费。

4. 拓宽征信系统中担保信息的服务功能，加强对担保机构的监管。一是降低担保公司接入征信系统的门槛，以便帮助其提高风险防控能力。二是规范信用评级制度。建议对中小企业、担保机构进行第三方信用等级评定，银行根据权威资信机构评定的信用等级给予授信额度。三是明确监管部门，加强对担保机构的绩效考评和监管，有效化解担保机构的经营风险。

5. 加快担保业务品种创新，满足企业多样化融资需求。要结合小微企业、"三农"、民生项目和战略性新兴产业等领域的政策导向和融资需求特点，创新业务品种和服务方式，探索开展仓单质押、信用证、履约、知识产权、商标专用权、应收账款质押、联保、出口退税等多品种的担保业务，进一步满足不同层次企业的担保需求。

县域普惠金融运行特点及存在的主要问题

今年以来，全市金融机构认真贯彻落实稳健中性的货币政策，积极推动辖内供给侧结构性改革，采取有效措施加大信贷投放，优化信贷结构，支持实体经济和普惠金融发展，努力提升金融服务水平，有效防范辖内系统性金融风险，为地方经济平稳健康发展提供了良好的金融支撑。

一、普惠金融运行情况

2017年全辖普惠金融运行呈现"三稳两进"的特点。

"三稳"主要表现在：

（一）存贷款增量稳居全辖区第一。截至2017年末，全市银行机构各项存款余额451.73亿元，较年初增加78.66亿元，存款增量在某地级市各县市中排名第一。各项贷款余额299.18亿元，较年初增加52.11亿元，比去年同期多增10.95亿元，贷款增量连续六年在宜春各县市中排名第一、连续三年在江西省各县市中排名第三。全市金融机构余额存贷比为66.23%，增量存贷比为66.25%。

（二）存贷款增速保持平稳。2017年各项存款增速为21.08%，比去年同期上升5.38个百分点。各项贷款增速21.09%，比去年同期上升0.44个百分点，其中短期贷款增加10.92亿元，增速为7.44%；中长期贷款增加41.28亿元，增速为41.26%。

（三）信贷资产质量基本稳定。2017年末，全市金融机构不良贷款余额为38343万元，比年初增加6727万元，不良贷款率为1.28%，比年初下降0.07个百分点。

"两进"主要表现在：

（一）普惠金融信贷投向、结构进一步优化。全市金融机构信贷资金积极向中小企业、"三农"等经济薄弱环节倾斜。通过开展信贷政策导向效果评估、涉农、中小企业信贷效果评估，引导金融机构支持三农和小微企业等实体经济发展。全年银行机构为235家中小企业发放财园信贷通贷款余额10.75亿元，比年初净增235万元，余额比去年同期增加2.94亿元。为839户农业经营主体累计发放财政惠农信贷通贷款8.39亿元，余额2.66亿元。协同市续贷中心管好、用好续贷帮扶资金，协助办理84户企业续贷帮扶贷款15.6亿元，为企业节约资金成本1658万元。累计发放62笔绿色信贷，贷款余额达10.58亿元。

（二）普惠金融支持精准扶贫进一步发力。为打好脱贫攻坚战，市人行联合市银监办、金融办、财政局和扶贫办制定出台了《某县级市金融精准扶贫工作实施办法》，加大了金融扶贫的信贷支持力度。协助政府设立落实扶贫贷款担保基金3700万元、扶贫贷款补偿基金500万元，向市农商行发放扶贫再贷款1亿元，专门用于支持扶贫攻坚工作。全市银行机构发放金融精准扶贫贷款余额3.36亿元，比上年末增加2.35亿元，累计帮扶带动创业建档立卡贫困户2427户。

总体来看全市普惠金融运行保持了稳健的发展态势，在降成本、优环境和稳增长等政策效应持续释放作用下，调结构、转方式迈出新步伐，尤其是新增贷款创历史新高，达到52.11亿元。金融业在市场竞争、规模效应、风险防范、服务功能等方面已确立了区位优势，综合实力领先于周边县市，但金融资源配置效率不高、风险隐患增多等问题值得关注。

二、存在的主要问题

（一）"财园信贷通"贷款逾期代偿中小企业增多，违约贷款上升较快。随着经济下行压力增大，部分企业信贷风险开始上升，"财园信贷通"风险防控缺陷开始显现，财政代偿风险隐患加大。截至2017年末，全市发放"财园信贷通"贷款余额10.75亿元，比年初年净增235万元，贷款余额同比增长2.94亿元。据统计，目前"财园信贷通"贷款逾期，财政资金代偿企业共有21户，代偿金额7822万元，贷款逾期企业10户，金额2780万元。

（二）商业银行风险防控压力加大，信贷风险隐患逐步暴露。在经济下行压力下，为支持实体经济发展，部分商业银行已提高不良贷款容忍度，并通过创新打包转让方式、便利展期续贷等途径加大风险信贷资产的处置力度。但当前风险点仍较多，风险隐患进一步暴露，商业银行防范化解风险的压力持续加大。全市企业、个人逃废银行债务总计为8.89亿元，占同期各项贷款余额的比例为2.97%。全市陶瓷企业贷款余额30.6亿元，其中不良贷款余额3.2亿元，占比9.56%，同比上升4个百分点，远高于全市平均不良贷款率1.28%。全市已有15家陶企以租赁、并购等形式进行兼并重组，涉及贷款7.46亿元，其中12家企业3.2亿元银行债务违约或将面临被搁置的风险。

（三）信贷投放节奏、结构有待改善。一是银行机构贷款投放节奏不均衡。从全年数据来看，大多数银行新增贷款超过或者接近去年全年的贷款新增量，但另外一些机构不足去年同期的一半，甚至有个别机构出现贷款负增长。二是金融精准扶贫推进成效不明显。今年以来，我市的精准扶贫贷款仍然主要靠央行的扶贫再贷款资金撬动，扶贫贷款担保基金作用没得到有效发挥。三是贷款结构有待改善，全市新增贷款期限，以中长期贷款为主，占比达到79.28%，而新增存款中，活期存款比定期存款多23.36亿元，新增存贷款长短期限错配问题进一步加剧，存在一定风险隐患；从投向来看，最具代表性的短期企业贷款新增6.54亿元，金融支持实体经济的力度有待进一步增强。此外，新增中长期贷款中，以按揭房贷为主的住户消费性贷款占比57.88%，比例过高，应引起有关部门关注。

区域货币流通规律变化对普惠金融发展的影响

为了增强货币发行工作的前瞻性，掌握辖区现金流通变化规律，本调研课题，以某地级市近五年的发行基金和现金投放回笼数据为样本，通过对100户居民、100户企事业单位、14家银行的问卷调查，全面分析了辖区现金流通的总体变化特点、影响因素、变化趋势，从而为合理调配人民币卷别结构，提升货币发行精准度、保障现金供应、推动辖区普惠金融发展提供有益的参考。

一、必须厘清的几个概念

发行基金是人民银行发行库保存的未进入流通的人民币，起着调节基础货币的作用。发行基金投放是指人行发行库现钞进入商业银行业务库，回笼则相反。发行基金净投回是发行基金投放回笼轧差。发行基金的主体是人民银行也是现钞供应的最后保证人，服务对象是在人民银行开立存款账户的商业银行。

现金投放回笼是指一定时期内商业银行通过各种渠道向社会投放或回收现金的行为，是现钞交易的结算者。现金投放的货币起着存款货币的作用，具有货币乘数效应。服务对象是在商业银行开立存款账户的单位和个人。

二、某地级市辖区现金流通规律及变化特点

随着现代支付技术的发展，现金支付在整体支付体系所占比例呈下降趋势。特别是近年来，受宏观经济增速放缓等因素影响，全辖市场现金需求呈下降态势，导致现金投放量的减少。全辖现金回笼大于投放的总体格局维持不变，但净回笼量有所下降。现金投放回笼总量仍处高位，并向季节性、区域性集中。影响现金流通变化因素更趋复杂化，现金供应压力增大。发行基金与商业银行现金投放回笼保持着相向的变化规律，2018年发行基金投放186.3亿元，回笼207.5亿元，净回笼21.2亿元。商业银行现金投放3426.5亿元，回笼3471.8亿元，净回笼45.3亿元。

（一）发行基金投放回笼总量呈下降趋势，"假日效应、区域性集中"特征明显。从总量上看，2018年发行基金投放回笼总量393.8亿元，比2014年下降27.5亿元，下降7%。从时间上看，各年度现金投放回笼的"春节假日效应"特别明显，春节前后现金流量最大、出入库最为频繁。2018年一季度现金投放占当年总投放的48%。从区域上看，发行基金投放向经济发达县市、农村及城乡结合部集中。此外，该市还承担着周边地市部分现金调拨任务。2018年发行基金投放达186.3亿元，现金供应压力仍然较大。

（二）发行基金回笼大于投放成为常态，净回笼量逐步下降。全辖发行基金一直保持净回笼的总体格局，表一显示，近五年来，全辖发行基金回笼1161.1亿元，净回笼207.1亿元。但近三年，净回笼量呈现逐步下降趋势，2018年净回笼21.2亿元，只占2015年净回笼量的40.4%。发行基金回笼的季节性特征较为明显，每年春节后一个月内，回笼达到全年的峰值，2018年达91亿元，占当年回笼总量的43.8%。

表一 2014-2018年某地级市全辖现金投放回笼情况

单位：亿元

年份	发行基金投放	商业银行现金投放	发行基金回笼	商业银行现金回笼	发行基金净回笼	商业银行现金净回笼
2014	187.9	3581.1	233.4	3648.1	45.5	67
2015	195.8	3635.3	248.2	3693.8	52.4	58.5
2016	205.9	3523.3	251.6	3594.3	45.7	71
2017	178.1	3492.0	220.4	3557.1	42.3	65.1
2018	186.3	3426.5	207.5	3471.8	21.2	45.3
合计	954	17658.2	1161.1	17965.1	207.1	306.9

（三）现金投放的货币乘数效应明显。现金投放的货币起着存款货币的作用，具有货币乘数效应。从表一分析发现，近五年现金投放与发行基金投放倍数年均为18.56，即每投放1元发行基金，商业银行就会产生18.56倍的现金投放，由此可见，辖内现金投放的货币乘数效应明显，现金周转效率较高。调查显示，发行基金投放回笼与现金投放回笼保持此增彼长的依存关系。从表一可以看出，每年发行基金投放回笼与现金投放回笼增减方向基本一致。现金的大投放是发行基金大投放的根本动因，而发行基金投放则是现金投放的基础和根本保证。

（四）发行基金投放券别结构进一步向大面额集中。从表二分析发现，近五年发行基金券别投放结构，总体呈现100元面额约有增长，50元以下整体减少，尤其10元以下小面额明显下降的趋势。100元面额现金投放从2014年173.4亿元上升到2018年的178.7亿元，50元投放从2014年6.69亿元下降到2018年的2.8亿元，10元以下小面额投放量从7.9亿元下降到2018年的2.77亿元。

表二　2014年–2018年辖区发行基金投放券别统计表

单位：亿元

券别	2014年	2015年	2016年	2017年	2018年
100元	173.4	180.82	191.97	166	178.7
50元	6.69	4.6	4.32	6.6	2.8
20元	3.06	2.48	2.58	3.04	2
10元	3.75	3.4	1.77	1.55	1.8
5元	0.63	3.7	4.8	0.52	0.63
1元	0.36	0.74	0.39	0.32	0.29
0.5元	0.05	0.04	0.06	0.04	0.05
0.1元	0.02	0.02	0.01	0.02	0.02
合计	187.96	195.8	205.9	178.1	186.3

（五）现金投放回笼总量中涉农机构占比大。从调查的某县级市10家商业银行近两年现金收支情况发现，涉农机构现金投放回笼总额占比较大。农商行、农业银行、邮政储蓄银行三家现金收支总量占10家银行总量的占比2017年为56.64%，2018年为58.67%。这是由于辖区农业生产的加快发展及农村养老保险、乡村振兴等政策措施的逐步落实，以及农村支付结算的现金偏好等带动了现金收支的增长。

（六）现金投放回笼季节性变化特征明显。调查显示，全辖每年元旦至春节前为现金投放旺季，春节后为回笼高峰。一季度总体上呈现金回笼态势。二季度开始，各类投资项目开工建设，银行贷款集中投放速度加快，服务性开支、商品、原材料采购等持续增加，现金需求随着生产及服务的加速而增长。三季度旅游业进入旺季，为一年中交易最频繁时期，相当部分企业进入生产淡季，现金需求减少，因而产生的回笼券较多。四季度受国庆假期及企业年终福利、奖金集中发放等影响，现金需求增加。

三、发行基金投放回笼变化影响因素

（一）现钞沉淀量增加影响投放。一是居民人口的增加和人均收入水平的提高，人均持有现金量随之增加。一些现金交易较大的公司、个体工商户等必须留存足额周转性备用现金，会影响沉淀现金增多。二是随着扫黑除恶专项斗争的深入开展，一些涉黑团伙、地下钱庄，为了维持业务的正常运转，往往持有大量赌资、毒资等现钞，从而影响该区域的现金投放。三是交易性或储藏偏好影响存量现金需求增多。低收入人群、农村老年人等，受传统结算方式影响较深，大都偏爱现金交易。近年来，随着第四套人民币的退出及流通纪念币发行量的扩大，偏爱收藏的人群也越来越多。

（二）受辖区现金流出流入变化影响。一是受区域产业特色影响。区域产业布局是以工农业、还是以服务业为主导，直接影响到该区域现金流通量。如宜春明月山风景区，外地游客携带大量的现金消费，每年形成超千万元的现金流入。外地客商到本辖区带现采购原材料、工矿产品等都会形成大量的现金流入。本区域游客在辖区外使用现金、区域外的游客或商人在在本地取款带走现金等行为形成现金流出的投放。二是人口的季节性流动，影响到区域性现金流动。如春节前，大量在辖区外打工的务工人员，习惯把一年的积蓄存入当地银行，回家过年时，再在本地银行取现消费，这就形成本辖区现金流入的投放。据初步统计，辖区每年春节前区外返乡务工人员约40万人，按每人春节消费现金500元计算，春节期间就要投放现金20亿元。

（三）替换残损币投放。为了使市场货币整洁度达到"七成新"，流通中的残缺、污损币必须退出流通，由人民银行回收和销毁，形成残损币的回笼。为了维持市场上货币的正常流通，必须投放等量的已清分货币，以替换退出流通领域的残损

币，从而产生替换残损币的投放。据统计仅2018年替换残损币而投放的发行基金达68亿元。

（四）现金交易形成的投放和回笼。交易双方每完成一笔较大金额的现金交易，买方需要从商业银行提取现金、商业银行需要提取发行基金，产生发行基金投放。而卖方交易完成后会将获得的现钞存入银行，银行向发行库存入现金，形成发行基金回笼。

四、商业银行现金收支变化特点及影响因素

（一）现金收支交易总量呈现下降趋势。2018年全辖金融机构现金收支总量达6898.3亿元，比上年减少150.8亿元，下降2.1%。其中现金收入总量3471.8亿元，较上年减少85.3亿元。现金支出总量3426.5亿元，较上年减少65.5亿元。现金净回笼45.3亿元，同比减少19.8亿元。

（二）对公和自助设备现金收支呈现双降。据对某县级市4家国有商业银行调查显示，2018年现金收支105亿元。其中对公28.6亿元，占27.2%，同比下降6.1%；对私现金收支76.4亿元，占72.8%，同比增长5.8%，其中ATM机等自助设备现金收支29.3亿元，较上年下降7.6个百分点。显然，个人客户现金交易占据主导地位。

（三）现金流通领域较为集中。据对某县级市10家商业银行调查显示，现金流通呈现集中化趋势，支出以采购原材料、消费品、工资及年终奖发放等为主。收入主要以税费缴纳、水电费、超市等营业收入，加油站、收费站等服务性收入为主。从行业分布上看，现金收入主要集中于房地产业其、采矿业、交通运输业。现金支出主要集中于批发零售业、建筑业占、制造业。

影响现金收支变化因素：

（一）受地方经济运行状况影响。现金投放与回笼是经济发展的综合反映，与地方主要经济指标变化密切相关。由于各地经济结构、产业布局的差别，对现金需求也存在不同的特点，如丰城、樟树、高安三市制造业、建筑业是拉动现金需求的主导力量，铜鼓、靖安、宜丰等县农副产品加工、流转是现金供需主要环节。

2018年全辖现金投放总额达3426.5亿元，这与当年该地级市GDP总量2180.9亿元，增长8.1%，社会消费品零售总额676亿元，增长10.7%存在密切的正相关。固定

资产投资2287亿元，同比增长11%。按固定资产每增加100元，需投入现金36元的投资理论测算，仅固定资产投资就需投放现金823.3亿元。其次，还受行业发展特点影响。该市的旅游业是现金回笼的主要行业之一。2018年，全市接待游客9004万人次，实现旅游收入805.13亿元，同比增长32%，按现金占比10%测算，则回笼现金81亿元。建筑业是现金投放的主要行业之一。2018年全辖建筑业增加值137亿元，按现金占比20%测算，则需投放现金27.4亿元。此外，现金投放还受企业经营行为影响。据某县级市10户陶瓷企业调查，2018年现金分红及发放年终奖高达4650多万元，劳务人员每月工资发放2876万元。部分私营业主购买原材料跨区域带现采购，也影响现金投放增加。

（二）受非现金支付结算方式影响。近年来，网银、手机银行、微信、支付宝等新型电子支付业务的快速发展，促使现金支付功能呈现收缩态势。据100户居民问卷调查发现，2018年居民消费或缴费使用手机或银行卡支付的占64%，使用现金支付的占比36%，同比下降4个百分点。100户企事业单位问卷调查发现，在日常交易和开支总额中，使用电子银行等支付的占75%，现金支付占比25%，同比下降3个百分点。

（三）现金收支分布渠道发生变化。调查显示，现金交易主要分布于劳务用工、商圈、菜场、超市、餐饮、公交、旅游、农村等领域，但非现金支付比重逐年上升，现金收支渠道也在发生变化。据对某县级市4家国有商业银行2018年现金收支行业分布渠道调查，现金收入房地产业占比最大为38.8%，同比上升3%，其次为采矿业占19.3%，同比上升2%，交通运输业占12%，与上年持平，公共管理、社会保障与社会组织占6%，同比下降4个百分点。现金支出批发零售业占比最大为28.5%，同比上升5.2%，其次是建筑业占21.6%，同比上升3.3%，制造业占17.2%同比下降4.2%。

五、现金投放回笼变化趋势预测

（一）农村仍是现金需求主要区域，总体保持平稳增长态势。主要体现在：一是随着居民收入的持续增长，特别是农村地区养老保险政策调整，增加了农村老年人养老金支出，对现金的需求也相应增加。二是农村地区留守人员以老人、儿童为主，对现代支付工具大多不会使用，传统现金结算方式影响较深，持币待购意识较强。三是随着国家乡村振兴战略的实施，各地对农村基础设施建设的投入力度加大，以及农村新型经营主体的快速增长，对现金的需求相应呈现增长趋势。

（二）农村现金存取将更加便利化，存取频率呈下降之势。随着普惠金融的发展以及移动支付便民工程的实施，农村金融服务设施将进一步改善，在经济较为活跃的乡村，自助存取机具投入增加。据统计，近年来全市金融机构已在2227多个行政村、688个自然村安置了自助存取款设备，大大方便了农民就近存取款。随着移动支付的推广和普及，现金存取频率将有所下降。

（三）居民交易性现金需求仍占主导，手持现金人群以500至1000元居多。交易、预防和投机是居民手持现金的三个动机。调查显示，人们手持现金以交易需求为主，其次是预防，而投机动机是由于连续多年的负利率和短期投资渠道变窄，使持现成本较低，较少顾及利息损失。百户居民问卷调查中，手持现金的交易动机占55%、预防动机占27%，投机动机占15%。受访者中只有15%的人表示经常不持有或持有少量现金，以20岁至35岁年轻人居多。在85%持有现金的受访者中，持有1000元现金以上的占33%，持有500-1000元的占40%，持有500元以下的占27%。

六、几点建议

（一）拓展现金投放回笼分析预测系统功能。系统功能应包括：系统管理、数据管理、定量分析、模型分析、预测分析、发行基金计划编制等子系统，完善指标数据采集、加工、分析、处理功能。在采集生成发行基金投放回笼、人民币卷别结构、商业银行现金收支等相关报表基础上，建立数学分析模型，监测现金流通运行状况，研判未来发展趋势，准确编制发行基金调拨计划。

（二）加强商业银行现金收支分析工作的监督与指导。目前各商业银行报送的现金收支统计月报数据质量参差不齐，汇总后的数据参考价值不高。人民银行要掌握发行基金计划调拨的主动权，必须主动深入调研和指导，提高商业银行现金数据分析报送的质量和效率。及时掌握现金流通现状以及经济发展变化趋势，提高商业现金供需预测的精准度。

（三）顺应市场现金流通变化，加快货币发行工作转型。要进一步加强人民币管理执法检查力度，加强假币浓度专项治理，依法依规管理人民币，维护市场货币流通秩序，确保市场现金足额合理供应。要引导商业银行根据现金业务量变化，灵活调整ATM机等自助设备的布放。加大硬币自循环工作的监督管理，形成高效的市场自主调剂机制。进一步完善发行基金调拨流程、优化商业银行现金押运模式，降低现金调拨成本。

（四）强化推广非现金支付结算工具。认真落实人民银行移动支付便民服务工作要求，开展广泛深入的社会宣传，改变居民现金支付结算的思维定式，减少现金使用范围和数量。推动移动支付在便民支付领域的广泛应用，围绕商圈、超市、餐饮店、高校、公交地铁、医疗等场景加快资源投入，因地制宜拓展市场，推动非现金结算工具在行业端、场景端的渗透和发展。

互联网金融对银行业传统经营模式的影响

当前，由移动支付、网上银行、手机银行、云金融等形成的一种新型金融模式—互联网金融，正以迅猛的态势，以抢入口，抢流量、抢客户为切入点，以更快速、更便捷、更省心为服务模式，以产品新、门槛低、收益高为卖点向传统金融业发起强烈的挑战。其中以第三方支付、移动支付、网络借贷、众筹融资等为代表的互联网金融服务在人们生活中扮演着越来越重要的角色，也对商业银行的传统经营模式带来了严峻挑战。

一、互联网金融模式与传统金融模式的比较

比较对象	传统金融模式	互联网金融模式
参与者	商业银行作为金融中介，除了股票等直接投资方式以外的所有投融资活动都以银行为中心进行展开，所以参与者为投资方、银行、融资方。	银行丧失了其霸主地位，投融资方直接实现了资金对接。
操作平台	大部分的业务来自于消费者到金融机构网点的实体操作。客户必须亲自到银行的营业网点办理有关的存取、买卖业务。	各家互联网金融商把金融超市开到了互联网大平台，跨越了时间和空间的限制，实现了足不出户的财富管理目标。

比较对象	传统金融模式	互联网金融模式
信息处理	金融机构获得投资企业，特别是小微企业的信息成本较高，需要花费较高的人力、时间成本，收益与成本不匹配。	云计算和云存储技术的利用有效地提高了大数据的分析处理效率和存储稳定性，极大地降低了互联网金融机构的信息不对称，节省决策时间。
支付方式	现金、票据和信用卡等传统支付工具。	互联网第三方支付业务具有方便快捷、费用低廉及交易安全等优势，解决了小额支付下产生的货款转账不便的问题和大大降低了由于信息不对称所导致的互联网交易的欺诈风险
信贷产品	传统信贷产品，因受到运营模式的限制，所有的信贷产品大多同质化，期限不等但相对较长，缺乏灵活性，不能完全满足投资者的理财需要。	资金的供需双方能够直接对接，信息高度对称。这就有利于为客户量身打造完全符合其需求的信贷产品。
运行成本	设置营业网点的费用，日常服务的职工工资以及网点的系统和设备维护费用，信贷审核过程中的人力、时间成本等。	主要集中在大数据的开发与维护，平台的研发与创新，产品创新上。

从比较中可以看出，互联网迅速发展的原因：一是它能够满足客户个性化、多样化、自助化、碎片化理财"需求。二是大数据、云计算为互联网金融奠定技术基础，企业从不断生成的交易数据中获取有关消费者、供应商和运营管理方面的信息，形成了自己一套较为全面的"征信系统"。海量数据与云计算并行，提高了信息的处理效率，降低了信息处理的成本，增加信息的利用率。三是互联网金融能实现金融脱媒，直接P2P的交易，提高了资源配置的效率。

二、互联网金融的发展现状

目前，较为主流的观点把互联网金融大致分为四种模式，即第三方支付平台、P2P 小额借贷平台、众筹股权投资平台以及以阿里巴巴金融为代表的非银行金融机构的小微信贷平台。在这四种模式下，涉足互联网金融的公司企业蜂拥而至，互联网金融热度不断上升。从进军互联网金融的企业来看，阿里巴巴已经撒开了一张互联网金融帝国的大网，腾讯申请了小额信贷的拍照，宜信、拍拍贷、开鑫贷等P2P 平台层出不穷，截至2014年6月，国内P2P网贷公司猛增至1263家。电商行业的京东、苏宁、金银岛、钢联、易钢在线等都在逐步开展B2B供应链金融业务；券商也纷纷与电商合作，招商银行、华泰证券等券商纷纷开启网上开户模式。从互联网金融交易的规模来看，其交易数量迅速增长。据不完全统计，仅2014年半年成交金额接近千亿元人民币，接近2013年全年成交额，预计在2014年年底，行业月成交额会达到300亿元以上，全年累计成交额将超过3000亿元。而国内获得央行第三方支付牌照的260多家企业，2年内交易量不断攀升，2013年上半年我国第三方支付企业交易规模（线上、线下交易规模总和）达到6.91万亿元，完成2012年全年交易量（10.42万亿元）的66%，预计2015年第三方互联网交易规模将接近14万亿人民币。从线上的互联网金融产品来看，各公司提供的金融服务产品化，金融产品标准化，各企业创造了种类繁多的金融产品。以阿里金融为例，阿里巴巴在金融服务领域已包括贷款、担保、保险、信用卡、支付结算等全流程。

三、互联网金融对传统金融机构经营模式的影响

1.动摇了商业银行的客户基础

据悉，截至2014年6月，我国网民人数已达到6.32亿人，各类手机银行客户规模超过5.27亿，网络购物网民数为3.32亿人。随着生活节奏的不断加快，互联网金融的迅速发展，消费者消费习惯的变化，越来越多的人利用碎片化时间理财、网上购物等互联网交易，且互联网交易能享受高质量高收益的服务。而服务传统的金融模式下，由于二八法则的支配，银行服务了20%的客户，却赚了80%的钱。为数众多的80%的客户为银行做着贡献却享受着低端服务，一旦他们发生动摇，进而转向互联网金融，这种影响是不可估量的。互联网金融也正是发现这一契机，对传统金融模式下被忽略的客户发起精准营销，这直接传导到传统银行客户基础受到动摇。

2.弱化了商业银行的中介角色

在日常生活中金融机构主要起到中介作用，但互联网金融使金融脱媒现象越来越严重，直接弱化了商业银行的中介角色。新兴的互联网公司为客户不断推出信用卡还款、水电煤缴费、交通罚款、线上充值等基础民生服务，冲击商业银行传统的代收代缴、汇款等业务，给商业银行手续费收入增长带来压力。尤其是第三方支付平台直

接挤压着商业银行的中间业务。主要因为第三方支付操作更便捷、价格更低廉（部分甚至免费）、且提供特有的延迟支付功能，更受消费者欢迎。同时，第三方支付平台已开始将资源优势延伸至线下，通过铺设POS网络和代收付费系统开展线下收单、现金充值等业务，与银行在线下形成新的竞争。再者其逐步向代理基金、保险等金融领域渗透。如，一些取得代理基金销售资格第三方支付平台公司，以较低的价格与银行开展直接竞争，如第一批取得代理基金销售资格的汇付天下，基金申购手续费率仅为银行等传统渠道的40%。大量的传统的金融机构职能不断分化甚至消失，绕开银行直接办理金融业务会变得普。互联网金融模式下，资金融通双方不再需要银行或交易所等中介机构的撮合，可以通过网络平台自行完成信息甄别、匹配、定价、交易，去中介化作用明显。

3.分流了商业银行的储蓄存款

虽然第三方支付平台资金最终会以各种形式回流到商业银行，商业银行存款来源总量不会受到影响，但必将对商业银行储蓄存款形成分流，影响商业银行存款结构，部分竞争力较弱的中小银行揽存压力更大。一方面，由于第三方支付平台特有的延迟支付功能，用户通过其结算的资金会部分沉淀在第三方支付平台，从而对商业银行储蓄存款形成分流，这部分资金主要是用于网上交易的活期存款。以支付宝沉淀存款为例，目前支付宝日均沉淀资金已达约100亿元。随着第三方支付逐步向线下延伸和大额支付领域扩展，资金沉淀规模将显著扩大。另一方面，随着第三方支付平台的高速发展，其业务逐步向代理保险、代理基金等领域拓展，向客户提供预期收益可能超过银行定期存款的基金、保险等金融产品。如根据余额宝的宣传，其年收益率最高可超过4%，收益率为银行活期存款的10倍，高于银行3%的一年期储蓄存款利率。这将对客户持有的以投资目的为主的定期存款形成分流和竞争，其潜在威胁不容小觑。

4.挤压商业银行贷款业务

虽然互联网融资短期内难以威胁商业银行贷款业务，但长期内可能因互联网快速发展导致信贷模式转变，对商业银行贷款形成直接冲击。凭借其在信息处理方面的优势，互联网融资可针对小微企业融资需求"短、小、频、急"的特点设计流程及产品，更好地为其提供融资支持，抢占商业银行在小微企业信贷领域的市场份额。以阿里金融为例，阿里金融通过旗下两家小额贷款公司，在阿里巴巴B2B业务、天猫、淘宝上提供订单贷款和信用贷款两款服务，贷款额度一般不超过100万元。截至2014年2月，阿里金融服务的小贷公司已经超过70万家，累计贷款金额超过1700亿元，不良贷款率小于1%，但由于在我国尚未实现信用信息联网公开共享，借款人可能存在编造虚假信息的现象，互联网信息与数据的真实性无法得到有效保障，因此互联网融资在短期内还不会对商业银行贷款业务形成较大冲击，覆盖范围主要是一些银行体系无法提供有效服务的小额借贷人群。但长期来看，随着信用信息的联网公开共享，贷前审查评估、担保、交易竞价和货后管理等专业性业务的产生及发展，互联网金融可通过整合担保线下金融服务公司等方式，凭借强大的信息搜索和处理能力，更加有效地判断客户的资质。投资人可依靠这些信息直接与借款人进行交易，降低通过商业银行等中介机构交易的成本，从而形成独特的"公众型小额融资市场"。

四、金融机构的应对策略

（一）加强与电子商务平台的合作，积极拓展金融服务渠道

电商掌握了大量小微企业的销售、信用等宝贵信息，金融机构应通过电商平台进一步发挥信息流、资金流、物流与银行的互补与协同作用，促进互联网金融与电子商务的有机和有效结合，打造银行体系电商平台。同时，结合互联网创新服务特点，进一步丰富拓展银行金融服务渠道，通过为客户提供信息终端、交易终端等应用产品满足专业化高端客户需求，利用社交网络平台提供更加贴身便捷的金融服务。

（二）创新服务手段，满足客户日新月异的金融服务需求

为适应当前互联网时代发展的特点，金融机构应抓紧进行业务与技术创新，不断突破传统的金融服务模式与壁垒，为广大客户提供更加便捷的金融服务。充分借鉴互联网金融的技术路线和组织模式，为更多的人群提供普惠金融服务。在互联网金融时代，从客户角度出发，主动研究和前瞻性分析客户行为变化和金融需求变化，通过跨专业的联合创新与流程优化，为资金交易、支付结算、资产管理、交易撮合、信息挖掘与利用等客户需求，提供相应的金融产品、交易平台、服务信息。

（三）加强与第三方支付平台合作，逐步向零售银行转型

商业银行应不断完善自身的电子支付系统，积极介入电子支付产业链，大力拓

展与客户直接相连的渠道。同时，利用第三方支付平台资金划拨和清算业务最终需要商业银行来完成的政策优势，加强与第三方支付平台的合作，将第三方支付平台作为自身服务触角的延伸和补充，实现客户资源共享和业务优势互补，不断提高银行卡的使用率和网银业务量，推动向零售银行业务的转型。

区域货币政策传导效应与金融普惠

基层央行如何正确理解和执行好"双支柱"调控框架

党的十九大报告提出健全货币政策和宏观审慎政策"双支柱"调控框架以来，"双支柱"调控框架已成经济热词。事实上，这是中国人民银行在党中央、国务院领导下，坚持稳中求进工作总基调，创新和完善金融调控的重要举措。作为货币政策实施者和金融稳定维护者，人民银行在用好货币政策工具的同时，不断完善宏观审慎政策，初步形成了"双支柱"调控框架，为引导货币信贷和社会融资规模合理增长，加强系统性风险防范，提高金融服务实体经济水平作出了积极贡献。

一、为什么要创新金融调控方式

传统金融调控框架以货币政策为核心，实施数量调控和价格调控。进入新世纪，一方面我国金融市场发展和金融创新深化成效显著，金融体系动员国内外经济资源、提高资源配置效率的能力大幅提高；另一方面由于金融周期与经济周期开始分化，金融体系自身的复杂性、脆弱性也明显增大，单一凭借货币政策调控对维护金融稳定有些力不从心。2003年修订《中国人民银行法》时明确规定由人民银行承担维护金融稳定的职能，而业内人士认为，仅靠货币政策维护金融稳定存在局限性：第一，价格稳定并不能保证金融稳定；第二，加杠杆使金融行为的顺周期性更加明显，容易形成"超调"；第三，金融正反馈机制可能跨机构、跨市场传染和放大。2008年国际金融危机进一步使各方认识到，为维护金融稳定和防范系统性风险，亟须对金融机构和金融市场的杠杆水平进行宏观的、逆周期的、跨市场的调节。因此，人民银行开始强化宏观审慎管理，全面深入开展宏观审慎政策实践，进一步完善货币政策框架。

二、宏观审慎政策框架的实践探索和不断完善

全国金融工作会议明确设立国务院金融稳定发展委员会，强化人民银行宏观审慎管理和系统性风险防范职责。这是党中央、国务院为加强金融监管协调、保障金融安全稳定作出的重要制度性安排。近年来，围绕优化制度建设和完善政策工具，人民银行不断探索落实宏观审慎政策，取得明显进展。在制度建设层面，2013年牵头建立金融监管协调部际联席会议制度，负责协调货币政策与金融监管政策；推动建立和完善金融业综合统计制度，更好地支持宏观调控和防范系统性风险；牵头制定《关于规范金融机构资产管理业务的指导意见》，防范跨行业、跨市场金融风险；2015年正式出台存款保险制度，推动形成市场化的金融风险防范和处置机制。在政策工具层面，2011年正式引入差别准备金动态调整机制，通过与利率、公开市场操作、存款准备金率等货币政策工具相配合，有力促进了货币信贷平稳增长，提升了金融机构的稳健性；2016年起将差别准备金动态调整机制升级为宏观审慎评估（MPA），从资本和杠杆、资产负债、流动性、定价行为、资产质量、跨境融资风险、信贷政策执行七大方面对金融机构行为进行引导。将跨境资本流动纳入宏观审慎管理范畴，继续加强房地产市场宏观审慎管理，并探索对清算、支付、托管等金融基础设施实施宏观审慎管理。2019年以来，人民银行注重根据形势变化，从启动金融机构评级工作、发挥MPA逆周期调节作用、适时调整外汇风险准备金率、稳步推动资管新规平稳实施等方面入手，适时调整和完善宏观审慎政策，从而弥补监管短板，治理市场乱象，防范系统性风险，为供给侧结构性改革创造了良好货币金融环境。以上调控手段的不断完善和推进，作为一名基层央行工作者来说，都亲身经历过，体会深刻。

三、明确"双支柱"调控框架的作用及相互关系

从目前而言，货币政策主要通过利率等工具，以保持物价稳定和促进经济增长为目标，用于调节总需求。实施宏观审慎政策则主要依靠调整资本要求、杠杆水平、首付比等手段，维护金融体系稳健运行，守住不发生系统性风险的底线。而构建"双支柱"调控框架将从根本上起到两大作用，即保持币值稳定和维护金融稳定。西方国家的货币政策主要聚焦物价，而我国的货币政策目标则涉及经济增长、充分就业、币

值稳定和国际收支平衡。货币政策调节金融市场运行和金融机构行为，目的是为了调节宏观经济运行。宏观审慎政策则从时间和空间两个维度进行逆周期和跨市场调控，其目标是整个金融业和金融市场，可以在控制系统性风险方面发挥主导和关键作用。目前，货币政策和宏观审慎政策各司其职，功能发挥良好。然而，货币政策针对宏观经济运行，宏观审慎政策的目标则是金融行业整体运行及其风险，因此，应注意避免两种政策可能相向而行带来的政策效应。尽管两大政策各有侧重，但它们联系紧密，甚至是"你中有我、我中有你"，需要相互融合，相互协调。今后，应将更多金融活动纳入宏观审慎管理范围，并加强与微观监管的配合，进一步完善金融调控治理架构，推进金融治理体系和治理能力的现代化。

四、基层工作央行员工如何从思想上和行动上执行好货币政策和宏观审慎政策

对基层央行的干部职工来说，履行好岗位职责，就是要在贯彻执行党的金融方针政策、维护金融稳定、改进金融服务，促进地方经济发展中做出成绩，作出表率。一是要勤奋敬业。勤奋敬业是社会主义职业道德的集中体现，也是对干部职工的基本要求。勤奋敬业，就是要有强烈的事业心和责任感，就是要敬重、热爱自己的工作，把个人融于集体、融于事业之中，把工作当成自己的事。在这充满竞争的时代，作为人民银行的干部职工，要格外珍惜自己的工作岗位，党员要走在普通群众前面，领导干部要走在党员前面。要把勤奋敬业作成一种常态习惯，把心思用在干事业上，把精力集中到做实事上，把功夫下到抓落实上，扎扎实实、兢兢业业完成组织上交付的工作任务。二是要有执行力。履职成效的好坏，关键取决于我们的执行力如何。近年来，人民银行先后出台了一系列规章制度，分支机构制定了各自的岗位职责、操作流程等，形成了一套较为完整的制度体系。但从上级日常检查、审计和自身开展的监督检查情况看，有规不依、有章不循的问题仍然存在。究其原因，主要还是制度执行不到位所致。因此，加强制度执行力建设，是我们提升履职成效不可或缺的环节。要强化制度意识，认真学制度，全面知制度，老实守制度，带头执行制度，一切按制度办事，做到以身作则、率先垂范。要自觉接受监督检查，通过组织上的督查考评、问责问效，营造制度执行的文化氛围，为有效履职提供有力的制度保障。三是要争创一

流。既要善思勤想理想信念牢不牢、宗旨意识强不强、思想境界高不高，也要善思勤想工作是否尽职、尽责、尽力、尽为，工作目标、思路是否清晰，工作方式、方法如何改进，工作质量、效率如何提高，特别是要树立敢为人先、争创一流的意识。要发挥骨干作用，要有勇挑重担的胆识，敢于负责的气魄，主动承担职责范围内的重要、疑难工作，主动承担组织上交给的繁重任务，真正做到会想会干、敢想敢干、善想善干；要带头讲奉献、比奉献、多奉献，严谨细致地把每一项工作做实、做深、做精，高标准、高质量对待每一项任务，努力做到工作精益求精，业绩争创一流。

货币政策新规出台对地方法人金融机构的影响

2016年，央行对正处于试运行阶段的MPA监管体系出台新规，要求将表外理财资金余额扣除现金及存款部分后纳入MPA监管范围，并决定于2017年1季度评估时正式将表外理财纳入广义信贷余额同比增速考核，同时取消现行4%的资本充足率容忍度。据对辖内地方法人金融机构调查，为应对新规及考核，尽管机构有收紧表外理财的预期，但部分金融机构短期内依然难以达到考核要求。

一、MPA新规及考核变化特点

（一）资本充足率指标举足轻重。MPA新规主要有：一是将表外理财资金纳入广义信贷统计口径；二是取消4%的资本充足率容忍度。新规涉及到a指标下的资本充足率和b指标下的广义信贷增速两个细项指标。在取消4%的资本充足率容忍度下，只要金融机构实际资本充足率未达到宏观审慎资本充足率要求，则资本充足率评分为0，又因该细项指标占a项指标比分的80%，将直接导致考核机构落入"C"档，评为A、C两档的机构将受到差别存款准备金利率上调或下调10%~30%等激励约束措施。这表明资本充足率在MPA考核中举足轻重。广义信贷增速越大，宏观审慎资本充足率门槛就越高，金融机构资本充足率达标的难度也就越大。

（二）新规后考核不达标机构占比上升。据辖内地方法人金融机构数据测算发现，统计口径变化对原评估结果为A档的机构无影响，落入不达标的机构占比上升。

这与最初人民银行要求的评估结果在ABC各区间成正态分布的政策初衷相违，弱化了政策效应。

二、存在问题

（一）短期内新规对表外资产收缩有限。政策上，压缩表外理财规模降低广义信贷增速是法人金融机构应对MPA监管的必然选择，实际上，表外理财业务在存续期内无法提前终止，所以该部分资金流动性较差且短期内无法及时冲减表外资产规模。以2016年4季度评为C档的某农商行为例，2017年1季度表外理财存量28亿元，其中存续期1—6个月1亿元，占比3.57%；存续期6—12个月27亿元，占比96.43%。该行去年同期表外理财存量7.16亿元，共4笔，存续期均为6—12个月。这意味着在表外理财存续期内，该机构若不提高实际资本充足率至宏观审慎评估要求，将面临未来2—3个评估期内持续停留在评估C档的风险。

（二）表内资产结构腾挪仍存监管套利的可能。目前地方法人金融机构往往将富余资金使用，一部分上划省联社，另一部分用于购买同业理财。由于存放同业包括同业存单，而该项业务不纳入MPA考核范围，促使地方法人金融机构倾向于降低风险资产权重更高的同业理财规模来消减广义信贷同比增速。但从具体操作上看，短期内转让同业理财可行性较低，资产结构调整存在监管套利。因此，为避免MPA广义信贷季末监管，法人金融机构倾向于将同业理财产品到期日设计在季末前几日，到期后直接转为存放同业、降低广义信贷规模，并在下季初重新购买同业理财以增加收益。表外理财纳入广义信贷统计口径后，金融机构将更多地使用该手段以规避考核。

（三）部分机构仍面临考核不达标。MPA广义信贷增速考核范围为"M2目标增速（13%）±25%"（－12%，38%），基于地方政府压力以及支农支小政策要求，地方法人金融机构信贷增速普遍高于辖区内其他银行。新规中资本充足率容忍度取消，虽然对增长过快机构有所遏制，但部分广义信贷增速在考核范围内的机构仍面临考核不达标。

三、对策建议

一是新规考核可设定宽限期。实行差异化考核，对因新规下的广义信贷增速过高而落入C档，但确有表外理财业务发展需求的法人金融机构，可在2至4个评估期内宽限其资本充足率容忍度3至4个百分点，给予其适当的时间调整资产结构。

二是广义信贷采取"平均法"取数。为避免金融机构采用"季末冲时点"行为规避监管，建议广义信贷余额指标采取"平均法"取数，即以评估季度金融机构每月月末广义信贷的算术平均值为基础数据进行统计。

三是将同业存单划入同业负债口径。同业负债占银行负债总额属于资产负债情况分项，总分值25，如果同业负债占银行负债总额超过1/3，该项得分为0。当同业负债和同业存单规模受限，同时同业理财业务纳入监管，可降低表外业务的杠杆。

合意贷款政策调控与部分信贷政策相互牵制应予重视

2011年人民银行稳健货币政策实施以来，对地方法人金融机构信贷规模与结构调控是近几年基层央行的重要工作。笔者通过调查发现，作为信贷总量调控主要手段之一的人民银行合意贷款管理政策与部分信贷政策存在相互牵制、相互冲突的情况，导致政策执行效率下降，效果不佳。

一、基本情况

基层央行对法人机构实施合意贷款管理以来，虽然采取了加大窗口指导频度、加强监测预警、开展信贷投向核查、实行贷款事前备案、实施差别存款准备金动态调整处罚等措施。但不同层面信贷政策、文件的相互牵制与冲突，常常成为法人机构突破合意贷款管理红线的借口，屡屡出现季度信贷规划被突破、年末倒逼央行增加合意贷款规模现象。

二、信贷政策相互牵制与冲突的主要表现

（一）合意贷款管理与央行存贷比信贷导向政策的冲突

2010年9月，人民银行总行会同银监会下发《关于鼓励县域法人金融机构将新增存款一定比例用于当地贷款的考核办法（试行）》（银发〔2010〕262号，由调查统计部门考核），考核标准为新增存款70%应用于当地贷款，达标机构享有存准率下降

1个百分点的优惠。但按照人民银行下发的全年合意贷款新增指标（由货币信贷部门管理）及全年各法人机构实际新增存款，即便全额用足合意贷款规模，辖内仍有4家法人机构因执行合意贷款规模，导致新增存款70%应用于当地贷款指标没有达标，而享受不到政策优惠。

（二）合意贷款管理与央行涉农信贷导向政策的冲突

《中国人民银行办公厅关于做好2013年信贷政策工作的意见》（银办发〔2013〕26号）要求，涉农贷款增幅要高于各项贷款平均增幅。按照人民银行下发合意贷款新增规模，2013年上半年法人机构新增信贷额度为42.31亿元，即使全部投入涉农贷款，其涉农贷款增速仍同比下降5.58个百分点，受此影响，全市涉农贷款增速最高只能达到10.37%，低于各项贷款平均增幅3.5个百分点。

（三）合意贷款管理与央票兑付后续监测考核政策的冲突

2010年总行出台《农村信用社改革试点专项中央银行票据兑付后续监测考核办法》（银发〔2010〕316号），对农信社资产利润率、成本费用等指标进行考核。由于农村信用社执行全年合意贷款新增规模，2012年主营业务贷款增速较上年下降的有3家，贷款增量下降的有2家。在保持贷款利率水平不变的情况下，央票兑付后续监测农信社的资产利润率、成本费用等考核指标质量受到影响，导致一类农信社考核达标的下降的有3家，二类农信社下降的有2家。

（四）合意贷款管理与地方政府信贷导向政策相冲突

一是与当地信用社改制政策的冲突。如2012年为推动农村信用联社改制农商行，某县级市政府以相当规模的现金置换该社不良资产，并在存款、产权确认、清收公务员拖欠贷款等方面大力支持，但要求当年新增信贷投放力争达到10亿元以上，而当年人民银行核定其合意贷款新增仅为6亿元。二是与地方信贷激励政策的冲突。地方政府出台信贷奖励政策，按银行信贷增量、市场份额、信贷结构投向、机构增设情况大幅度奖励，进一步激发了农信社信贷投放的冲动。政府下达给当地农信社新增贷款目标远高于而人民银行核定的当年合意贷款新增规模。三是与地方政府民生类信贷导向政策的冲突。为支持特定失业人员就业创业，地方政府向农信社下达小额担保贷款任务，比上2012年增长25%，高于农信社合意贷款增速12.85个百分点。

三、政策冲突对法人机构信贷调控的负面影响

（一）各项政策主次地位难分，使基层央行和法人机构陷入两难境地。作为信贷总量调控的主要手段，合意贷款管理政策往往与地方政府政策、央行其他政策在考核指标上存在差异和冲突，在没有区分政策主次情况下，基层央行和法人机构在执行各类政策时往往陷入两难境地。

（二）合意贷款管理落实不到位，影响稳健货币政策的执行效果。法人机构迫于地方政府压力和自身生存发展考虑，难以有效贯彻合意贷款规划管理政策。如2012年市法人机构新增信贷额较年初央行下达的信贷规模偏离度达56%，对稳健政策执行造成较大负面影响。

（三）调控措施不断加码，增加基层央行的法律和声誉风险。面对信贷调控严峻形势，基层央行不得不采取严厉措施，而部分措施缺乏明确的法律法规支撑，存在较大风险。如，暂停法人机构现金入库服务可能导致资金安全风险，可能对央行声誉造成负面影响。

四、政策建议

（一）加强部委间的统筹协调，保证政策方向同一性。建议总行加强与相关部委沟通，使国家出台的各项政策与货币政策调控方向一致，要求各级地方政府出台的考核政策与信贷调控方向保持一致，增强货币政策的权威性和执行效果。

（二）确立货币政策调控的主导地位，确保调控方向一致性。

总行应进一步明确地方法人金融机构信贷总量调控作为主体政策的主导地位，以便在与总行相关政策发生冲突时作出正确的选择和合理的界定，服从大局，辅助政策服从主体政策。避免机构因执行信贷调控政策，客观上违背其他相关导向政策。

（三）加强信贷调控政策宣传引导，明确政策调控的权威性。

加大对当地政府的宣传和引导力度，确保地方政府出台的信贷考核奖励办法等符合信贷调控方向。加大与银监部门的沟通协调。避免其在机构设立、信贷投向等方面决策与信贷调控相冲突。人民银行各分支机构在协助地方政府工作时要有高度的政策敏感性，做到宣传口径一致。

（四）增强合意贷款管理的科学性，降低信贷调控风险。基层央行在下达法人

机构合意贷款规模时，要综合考量其所承担的支持"三农"的政策特性、资金需求的季节特点等因素，减少其被动超规模的可能。加强日常监测，保持法人机构平稳的放贷节奏，减轻基层央行季末、年末调控压力，尽量减少强制性处罚措施，防范基层央行履职风险。

稳健货币政策实施难点及对策建议

2012年，笔者对当前辖内贯彻实施稳健货币政策情况进行了专题调研，调查显示：辖内在"十二五"开局之年加快经济发展的意愿强烈，资金供需矛盾突出，银行放贷冲动不减，信贷投放总量难控制，信贷供给回归常态面临的压力大，因此，需要采取更有针对性的措施加以解决，以确保"总体稳健、调节有度、结构优化"的调控要求得以实现，促进经济金融互动发展。

一、稳健货币政策实施难点

（一）地方经济发展意愿强烈，加剧信贷供需矛盾

地方经济高热主要体现在：一是高速度。某县级市提出"十二五"期间GDP翻番，年均增长14%。2011年全市规模以上工业增加值增速达到32.6%，创三年来新高。二是高投资。2011年全市完成固定资产投资125亿元，同比增长28.8%，增幅同比提高8个百分点。项目个数增加、大项目多是投资增长的重要特点。

地方经济高投资，带来了信贷需求的高增长。截至2012年10月，全市金融机构各项贷款比年初增加25亿元，比同期多出1倍，但仍然不能满足信贷需求，预期后期信贷供需矛盾将更趋突出，主要面临三大压力：一是开工项目保续建的信贷需求，二是完工项目保投产的信贷需求，三是四季度是农产品收购企业、农产品加工企业、保障房建设的资金需求。预全市这三项刚性信贷需求将达20亿元。经济发展中的倒逼因素，无疑增加了信贷调控的难度，加大了信贷扩张风险。

（二）银行放贷冲动增强，均衡放贷节奏把握难度大

目前，银行对经济发展形势持乐观态度，加之受过度依赖贷款利息的单一盈利

模式和激烈市场竞争的驱动，银行表现出强烈的放贷冲动，尽量早放贷、多放贷。如2011年一季度全市新增贷款已占全年控制目标的51%，比控制上限多6个百分点，后期银行所剩的贷款规模有限。农商行核定的全年新增信贷限额8亿元，已经新增和审批待放的贷款已达10.9亿元，后期信贷投放的回旋余地已经很小了。

（三）银行信贷门槛提高，对小微企业、"三农"等普惠金融领域信贷支持力度下降

当前银行信贷资源普遍偏紧，信贷门槛普遍提高，审批和发放贷款一看银企信用关系，老客户优先；二看信用等级，等级高的优先；三看抵押物，房地产最受欢迎；四看综合收益率，谁付的利息更高、谁带来的存款更多、谁带来的中间业务收入更多，谁就获得贷款多。此情势下，"三农"、小微企业等群体受到较大冲击。

据调查，2011年，全市小企业申请贷款笔数1026笔，审批发放644笔，审批通过发放率62.7%。同期大中型企业申请贷款57笔，审批发放51笔，审批通过发放率90.6%，比小企业高出28个百分点。一季度大中型企业获得贷款是小微企业的3倍。小微企业获得贷款的成本增加较快，贷款利率普遍上浮30%到40%。银行还要求小微企业协助组织存款、发放银行卡、搭售理财产品等，银行获得的综合收益率超过30%。一季度，全市涉农贷款增加12亿元，同比少增13%；全市13家农业龙头企业和农产品加工企业，目前流动资金缺口2亿元，向银行申请贷款无果，面对大好市场机遇却无法满负荷生产。

（四）银行信贷资金加速流入房地产领域

近年来，某县级市房地产行业却保持持续升温状态。从房地产投资来看，2011年，全市完成21.7亿元，同比增长36%。从房价看，新房销售均价4200元，同比上涨5%。从销售看，新房成交面积59万平方米，同比增加1倍。火爆的楼市吸引银行信贷资金加速流入。截至2012年10月银行机构各项贷款25亿元，房地产开发贷款和按揭贷款占了各项贷款的55%。此外，与房地产相关的土地开发、园区开发、城建开发也投入了大量贷款。

信贷资金加快流入中小城市房地产领域带来的问题应引起重视：一是推动中小城市楼市过热，导致楼市价格上涨较快，对房地产调控和控制物价均有不利影响。二是在信贷限额管理下，必然减少实体经济信贷投入，尤其是一些地方融资平台贷款圈地围地，既加剧了信贷供求紧张矛盾，又不利于信贷结构调整。三是部分购买店面业主租金不能覆盖月供，客户出现违约，信贷风险开始显现。

（五）大量表内贷款挪用于表外融资，影响宏观调控效果

据统计，2011年全市以银行承兑汇票、信托理财、委托贷款为主的表外融资余额达到12亿元，同比增加3亿元，增幅25%，比表内贷款高4个百分点。表外资产的迅速扩张，从多方面影响信贷调控效果：一是削弱了信贷规模控制的作用，形成了绕规模放贷。二是逃避存贷比例、资本充足率监管，变相扩大了放贷能力。三是保证金存款未纳入缴存款范围，规避了准备金政策的调控。四是大量融资性票据的增长不利于社会融资总量的调控，相当部分是在贷款发放受到限制后的变相融资。这种表内贷款挪用于表外融资扩张现象，将严重削弱宏观调控政策效应，对社会融资总量的统计也将失去控制。

二、对策建议

（一）投资与信贷双线控制，增强调控效果

经济不减速，投资不降温，单纯控制信贷很难凑效。因此，在加强货币信贷调控的同时要加强对投资的控制。一是要少拿钱。现在地方财力增长迅速，财政周转金数量庞大，这些资金要控制投向非政策扶持的产业和企业。二是少批项目。不符合政策的项目不能批，符合政策的项目也要分轻重缓急，控制投资节奏。三是少供土地、少提供优惠政策。四是尽快实行新的政绩考核制度，引导地方政府从重速度、重投资转向重质量、重效益、重结构、重民生。

（二）进一步降低银行放贷冲动

一是密切监控银行流动性变化情况，适时适度利用存款准备金率和公开市场业务操作收缩流动性，对贷款增加过多过快的银行和区域必要时采用特种存款限制银行放贷能力。二是限制银行资本性融资，提高资本充足率标准，严格资本充足率监管，强化资本对信贷的约束力。三是降低对银行的利润考核标准，减轻银行的业绩压力，降低银行放贷增收的冲动。

（三）大力调整信贷结构

实行有差别的信贷调控政策。对于大银行，继续实行总量调控，同时对小企业、"三农"贷款规模单独匹配。对地方法人金融机构，实行不限总量限结构的政策，要求它们的新增贷款80%以上投向小企业、"三农"领域和县域。央行再贴现政策向小企业、小银行倾斜，向国家政策大力扶持的产业和企业倾斜，引导银行落实"有保有压"的货币信贷政策。积极开办小企业担保机构、"三农"贷款担保机构，对金融机构发放涉农贷款、小企业贷款给予优惠政策支持，增加面向"三农"、小微企业的小型金融机构，建立信贷结构调整的长效机制。

（四）避免信贷资金过度流向中小城市房地产领域

中小城市同样要落实地方政府对房价的合理控制目标，防止房价涨幅过快引致投资投机性需求。要在中小城市着手限制投机性住房需求。要加强对中小城市楼市情况的监控，对房价上涨超过10%的过热地区要启动执行较为严厉的差别住房信贷政策。要对地方融资平台贷款强化管理，限制地方政府利用融资平台圈地建城。

（五）加强对表外融资的监管

监管部门要适时开展银行机构表外资产的清理检查，把不合规的表外融资转入表内贷款监范围。加强对银行承兑汇票的监管，在签发、贴现、再贴现各环节加强票据真实贸易背景的审查，对银行承兑汇票增加异常的银行开展专项检查，有效遏制融资性票据的增加。

存款准备金率上调房地产资金筹集转向民间借贷

今年以来，随着国家宏观调控政策的逐步落实，积极效应已初步显现，但形势并未得到根本好转。一方面，我国4月份CPI（消费者价格指数）同比增速高达8.5%，连续3个月突破8%，而受国际市场的影响，粮食价格涨幅更从今年1月的5.7%一跃升至7.4%，创下本轮通胀以来新高；另一方面，房价虽总体涨幅明显趋缓，但中小城市的房价依然在多渠道资金支撑下持续走高，资金链在巨大需求缺口中显得十分脆弱，持续地高位运行或将引发中小城市房地产市场的泡沫危机并导致区域扩散。在此态势下，人民银行决定从2008年5月20日起，上调存款类金融机构存款准备金率0.5个百分点，以加强银行体系流动性管理，引导货币信贷合理增长。那么，这一宏观调控的重要举措在中小城市会得到那些回应呢？笔者在某地级市辖内部分县市进行了以银行、企业和居民为主要对象的快速调查。调查显示：中小城市房地产资金筹集逐步转向以民间借贷为主。

一、金融机构认为：中小城市物价相对稳定，房价高位运行，上调存款准备金率有助于引导货币信贷合理增长

本次调查的对象是中小城市、国有商业银行和农村信用社。调查显示，中小城市物价水平相对稳定，但房价保持了高位运行。主要原因是中小城市在实施"城市扩张"经济战略中，信贷资金的供给持续超速，使房地产业在经济增长中的比重越来越大，财政收入的五成左右来自于房地产税收。

以某地级市为例，进入2008年，为配合国家的宏观调控，金融机构规定房地产信贷只能向具有二级以上资质的房地产企业发放，但是，这一规定并没有对房地产信贷产生抑制作用，相反，房地产贷款出现加速投放趋势。1-4月，房地产新增贷款5.3亿元，按此速度推算，全年可达15.9亿元，这一数据为10年累计房地产贷款余额38亿元的41.8%，为10年年均新增房地产贷款的4.18倍。房地产信贷的超速投放影响了信贷结构的优化，加剧了从紧货币政策与区域经济发展的矛盾，2008年4月，房地产新增贷款占某地级市各项新增贷款合计19.4亿元的27.43%，"一贷独大"的格局抑制了中小企业的信贷支持，中小企业信贷满足率同比下降20个百分点回落到15%，为近10年最低。

二、企业、居民认为：上调存款准备金率后，依然或加剧企业、居民投资消费的资金主要流向房地产市场

企业、居民快速调查在某县级市进行。企业对上调存款准备金率持中性态度，一是认为通过上调存款准备金率，加强银行体系的流动性管理，对原材料价格大幅上涨有一定抑制作用；二是担心上调存款准备金率后，中小企业在金融机构的信贷满足率会进一步降低，由此导致中小城市民间借贷的需求旺盛。而在居民的调查中，"上

调存款准备金率将导致中小城市民间借贷需求旺盛"的观点则更为直接。在接受调查的100位居民中，有60%的居民认为投资消费的主渠道不会选择储蓄；有50%的居民认为至少在两年内投资消费的主渠道不会选择股票；有60%的居民认为民间借贷是投资消费主渠道中不错的选择。上述快速调查的情况在专项调查中得到应证。

在对民间借贷市场调查显示：某县级市民间借贷进入房地产市场的主要渠道有民间借贷和金融机构贷款转民间借贷两种。在民间借贷中，按300户样本测算，62%为长期民间借贷，38%为卖出股票的资金转入民间借贷，这两部分资金剧增了房地产市场的民间融资总量，1-4月房地产民间借贷融资总额同比增长48%，规模在6亿元左右。在金融机构贷款转民间融资方面，主要是金融机构分配给员工的责任贷款，有近70%是以民间借贷的形式进入了房地产市场，约在1000万元左右。由于房地产市场对民间融资的需求旺盛，至2008年4月，某县级市房地产市场的民间融资利率上浮了120%-180%，最高利率达到了50%。同时，房地产市场对民间融资的需求旺盛且金额巨大，导致专业放债人和中介人相继出现，调查的5个民间借贷中介人，1-4月累计为房地产市场融资达3600万元。

在快速调查中，不少企业和居民对上调存款准备金率后或将会导致更多的民间资金大量涌入房地产市场表示担忧，一致认为，这不仅造成与国家宏观调控政策博弈的局面，同时也使债务纠纷案件大量增加，更严重的是，一旦房地产企业资金链断裂，将会产生严重的经济和社会问题，甚至导致社会矛盾激化。

三、政策建议：上调存款准备金率配之以窗口指导+规模控制，或是传导货币政策的有效手段

根据本次快速调查的情况及结论，笔者认为，调查个案尽管有其特殊性，但这一现象是普遍存在的，而这一普遍现象的存在，就有可能导致国家的宏观调控效应被中小城市不合理资金投向的严峻形势所对冲。因此，提出上调存款准备金率配之以窗口指导+规模控制的政策建议。

（一）建议存款准备金率上调后适时推出中小城市房地产贷款的规模控制。规模控制由两个层面构成：人民银行总行对商业银行总行的控制为指导性计划；商业银行总行对省以下分支机构实行指令性计划。各人民银行省会城市中心支行按照人民银

行总行的要求，对辖内地方性商业银行和城市、农村信用社的控制为指导性计划；地方性商业银行和城市、农村信用社对其分支机构实行指令性计划。

（二）建议开展中小城市民间借贷进入房地产市场的引导规范和风险教育。要将对中小城市民间借贷进入房地产市场的引导规范和风险教育列入人民银行的窗口指导范畴；要对中小企业民间融资实行监管备案制度；要汇同地方政府和工商行政管理部门对民间借贷行为进行规范监督；制定较高层次的民间融资管理办法，以保障民间融资在风险可控的情况下规范化发展。

贷款利率市场化对银行和企业的影响调查

2013年7月20日起，人民银行全面放开金融机构贷款利率管制，据对辖内银行机构调查显示，贷款利率市场化实施二个月以来，利率政策调整效果初现，辖区对公贷款利率呈现整体上升的趋势，个人住房贷款利率变动不明显，贴现利率约有上升。贷款利率执行上浮的占比明显上升，下浮利率贷款减少，大型企业贷款发放量占比下降，中小企业贷款占比上升，表明利率政策引导金融机构加大对中小微企业信贷投入的政策意图得到初步显现。

一、变化特点

（一）从不同利率浮动区间变化上看

辖区金融机构下浮利率贷款明显减少，基准利率贷款和上浮利率贷款占比均出现上升。9月份，全辖人民币对公贷款发放共5.2亿元，从利率浮动区间来看，下浮利率贷款为0.5亿元，与7月持平；基准利率贷款为1.8亿元，较7月增加0.6亿元；上浮利率贷款2.9亿元，较7月增加1亿元。

（二）从不同企业类型执行利率变化上看

从总体上大看，大型企业客户下浮贷款有所上升，中小型企业客户贷款仍偏重于上浮和基准利率。9月份，辖区区金融机构对公贷款中投向大型企业客户占总贷款的9%，较7月下降个4百分点，大型企业客户的下浮贷款利率占比12%，较7月下降个

3百分点；对公贷款中投向中小型企业客户占总贷款的26%，中小型企业客户上浮贷款利率占比21%，较7月上升5个百分点。

（三）从个人住房贷款利率执行情况上看

9月份个人住房贷款利率较7月变动不明显，但与年初相比，呈现上升趋势。辖区各金融机构个人住房贷款加权平均利率为5.2%，较7月上升个0.5个百分点。

（四）对民间借贷利率影响

从全市100户民间借贷监测点调查情况来看，民间借贷情况基本正常，贷款利率市场化对民间借贷影响不大，但总体上平均约高于银行同期同档次利率2倍，其中房地产行业最高，平均年利率为20%，陶瓷行业次之，平均年利率为12%。

二、贷款利率变动对银行与企业的影响

（一）放开金融机构贷款利率管制，有利于促进银行间的公平竞争，增强银行经营自主定价权，提高商业区银行风险控制能力。有效引导资金流向，商业银行可根据市场需求，自主选择不同的贷款定价策略，更好地促进实体经济发展。

（二）利率市场化有利于银行采取差异化利率策略。银行可进一步优化客户结构，细分客户市场，有效吸引闲置资金，防止存贷款期限错配。通过将内部资金转移定价与市场利率有机结合起来从而提高银行内部绩效考核与内部资源配置的合理性。

（三）利率市场化有利于企业优胜劣汰。效益好的企业可能承受较高的利率，但在资金短缺时，也能及时获得银行贷款。效益不好的企业可能因较高的利率，不敢借或借不到贷款而退出资金借贷市场。利率市场化还将进一步优化企业融资结构，降低企业融资成本，规范企业经营行为。

（四）不利影响：利率市场化后商业区银行竞争加剧，增加了银行监管成本和行业风险。随着商业银行竞争日趋激烈，将造成存款利率的上升和贷款利率的下降，商业银行面临更高的利率风险，一些传统业务结构和客户市场不能适应利率市场变化而面临淘汰。

（五）利率市场化将导致农村贷款利率走高，对农村经济长期发展带来负面影响。从短期看，市场竞争将导致存款利率成本有所提高而贷款利率有所回落，净息差随之减小。但从农村金融实情看，由于持续存在的贷款需求刚性与缺口现实，即使是

短期市场竞争的作用，也不会使得贷款利率下降，而是使贷款利率上升。

三、政策建议

一是做好辖区区金融机构存贷款利率水平的实时监测工作。及时掌握商业银行在贷款利率市场化后的经营策略调整以及针对两年以上长期贷款利率的上浮措施进行跟踪监测。二是继续做好金融机构的利率定价引导工作。在贷款定价方面，鼓励金融机构进一步增强议价主动性，加强业务联动提高客户依存度，提高浮动利率操作技巧，保持浮动利率优势。三是要引导商业银行合理制定贷款利率，不要片面追逐商业性，还要兼顾政策性，不能忽视"三农"、民营企业、小微企业、弱势群体等普惠金融的发展，要敢于担当，把全民奔小康当成金融部门的应尽责任。

对地方法人金融机构利率市场化承受能力调查

为了解地方性法人金融机构对利率市场化的态度、政策预期、应对策略及利率定价机制建设情况，评估地方性法人金融机构对利率市场化的承受能力，对某市农商银行开展了此次调查。

一、此次利率调整对地方法人金融机构影响程度

年内两次利率调整，该机构的应对态度是积极的，存款利率上浮幅度扩大至10%后，该机构各档次存款利率全部上浮10%。利率调整后对该机构影响程度也较明显，据测算2012年造成经营利润减少303.28万元，利息收入占营业收入比重为68.56%，分别比2010年、2011年下降12.7%、6.16%。

二、地方法人金融机构对利率市场化的应对策略

调查的某市农商银行对推动利率市场化持肯定态度，研究了相应的应急措施，但没有形成预案，也没有形成内部资金转移定价。存款利率允许浮动后，在确定存款利率的时候，该机构把市场定位和定价模式，作为首要任务对待。认为在当前的存款基准利率水平下，假设贷款利率及其浮动情况不变，本身能够承受的存款利率上浮

浮动幅度为10%以内。机构应对利率市场化的策略选择途径为：建立市场利率运营机制，加强利率管理；按照市场经济规律，合理确定利率浮动幅度；加大市场营销力度，强化信贷管理；大力拓展中间业务，增加非利息收入。针对利率市场化后经营模式的变化，已从战略层面开始研究未来经营模式，采取相应市场策略和定位。

三、利率市场化对地方法人金融机构可能带来的风险预测

1. 可能导致银行信贷投向偏离普惠金融领域。放开存款利率后，竞争程度的提高将使那些过分依赖利差盈利的银行难以生存。为弥补利差减少带来的经营压力，银行可能会提高风险偏好，提高资本市场或购买债券、签发银行票据、扩大贴现、转贴现等投资、放贷比重，可能导致信贷资金偏离实体经济，"三农"、小微企业等普惠金融领域，从而引发过度投机的风险。

2. 可能出现金融排斥现象导致经营风险。利率市场化将引起银行同业间的竞争加剧，为增加市场份额，各商业银行往往会通过提高存款利率吸收存款，引起存贷款息差收窄，利率空间遭到挤压，对经营业绩造成不利影响。如果发生恶性竞争，大幅推高储蓄利率，减少交易成本而排斥小额储户，进而推高总体融资成本，可能挫伤小储户特别是农村储户的存款积极性。

3. 可能加大银行业风险防控难度。判断利率市场化风险大小主要有两个因素：一是银行风控能力与监管能力。二是银行贷款占全社会融资的比重。目前我国银行贷款占全社会融资的比重处高位。说明我国社会融资更依赖于银行贷款，部分法人金融机构风险防控能力和手段有限，如果在条件不具备情况下实行利率市场化，可能面临更大的金融风险。

4. 可能导致银行存贷期限错配风险。放开存款利率后可能进一步引发储蓄大战，依赖短期储蓄存款维持长期贷款的银行一旦失去储户存款，将会产生存贷期限错配风险。况且，当前市场面临着实际负利率的环境，将进一步助长影子银行和民间借贷市场的发展，吸纳民间资金将会变得越来越困难，导致银行理财产品激增，将进一步制约银行表内业务增长能力。

四、建立利率风险防范与管理机制的几点建议

一是建立规避利率风险预警机制。对资产、负债业务进行可行性论证，预测和

分析利率风险大小，为商业银行介入或退出业务提供参考。建立利率风险分散机制，将资金投向不同区域、不同行业、不同企业，形成资金的合理配置，优化风险损失。建立利率风险转移机制，通过利率互换、期权、期货等工具，将利率风险转移或置换，以降低资产负债的利率风险度。

二是取消存贷款比例管理。如果继续维持存贷款比例管理不仅会导致地方性法人金融机构非理性的将存款利率一浮到顶，引发高息揽储行为的普遍出现，还会引发地方法人金融机构盲目加大信贷投入的冲动，加剧银行利率市场化的额外风险。

三是加强流动性管理，完善利率风险补偿机制。努力提高地方法人金融机构自身利率定价能力和综合化经营水平和可持续发展能力。如可发行大额可转让定期存单，由此提高地方法人金融机构资金来源的稳定性，做好流动性管理。

贷款利率浮动制度的操作缺陷及矫正

在2003年8月和2004年1月连接两次扩大贷款利率浮动空间后，2004年10月29日，央行放开了商业银行贷款利率的上限，同时将城乡信用社贷款利率最大浮动系数扩大到基准利率的2.3倍。由于利率在金融中的核心地位，这一举措不但打破了金融业固有的操作定势，而且其溢出效应已远远超出金融领域，对社会经济形成一系列强烈影响。

一、利率浮动幅度扩大后的利率执行情况

在利率浮动幅度的放开引发的利率市场化进程加速的背景下，金融机构按照各自上级行的统一指挥，实际操作中利率浮动幅度逐渐加大，弹性利率机制逐步形成，呈现出以下几个特点。

1. 非基准利率贷款占比不断扩大。2004年11月份以来，某县级市金融机构实行非基准利率贷款占比大幅上升，贷款利率浮动幅度亦以基准利率为中轴，离散度不断增加。统计表明，2004年11—12月、2005年1—3月及2005年4—6月，三个时间段新发生的非基准利率贷款占全部贷款比例分别为69%、75%和79%；分别从三个时间段中

抽样的100笔贷款利率来看，上浮动幅度在60%以上的贷款达72笔，贷款利率上浮幅度呈不断上升趋势。

2. 贷款利率浮动结构明显分化。突出表现在两个方面：农村贷款利率上浮幅度大于城市贷款利率上浮幅度。相对于城市的金融机构及融资渠道相对较多，贷款利率浮动区间受到一定约束的情况，农村信用社在农村"一社独大"的垄断性地位决定了贷款主体只能无可选择地接受信用社的单方贷款定价，贷款利率往往呈现一浮到顶或尽可能高的特征。2005年1—6月间，农村信用社短期贷款平均利率为8.37 %，较基准利率上浮50%，较同期国有商业银行高出1.6个百分点。其中上浮幅度达100%的贷款占比为 12%。中小企业贷款利率上浮幅度大于大中型企业。大中型企业贷款一般维持基准利率甚至下浮执行。2005年1—6月，全市最大10家贷款户平均一年期贷款利率为5.58 %，而中小企业贷款利率浮动幅度往往在30%以上。

3. 利率浮动水平与企业资信等级联动运行。各国有商业银行根据上级行授权，依据企业信用等级确定贷款利率浮动幅度。如工商银行银行对信用评级为A级以上的企业，贷款利率浮动权限在[1，1.1]之间，对信用评级为B级以上的企业，贷款利率浮动权限在[1.2，1.3]之间，对限制性行业和企业，贷款利率浮动权限在[1.4，1.5]之间。对超越所授权限的贷款利率和下浮的贷款利率一律需报省级分行审批。农村信用社实行县级联社统一管理下的浮动利率管理，由县级联社制定浮动利率标准，下发至各信用社执行。对不同的贷款主体，其利率浮动水平主要依据企业和农户的信用状况确定。农村信用社规定，对信用企业和信用户的贷款利率在现有利率基础上优惠30%，对非信用企业和非信用户贷款利率执行一般浮动幅度在100%以上。

二、利率浮动管理制度实施缺陷及负面效应

利率浮动管理制度的实施对于提高金融机构经营效益，加大对中小企业放贷力度及提升金融机构对宏观调控灵敏性有着积极作用。但由于配套体制的不完善和实践经验的不足，有此项政策执行过程中存在一些缺陷，并导致一定负面效应。

1. 在严重的信贷配给约束下，利率浮动幅度放宽的利好政策效应难以显现。以风险溢价补偿信贷风险，进而达到扩大金融机构信贷对象选择范围，加大对包括中小企业在内的社会经济薄弱环节的支持力度是利率浮动幅度放宽的初衷之一。但当前严

格的信贷审批制度所形成的金融约束现实极大地限制了该政策所应有的积极性的发挥。2005年，某县级市各国有商业银行提高了信贷准入门槛，信贷对象均被严格限制于A类及以上企业，同时进一步上收了信贷审批权限，各行新发生的公司类贷款均需报省级分行审批，形成严重的信贷配给现象。在此环境下，基于企业资信等级的行政审批权仍是决定贷款主体能否获得信贷支持的决定性因素，而与企业愿意支付的资金价格基本缺乏应有的关联度。从某种角度上看，这时放宽利率浮动幅度的政策不但不能促进信贷投放，反而可能加重贷款单位的财务负担，降低社会有效信贷需求。

2. 在长期严格的利率管理下，金融机构对利率定价机制缺乏全面把握能力。贷款利率被视为重要的基准利率和货币政策手段之一，长期以来受到央行的严格管制的现实导致我国金融机构普遍缺乏贷款利率定价的理论基础和操作经验。一是利率浮动水平难以准确反映贷款项目风险度。在上级行授权范围内，基层行利率浮动幅度多凭经验决策，缺乏科学系统的定价决策依据，实际操作中要么出现如农村信用社"一浮到顶"现象；要么出现国有商业银行为争取优质客户竞相压价现象，利率上浮幅度不能真实反映贷款项目风险水平；二是利率水平确定中未能考虑到利率风险。在确定利率浮动水平时，金融机构往往将贷款项目风险为唯一考察变量，而较少考虑到利率自身的调整风险。目前某地级市贷款全部采用固定利率方式，据粗略估算，仅2004年10月29日的利率调整便使各金融机构损失利息收入800余万元。可以预计，对已步入加息调整周期的金融市场中的金融机构来说，对此问题的忽视将承担极大的利率风险。

3. 在资金仍然为卖方市场下，利率浮动幅度放开可能助长非法融资行为。在统一的资金市场下，规制内利率与民间利率存在密切的联动效应。利率浮动幅度放开所导致的贷款利率上升趋势通过各种渠道向民间融资传递，使以金融利率为参照的民间融资利率呈现大幅攀升势头。据对某县级市110个民间借贷监测点调查，2006年，某县级市民间借贷利率较上年同期提高了3个百分点，达到13%的水平。资金价格的提高和正规金融的不足，导致大量资金加入民间融资行列。全市50户调查企业2006年民间借贷资金累计达1.1亿元，较上年增长36%。在此情况下，不仅加剧资金体外循环的压力，而且在某些地方，已形成一批以资金中介为职业的非法资金掮客，地下抬会、地下钱庄亦有死灰复燃迹象。

4. 在内控机制未健全情况下，利率浮动幅度放开可能引发新的金融风险。每次金融管制的放松都将深刻地考验金融机构内控效能及金融体系的抗风险能力。利率上浮幅度的放开至少从两方面对金融体系形成挑战。一方面，可能形成新的道德风险。如前所述由于缺乏统一的度量标准，贷款利率上浮幅度在上级授权范围内由信贷员自行把握，为人情利率、关系利率留下了可能的操作空间。调查中发现，一些金融机构，尤其是农村信用社对资信条件类似的企业利率相差极大，有时竟达4个以上百分点，而信贷员无法解释导致如此大的定价差别的原因。另一方面，可能加剧县域经济金融风险的集中。通过利率浮动的溢价补偿作用，部份以往难于得到信贷支持的风险大、资信等级相对较差的项目亦可能成为信贷支持对象。但是，由于国有商业银行的严格审批制度，这部份项目仍然难于被国有商业银行接纳，绝大部份成为农村信用社的客户。2007年1—6月，某县级市30余户获得贷款的企业中，农村信用社就占60％以上。可以说在贷款利率浮动幅度放开的作用下，县域经济金融风险进一步向农村信用社集中，将给农村信用社风险防范工作带来较大压力。

三、政策建议

扩大金融机构自主定价权具有客观必然性。在此大环境下，金融机构应改革金融信贷管理体制，强化内控机制，进一步完善定价机制，增强自身对利率市场化进程的适应性。同时，金融管理部门也应加强调控、引导、监管，努力消除其政策负面效应。

1. 加快金融体制改革，为利率浮动幅度扩大政策效果发挥创造外部环境。首先，应通过建立起高效、富有激励效能的授权授信制度，矫正国有商业银行信贷审批权过于上收问题，解除基层机构在信贷审批业务中的不合理束缚，充分给予其在所辖区域内的信贷决策的自主性，以信贷自主权的提高、信贷规模的扩大促进浮动利率政策效果的发挥。其次，加快中小金融机构组建步伐。通过设立和支持社会资金参与重组与改造中小金融机构，形成具有地方特色、直接为地方经济服务的中小金融机构将不仅能通过资金投放抑制非法融资行为，还将有效地抑制利率浮动幅度过度偏离资金均衡价格，促进有利于金融机构合理贷款定价机制的外部环境的形成。其三，要加强"窗口指导"。货币当局要联合有关部门加大对金融机构利率管理的指导监督力度，按照国家产业政策和货币政策的要求，通过窗口指导，引导和监督金融机构依据资金市场的供求关系，合理利率定价，正确执行中央银行的利率政策，确保利率政策落到实处。

2. 提高定价实施水平，为利率浮动幅度扩大政策效果发挥提供操作依据。在利率上浮水平确实上要摒弃经验主义，在全面考虑贷款项目的收益风险、期限长短、利率风险大小以及资金筹集成本和运营成本等因素的基础上建立起基于全面成本和风险管理的科学定价机制。同时金融机构应树立起动态观念，在信贷定价中充分关注资产负债总额、结构、期限变动，以及社会平均利润变化和利率调整可能引起的利率风险，建立动态的利率风险衡量体系，及时调整利率浮动水平。更为重要的是建立健全系统内部严密的利率风险监管体系。在接受外部监管的同时，金融机构要建立相应的利率风险监管组织体系和科学的定价分级授权体制以及完善的内控制度，防止由于利率浮动权利的下放，造成下级管理者和经办人员通过职权利用利率浮动政策谋取私利或人为制造定价不公正行为，最大限度地减少"道德风险"的产生。实际操作中，金融机构可参照国外常用的基准利率加点法，按基准利率+目标利润+历史可参考风险率+其他调整因素的方法确定每笔贷款合同利率。

3. 加强利率市场监测，为利率浮动幅度扩大政策执行过程中行为纠偏提供参考。金融管理部门要建立制度化、经常性的利率政策执行效果的实时监控反馈机制，对金融机构和民间融资利率水平进行监测。真实反映某区域内真实利率浮动幅度、民间融资利率及规模与金融机构利率浮动幅度间的关联，考察利率政策在执行过程中是否出现偏差，检验利率政策是否达到预期效果，并对实际与预期差距进行分析评估，找出确切原因，并提出相关政策建议。金融管理部门应根据监测结果运用各种政策手段对金融机构实行政策纠偏，确保该项政策的效果得以充分发挥。

精准扶贫与民生工程金融普惠

金融扶贫面临的现实困境与解决途径

2017年以来，人民银行某县级市支行针对调查发现的金融扶贫工作出现的问题和困难，因势利导，精准施策，提出"特色产业做大、龙头带动做强、扶贫攻坚做响"的工作思路，引导涉农金融机构，找准特色产业扶贫着力点，以"扶贫再贷款"等信贷产品为纽带，加速推进金融精准扶贫工作进程，有力推动了地方优势产业发展和贫困户脱贫步伐。

一、金融扶贫面临的现实困境

一是扶贫信贷新产品开发难。经对三家金融扶贫责任银行了解，目前针对扶贫对象的扶贫贷款新产品开发较少，并且开发信贷新产品必须经上级行或主管部门审批同意。

二是扶贫再贷款利差偏小，商业性和政策性难兼顾。贫困户发展生产能力较弱，偿还贷款能力较差，商业银行有畏难情绪。

三是金融扶贫信贷风险补偿政策落地难。省财政厅、南昌中支等七部门下发的《关于全面推行扶贫和移民产业信贷通风险补偿机制的实施方案》中明确规定，要求各级财政必须设立"扶贫产业信贷通风险补偿金"，目前全市风险补偿金还没有到位和运作，影响金融机构开展金融扶贫的积极性。四是扶贫对象贷款有效需求不足。据调查，我市建档立卡贫困户中满足信贷条件的不足10%，扶贫贷款规模难以做大。贫困人员大多数或因家庭条件经济差、地理位置偏、信息不灵、身体差、文化水平低等原因，经济抗风险能力弱，不愿承担贷款风险，相当一部分人员不愿通过银行贷款的方法来脱贫。五是金融精准扶贫没有形成整体合力。金融精准扶贫需政府及各部门大力各支持并参与。要建立金融扶贫地方政府在人力、信息、诚信教育等方面大力支持的长效机制，使金融机构金融扶贫的信贷资金精准、安全、高效。

二、主要工作做法

（一）高位推动金融精准扶贫工作。支行制定了金融扶贫三年工作规划和目标，以全市5个贫困村为主战场，金融服务乡村全覆盖为重心，实现建档立卡贫困户信贷需求应贷尽贷、尽早脱贫。成立了金融精准扶贫工作领导小组，建立了金融精准扶贫联系会议制度，制定并由市政府印发了《某县级市金融精准扶贫工作实施方案》等文件，召开了"金融精准扶贫+普惠金融"工作推进会，举办了金融支持脱贫攻坚项目洽谈会等主题活动。一是建立分片包干、责任落实机制，确保实现"三个覆盖"，即:责任银行对乡镇全覆盖，建档立卡贫困户信贷需求调查全覆盖，符合贷款条件要求的建档立卡贫困户贷款投放全覆盖。二是把握金融扶贫实质，实现四个"精准"：摸清建档立卡贫困户底数和金融需求，做到精准对接。甄别有脱贫意愿、有脱贫能力、有信用意识的贫困户，做到精准识别。采取"一户一策"、"一项一品"精细化措施做到精准施策。信贷扶贫责任落实到网点、到岗、到人，做到精准管理。三是划分金融扶贫类别，明确重点。金融扶贫分创业类、就业类、受益类、其他四种类型，对接的重点是创业、就业型建档立卡贫困户金融服务需求、产业扶贫带动就业项目、扶贫搬迁项目、贫困村基础设施及公共服务项目。四是积极创建"金融精准扶贫示范区"，实现"扶贫对象精准、路径精准、项目精准、贷款发放精准、贷款用途精准、风险防控精准"工作目标。

（二）开展贫困户金融需求和人口结构摸底调查。某县级市建档立卡贫困户9415户，人口16932人。支行召开专题会议，牵头组织三家责任银行坚持"一户一表"的原则，对贫困人口金融需求进行了了全面摸底调查。三个行完成调查户数4649户，其中：创业类贫困户户数90户，就业类贫困户122户，受益类贫困户627户，其它类3811户。有信贷需求贫困户229户，需要贷款299万元。全市17078个贫困人口中因病致贫的65.42%，因残致贫的13.2%，年老缺劳力致贫的的14.14%。无劳动能力和部分缺乏劳动能力的贫困户占比92.76%。贫困人员大多地处偏僻，农田水利等基础设施、文教、卫生、公交发展、思想观念相对落后。

（三）推动扶贫信贷模式和信贷产品创新。在有效了解贫困人口金融需求基础上，全市创新推出"两免扶贫贷"、"光伏产业扶贫贷"、"油茶贷"等具有产业和地方特色、适合贫困人口需求的扶贫信贷产品，对符合条件有融资需求的建档立卡贫困户，发放3-5万元贷款，执行基准利率并实行财政全额贴息。采取"农户贷款、带资入股、就业分红"等形式，把贷款投放到蔬菜、油茶、光电、旅游等地方特色产业的龙头企业。根据企业吸纳贫困户就业或入股的数量确定放款额度、实行优惠利率。

（四）以扶贫再贷款为政策导向，引导扶贫信贷投向。根据再贷款管理要求，支行成立了扶贫再贷款审贷小组，并对某商业银行发放支农再贷款5000万元，该行对9家吸纳了贫困人口就业的龙头企业进行了信贷支持，实行优惠利率。如江西省惠康工贸有限公司主要从事粮食收购、加工、储存、销售，吸收贫困人员就业12人，每人每月发放工资1800元左右，该行对公司发放贷款500万元。

（五）建立"农户信用信息数据库"。制定《某县级市农村信用体系建设实施方案》，推动农村信用体系建设综合信息系统，以农户基本信息为基础、以职能部门信息为补充、以信用评价指标为准绳建立健全"农户信用信息数据库"，为优化金融生态环境、加大信贷支持提供信息支撑。

三、取得初步成效

（一）有效解决了贫困户创业融资难、担保难。截止2017年11月末，三家责任银行累计对82户建档立卡贫困户贷款518.6万元；对特色产业扶贫10197万元，龙头企业吸纳贫困户就业超过527人，人均年增收1500元，已有3554户、7636人实现脱贫。仅农商行就对南门行政村13个种植大户发放35万元小额贷款，带动177个村民发展大蒜、辣椒等蔬菜种植业，人平增收3500元，全村大蒜种植面积达3200亩，总产5000吨，产值5000万元，产品远销广东、湖南、湖北等地。对陈罗村一贫困户发放5000元种豇豆，年增收7000元，目前该贫困户已实现脱贫。

（二）扶贫工作站和示范村（点）建设成效凸显。在南门行政村举办了金融扶贫工作站建设启动仪式，因地制宜设立金融扶贫工作站，服务站配备了专人和必要办公设施，为贫困户提供金融扶贫政策宣传、贫困户信用等级评估、贷款申请、扶贫产业项目对接、贷后管理等系列服务，村组设立金融扶贫协管员。每个服务站由一家责任银行对接，制定脱贫工作责任人、时间表、项目对接库。至2017年11月末，全市建成14家金融扶贫服务站、10个金融扶贫示范村、8个扶贫再贷款示范点，工作进度超出计划，极大地方便了贫困农户办理贷款、取款、转账等业务，真正实现"取款不出村头、转账不出田头"，得到地方政府和广大贫困农户的高度认可。

（三）金融服务基础设施不断优化。至2017年11月末，全市银行网点90个，助农取款服务点620个，布设ATM机和其他自助服务终端2772台。各责任银行累计发放扶贫小额信贷153笔，金额625万元。

（四）农村信用环境不断改善。至11月末，已评定文明信用农户6554户，授信1.7亿元，已发放5636户，占已评定户数的86%，放贷金额1.2亿元。在文明信用农户示范带动下，全市农户不良贷款余额0.75亿元，比上年下降2905万元，占比下降1个百分点。

——支行定点扶贫工作回眸

2016年根据市政府扶贫工作安排，支行定点帮扶贫困村为瑞办莲锦行政村15户贫困户，当年12月支行定点帮扶分管领导及扶贫专职人员3人，带着食用油、大米等物品，走访慰问了15户贫困户，金额约2000元。2017年春节、端午节等国假前以同样形式多次走访慰问了贫困户，并按照扶贫工作要求做好入户调查、核实、访贫记录等工作，自觉履行驻村第一书记职责，支行全年共支出扶贫款项金额5万元。

2017年6月支行组织党员干部开展了慈缮（扶贫）一日捐活动，共捐1850元款，捐衣物160余件。

2017年8月支行组织人员深入贫困村宣讲金融扶贫政策，引导金融机构、责任银行用好用活人民银行发放的1亿元扶贫再贷款资金，对村里符合条件的贫困户、特色产业、专业合作社、种养大户加大贷款扶持力度，把金融扶贫政策落到实处，带动贫困户就业脱贫。

2017年11月支行在了解到挂点帮扶贫困村——省级贫困村新街镇源塘老肖村贫困户的生活困难和务工诉求后，将支行部分闲置办公用品，如办公桌、椅、电脑等折合资金约2万元送到贫困村，大大改善了贫困户及子女生活学习条件，帮助贫困户3次到市劳动就业中心了解用工需求情况，解决2户有劳动能力的贫困户就业。

基层金融精准扶贫存在的问题及对策建议

2017年以来，各地金融精准扶贫工作加速推进，金融部门找准产业扶贫着力点，陆续推出了具有地方特色的金融扶贫新产品，有力推动了地方优势产业发展和贫困户脱贫步伐。但据笔者调查发现，在金融扶贫工作推进中也出现在了一些新情况和新问题，值得有关部门引起重视。

问题之一：金融扶贫中强制供给现象凸显信贷风险新隐患。据宜春辖内某市调查显示，大多数贫困户地处偏僻，农业基础设施、卫生交通条件差、思想观念落后，文化程度低，往往缺乏有效信贷需求，而目前金融扶贫是一项首要政策性任务，各级行层层下达了信贷指标并列入年度考核，导致农村金融风险压力增大。据调查，2017年该市贫困人口中因病致贫的65.42%，因残致贫的13.2%；无劳动能力和部分缺乏劳动能力的贫困户占比92.76%。部分贫困户本身不需要或不符合贷款条件而被迫接受贷款，造成部分贫困户误认为不需要还贷而形成新的信贷风险。

问题之二：精准扶贫工作宣传效果差，影响扶贫政策落实。农村扶贫宣传主要存在宣传力度弱，声势低和效果差等问题，从调查情况看，虽然中央和地方政府出台了一系列扶贫攻坚政策以及产业扶贫实施办法，但政策传导还仅仅停留在文件上，停留在乡镇层面，村组、贫困户和贫困人员中大多不了解党和政府的主要扶贫政策，部分贫困户对地方产业扶贫政策中的奖补措施及党员干部结对精准帮扶举措持怀疑态度，个别贫困村由于资源少，资金、信息匮乏，发展底子薄，"等、靠、要"思想严重。

问题之三：贫困信息采集不完整，影响金融扶贫实施。扶贫工作是一项系统性工作，金融扶贫是要基于农村贫困信息共享平台。从调查情况来看，虽然建立了全国扶贫信息系统，按照因病、因灾、因残和缺钱、缺人、缺技术等致贫原因建立了蓝卡户、黄卡户和红卡户等三类贫困户信息，但是，目前农村还存在扶贫政策不明晰，群众、干部对贫困标准不统一、贫困结构和特点掌握不细等问题，这给开展金融扶贫工作带来了一定的困难。

问题之四：金融扶贫合力尚未形成，影响金融扶贫效果。调查的宜春某市有银行业金融机构12家，保险机构29家，然而，金融机构参与不均衡，截止2017年底扶贫开发贷款为6165万元，只占全部信贷比例的0.73%。仅局限在贫困助学贷款、棚户区改造、"油茶贷"等方面。在保险保障方面，只有人民财产保险公司开办了每户保额2万元的《综治平安保险》外，无更多的扶贫保险产品。

问题之五：贫困人口脱贫难度大，增加了金融扶贫困难。贫困户大都分布在边远山区、人口分散、资源少，人才、资金、信息匮乏，发展底子薄，"等、靠、要"思想严重。贫困户主要从事传统产业，如养牛、鸭、鹅、猪，种植蔬菜等。有些贫困户是五保户，无生产能力，只能享受最低生活保障，既缺信息技术，又缺发展资金，具备生产能力，并有产业发展意愿的贫困户很少，贫困户因灾、因病、因残致贫的较多。

对策与建议：

一是要营造良好的金融扶贫外部环境。金融扶贫是扶贫工作的重要组成部分，要加大对金融扶贫政策的宣传力度，确保金融扶贫政策落实到位，确保扶贫信贷政策传导到户。重点要宣传好金融扶贫与财政、民政、教育扶贫的区别，特别是对贫困户要讲清楚扶贫贷款是有偿资金，必须有借有还，不是民政救济也不是财政拨款，要提高贷款风险意识。

二是要进一步完善金融扶贫基础信息库。要及时更新全国扶贫系统信息库。在确定贫困原因、贫困状态和贫困级次等情况的基础上，实现农村贫困户和贫困村等基础信息共享，为金融机构依据贫困信息平台基础信息开展金融扶贫奠定基础。建议在全国扶贫系统信息中建立金融扶贫信息管理子平台，对金融扶贫、脱贫和减贫及其效果进行分析评价。

三是要形成金融扶贫工作合力。各金融机构要结合自身特点，发挥信贷、保险和服务等互补优势，量身定制金融扶贫产品。开办在产业扶贫、创业扶贫、"两权"抵押贷款扶贫和助学扶贫、农业保险扶贫等方面的金融扶贫信贷产品，创新服务模式，优化服务流程。要加强金融扶贫工作的组织领导，落实工作责任，加大金融扶贫工作的考核力度。

四是建立定向施策、一村一品的产业扶贫导向。要以产业扶贫为重点，选准选优脱贫项目，发优先贷、免抵押和低利率为前题，操作性要强，发展前景要大、促进增收要明显，便于贫困户参与。优先支持产业扶贫项目，与农民专业合作社为纽带和桥梁，建立帮扶机制，形成联动效益，便于合作社带动贫困户整体脱贫致富。

五是针对不同类别贫困户，采取差异化扶贫措施。针对无信贷需求的贫困户，要强化政策扶贫的"输血"功能，通过财政补贴等政策，保障其基本生活需求，另一方面提升其自主创业意识，加大创业培训，积极引导其投入创业大军。针对有信贷需求的贫困户，要突出金融扶贫的"造血"功能，引导金融机构加大信贷投放和金融产品创新，提高贫困户扶贫贷款获得率。

城镇保障房建设和金融支持情况调查

保障性住房建设不仅是关系百姓切身利益的民生工程，还肩着新形势下改善环境、促进发展等新使命。保障房建设中金融支持是一支不可或缺的推动力量，其核心在于打造合格的市场化融资主体，搭建既有稳定项目现金流、又能满足监管风险要求的融资平台。调查的某县级市金融部门在这方面进行了富有成效的探索，从中也发现金融支持保障性住房建设中存在的一些问题。

一、金融支持保障性住房建设基本情况

近年来，某县级市政府政府把加快推进各类棚改等保障性住房建设进程，作为"一号"民生工程来抓，形成"政府主导、部门联动、银企互动、各界参与"的工作机制和多种融资新模式，有力地推动了棚户区改造建设和发展。今年初，该市又抓住高安启动新型城镇化建设机遇，按照"定准入条件、定交房标准和时限、定建筑质量"三定要求，以"拆一还一、等值交换"为原则，拆迁补偿实行产权交换或按市场评估价进行货币补偿等方式，全面启动了新一轮城市和国有工矿、林区、垦区棚改工

程。截至2013年，该市累计改造棚户区4866套，投入资金10.2亿元，圆了3780多户人的住房梦。

二、金融支持保障性住房建设特点和主要做法

为彰显金融机构积极承担社会责任的良好社会形象，各金融机构将保障房建设纳入优先支持类行业，信贷资源优先保证符合授信条件的保障房项目，保障房贷款增幅超过全部贷款增幅的平均水平。其基本特点和主要做法是：

（一）金融机构参与度高。辖共有政策性银行、国有商业银行、股份制商业银行、城商行和农商行在内的多家金融机构为保障房项目提供了信贷支持。

（二）金融支持保障房项目全。各金融机构支持保障房种类实现了全覆盖，共支持了包括棚户区改造、经济适用住房、限价商品房、廉租住房、公共租赁住房、安置房等各类保障性住房项目。

（三）融资平台类贷款占比大。市城镇开发投资有限公司专门负责保障性住房建设项目的融资建设工作。银行依托此融资平台累计发放保障性住房贷款9.5亿元，已完成约10万平方米的棚户区改造任务，改善了约四千多户居民的居住条件。

（四）创新推出多种特色信贷融资模式。市工行推出"单一资金撮合"信托融资模式。针对保障房建设资金来源和资金使用期限不匹配的实情，金融机构积极探索与证券公司、信托公司联合推出债券融资、资产证券化等融资模式。该行与中航信托公司利用该信托融资模式，成功融资2.2亿元，期限两年，为棚户区安置房开发建设资金提供资金托管服务。该项目以地方城投公司国有资产为抵押，还款来源列入年度财政预算并通过市人大表决。

市建行推出"第三方连带责任担保十捆绑抵押十按揭贷款"模式。该行与市房管局及下属住宅建设公司（经济适用房建设单位），签定合作协议，为其量身定做信贷产品，以住宅建设公司房屋、店面、汽车等资产作捆绑抵押，建行向其发放经济适用房开发贷款900万元，房管局承担连带责任，在经济适用房进入销售期时，以每户4万元的标准，建行再向摇中号的客户发放个人住房按揭贷款680万元。

试点保障性住房及其基础设施建设PPP模式。即政府部门通过招投标方式与中标单位组成的特殊目的公司签订合同，由该公司在合同期内负责项目筹资、建设、运

营，政府则与提供贷款的金融机构达成直接协议，政府负责监督整个保障房项目的建设。目前该市政府已与一家中标企业正式签约，进行保障房项目的基础设施建设，与两家银行签定了意向协议。

三、存在的主要问题

（一）缺乏抵押担保物。一方面，保障性住房建设用地一般为政府划拨，未通过公开的招拍挂程序，因此项目用地无市场交易价格；另一方面项目用地为政府划拨，政府拥有土地产权，而建设项目的运作主体是房地产开发企业，企业贷款时无法办理土地抵押；同时，项目建设启动至建成会产生在建工程和房产，但由于土地及地上建筑不可分离，在建工程和房产的抵押是否有效也存在疑问。此外，项目承贷主体大多是中低收入、住房困难家庭，普遍存在信贷资质差、还款能力偏低、缺乏有效的抵押和担保等问题，影响了个人住房按揭贷款的发放。

（二）资产处置和保全困难。一方面，保障性住房行政干预较强，如出现贷款难以清偿的情况，由于银行处于弱势地位，催收较为困难。同时，保障性住房的土地划拨性质致使其产权不明晰，还牵涉项目失败后的资产处置问题。另一方面，房产多建于位置偏远区域，房产价值低，社会配套设施不全，变现较为困难且成本较高。

（三）风险控制和补偿机制缺失。对于政府背景的保障房建设机构，由于其还款来源的不确定性，监管部门又多，对资金封闭管理是否能够较好落实难以把握；采取招投标方式的保障房建设，一般招标时项目的整体投资额或回购价格已经确定，因此，原材料大幅上涨容易导致项目投资成本上升的风险。由于保障性住房建设项目自身存在的这些风险和不确定性，同时又缺乏相应的担保和保险政策，银行介入比较谨慎。

四、政策建议

（一）采取有效措施维护金融机构债权。政府部门要出台相关的政策，使保障房在二级市场上能流转顺利，以维护银行权益；为了确保贷款支持保障房项目销售及回购资金封闭管理，可以采取地方政府、借款人和金融机构签订三方监管协议或补充协议的办法，要求地方政府明确回购资金划入金融机构的收入监管账户；保障性住房的租售收入不足以还本付息时，由财政安排其他资金偿还；当购房者无法继续支付按揭贷款时，启动回购程序，最大限度地减少还款的不确定性。

（二）建立激励机制，采取切实措施解决担保和风险补偿机制缺失问题。政府部门应出台优惠政策鼓励银行业金融机构积极参与保障性住房项目融资，包括明确保障性住房建设项目财政担保的有效性和合法性；鼓励为保障性住房项目融资提供贷款担保或保险，降低信贷风险；对参与保障性住房项目给予财政贴息、税收优惠、建立风险补偿金制度；政府部门可选择恰当的保证措施，采取补助、注入资本金或者贴息等方式进行增信，以提高其融资能力；组建或指定专门保障性住房按揭贷款担保机构为保障房个贷按揭户提供按揭贷款担保，一方面可以提高其贷款可获得性，另一方面减少金融机构的授信风险。

（三）进一步拓宽融资渠道。加快保障房信托投资基金试点工作，聚集社会闲散资金；放宽养老基金和保险资金投资限制，鼓励其在防范风险的前提下适度参与，为保障性安居工程建设提供长期稳定的资金来源；鼓励政策性金融机构，利用其积累的政策性业务运作经验，探索保障房建设政策性融资模式。拓宽质押担保方式。创新采用在建工程抵押、应收账款质押和第三方连带责任担保等组合型担保方式，推广以拆迁腾空土地出让收入返还为主要还款来源的土地收益权质押贷、用地许可证质押、住房预售许可证质押等质押担保方式。

金融支持中心城区建设的障碍束缚与解决途径

目前，某地级市以中心城区建设为重点的城市扩张战全面展开，这是一场提升城市综合竞争实力、带动区域经济升级提质的关键之战，显然，金融在这场战役中的作用和地位不可替代。本文以金融策应中心城区建设为视角，分析了中心城区建设对金融的战略要求，从融资渠道、金融创新、政策制约等方面考察了金融在支持中心城区建设中面临的困难和障碍，从中提出金融支持的战略取向及相关建议。

一、战略要求：既是带动全市经济升级提质、加速产业融合的战略要求，也是银行业自身发展的内在要求。

建设中心城区，是顺应经济发展、加速城市化进程的客观要求。中心城区建设将主导产业定位于现代服务业，对于撬动城市经济突破发展，带动全市经济升级提速，把该市打造成特色鲜明、功能完善、环境优美的江南生态休闲城具有十分重要的战略意义。要实现这一功能定位和目标要求，金融业必须建立强力支撑体系，进一步优化金融资源配置，提高金融服务水平。

建设中心城区，也是加速推进金融业发展的必然要求。金融业的发展有赖于功能完备、产业发达的城市发展背景，中心城区建设除了信贷需求外，还需要金融机构提供多层次的结算、咨询、理财、网络电子化等服务，需要利用资本市场广泛开展直接融资，需要各种保险工具规避市场风险，这些都为金融服务的改善、金融产品创新拓展了空间，金融部门只有主动融入到中心城区建设中去，才能更好地促进金融业的快速健康和可持续发展。

二、障碍束缚：融资渠道单一、金融资源配欠缺以及受制于宏观政策，制约了中心城区建设的金融支持。

（一）中心城区建设融资渠道单一，资金缺口大，内源融资能力有限，外源融资能力弱小。目前中心城区建设的筹资渠道主要有三种，即变现土地资源、盘活现有固定资产和外源性融资。据调查，近两年新区要完成16项重点工程，总投资额13.45亿元，其中房地产项目6.2亿元，路桥工程5.84亿元，水利工程0.55亿元，景观工程0.86亿元。资金来源上，目前除市府大院、教育培训中心拍卖所得1.28亿元外，盘活归集单位的固定资产进展缓慢，变现能力有限。建设资金的筹集主要依赖金融、信托、社会团体等外源性融资，目前也只筹集到2.7亿元，资金缺口达9.47亿元，其中63%近6亿元需要银行贷款。

（二）中心城区建设的金融资源匹配尚存欠缺。目前中心城区金融资源优化配置的主动权不足，导致传统金融在支持中心城区建设中趋于边缘化。表现为：金融网点布局不全，金融组织机构体系很不完善；金融市场结构不健全，运行效力低；金融创新活力不足，服务质量品位不高；金融机构整体联动与横向协作动力不足，缺乏金融协作的平台；诚信意识还未能深入人心，良好的金融生态环境没有真正形成。这些欠缺不仅与中心城区建设很不对称，也影响了金融资源的有效配置，制约了融资担保、资信评估等相关行业的发展。

（三）受客观条件与宏观政策制约，中心城区聚集效应不佳。目前，中心城区人口约为30万，较毗邻的萍乡、新余分别少16万、11万，与上述两城市相比，中心城区区位优势不明显，土地使用效率低下，城市资源较为分散，人口和生产要素聚集难度大。同时，现阶段的宏观调控政策客观上要求收紧土地"闸门"、压缩固定资产投资规模，增加了中心城区建设难度。加之，中心城区承贷主体经济实力偏弱，现有资产远不能满足所需贷款的抵押条件，导致建设项目与银行信贷难以有效对接，抵押担保瓶颈难以突破。

三、路径选择：以增强中心城区集聚力、辐射力为重点，以整合资源实现优势互补为出发点，以科学贯彻落实从紧货币政策为落脚点，进一步加强金融协作和金融创新，逐步形成以政府投入为先导，金融、社会投入为主体的多元化、开放型的投资格局，全力打好中心城区扩张战。

（一）做强一个承贷主体，为信贷投放提供有效的承接平台。一个信用等级高、经济实力强、运作规范的承贷主体是中心城区获得信贷支持的前提，为此，建议政府充分发挥城投公司的品牌效应，向其划拨部分国有资产，如待处置的政府部门资产、待建设的土地资源等，并明确对以上资产的处置权。此外，还应协助城投公司将已征收的土地尽快办理土地证，以扩大有效抵押资产规模。同时，建议以城投公司为主体，在不改变其国有控股性质的前提下，向社会增资扩股，条件成熟后，可以推荐其上市融资，迅速增强担保实力，提高信用评估等级，吸引更多信贷资金的投入，促进城投公司超常规发展。

要尽快增加担保机构注册资本，在现有条件下，可将各县市、区政府出资组建的担保中心进行合并，组建为一家独立的担保机构，该机构对全市范围内的担保业务进行统一管理，各县市、区政府在担保基金可担保限额内向各自指定的企业进行贷款担保。这样，既可以使担保机构注册资本符合大项目建设的信贷担保要求，又可以充分发挥担保基金倍增效应。对于中心城区建设项目的担保，建议政府将部分城市建设附加费、维修基金划拨进入新组建的全市信用担保中心充实担保基金，担保中心则为中心城区建设项目提供限额内的贷款担保。同时，担保中心要不断尝试开办适合新城区建设需求的新型担保业务。如可尝试推广资产回购担保新方式：由担保机构为企业的抵押贷款提供回购担保，当贷款出现风险时，担保机构以约定出资额回购抵押资产用以偿还贷款，较好地解决金融机构处置抵押物难度大的问题，提升金融机构增加信贷投入的积极性。

（二）拓宽两种融资渠道，通过多种融资品种的优势互补，形成中心城区多轮驱动的整体融资效应。

拓宽间接融资渠道。在现行宏观调控背景下，固定资产投资的信贷支持受到明显限制，为此，金融部门要充分理解和科学把握从紧货币政策内涵与实质，坚持"紧中求进、紧中求好、紧中求新"，把握好支持城市发展与压缩固定资产信贷之间的"度"，结合当地实际不断创新信贷产品，在不违反相关宏观调控政策的前提下，加大对中心城区的信贷支持力度。一是在支持中心城区做旺财气、做活商气、聚旺人气方面，要加强对廉租房、经济适用房及500亩公务员小区建设、15万平方米安置小区建设的信贷支持，尝试开办廉租房、经济适用房项目贷款。二是创新住房信贷手段，加大住房按揭贷款力度。建议政府提高中心城区住房公积金贷款的限额，引导住房公积金中心加强与金融机构合作，对贷款需求量较大的个人客户可以办理公积金和商业性的组合贷款。同时，在政府承诺回购经济适用房的条件下，金融部门要尽快开办此类按揭贷款新品种。三是对于符合条件的城市建设项目贷款，如果金融机构信贷规模不足，可以借鉴建设银行"利得盈"理财产品营销方式，创新项目融资手段，即金融机构对客户销售具有一定期限的理财产品，再将所得的资金投入指定的项目，同时要求政府为该项目提供还款保证，一旦理财产品到期而银行未能及时回收项目资金，金融机构则通过发放贷款向客户支付理财产品（景德镇机场、江西高速集团就曾通过此种方式成功融资）。四是通过信托业务支持城市建设项目，即金融机构通过吸纳企业或个人的以委托形式的投资资金，将资金投入到相关建设项目。五是尝试通过孵化器融资体系，建立创业投资基金。以政府、企业发展基金作为启动资本，充分利用新区在基础设施、金融资本、人才、技术等方面的优势，引导民间资金参与，建立创业投资基金。通过投资基金的滚动发展向中心城区建设项目提供资金支持，为信贷资金的后续跟进夯实基础。

拓宽直接融资渠道。此轮宏观调控中，对信贷规模的控制是最为严格的，而资本市场相关管制政策则宽松不少，这为中心城区建设直接融资提供了有力的政策保障，而目前辖内直接融资水平过低现状也迫切要求我们加速推进直接融资的发展。

一是要积极推广BOT（建设—经营—转让）、BT（建设—移交）、资产回购等融资方式，以吸引更多的社会资本和民间资本参与新城区建设。对于政府性的投资，如宜阳大厦、文化中心、会展中心可以采取BT融资方式，即先由施工单位建设，然后再由政府回购。对于能取得稳定商业利润的项目，如：供水管道改造、煤气管道建设则可采取BOT融资方式，由建设单位投资建设、经营、获益，合同期满后项目转让给政府。二是要充分利用当前资本市场大幅波动的时机，依托资本市场开展信托、债券融资，大力推动城市建设与民生工程信托债券的发行。三是要引导符合条件的骨干企业通过全国间债券市场发行短期融资券，通过设立专门的企业上市辅导机构，聘请专业中介机构等方式，尽快推动中心城区高新技术企业上市融资。

（三）着力打造"三大金融中心"，推动中心城区金融市场一体化的形成。

金融作为经济的核心，对于经济产业特别是现代服务业具有较强的拉动作用。浦东新区、天津滨海新区建设经验也表明，设立金融中心对于提升城市品位、加速城市建设进程具有明显推进效果。鉴于某地级市尚没有全国性的股份制商业银行和外资银行分支机构，因此，要积极创造条件，加大金融机构引进力度。可以在新区行政区域规划建设"金融中心"，利用新区土地资源、区位优势，为金融机构"入住"提供土地、税收、配套设施等方面的优惠条件。尽快组建信用合作银行，争取外埠金融机构早日在新区设立分支机构。对于原有金融机构，鼓励其将二级分行级机构搬迁至新区，条件暂不成熟的可以在新区设立支行级的办事机构。在抓好"硬件"的同时，要加强"软件"建设，通过整合现有金融资源，优化金融资源配置，强化协作、推进创新，将宜阳新区打造成"三大金融中心"集聚地。

——打造金融生态建设示范中心。目前，国有商业银行总行对其分支机构实行分级授信，金融机构的经营等级直接与其信贷限额、项目审批权限等方面挂钩。如市工行经总行批准后，对小企业信贷管理类别由四类行提升为三类行，可直接办理小企业贷款的最高权限就增加至1000万元。显然，要提高金融机构经营等级，就离不开优良的金融生态环境。要依托国家生态城市优势，建立金融生态环境监测考评制度，以诚信政府为表率，加强司法环境建设，加大诉讼案的执行力度，严格规范中介机构行为，加强横向联合，营造守信获益，失信制裁的氛围。使中心城区成为优良金融生态环境的展示区、示范区，为金融产业化提供良好的发展平台。要积极支持与鼓励银行向上级行争取提高自主贷款权限，政府对获得贷款权限提升的银行给予一定的奖励。

——打造金融产品创新中心。创新是金融业发展的动力之源，金融机构要顺应宏观形势和中心城区建设的新要求，在中心城区建立金融产品的研发中心，不断开发新产品、新业务，尤其是加大对中间业务产品的开发。充分利用小额支付系统，推广运用个人结算账户，全方位满足中心城区建设的金融服务需要。可在中心城区推广"个人委托贷款"以激活民间资本参与新城区建设。对具有一定信用等级的企业也可提供担保、保函、贸易融资等业务。加大信用卡、银行卡等金融电子化技术的推广应用，大力创新资金结算、基金托管、代理证券买卖、财务顾问、理财服务等业务，不断推出与贷款、投融资相配套的综合服务新产品。

——打造企业项目与银行信贷对接中心，建立金融支持中心城区整体联动与协调配合的长效机制。发挥金融办的协调推动优势，从资金、贴息、税收等方面建立金融支持中心城区发展进行正向激励制度，搭建常规性政银企协调沟通平台。企业是中心城区发展的重要支撑，要密切关注引领本行业、本领域发展的前沿性、竞争性产品和市场需求，精心策划、找准一批既利于中心城区发展、又利于企业长足进步的好项目。政府相关部门要及时搜集辖区新上项目的信贷资金需求等信息供金融机构筛选，金融机构要认真分析企业项目的成长性和上级行授信的可能性，指出项目存在的欠缺及改进意见，对资金需求量大的项目，尝试开展银团贷款，组织协调几家银行联合放贷，分散风险。同时，要创新服务手段，把货币信贷政策及申贷条件等信息向政府部门、企业发布，进一步增进理解，实现优势互补和资源共享，从而形成政、银、企三方合力。

农田水利设施建设中的反差现象应予关注

水利是农业的命脉。近年来，国家持续加大农田水利建设投入，各地农田水利设施得到很大改善。但据某县级市调查显示，当前农田水利设施建设存在四大反差现象，严重影响了农村经济的可持续发展和农村社会的稳定，值得关注。

一、基本情况

该市作为赣抚平原粮食主产区，是我国第一批商品粮基地县市之一，多次荣获全国粮食生产先进县市。该市现有大型水库1座，中型水库7座，小（一）型水库48座，小（二）型水库264座，其中病险水库占73.43%。有山塘1006口，万亩以上引水工程340座，有效灌溉面积74.17万亩，占耕地总面积66.4%。全市干旱年农业缺水达1.1亿m3，直接威胁人畜饮水。工程性缺水和资源性缺水问题并存，特别是2010年入夏以来的持续干旱天气使该市减产的晚稻面积达到10.8万亩，绝收面积4.6万亩，棉花减产1.6万亩，花生等经济作物减产2.8万亩，造成农业直接经济损失达1.8亿元。今年出现的暴雨洪灾，全市受灾人口达7.7万人，因洪灾转移群众330人次，全市农田受灾面积9.86万亩，倒塌房屋39幢，6个村庄被洪水围困。暴雨洪灾造成全市直接经济损失4800多万元。农田水利设施建设再次引起各级党政的高度重视。

二、农田水利设施建设存在四大反差现象

反差之一：大型农田水利设施投入大，而小农水设施投入却严重短缺。

据调查，该市批复核定的水利建设项目总投资6.2亿元，其中用于小农水的投入不足5000万元，仅占8%。目前大中型水库的除险加固建设基本完成，而188座小二型以上病险水库的除险加固有近3亿元的资金缺口。这些水库还存在坝体坝基渗漏、滑坡，渠道堵塞严重，水库上下游无护坡、涵管断裂漏水、溢洪道不达设计要求等，许多支渠、斗渠等末级渠系年久失修，带病运行，严重影响抗旱能力，也降低了骨干工程的综合效益。

反差之二：农田水利建设新增项目中央财政资金到位率高，而地方配套资金到位率低。

按照现行规定，中央投资项目地方要按照1:1的投资比例安排配套资金。调查显示，2008年以来，该市农田水利建设新增项目中央财政安排资金6478万元，而地方财政配套资金不足10%。调查的曾家桥水库工程项目，中央财政投入资金2278万元，地方配套资金115万元，只到位5%，上游水库除险加固项目中央投资2500万元，地方配套资金80万元，只到位3.2%，筠安堤加固工程、锦北灌区节水改造工程因没有安排地方配套资金，使项目存在1570万元的资金缺口，致使部分工程项目停建或缓建，

达不到设计要求。地方配套资金到位率低的主要原因是地方财力不足。

反差之三：农田水利设施重建设、轻管理，重使用、轻维护。

一是农村实行家庭联产承包责任制后，农村集体组织退出了农田水利工程建设管理的主体地位，而单个农户又无力承载主体之位，农田水利工程实际处于"主体缺位"的状况。二是农村青壮年大都外出打工，留守的都是老人和妇女，这些人只会用水，不会管水，过去农民每年义务冬修水利工程浩浩荡荡的场面已不复存在。三是农田水利是一项系统工程，涉及10多个部门，由于政出多门，难以形成合力，导致项目规划及布局缺乏统一考虑，建设投资标准也不一致。四是小农水产权制度和管理体制改革不到位，责、权、利不对等，职工抱怨多，甚至引发多起农水系统群体性上访事件。五是因水引发的纠纷案件增多。据五个乡镇法庭反映，近年来共办理辖区水纠纷民事案件多达38起，且案发呈上升趋势。村前镇某自然村就发生过一起因水纠纷引发村民黄某故意杀人命案。

反差之四：农田水利建设资金需求量大，但承贷主体缺失。

调查显示，尽管中央对某县级市水利建设投资持续增加，但该市农田水利建设资金缺口仍达4亿多元。目前该市金融机构贷款占存款的比重只有45.9%。银行可用资金比较宽松，但由于农业基础设施建设承贷主体的缺乏，加上这类贷款投资大、风险高、周期长、效益低等特点，金融机构往往不愿意也不敢发放这类贷款。一是农田水利设施的所有权为各级地方政府和村组集体所有，管理机构为水利局和水利站，都属行政管理机关，不符合贷款对象。二是农村实行税费改革后，取消了"三提五统"，村组集体没有了资金收入来源，也就没有还贷资金来源。三是金融风险分散机制没有真正形成。贷款保全的风险补偿政策缺乏，政策性保险缺位，政府没有出台相应优惠和激励政策，影响了商业银行的贷款积极性。

三、对策建议

（一）拓宽融资渠道，发展民营水利，增强小农水设施建设的资金实力。加大对病险小水库建设资金投入力度，按照"谁投资，谁受益，谁管护"原则，深化小农水产权改革，组建农民用水协会等合作组织，鼓励农民自筹资金，政府按项目所需资金的一定比例设立奖励基金，奖励自筹资金的农民。逐步形成"产权受益户共有，用水户参与管理"和"以林养渠"、"以库养会、专兼职管护"等有效模式，使小农水事能议成，活能干成，彻底消除病险小水库安全隐患。

（二）创新融资模式，提高建设项目的地方配套资金到位率。政府每年要列出预算，保证一定比例的财政支出用于农田水利设施建设。可采用发行短期融资券、中期债券等直接融资方式筹集资金，也可设立农田水利建设投资基金，对所投资项目建成后通过股权转让实现资本增值。增加财政对小型农田水利建设的专项补助资金规模，从土地有偿使用费、国有土地出让金、农业综合开发资金等渠道提高地方农田水利建设项目配套资金到位率。

（三）积极推进和完善农田水利管理体制建设，解决农田水利设施"重建轻管"的问题。一是成立农田水利资源管理公司，对水资源及水利设施实行统一规划、管理，调配，建立权威、高效的水务一体化管理机制；二是要重建新形势下的农民义务性水利冬修长效制度，农户每年要出工一定的劳动日对村组集体的农田水利设施进行义务维修；三要加大对农田水利建设项目的审计监督力度，依法打击各类腐败行为，确保农田水利建设专款专用。

（四）培殖承贷主体，创新信贷模式。采用"政府立项、市场运作、企业承贷、财政补贴"信贷模式。一是鼓励地方政府设立农田水利基础设施投资公司等助贷平台。二是创新信贷模式，鼓励金融机构对经营性农田水利项目以未来的收益或收费等作担保，发放项目收益权或收费权抵押贷款。三是创设农田水利建设贷款担保基金和贷款风险补偿基金，以撬动信贷支持。四是引入政策性保险机构，以有效分散贷款风险。

2.引导推动与典型案例

发展普惠金融是功在当代、利在千秋的事业。我国普惠金融整体发展趋势向好，公众享有金融服务的广度和深度迅速提升，农村金融服务覆盖面持续扩大，重点领域金融服务供给持续增加，金融精准脱贫攻坚力度加大。但发展中仍存在一些问题。诸如：对普惠金融仍存在一些认识误区，金融机构与普惠金融服务主体信息不对称，银行服务成本高、金融产品和服务方式创新仍需加强，商业可持续仍需进一步探索，服务水平有待提高等。因此，普惠金融首先要更新理念，其实质是每个社会公民平等获取金融资源、融资渠道等的公平性。其次普惠金融还是一种为满足各阶层金融服务需求，进行制度、产品、科技等方面的创新，要实现增量、扩面、降本、控险平衡发展。再次普惠金融更是一种责任，要为传统金融服务不到的低端客户、边远山区，低收入者、贫困人口、小微企业等提供金融服务。因此，必须整合各方资源，进一步增加普惠金融工作合力，充分利用数字技术推动普惠金融，利用互联网技术创新普惠金融服务方式，推出具有地方特色的普惠金融产品。进一步拓宽央行征信系统的应用功能，以最大程度地减少金融机构和客户之间的信息不对称，努力改善普惠金融生态环境，以"普惠信用"奠定普惠金融的基础。强化政策引导和支持，将普惠金融政策与产业发展乡村振兴相结合，建立普惠金融正向激励机制。设定个人信贷、小微信贷、民生信贷、涉农信贷、扶贫信贷等普惠金融产品供给及创新情况等考核指标，金融服务网点覆盖情况、支付结算、开户服务情况，农户、贫困户、小微企业等群体申贷获得率、不良贷款率、金融基础设施建设等金融生态考核指标。探索多层次、广覆盖、差异化可持续、可复制可推广的普惠金融发展之路。本章节结合本人多年引导推动普惠金融工作实践，使理论研究，再回到实践中去检验，为从业人员提供更多实践参考和典型案例，为探索中国特色的普惠金融提供区域性可借鉴发展模式，从而更好地服务、指导工作。

推动小微企业发展金融普惠

高安设立企业续贷帮扶资金取得实效

随着经济下行压力的增大，企业生产经营中资金紧缺问题日益显现，特别是少数企业巨大的过桥资金成本成为压垮企业的最后一根稻草。鉴于此，人民银行某县级市支行在充分调研论证基础上，推出了"信用示范企业续贷帮扶资金管理办法"，引起市委、市政府主要领导的高度重视，并得到政府财政部门的全力支持。市政府下发高府办发[2014]49号文在全市执行。此举旨在帮助部分有市场、有潜力、临时资金周转困难的企业，解决其融资续贷过程中"融资难，过桥贵"问题，从真正意义上减轻企业融资成本、打压民间高利贷行为。

其中运作过程是：以救短、救急、救频、微利为宗旨，政府出资6000万元设立续贷帮扶周转金，扶持对象主要是本市基本面好、符合国家产业政策和信贷政策、在融资续贷出现临时困难、急需资金的企业，其中明确税收大户、规模以上企业优先考虑。市政府成立"某县级市信用示范企业续贷帮扶资金管理领导小组"，领导小组下设"企业续贷帮扶资金管理中心"由市民营企业局负责运作、具体承办，市人民银行、市财政局负责监督管理。

资金成本：续贷帮扶资金实行有偿使用，借款人按借款时间长短支付相应的资金占用费，7天以内按月息2‰收取，7—15天按3‰收取，一个月以内按5‰收取，最高不得超过央行规定的半年期贷款基准利率，最高限额为1000万元。申报条件还明确，续贷企业必须是有到期贷款方可申报，待条件成熟后可扩大到银行承兑汇票等表外业务。

风险防控：续贷帮扶资金按照"设立专户，专款专用、总额控制、封闭管理"原则由续贷中心统一管理和使用，确保财政资金零风险。续贷银行承诺可续贷后负责办理续贷手续，并监督借款人及时支付资金占用费，归还借用的周转金。承贷银行如不能有效履行承贷义务，致使借出的周转金不能按时收回的，将采取取消财政性资金存款业务等措施进行清收。借款人逾期不归还周转金的，视同挪用财政资金，将按日加收罚息并依法追究法律责任。

成效初显：目前有28户企业向续贷中心申请续贷帮扶资金，至2015年，已为46家企业提供续贷资金4.54亿元，直接降低企业资金成本2260万元。据预测，续贷帮扶资金每年至少为企业节约融资成本两千万元，大大缓解了辖内企业融资难、过桥贵问题。企业因短期资金困难引发的信贷违约率显著下降，商业银行不良贷款上升势头有所缓解。续贷帮扶资金的政府主导和震慑作用，致使辖内民间非法集资、高利贷、部分乡镇农村资金互助组织非法吸储放贷等现象得到有效遏制，法院民间借贷诉讼案例明显减少。陶瓷产业基地因资金困境而停产的企业生产线，已基本恢复生产，并出现产销两旺的好势头，陶瓷行业产销率恢复到95%，税收贡献同比增长25%。

省政府主要领导到该市调研，高度赞扬并肯定了这一做法，指示要将这一做法在全省推广。人行南昌中支主要领导也作出肯定性签批，某地级市政府办公室《政务信息》以《某县级市以创新求发展破题中小企业融资难》为题专门推介了这一做法。目前省内及周边8个县市纷纷到该市考察学习这一融资创新成功做法。

产业升级路上的金融动力

陪同记者从江西省南昌市出发，约一个多小时车程便到了某地级市下辖的某县级市陶瓷产业园区。尽管空气中依然弥漫着些许硫磺味，但与过去那种烟囱林立、雾霾蔽日的景象相比，还是能感受到这里发生的变化。

当来到爱和陶乐华陶瓷有限公司时，这种变化得到了印证。在这家以陶瓷废渣料为原料的的工厂里，闻不到一丝异味，高科技专利透水砖生产车间，"私人订制"的产销模式等显示着现代化陶瓷产业的环保要素。然而在与爱和陶生产同类产品一墙之隔的公司，几个大烟囱正冒着浓浓白烟，形成了鲜明的反差。

事实上，传统与现代、保守与创新、升级动力与现实压力的相互交织，成为该市建筑陶瓷产业现状的真实写照。如何在环保趋势下转型升级？如何在创新驱动中抢占市场先机？这是该市传统建陶业迫切需要解决的问题。

"釉面砖王国"的二次征程

对于曾经的"釉面砖王国"的该市，过去的起落已经成为历史。"养在深闺无人识"的尴尬，迫使该市期待再创辉煌。

该市陶瓷产业起源于宋代，新中国成立后，建筑陶瓷产业迅速崛起。上世纪80年代，当地更是出现了"乡乡镇镇办瓷厂、家家户户做瓷工"的生动场面，其中釉面砖年产能占全国八分之一，被业界誉为"釉面砖王国"。然而，上世纪90年代中期，釉面砖由盛转衰，过剩的产能和大量银行不良债务，让这个"王国"跌落谷底。

转机出现在2007年，随着大量东南沿海陶瓷产业梯度转移，该市在八景镇建成首个国家级建陶产业基地，全市建陶产业呈现出几何增长的态势。据统计，目前某县级市已建成生产线189条，其中逾七成建成于2007年某县级市建筑陶瓷产业基地开始筹建之后。但几乎与产能飞速增长同步的是，产能过剩及产品同质化引发的价格战愈演愈烈，品牌与渠道建设不足的渐行渐远以及环境问题的不断凸显，这些传统产业发展的烦恼摆在当地政府部门和建陶企业面前。

"如果简单地把传统产业淘汰或转移，另起炉灶，必定损失巨大、得不偿失。既要"碧水蓝天"又要"转型提升"，就要为传统产业走出一条可持续的破冰之路。"该市委书记在接受记者采访时坦言，"也许现在高安做的还不够好，但转型升级的理念已经根植于这片土壤中。"近两年来，该市通过实施"环保优先、品牌引领、转型升级、科学发展"的发展理念，不仅在全国率先淘汰链排炉，完成所有陶瓷生产线窑炉尾气脱硫除尘设施升级改造，引进绿色高科技企业，实现陶瓷废料循环利用；还从无到有，创建了12个"中国驰名商标"，实现品牌价值近40亿元。国家级陶瓷检验中心、新产品研发中心、口岸作业区、统一配套的物流专线以及正在建设中的集中供电供气项目，都在为当地传统建陶产业转型升级添砖加瓦。

"建陶+金融"携手前行

摆在建陶产业面前的挑战与机遇，同样也是该市金融业面临的"新常态"。"建陶+金融"携手前行、同舟共济成为某县级市传统产业转型升级发展的现实选择。

为了向当地传统建陶行业转型升级提供资金保障，人行某县级市支行配合当地政府出台了《金融支持陶瓷产业兼并重组转型升级指导意见》，推动货币政策与产业政策精准对接，引导商业银行实施有保有压差别化信贷政策，在加大对新型科技环保建陶企业支持力度、帮助暂时经营困难的企业实现扭亏为盈的的同时，逐步压缩清理长期亏损、失去清偿能力的"僵尸企业"。据统计，截至2016年10月，该市建陶产业贷款余额35.8亿元，占全市各项贷款余额的15%，较年初净增2.4亿元。

在帮助企业降低成本并提升发展动能方面，人行某县级市支行促成某县级市财政设立1亿元的续贷帮扶资金池，解决了企业在续贷过桥过程中融资难、过桥资金贵问题。截至目前，续贷中心累计为164家建陶企业解决续贷过桥资金16.8亿元，为企业节约融资成本4360万元。在该市支行引导下，各商业银行主动下调贷款基准利率、降低贷款利率增幅、降低企业贴现利率、取消不合理收费、降低服务性收费标准、简化申贷审批流程。仅今年上半年，金融部门就为企业减少财务成本2860万元。

随着传统金融需求的逐渐减少，创新现代金融产品正加速崛起。如工行、中行等机构先后推出"商标质押"、"专利权质押"、"环评合格证质押"等信贷产品及租赁、信托、供应链融资等融资方式，为企业融资3.65亿元。绿色信贷"贷动"下的科技创新，催生出品牌创建的溢出效应。目前，该市驰名商标总数列江西省市（区）第一，创建国家新技术企业18家，并被评为"新型工业化产业集群示范区"。

并购潮下的金融改变

环保改进，技术创新、品牌建设都是产业升级的重要方式。但是在该市，记者感受到兼并重组或将成为未来产业转型升级最现实的发展趋势。

2015年，新高峰陶瓷因经营管理不善、负债过重被迫停产。在当地政府努力下，决定由当地经营稳定稳健、资金实力雄厚的瑞源陶瓷进行兼并重组。然而在先期9000万元资金投入后，新高峰陶瓷暴露出1.8亿元隐藏民间债务，重组进程受阻，连同1.4亿元银行贷款，眼看就要搁置悬空。"一旦重组失败，这1.4亿元贷款形成不良，失信示范效应势必蔓延到整个行业，给高安建陶带来毁灭性打击。"人行某县级市支行意识到问题的严重性，紧急向政府报告，并立即启动应急预案。通过成立资产重组领导小组，在"债权人会商与牵头行主办"制度框架下，签订"债权人一致协议"，有针对性地制定细化风险处置方案，并对重组后的新高峰陶瓷增加授信，重组贷款，尽可能降低瑞源陶瓷债务负担和杠杆率。同时，该市政府也划拨了100亩工业用地作为补偿。最终，兼并重组顺利完成，银行贷款得以保全。经过一年的经营，企业逐渐走入正轨，恢复生产并新增4条生产线。

尽管诸多制约性因素仍在，新高峰陶瓷兼并重组的成功越来越被金融机构所重视。面对即将到来的并购潮，在转型升级中金融如何更好地支持企业也日益成为当地研究和热议的话题。

在谈及新高峰陶瓷整个兼并重组过程中，该市金融系统无一例抽贷断贷情况，在重组成功后银行还积极增加对企业授信。金融与实体经济是共生共赢的关系，金融必须在产业发展中有所作为，主动作为。金融部门的主动意愿和实际行动是企业转型升级的发展动力。如果没有当地政府和银行在其中的协调和付出，新高峰陶瓷1.8亿元隐藏民间债务就能直接否定掉兼并重组的可能。建议由政府、银行、企业三方共同来打造公开透明企业信息平台，从而保证兼并重组企业信息真实可信，真正实现产业发展。

（本文发表于《金融时报》2016年12月6日）

财税库银四联动　精准服务添活力

近年来，为贯彻落实人总行等五部门联合印发《关于进一步深化小微企业金融服务的意见》，人民银行某县级市支行把精准服务小微企业作为支持实体经济的重要抓手，强化财税库银的合作联动，推出针对小微企业需求特点的差异化、特色化金融产品和服务方式，为小微企业发展增添了新的动能和活力。

一、主要做法

（一）银税联动，打造"差异化"信贷产品

该市支行联合税务部门出台了《促进企业以纳税信用转化为银行信用的指导意见》，引导商业银行将银行信用等级与小微企业纳税等级有机结合，以企业年均纳税规模和信用等级确定贷款放大倍数，从而将纳税信用转化为融资资本，打造银税联动融资模式。促成银行与税务联合开展了优化小微金融服务，推动改善营商环境专项行动，引导金融机构找准服务对象，创新推出针对小微企业差异化需求的信贷产品。该支行通过大量调查走访得知，小微企业迫切希望银行推出具有免抵押担保、利率低、手续简、放款快等特点的信贷产品，该行组织辖内12家金融机构，对500万元以下信贷产品进行筛选推介，最终确定建行的"云税贷"符合小微企业意愿，具有推广价值。这款产品是基于小微企业涉税信息，运用大数据技术进行分析评价，针对缴纳增值税、所得税两年的优质小微企业发放、最高额度200万元的全线上自助信用贷款。该产品推出前，支行积极牵线搭桥，帮助建行与税务部门建立协调沟通机制，取得税务部门积极支持，搭建起双方信息共享、数据互通连线，解决业务开通前的操作难题，帮助纳税小微企业以税授信、以税获贷，业务开通后，高安支行通过对获贷款企业调查了解，及时提出了对该款产品申报流程等环节进行升级改造建议，促成小微业主可通过网银、手机银行随时随地申请、随借随还，大大方便了企业项目申报，提高了企业申贷获得率，形成"互联网＋大数据＋信贷＋税务"的全新服务，让小微业主尝到甜头。2018年，该行共有130多家小微企业获贷6380多万元。此外，辖内江西银行、邮储银行等多家商业银行也竞相推出"税易融"、"税银通"、"税贷通"等类似产品，为小微企业融资3.6亿元，350多家小微企业受益。

（二）借力撬动，提供"普惠式"融资模式

针对辖内多数商业银行"无还本续贷"政策难以落地（认为贷款"借新还旧"操作，会使企业征信产生不良记录），辖内多数小微企业续贷过桥往往借助民间高成本资金，大大增加了企业的融资成本等情况，人行某县级市支行经过大量调查研究，多次与政府职能部门沟通协调，出台了《某县级市信用示范企业续贷帮扶资金管理办法》，得到市政府采纳实施，并成立了续贷中心，从财政预算内资金拨出专

款1亿元，在宜春辖内率先设立企业续贷帮扶资金，专门为企业办理续贷过桥。帮扶资金使用具有期限短、费率水平低的特征，期限最长不超过1个月。使用费率，7天以内，2‰/月；7-15天，3‰/月；16-30天，5‰/月。平均综合费率只占民间借贷利率的1/4。服务对象从原来工业园区、规模以上企业，扩大到各乡镇小微企业、个体工商户、种养大户等普惠金融服务领域。自业务开办以来，共为360多户企业办理过桥贷款23.17亿元，为企业节约成本8400多万元。大大打压了辖内民间高利贷行为，企业不良贷款上升的势头得到扭转，续贷过桥融资成本大大降低，加快了企业资金周转，防范了企业信贷财务风险向社会扩散，维护了辖内金融稳定。

（三）合力推动，实施"一站式"服务举措

针对当前银税衔接环节多、效率低、业务办理时间长等问题，支行联合税务部门深入企业"问诊把脉"，找问题、问需求，解决业务办理的难点、堵点，联合推出"一站式"服务举措。开通企业退税、涉农补贴国库直拨业务"直通车"，涉农补贴以"一卡通"形式直达农村个体工商户，退税资金直达企业。规避了过去资金划转环节多、时滞长，资金可能被延压的风险，共办理各类涉农、涉企补贴直拨资金3.2亿元。直接支付小微企业科技创新、节能环保、品牌创建等各项扶助性资金1.36亿元。加快了企业资金周转速度。与财税部门积极推广使用一体化国库集中支付系统，推进退款等业务的电子化管理，进一步优化业务流程，缩短柜面办理时间，做到"一次性告知、一次性受理、一次性办结"，尽量少或避免退单情况发生，全年共办理小微企业政策性退库277笔，9760万元，退库时间平均压缩到12天以内，大大节省了企业财务成本。

针对企业退税前置关口多，资料准备时间长等情况，该行联合税务部门推出《企业退税备案管理办法》，根据企业纳税信用等级，对企业进行分类排队，对一、二类企业实行"名单式"备案管理，文件资料一次性报备，审批时只需要提供"申请表"，大大缩短了申报时间。为进一步提高退税效率，在该行建议与敦促下，税务部门在辖内大力推广无纸化退税，进一步简化退税申报流程。实行无纸化退税后，窗口服务流程进一步简化，企业办证、退税等业务可实现"一窗受理、一次办结"，综合退税时间较以往压缩4天。同时，该行支库联合税务部门，共同打通"网上纳税"等便民惠企"绿色通道"，积极为小微企业申报政策性税收减免项目，2018年共为企业减税降费2.7亿元。

二、取得的成效

（一）促进了财税和就业的增长。财税库银的四方联动和有效支持，大大激活了小微企业的新动能，辖内小微企业在"稳增长、扩就业、助民富"的社会效益不断显现。2018年，全市财政总收入完成46.2亿元，同比增长15.4%，进入全省十强县市之列。全市劳动人口就业率增长3.6%，小微企业户数达到9713家，同比增长8.2%；纳税百万以上企业510余家，在宜春各县市中排名第一。

（二）提高了国库部门履职效能。小微企业信贷产品和国库部门服务方式的创新，促进了辖内金融业的稳定增长。2018年全市各项贷款余额337.8亿元，列全省县市第四位，其中小微企业贷款占34.5%。小微企业申贷获得率上升到78%。大大拓宽了国库服务小微企业的深度和广度，有效提升了国库部门的窗口服务形象，国库服务地方经济的作用进一步彰显，在政府部门的地位进一步提升，央行普惠金融政策得到有效贯彻和落实。

（三）小微企业竞争力、品牌创新力不断增强。据初步统计，小微企业贡献了全市约53%的税收、56%的就业，市场竞争力、品牌创新力不断增强。高安建陶产区成为全国第三大主产区，并涌现出一大批省级科技创新示范企业，2018年新增国家高新技术企业12家，国家级科技型中小微企业8家，拥有中国驰名商标18件，数量列全省县市第一，高安成功跻身于全国县域经济投资潜力百强县市之列。

金融支持小微企业和"三农"政策措施落实情况

人民银行某县级市支行认真贯彻执行稳健的货币政策，坚持稳中求进的工作总基调，主动适应经济发展新常态，展现新作为，把转方式、调结构放在突出位置，适时适度进行预调微调，大力推进和深化辖内金融改革，切实防范化解各类金融风险，提高金融服务和管理水平，特别是在某地级市率先推出"信用示范企业续贷帮扶资金管理办法",被某县级市政府批转执行,有力缓解了辖内中小企业融资难、融资贵问题,使金融支持成为全市经济持续增长、活力增强、结构优化的强力支撑。全市金融运行继续保持了稳步增长的良好态势,主要金融指标在宜春各县市站前列,其中近三年贷款净增额年均达28.9亿元,连续三年保持了领头羊的地位。有力促进了该市经济社会持续健康发展。

一是在贯彻执行稳健的货币政策上,用足用活货币信贷政策,做大全市信用总量。注重松紧适度、加强定向调控。引导货币信贷和社会融资平稳增长,为全市经济结构调整和产业转型升级营造适度的货币金融环境。积极发挥信贷政策在转方式、调结构中的作用,围绕实体经济中出现的突出问题,加强货币政策与信贷政策、财政政策、产业政策的协调配合,提升经济增长内生动力和质效。引导金融机构努力向上争规模,向内创品牌,向外拓渠道,积极推动金融产品和服务方式创新。二是引导金融机构牢牢把握支持实体经济的主基调,切实化解企业融资难、融资贵等问题,减轻企业负担、及时为企业"输氧供血"。把握信贷投放的力度、节奏和重点,优化信贷结构,信贷投放要向支持经济结构调整和发展方式转变,要围绕全市重大项目、民生工程、"三农"、小微企业等增加有效信贷投放,把本地优势产业、做大、做强、做优。

一、定向降准及信贷导向政策落实情况。 2014年按照人总行"贷款按新增存款的一定比例发放当地"考核要求,及人总行考核结果显示,高安农商行考核达标,自2015年4月起,人行给高安农商行下调存款准备金率1个百分点,相当于释放8000多万元的可用信贷资金。2014年按照人总行"三农事务部"涉农贷款考核要求,高安农行"三农事务部"涉农贷款考核达标,2015年给该行下调存款准备金率1个百分点,今年比去年可多释放支农、支小信贷资金1.3亿元。

二、金融机构小微企业贷款"两个不低于"政策落实情况。2014年某县级市金融机构各项贷款余额168.52亿元,贷款增速为23.58%,贷款增量为27.92亿元,小微企业的贷款增速与增量均实现了"两个不低于"目标,其中高安农商行各项贷款余额42.1亿元,比上年末增加7.5亿元,增幅为21.79%;涉农贷款余额为41.6亿元,比上年末增加7.7亿元,增幅为22.79%,高于各项贷款增幅1个百分点;小微企业贷款余额为12.3亿元,比上年末增加2.6亿元,增幅为26.47%,高于各项贷款增幅4.68个百分点。

连续两年实现了涉农和小微企业贷款增量和增幅"两个不低于"的目标。

三、普惠金融及农村基础金融服务覆盖情况。至2014年末，高安县域金融机构有10家，从业人员882人，服务网点70个，其中城区服务网点34家，乡镇服务网点36家，乡镇服务网点中一般固定网点34家，定时定点固定网点2家。引导金融机构向小微企业集中的乡镇延伸网点和办理业务，其中高安农商行和高安建行分别在陶瓷基地和八景镇增设了两个服务网点。建立助农取款服务网点150家，自助设备布放2467台（个），其中ATM机176台，POS机2241台，其他自助服务终端80个，基本能满足群众金融服务需求。

四、中小企业融资担保体系建设情况。辖内已成立了4家担保公司，其中某县级市中小企业投资担保有限公司注册资金1亿元，市政府出资5100万元，占51%的股份。江西省财政信用担保公司高安分公司政府注册3000万元，全市市初步建立了为小微企业服务的融资担保体系。 2014年累计担保贷款6.3亿元，占全省11%；为推动"惠农信贷通"政策落实，由市财政出资525万元，为"惠农信贷通"提供风险担保补偿金，目前发放贷款突破1亿元。设立肉牛产业担保基金200万元，农商行发放贷款1100多万元。

五、建立突发金融风险事件应急处置制度。为进一步加强对金融风险防范与化解工作的协调和领导，守住不发生系统性金融风险的底线，维护辖内金融稳定，更好地促进我市经济金融互动发展，人行制定了系列处置突发金融风险事件的制度办法。如《国家级陶瓷产业基地金融风险监测评估办法》，提请政府成立了"某县级市金融稳定协调工作委员会"

六、贯彻落实《国务院办公厅关于多措并举着力缓解企业融资成本高问题的指导意见》文件精神。为解决企业融资难、融资贵问题，人行某县级市支行拟定并促成市政府出台"企业续贷帮扶资金管理办法"，2014年市财政出资6000万元，设立了"企业续贷帮扶中心"，解决了企业续贷过桥融资贵问题。截止目前共为18家企业解决过桥资金1.54亿元，为企业节约成本1280多万元。

创新金融产品和担保模式破解小微企业融资难

近年来，人行某县级市支行为贯彻落实国务院《关于金融支持小微企业发展的实施意见》，着力于破解辖内小微企业融资难问题，引导金融机构围绕地方优势产业，推动融资担保模式创新，量身定制信贷产品，整合各方资源，出台系列措施，大力推进企业信用增进，形成部门合作联动工作格局，有效促进了辖内小微企业持续发展。

一、主要做法

（一）搭建保障体系

窗口指导层面：支行引导推动辖内金融机构落实好小微金融政策，推动当地政府出台《金融支持小微企业发展实施意见》，从总量上、结构上明确列出了的小微企业重点扶持领域和优先保证产业，要求小微企业信贷增速不低于各项贷款平均增速，增量不低于上年同期水平。

实际操作层面：一是建立"人行引导、政府推动、银企对接、部门帮扶"的工作联动机制，协调解决银企对接中的问题。二是开展"百户企业信用培植"活动，提升企业信用等级。按照某地级市信用企业标准，以政府文件形式，评选上报了115户信用企业，促成工业园被某地级市政府评为"金融信用工业园"，小微企业的信用增进和信用评级工作取得初步成效。三是与市金融办联合举办了"银行信贷与企业财务知识讲座"，提升企业融资能力。聘请专家开展信贷流程辅导、财务管理培训活动，引导小微企业合理有效融资，提高申贷成功率。四是引导推动金融机构量身打造具有地方特色的金融产品，创立"汽车产业链全程覆盖式"、"财园信贷通"融资模式，"银商保"担保模式。协助政府成立"财园信贷通"融资模式试点工作领导小组，制定试点工作方案，牵头召开"汽车产业链全程覆盖式融资模式推介会"。

（二）创新融资模式

1.汽车产业链全程覆盖（1+N+P）模式

主要内容：即银行以1家龙头汽车经销商或物流公司为核心，根据产业链供应商、制造商、分销商、终端用户N个不同融资需求主体相互间货物、资金、票据等流向，量身定做P个组合式融资品种，为各主体搭建上游原料供应、中游汽车生产贸易、下游物流运输、维修保养、配件供应等覆盖产业全程的融资服务体系。商业银行自主开发的P个组合式融资品种有："汽车+底盘合格证质押贷款"、"汽运公司担保+车辆抵押+保证金"贷款、"担保公司+车房抵押"贷款等6个品种。

主要创新点：一是找准了产业链各环节的信贷切入点，为融资主体量身定制具有抵押门槛低、手续便捷、适应性强等特点的产品，满足了缺抵押、少担保客户的需求，形成覆盖全产业链的差异化融资服务体系。二是构筑风险防控四道屏障。交警部门根据银行公布的拖欠贷款车主名单，停办逃债车辆的年检、年审和车辆过户手续；运管部门根据车辆逃债通知单，采取扣押车辆营运执照等措施，督促车主主动还贷；市政法委成立"汽运产业综合执法大队"，协调处理汽车债务及案件纠纷；人行对出现车贷风险苗头的机构发出"车贷风险警示书"、约见高管人员谈话。

主要成效：融资模式的有效实施，推动了汽运业的快速发展。至2013年10月末，该市货运物流业信用总量为18.5亿元，较年初增长28%。"高安车贷"放得出，收得回，风险可控，成为辖内知名信贷品牌，促进该市由汽运大市向物流强市转变、货运专用车产业基地向集聚配套转变，制造、销售、物流等企业已覆盖了产业链全程，呈现较强的竞争力、影响力、带动力，促进了财税增长、增加了就业。全市货车保有量达2.2万辆，列全国县市第一，前三季度货运物流业实现税收3.78亿元，同比增75%。汽运小微企业达662家，信息网点500多家，从业人员15万人。

2. "财园信贷通"模式

主要内容：以省财政安排的"财园信贷通"贷款风险保证金为杠杆，园区按1:1比例配套保证金作为风险补偿金，保证金共计2700万元，存入指定合作银行，合作银行按不低于保证金8倍的额度（即2.16亿元）放大贷款，可支持园区130户以上单户贷款额度500万元以内的小微企业。

主要创新点：企业无需提供抵押物便可获得贷款，借助财政、工信、园区、银行合力，实行合作各方共管、共担风险的管理模式。其核心是政府部门作为控险的坚强后盾，且较好地设立了控险的四道防线：一是园区对企业的筛选和推荐，二是企业按贷款额1%向园区缴纳的互助保证金，三是成立贷款风险保证金，四是向借款人和保证人的债务追偿。

主要成效：该模式将银行的融资优势、政府的组织优势、园区的管理优势与企业的融资需求有效结合，满足了难以达到贷款门槛小微企业的融资需求，模式的成功运作，已成为政府招商引资的金融名片，成为大批项目落户工业园的吸铁石和小微企业成长的孵化器。截至2013年10月，建陶基地106家落户企业、172条生产线开工率达90%，产销率95%，主营业务收入136亿元，税收1.46亿元，产能在全国五大主产区中排第三位。建行"财园信贷通"共发放贷款45户，金额1.4亿元，76户后备库企业已进入报批程序，年底贷款预计突破2亿元，受益企业超百户。

（三）创新担保模式

当前，制约小微企业融资难的瓶颈主要是缺少担保和抵押物，支行从创新协会担保机制着手，在这一方面打开了一个突破口。通过引导、协商、宣传、发动，充分调动行业协会的协调、管理、自律作用，促使银行与行业协会转变观念，以抱团发展、合作共赢、共同超越为理念，以陶瓷协会、汽运协会、家俱协会三大信用共同体为基础，形成以城市商业合作社为主体的"银商保"担保模式，组成产业信用联合担保链，帮助小微企业打通产业链资金瓶颈。

主要内容：协会会员自愿结成信用共同体，以城市商业合作社为载体，承诺遵守并履行社员的权力和义务，向合作银行缴纳一定的保证金，作为贷款风险的代偿金，银行承诺向合作社成员提供保证金5倍以上的资金支持，并在利率、期限、额度、程序等方面倾斜政策。银行不仅为社员量身定制融资品种，还利用自身资源提供非金融服务，如社员间的生意撮合、资金融通、信息平台的搭建和交流等。合作社及时提供市场信息，并负责跟踪借款人资金使用和经营情况，帮助催收贷款，贷款出现风险时，协助银行按规定程序追偿，共同实施联合制裁，抵御行业风险。主要创新点：企业以合作社为借贷桥梁，以社员自身信用作担保，以保证金为风险防范手段，共担风险，共同受益，以少量的资金成本和更多的自身信用，撬动了数倍的资金效益，充分发挥了合作社信用联合体、约束体、增信平台作用，形成银企合作共赢长效机制。

主要成效：城市商业合作社担保平台的建立，解决了银企对接不畅、信息不对称等问题，银行向社员贷款无需抵押物，大大降低了企业的经营成本，缓解了资金紧缺问题。2013年6月，在人行某县级市支行引导下，民生银行南昌南京路支行与陶瓷协会共同发起成立了辖内首家陶瓷行业"城市商业合作社"。该行向50户合作社成员融资0.8亿元，没有出现一笔不良贷款，拉动社员企业新增销售收入28亿元、新增就业2563人，实现了政府、银行、企业三满意。受其影响，汽运协会、家俱协会商业合作社的筹备工作也已接近尾声，年内将开业。

二、社会反响

（一）推动小微企业可持续发展

金融产品和担保模式的创新，打通了小微企业融资难瓶颈，迎合了小微企业"短、少、频、急"资金需求特点，给小微企业发展注入了无限的生机和活力，在稳增长、扩就业、促创新等方面的作用日益明显。截止2013年10月底，全市有小微企业达8592家，今年新增781家，在某地级市排名第二。小微企业贡献了52.7%的税收、56%的就业，资产质量不断好转，市场竞争力不断增强，实现了"广覆盖、普惠利、助民富"的社会效益，

（二）促进银行机构各项业务稳步增长

金融产品和担保方式的创新，激发了银行服务小微企业的内生动力和活力。截止2013年10月底，全市服务小微企业的银行机构达12家，小微企业贷款余额达50.9亿元，占各项贷款余额的38.5%，增速高于全部贷款5.75个百分点。金融服务覆盖了50%的小微企业，小微企业对银行的综合贡献率也在40%以上，还带动了企业理财、网银、票据等中间业务的迅猛增长，催生了市联社"微贷事业部"等专门信贷机构，市农行获得小微企业500万元自主放贷权限。

（三）辖内金融创新呈现较强影响力和辐射力

金融产品和担保模式创新的示范效应在辖内产生广泛影响，该支行在总结成功经验的同时，针对金融支持小微企业、陶瓷产业发展遇到的新问题，联合市委办撰写的调研报告获时任江西省委书记强卫的签批，指示有关部门"尽快协调解决好有关问题，促进高安建陶产业健康发展"，强卫书记的签批在该市党政部门产生了积极反响。社会各界对金融产品创新和担保模式推广工作好评如潮，靖安等周边县市纷纷前

来学习考察。《金融时报》进行了专题报道，市委办《情况交流》刊物进行了推介。

（四）基层央行的履职效能和社会公信力得到有效提升

小微信贷是民生金融的重要组成部分，是当前践行党的群众路线的桥梁纽带。金融产品和担保模式创新，破解小微企业融资难是基层央行践行社会责任、推动民生金融政策落实、把党的群众路线运用于央行履职实践的有益探索。

在缓解小微企业融资难中践行党的群众路线

自党的群众路线教育实践活动开展以来，人民银行某县级市支行把功夫放在关注民情、服务民生上，聚焦小微企业贷款难问题，大力创新信贷品种，协调政府、金融机构推广"财园信贷通"融资模式，努力将践行群众路线与履行基层央行职能紧密结合起来，在缓解当地小微企业融资困境上取得一定成效。

灵感：在开门纳谏中触发。为契合教育实践活动主题，某县级市支行在学习和征求意见阶段，充分利用景气企业、民间融资等调查监测点优势，深入百户农民及下岗创业人员、30户企业中广泛征求对金融服务的意见建议。结果显示，反映银行对小微企业贷款门槛高、小微企业融资难，信贷满足率低，金融产品不能满足客户需求位居前三。随着教育实践活动不断深入，中支党员干部不断反思几个为何：为何全市信贷总量大幅度增长，而小微企业获贷率仍然偏低？为何金融服务产品和网点年年增加，却仍然满足不了客户需求？为什么银行有钱放贷难，而群众却反映贷款越来越难贷？经反复讨论磋商，党员干部一致认为：小微企业缺担保、少抵押，银行缺乏适合小微企业特点的信贷产品是症结所在，破解融资瓶颈关键在于推出适合小微企业特点的信贷产品。践行党的群众路线，就必须把解决人民群众、小微企业对金融的迫切需求作为基层央行优化服务、转变作风的出发点和落脚点。

难题：在满足需求中破解。群众的需求就是创新的方向。针对征求意见中发现的问题，支行在吸收他地经验的基础上，协调政府、金融机构、工业园区等部门，大力推介新型融资模式"财园信贷通"，缓解小微企业融资难问题。"财园贷"以财政部门安排的贷款风险保证金和工业园配套保证金为贷款风险保证金，协作银行以不低于保证金8倍的额度向小微企业提供贷款。符合条件的小微企业无需提供抵押和担保即可获得最高500万元额度的贷款。当企业不能按期偿还贷款本息时，首先从企业互助保证金（按贷款金额1％预缴）中代偿，再对企业进行追偿（包括企业资产和股东个人资产），追偿款不足以偿还贷款本息则以保证金代偿。

为使"财园贷"落到实处，惠及更多小微企业，中支大力整合各方资源，出台系列配套措施，促进"财园贷"做大规模：制定并由政府转发了《金融支持小微企业发展实施意见》，引导金融机构落实好小微企业金融政策；牵头举办"银行信贷与企业融资知识讲座"，开展"百户企业信用培植"活动，大力推进小微企业的信用增进和信用评级工程，不断推进金融生态建设；协助政府举办银企对接会、洽谈会、现场观摩会等，增进银企合作，衔接资金供求。

实效：在广泛赞誉中显现。"财园信贷通"融资模式的有效推行，让小微企业平等参与金融资源配置过程，推动了普惠金融的发展。截至2014年8月，全市"财园信贷通"保证金1亿元，协作银行由原定建行1家扩大到工行、中行等3家，惠及小微企业300家，其中138家小微企业是第一次获得银行贷款，贷款金额9.5亿元，比年初增加3.07亿元。另380家后备库小微企业进入报批程序，全年全市"财园贷"余额有望突破10亿元大关。截至目前，"财园信贷通"未发生一笔不良贷款，实现了贷款零风险的控制目标。

突破体制约束　　创新信贷手段

近几年，中小企业贷款难问题已成为困扰县域经济发展的重要因素。原因之一是商业银行信贷体制的变化，使县市支行基本丧失了自主审批贷款的权利。农行某县级市支行大胆尝试，通过经营理念的转变、信贷方式的创新，创造性地推出"小额责任贷款"信贷方式，一举扭转中小企业贷款增长缓慢的趋势，形成经济与金融良性互动效应。

困而思变

目前，由于农业银行经营战略调整，重新划分各分支机构信贷权限，农行某县级市支行仅剩下小额个贷有自主审批权，其余各类贷款一律需报上级行审批发放。在此形势下，该行信贷增量急剧萎缩，员工积极性低落，银行盈利能力、对经济推动力被削弱。资料显示，去年该行新增存款1亿元，同期信贷增量394万元，新增存贷款比例不到4%。在该行开户的26家企业只有3户得到资金支持，企业申贷成功率仅为11.5%，资金缺口5200万元。出现一边是支行各项存款大量增加而得不到有效运用，另一边是迅速崛起的中小企业嗷嗷待哺却得不到有效资金支持的情况。困而思变。该行从调研入手，在对某县级市经济金融现状全面把握的基础上，提出"创新贷款模式，弥合供求矛盾，提升信贷扩张力"是当务之急，并根据该市中小企业快速发展、资金需求额小面广的特点，及时调整信贷市场定位，在贷款管理中引入营销理念，大胆尝试以"小额营销贷款责任制"为核心的信贷运作模式改革。

谋略定策

"小额营销贷款责任制"的目的在于通过信贷方式的创新，建立有效激励机制，充分调动员工积极性，在现有信贷权限和保证资金安全的前提下，最大限度地满足市场的资金需求，并以此获取经济金融双赢双活的最佳效果。为此，该行将部分信贷任务分解，落实到每个员工头上，按照"包放、包收、包赔、工效挂钩"的原则，将责权利紧密结合，辅之以完善的风险防范措施，搭建起一个全新的贷款营销平台。经过一年实践，逐步趋于规范化、制度化，具有较强的可操作性一是明确营销贷款适用范围。该行明确规定，小额责任贷款除向个体工商户发放外，要向民营中小企业倾斜。根据企业的信用状况，可择优发放部分小额信用贷款。二是确定营销贷款权限。把小额责任贷款分为小额责任质押贷款、小额责任抵押贷款和小额责任保证贷款三个种类，5万元、8万元、10万元和20万元四个额度，然后根据员工的经济状况、社会信用、在单位表现等情况评定员工信用度，分别授予不同的贷款额度和种类。三是签订营销贷款责任书。员工每营销一笔贷款都必须与支行签订"营销责任状"，承诺承担贷款发放和本息全额回收的责任，一旦出现风险自动停职收贷，并以工资补偿贷款本息损失。四是建立相应的激励机制。为提高员工营销的积极性，该行还制定了较为完善的激励机制，要求员工工资和小额责任贷款效益紧密挂钩，按收息额计酬。对未完成收息任务的按比例扣减工资，对超额完成任务的按超额收息部分的4%进行奖励。五是明确贷款受理时限。规定营业网点收到客户的申请必须在2个工作日内进行贷款调查，并将调查结果移交信贷部审查，信贷部在1个工作日内提交审批人审批，并通知客户部执行。六是制定严密的风险防范制度。制订了《小额责任贷款管理办法》，对贷款的发放对象、用途、方式、期限、金额和利率等进行统一管理；建立起完善的台帐和信息通报制度，对营销贷款实行全程、全向监控，确保风险的可控性；设立"高压线"，对违规操作者一经发现，取消营销贷款额度，并处以一定的经济处罚。

提效双赢

一年多的实践与探索，使该支行自身效益与外部溢出效益均得到较好提升，同时小额责任贷款也成为了支撑某县级市中小企业发展，促进县域经济壮大的重要力量。2004年，该支行累计发放小额责任贷款1.15亿元，今年累放额达到1.9亿元，占全部发放贷款的83%，其中80%以上的资金投入中小企业。小额责任贷款还带动了信贷多品种联动营销，该行今年其他类贷款新增6280万元，同比多增1786万元。同时，小额责任贷款的拓展促进了各项存款大幅度增长，各项存款净增2.2亿，存贷款增幅均达近几年最高水平。由于健全的风险防范措施，小额责任贷款实现了零风险运作，去年以来贷款本息回收率均达100%，实收利息247万元，占新增贷款利息收入的85%。实现了贷款和效益的双增长。与此同时，小额责任贷款缓解了中小企业贷款难、融资难的问题，产生了巨大的溢出效应。目前已有376户口中小企业在该行获得贷款，占该市中小企业的81.6%。这些企业工业增加值3.8亿元，利税额4726万元，同比分别增长13.6%和16.8%，有12户成为年纳税100万元以上的纳税大户。其中高安肠衣厂获该行个人营销贷款240万元，销售收入由2003年的120万元增加到目前的417万元，且一举扭亏为盈，实现利税160万元。"小额责任贷款"的成功经验，很快幅射到周边县市，一个银企共盈，经济金融互动发展的良好局面正在形成。

助力乡村振兴与扶持弱势群体金融普惠

对30位金融消费者集体维权案的处置实践与启示

为防范群体性金融消费者维权事件恶化升级，切实有效保护群体金融消费者权益，保障金融消费安全和维护金融稳定，人行某县级市支行站在维护金融稳定的高度，从组建集体维权处置工作体系、调查案件主要事实、综合协调各方和科学果断决策等方面入手，成功处置了一起30位金融消费者集体投诉维权案件。

一、案情简介

2011年11月20日，人行某县级市支行依法受理了30位金融消费者集体维权投诉件。据调查，这30位客户在2010年12月至2011年5月期间分别与某商业银行签订住房按揭贷款合同，合同总金额570万元。2011年10月，市行未经客户同意，单方面提出贷款额度由房价的70%降为50%，并要借款人追加首付款20%；利率在原签订的借款合同基础上上浮30%；贷款期限缩减一年；并提出按贷款额的2.5%向客户收取贷款额度费。由于这些条件严重损害了30位客户的利益，未得到他们的同意，因此，到2011年10月20日，30份住房按揭贷款合同市行没有履行一笔。由于得不到贷款，导致房屋买卖双方纠纷不断，就房价及过户费问题达不成一致意见，为此争吵不休，有的甚至大打出手，导致家庭不和、婚姻破裂，引起公愤，双方矛盾不断恶化升级。一些客户干脆到该行静坐示威，围堵营业柜台，干扰其正常营业。这起群体性金融纠纷如不及时有效处理，有可能演变为严重的群体性金融安全事件，损害金融消费安全和威胁区域金融稳定。

二、处置措施

（一）快速反应，及时组建集体维权处置工作组织体系。受理30位金融消费者维权投诉后，人行某县级市支行决定立即成立金融消费者集体维权处置工作领导小组，下设三个集体维权处置工作小组，即信息反馈小组、现场调查小组和应急处置小组。集体维权处置工作领导小组全面指挥集体维权应对工作，信息反馈工作组及时向上级行、当地相关政府部门、消费者协会等反映处置信息，现场调查小组负责查清案件主要事实，应急处置小组做好矛盾化解和风险评估工作，并做好准备随时启动应急预案。

（二）深入调查，全面查清集体维权投诉案件主要事实。为彻底查清投诉案件的主要事实，该行抽调精干工作人员组成调查专班，到被投诉机构现场调阅30位客户发放按揭贷款的所有相关资料，查清被客户投诉行不履行合同和违规强行收取不合理费用的事实。并召集30户金融消费者进行座谈，全面了解情况和诉求。同时走访部分房屋中介机构和卖房客户，从侧面进一步掌握投诉案件的前因后果。

（三）多方协作，努力凝聚集体维权处置工作各方智慧。在全面清查案件事实后，为了妥善处置好这起集体维权案件，人民银行某县级市支行积极加强上下沟通和左右协调，寻求多方支持，凝聚各方智慧。一方面及时向上级行报告投诉案件查清的全面事实，得到上级行分管法律工作行领导的支持和指导，并向上级行法律事务工作者寻求专业处理意见。另一方面，积极与市政府相关职能部门、消费者协会沟通协调，交流研讨解决集体维权案件的合理措施，研究探讨消费者集体维权案件科学处置的方法与经验，为妥善处置集体维权案件寻求外部智力支撑。

（四）科学研判，果断出台集体维权处置工作具体措施。为了妥善处置好这起集体维权案件，在查清全部主要事实和获得内外智力支持的基础上，人行某县级市支行召开了金融消费者集体维权案件处置工作座谈会，研究讨论具体应对措施。会议一致认为，被投诉行长时间不依约发放住房按揭贷款行为和强制收取不合理费用行为分别违反了《合同法》第107条和《消费者权益保障法》第24条的规定，属于违法行为，必须立即予以纠正。为此，会议决定果断出台三项措施：一是约见被投诉行主要负责人谈话，要求高度重视此事，及时妥善处理好此集体维权案件。二是要求被投诉行采取有效措施尽快履行30份到期按揭贷款合同，并不得收取额度贷款费。三是召开投诉方、被投诉方、房屋中介机构、消费都协会共同参与的协调会，进一步做好政策宣传和解释工作。

三、工作成效与启示

在人行某县级市支行和消费者协会的共同督促和协调下，被投诉行已经陆续向30位客户发放个人住房按揭贷款，其中22人已获贷420万元，促成30位户客户自愿撤诉，住房买卖双方矛盾纠纷得到平息，有效保障了30位金融消费者的合法权益和消费安全，及时化解了住房买卖双方矛盾纠纷，成功遏制了金融消费者集体维权案件的恶化升级，切实有效维护了区域金融安全稳定，提升了基层中央银行的履职权威和管理形象。报送的工作经验材料还被南昌中支主要领导签批肯定。通过对该起金融消费者集体维权案件进行认真的反思和总结，可以得出以下几点启示：

高位推动是成功处置集体维权案件的根本保障。30位金融消费者集体维权案件发生后，人民银行某地级市中心支行、某县级市政府主要领导分别作出批示，要求高度重视此投诉案件，尽最大努力化解这起有可能引起群体性重大金融安全事件的集体维权纠纷。同时，人行某地级市中支分管领导亲临该市进行现场指挥，在各部门协同配合下，维权处置工作得到了高效开展。

果断决策是成功处置集体维权案件的重要方法。相对单一的金融消费者维权案件，某县级市30位金融消费者集体维权案件牵涉到的部门和人员较多，处置工作面临的情况纷繁复杂，任务艰巨。为此，某县级市支行采取果断措施，实行"统一指挥、多方并进"的处置策略。领导小组多次召开会议，研究工作措施，明确处置小组的职责分工，统一组织和协调工作的开展。现场调查小组及时深入现场调查核实案件情况并走访30位金融消费者，并将调查了解进展情况及时向领导小组和其它工作小组报告；信息反馈小组及时向各方反映维权案件进展情况，让各方及时掌握案件处置状况；应急处置小组深入开展思想政治工作，确保30位投诉者思想情绪稳定。由于各项工作措施及时、果断、稳妥、有力，加上各方工作人员的巨大努力，确保了集体维权案件处置工作高质高效推进。

树立消费安全理念是成功处置集体维权案件的核心前提。金融消费者集体投诉案件与金融消费者单独投诉案件有着根本的区别，就是处置不当很容易引起群体性金融安全事件。如果没有深刻的认识，当作单独消费者案件一样正常处置就有可能导致事件恶化升级，演变为群体性金融安全事件。为此，基层央行处置金融消费者集体维权案件，必须牢固树立消费安全的理念，务必要站在防范区域性金融风险事件的高度，重视集体维权案件的处置。要积极主动履职，有效纠正金融机构利用强势垄断地位从事的违法行为，切实维护群体性金融消费者的合法权益。

凝聚各方智慧是成功处置集体维权案件的有效途径。由于金融消费者集体维权案件牵涉的部门和人员众多，各种矛盾纠纷错综复杂，各方利益纠缠交割，众口难调，稍有不慎就可能导致矛盾纠纷恶化升级。为此，要成功处置金融消费者集体维权案件，就必须要加强上下沟通和左右协调，凝聚各方智慧和经验，形成内外工作合力，做到统筹兼顾，综合协调，及时发现问题和解决问题，使社会公众在维护自身权益时，"话有处说，怨有处诉，难有处解，事有处办"，切实为百姓排忧解难做实事。

搭建普惠金融连心桥

近年来，人民银行某县级市支行结合当地经济发展特点，将金融服务进一步向企业延伸、向三农渗透，在改善农村信用环境、支持小微企业、金融精准扶贫等领域搭建普惠金融连心桥，大力推进决策公开、程序公开、执行公开，切实保障服务主体的知情权、参与权和监督权，极大地提升了基层央行履职公信力。工作成效获得社会各界的好评，支行连续五年获得某县级市支持地方经济发展先进单位，在地方政风行风测评和群众满意度评议中始终保持在前列。

决策公开：情系小微解困局

融资难、融资贵一直是困扰企业发展的突出问题，特别是部分小微企业借高利贷筹集银行续贷过桥资金，导致负债过重，成为压跨企业的最后一根稻草。针对这一现象，人行某县级市支行把推进政务公开与化解企业融资难有机结合起来，把功夫下在察民情、出实招、办实事、求实效上。在充分调研论证、广泛征求意见基础上，推出"信用示范企业续贷帮扶资金管理办法"，引起市委、市政府主要领导的高度重视，并得到政府财政部门的全力支持。市政府专门下发文件在全市执行。此举在某地级市辖内尚属首次，旨在帮助部分有市场、有潜力、临时资金周转困难的企业，解决其融资续贷过程中"融资难，过桥贵"问题，从真正意义上减轻企业融资成本、打压民间高利贷行为。政府出资1亿元设立企业续贷帮扶资金，扶持对象主要是基本面好、符合国家产业政策和信贷政策企业，税收大户、规模以上企业优先考虑。

为把这一政策出台企业的知情权、参与权落到实处，支行积极推进决策公开。在制定《信用示范企业续贷帮扶资金管理办法》时，支行通过开展专家论证、风险评估、合法性审查等多种形式向社会广泛征求意见，扩大公司业主参与。管理办法形成后主动与宣传部门、新闻媒体、舆情监测开展联合行动。首先在高安政务网及时公开政策内容和相关文件；其次把试运行中的做法和初步成效在高安电视台进行专题报导并滚动播放一个月，向社会各界宣传、解读管理办法。再次是加大对商业银行的政策宣读力度，通过行长联席会、政策通报会、银企洽谈会等形式争取更多的金融机构参与。

作为宜春辖内首创的"续贷帮扶降成本"融资模式，成功做法引来省内十多个县市考察学习并复制推广。续贷帮扶政策出台后，支行不断跟踪续贷帮扶资金运行情况，听取企业、银行、续贷中心的意见建议，在提高帮扶资金额度，扩大帮扶覆盖面等方面不断完美和改进工作举措。截至2017年7月，共为212家企业提供过桥续贷资金17.6亿元，为企业节约融资成本4490万元。支行呈送的《高安设立企业续贷帮扶资金取得实效》被人行南昌中支主要领导签批肯定。

程序公开：广洒及时雨农户润心田

2015年以来，人行某县级市支行积极推进辖内农村信用环境建设。在文明信用农户创评过程中主动公开工作实施方案、评选条件，评选过程、公开评选结果应用，极大调动了广大农户争当文明信用户的积极性，促进了全市农村信用环境根本好转。

公布信用农户条件。积极宣传《某县级市文明信用示范户、村组、乡镇创建实施方案》、《某县级市农村信用体系建设工作实施意见》、使农户熟知3A、2A、A三个等级文明信用示范农户准入条件，评分项目和标准，各等级文明信用示范农户可享受的金融扶持政策。

公开评选信用农户。经村委员会推荐，农商行逐户上门调查评分，对农户划分信用等级，对初评文明信用示范农户名单在村委会宣传栏公示7天。农商行通报文明信用示范农户名单，公开举行《文明信用示范农户》授牌仪式。

公开评选结果应用。对"文明信用示范农户"，贷款无需抵押担保，信贷申请优先受理，简化贷款流程，放贷时间由7天缩短为3天，并根据不同信用等级，提供基准及下浮利率等不同的优惠利率、3至30万的信贷额度，优先满足贷款需求。

宣传信用农户典型事迹。联合市文明办、市宣传部、市电视台等部门，对获得"信用示范农户、五好家庭、道德模范、感动高安年度人物、最美高安人、诚信致富标兵"等荣誉的信用农户进行表彰，对信用贷款带动致富的文明信用示范农户典型事迹进行宣传。

"文明信用示范农户"共覆盖全市92.47%的自然村，截至2017年7月末，全市已评定示范农户6554户，授信1.7亿元，已发放5636户，占已评定户数的86%，放贷金额1.2亿元。在文明信用示范农户的带动下，全市农户不良贷款余额逐年下降，辖内农村信用环境得到明显改善，农村涌现一大批"五好家庭、十佳村官、感动高安年度人物、最美高安人"等诚信致富标兵和道德模范。其中农民闵四芽祖孙三代接棒还贷、陈秋根贷款修路、植树，独守荒山十几年，坚守诚信不欠贷等感人事迹，拍成了微电影、上了电视台。种养能手、农妇金米红，人生多次经历坎坷命运，失去过亲人和朋友，但从没有失去诚实守信，成为全村脱贫致富的领头人，获得最高额度信用贷款。

执行公开：精准扶贫惠万家

开展金融精准扶贫是贯彻落实党中央、国务院扶贫开发决策部署的重要举措。为把党的扶贫政策执行到位，某县级市支行聚焦全市9534户建档立卡贫困户，听民意、访民苦、解民忧，宣传金融扶贫政策，建立工作机制，推广金融扶贫信贷产品，加大扶贫贷款投放力度，有效促进了贫困户尽早脱贫。

拓宽政策公开渠道。支行通过引导商业银行建立金融扶贫工作站，作为金融扶贫的主战场，正面引导、积极宣传金融扶贫政策。工作站统一制作金融扶贫宣传栏、责任银行公示牌，推介金融扶贫信贷产品，及时公布金融精准扶贫工作进展，公布监督电话，扩大金融精准扶贫工作的影响力。行领导带队到金融扶贫工作站现场解答农户反映的问题，宣传普及金融扶贫政策。引导金融机构加强对农业龙头企业、农民专业合作社等农村新型经营主体合作，大力推广产业扶贫新模式。以高品高安等微信公众平台为载体，全面及时地将金融精准扶贫政策传递给农户，把党和政府的关心关爱传递到每一户贫困户家中。

公开金融扶贫政策。支行联合市政府金融办、民政局拟定《某县级市金融扶贫工作规划》，出台《某县级市金融精准扶贫工作实施方案》、《扶贫贷款贴息办法》、《人民银行扶贫再贷款发放管理规定》，并通过政府网站向社会公布，召开"金融精准扶贫+普惠金融"工作推进会，举办光伏扶贫项目推介洽谈会等金融扶贫主题活动。至2017年7月末，全市到位扶贫贷款担保基金3700万元、险补偿金500万元。全市建成24家金融扶贫服务站、42个金融扶贫示范村、8个扶贫再贷款示范点，方便了贫困农户办理贷款、取款、转账等业务，真正实现"取款不出村头、转账不出田头"，得到地方政府和广大贫困农户的高度认可。

加大精准扶贫监督考核力度。通过公开各责任银行的投诉电话、投诉办理承诺时限，促使金融机构感受到金融扶贫的"硬约束"，自觉按照金融扶贫政策，业务流程，规范办理金融精准扶贫业务。通过建立金融精准扶贫考核机制，分片包干责任制度，了解各责任银行扶贫工作进展及绩效，适时通报考核结果，并将考核结果与人民银行对金融机构综合评价挂钩，纳入金融机构支持地方经济发展考核内容。

截止2017年7月末，各责任银行对82户建档立卡贫困户贷款601.28万元；对龙头带动型企业发放产业扶贫贷款1.98亿元，吸纳401户贫困户就业，人均年增收2500元，已有3160人实现脱贫。2016年12月8日江西日报头版头条以《高安精准扶贫情暖百姓心》为题进行了专题报导。

以支农再贷款为先导　撬动农村信用体系建设

某县级市是全国著名的粮食主产区。随着农业现代化进程的加快，"三农"新型经营主体对资金的需求日益增大。人行某县级市支行灵活应用支农再贷款政策，创新推出"动态监测，差别调整"再贷款发放模式，积极发挥其信贷导向作用，拓展支农再贷款信用引领功能，以文明信用农户的创评和信用示范为支撑，撬动农村信用体系建设，从而打造"信用惠农"模式，取得较好成效。

一、主要做法

（一）拓展支农再贷款信用引领功能，精心打造"信用惠农"模式

2015年初，人行某县级市支行创新思维，更新理念，针对近年来部分乡镇农户不良贷款反弹、农村信用环境状况不佳的现状，在支农再贷款发放前，主动引导农商行对农户贷款进行流程再造，在全市开展文明信用示范农户的创评活动，以央行支农再贷款为先导，农商行按1:3的比例对信用示范农户增加授信，致力打造"信用评级十支农再贷款十农户增信贷款"的"信用惠农"模式。该模式最大亮点是改变了以往传统信用农户评选方法，入选农户获得当地政府"文明农户、五好家庭、道德模范、感动高安年度人物、最美高安人、诚信致富标兵"等荣誉的优先，首先由村委员会推荐，然后由农商行结合"四扫"工作中的扫村、扫户情况对入选农户逐户上门调查评分，划分信用等级，并将初评情况征求农户所在村委会意见，并加盖村委会公章，对初评通过的文明信用示范农户名单在村委会宣传栏公示3天。农商行对各支行提交审核的文明信用示范农户名单进行审核确定，下文通报，举行《文明信用示范农户》授牌仪式并颁发证书，获证农户凭此申报信用贷款，并根据信用等级和还贷情况增加授信额度。同时，在全市建立文明信用示范农户创评进度表、名录库、责任人，实行一年一评、动态管理，达不到信用等级或不守信农户，对其降低等级或取消信用户资格。

（二）创新推出"动态监测，差别调整"支农再贷款发放模式

为进一步调动基层行用好支农再贷款的积极性，推动整个农村信用环境的根本

好转，人行某县级市支行对农商行下属各支行的支农再贷款的发放，创新推出"动态监测，差别调整"发放模式。根据各支行所辖农村信用环境改善及其支农再贷款使用状况，分别采取"优先发放、审慎观察、增量限制"三种发放方式，对于辖区农户不良贷款下降明显、信用环境有较大改观，支农再贷款投向符合要求、利率加点幅度控制在3个百分点以内的支行优先发放支农再贷款，并简化审批流程、额度适当放宽。对于辖区农户不良贷款上升较大，信用环境没有较大改观，贷款的投向不符合规定的支行，适用增量限制方式，年度内暂停支农再贷款的发放。对于存在其他情况的支行使用审慎观察方式，对其申请严格审核，审慎发放。通过三种方式的设定，增强了使用支农再贷款的支行向"优先发放"靠拢的动力，提高了其继续获得支农再贷款支持的积极性。

（三）利率优惠、额度放宽，突出文明信用示范的引领带动效应

根据"文明信用示范农户创评活动方案"规定，参选"文明示范农户"必须符合准入条件，并根据设定的评分项目计算分值，评出3A、2A、A三个等级，对已获得的"文明信用示范农户"，贷款无需抵押担保，信贷申请优先受理，简化贷款流程，放贷时间由原来的7天缩短为3天，并根据不同信用等级，提供不同的优惠利率和信贷额度，优先满足贷款需求。对A级农户，可获得3万元（含）以内的贷款，利率为人行基准利率上浮20%，对2A级农户，可获得3万元以上20万元以内的贷款，利率为人行基准利率上浮10%。对3A级农户（种、养殖达到规定规模），可获得最高30万元的贷款，执行基准及下浮利率。

二、取得成效

（一）通过1∶3的配比放大，增加涉农信贷总量。今年人民银行根据农商行信贷支农现状，积极向上申请到支农再贷款6000万元，要求农商行优先满足信用示范农户的生产需求，并按1∶3的比例对其增加授信，跟进发放信用示范农户贷款，到9月末，已发放5636户，放贷金额1.2亿元。在支农再贷款的示范和带动下，农商行信贷人员惜贷、贷惧心理得到充分释压，大大激发了他们对"三农"主动放贷的积极性。截至2015年9月，农商行各项贷款余额达到49.98亿元，比年初净增7.88亿元，其中涉农贷款余额达到49.49亿元，比年初净增7.9亿元，农户贷款余额达到28.76亿元，比年初净增3.5亿元。涉农贷款总量和增量在全市金融机构中均列第一，成为名符其实的支持"三农"主力军。

（二）通过优惠利率的设定，促进农户贷款利率和民间融资利率的双降。针对农户普遍反映的贷款利率偏高的问题，人民银行某县级市支行充分利用支农再贷款政策的引导与推动作用，指导农商行对不同信用等级的文明信用示范农户实施不同的优惠利率，共为5636户信用示范农户放贷金额1.2亿元，按一年期贷款利率计算，执行优惠利率后，借用支农再贷款发放的涉农贷款的加权平均利率为6.13%，比使用其他资金发放的涉农贷款利率低3.6个百分点。据测算，支农再贷款优惠利率的设定降低农户贷款成本300多万元。支农再贷款低利率的间接效用，在引导农村民间融资投向、推动民间融资利率下降、促进农村资金回流，更好地服务于"三农"方面起到了积极作用，据市农调队百名农户民间借贷利率监测显示，到9月末，民间借贷利率户均12%，比年初下降17%。

（三）通过信用示范带动效应，撬动农村信用体系建设。"文明信用示范农户"共覆盖全市92.47%的自然村，截至2015年9月末，全市已评定示范农户6554户，授信1.7亿元，已发放5636户，占已评定户数的86%，放贷金额1.2亿元。在文明信用示范农户的带动下，全市农户不良贷款余额0.75亿元，比上年下降2905万元，农户不良贷款占比1.51%，下降1个百分点。辖内农村信用环境得到明显改善，农村涌现一大批"五好家庭、十佳村官、感动高安年度人物、最美高安人"等诚信致富标兵和道德模范。其中农民闵四芽祖孙三代接棒还贷、陈秋根贷款修路、植树，独守荒山十几年，坚守诚信不欠贷等感人事迹，拍成了微电影、上了电视台。种养能手、农妇金米红，人生多次经历坎坷命运，失去过亲人和朋友，但从没有失去诚实守信，成为全村脱贫致富的领头人，获得最高额度信用贷款。

（四）尝试发放模式创新，推动农商行各项业务发展。人行某县级市支行推出的"动态监测，差别调整"再贷款发放模式，根据辖区农村信用环境改善状况，对支农再贷款增量、投向、利率等实行动态监测与调整，制定使用效率评估指标体系，并根据评估结果采取相应激励约束措施，督促农商行进一步加大农户贷款投放力度，增强降低贷款利率的主动性。既确保了支农再贷款"投得准、管得好、收得回、农民得实惠"。也带动了农村金融产品和服务创新，提高了农商行自身效益和社会效益。目前，农商行创新推出了"惠农信贷通、"四连环"肉牛贷款、农机具抵押、土地流转收益保证、订单、仓单质押"等多个信贷品种。今年前9个月涉农贷款净增7.9亿元，其中投向农民种植大户0.24亿元，养殖大户1.6亿元。投向农业龙头企业、农民专业合作社、家庭农场等农村新型经营主体3.6亿元，有效缓解了农村地区融资难、融资贵问题，农商行各项存款、经营利润等指标均实现了同步增长，其中，使用低利率的支农再贷款，直接增加农商行利息收入280多万元。

普惠金融助力乡村振兴的实践与探索

2019年6月，习近平总书记在《把乡村振兴战略作为新时代"三农"工作总抓手》文中强调，乡村振兴战略是党的十九大提出的一项重大战略，是关系全面建设社会主义现代化国家的全局性、历史性任务，是新时代"三农"工作总抓手。文章指出，实施乡村振兴战略，要突出抓好农民合作社和家庭农场两类农业经营主体发展，赋予双层经营体制新的内涵。围绕这一重点，人行某县级市支行积极引导市兴旺合作社创新"担保+互助+信用"模式，通过筹建贷款风险保证金和社员互助资金、建立信用激励约束机制等措施，打造合作社、银行内外结合的全流程风险防控机制。

一、农民专业合作社发展现状

自2007年农民专业合作社法实施以来，某县级市农民专业合作社得到迅速发展，截至2019年10月末共计1013家。但合作社发展过程中存在无农民成员实际参与、无实质性生产经营活动、变相高息揽储、高利放贷仿银行运营成为"空壳社"等问题。由于合作社规模小、产业单一、风险防控措施缺乏、社员诚信意识淡薄等因素，金融支持面临可持续瓶颈，如目前当地金融机构已全面停止社员联保贷款，仅3家银行对资质较好的合作社继续保持融资业务。为彻底解决社员想贷、银行不愿贷的问题，市人行引导市农商行对该市兴旺农业专业合作社开展"一对一辅导"，通过"担保+互助+信用"模式，解决信用风险、市场风险分担问题，形成了可复制可借鉴的经验做法。兴旺合作社是2007年最早成立的几家之一。在政府、银行大力支持下，兴旺合作社由发展到壮大，从最初8人发展到现在476人，股金由最初100万元发展到现在3628.8万元。目前该社注册资金达3628.8万元，其中社员出资2688万元，国有（市供销社）出资940.8万元。

二、主要做法

（一）筹建风险保证金，建立全流程贷款风险防控机制。该支行引导农商行与合作社签订合作协议，从合作社理事会注册资金中提取部分风险保证金，给予单户社员最高50万元的贷款额度，按照1:8的比例为社员贷款提供保证担保，全额代偿农户出险不能及时还款部分，并建立风险防控机制。一是引导合作社建立内部风险审核部，重点调查社员贷款资金需求真实性、社员品行、资产负债等情况，形成贷前推荐意见。农商行基于推荐意见开展实地调查，最终银社双方共同核定贷款额度。二是建立资金监控机制，引导合作社利用线上电商平台，实施掌握社员资金周转及销售回笼情况，确保贷款100%收息。三是引导合作社与社员签订农户经营权质押协议，当社员贷款出现偿还风险时，合作社可将养殖的畜禽鲜活体流转至其他同行社员，流转款项用以补偿合作社的代偿资金。截至2019年10月末，合作社理事会筹备风险保证金金额608万元，占合作社理事会出资总额的23%，占注册资金总数16.7%；担保贷款余额4868万元，占全辖合作社贷款比重的87.1%。

（二）组建互助资金，提供短期资金拆借及过桥贷款服务。引导社员自愿入股筹建互助资金池，由合作社统一管理、农商行参照政府倒贷资金模式为入股社员提供过桥贷款资金服务。一方面，规定互助资金仅限用于出资社员之间的短期拆借、过桥贷款，拆借期限7～10天，服务费用0.7‰/天，出资社员享受股金分红不低于0.5‰/天。另一方面，社员申请互助倒贷资金时，农商行、合作社、社员三方签署《社员续贷帮扶资金使用协议书》，农商行参照政府续贷帮扶流程予以审批。截至2019年10月末，合作社社员互助资金为500万元，累计为188户社员提供互助资金帮扶710次、4.62亿元。如社员刘忠新，2007年开始从事生猪养殖，成立之初只有十几头母猪自繁自养，因资金不足制约了发展，加入合作社后，在合作社的担保下，三次为其60余万元农商银行贷款提供续贷过桥帮扶，通过几年的发展，市场竞争力逐步增强，现在不仅在城里购了新房还买了汽车。

（三）开展信用评级，建立信用激励约束机制。引导合作社注重社员信用管理，将征信报告作为社员准入门槛，不予吸收无从事农业经营项目且有不良信用记录的农户。一方面，指导合作社开展五星、四星、三星诚信社员评比，同时推荐社员积极参与全市"星级文明信用农户"评选。农商行对A—3A级信用农户社员给予提高授信额度、贷款利率优惠10%—30%等激励措施，如2018年太阳镇某养殖户获合作社推荐获评"星级文明信用农户"，获得贷款利率优惠20%的奖励。另一方面，督促合作社对失信社员实行刚性约束。如，采取"三不"措施（不向其提供互助资金借款或担保，不向就业局推荐申办创业担保贴息贷款业务，不建议银行为其进行信贷授信）、对严重失信的社员予以除名等。截至10月末，农商行为"星级文明信用农户"累计提供优惠利率贷款570万元。

（四）拓宽经营新思路，探索发展新模式。合作社通过与农业农村局合作打通技术壁垒，方便社员获得技术服务支持，降低社员的生产技术风险，解决在生产、销售过程中遇到的各种难题，提高社员市场反应能力、农产品科技含量和产品品质，保障社员收入。通过与供销系统电子商务有限公司合作，提供线上线下电子商务服务平台，打通销售渠道，缩短产销间隔期，提高社员资金利用效率；通过绿色食品发展理念和打造农产品知名品牌，提升合作社发展品位和示范带动能力，助推合作社综合能力的提升。

三、取得成效

与农民专业合作社为载体，开辟银社合作与融资创新的新途径，为乡村振兴战略赋予了经营体制新内涵。不仅有效破解了社员贷款难、贷款贵难题，保证了银行贷款放得出、收得回、有效益，对改变乡村面貌、支持三农经济发展、农民增收致富产生了广泛而深远的影响。

——破解了社员融资困难。合作社从2007年12月开始运行，2009年6月起与某商业银行合作，开展股金担保贷款业务，截至2019年10月末，累计为社员贷款提供担保286次，助力社员获得贷款2.34亿元，带动1000余农户户均每年增收5000元以上，带动贫困户户均每年增收320元，共计为375户贫困户增收受益12万元。发展并不断壮大，合作社社员由最初8人发展到现在476人，股金由最初100万元发展到注册资金

3628.8万元，其中社员出资2688万元，市供销社出资940.8万元。目前，兴旺合作社已经在石脑镇、杨圩镇等六个乡镇成立分社，业务覆盖全市近一半的乡镇。

——品牌竞争力不断增强。合作社在规模不断壮大的同时，"兴旺"合作、"禧茗"鲜肉等品牌成为业内叫得响的品牌，竞争力不断增强。2011年2月被江西省人民政府评为省级示范农民合作社；2011年6月通过农业部兽药GSP验收，是省内第一家通过兽用生物制品GSP认证企业；2013年被农业部评为无公害生产基地；2015新建生态特种水产基地。品牌效应取到很好的示范作用，社员通过借鉴合作社示范基地的经验做法，提升种植水平，基地的示范作用可帮助社员提升产量超10%，增加总体收益超20%。2017年顺应中央供销改革精神，积极开展与高安供销社合作，在某县级市石脑镇供销社"三位一体"项目建设中，将该镇375户贫困户吸纳到合作社，当年实现375户贫困户户均增收320元，共计增加受益12万元。目前，要求加入合作社的农户不断增多。

——赢得了政府与银行的信赖。合作社的规范运行和规模的不断壮大，让政府部门、银行增强了与合作社加强合作的信心和决心。在政府的支持下，合作社自2017年就积极参与供销改革"三位一体"信用合作，今年政府将通过供销"三位一体"项目建设的信用合作，将财政惠农信贷通续贷业务融入合作社的信用合作平台，支持合作社做强做大。某商业银行也主动向合作社提出放大股金担保贷款倍数，为社员增大信贷授信额度，全力为合作社及社员发展产业提供金融支撑。

——辐射面和影响力不断扩大。兴旺合作社通过建立与合作银行的良性联动机制，同时配套完善相关制度，积极探索银社合作的有效方法和长效机制，已经取得了较好成效，不仅得到社员的信任支持，而且获得了上级主管部门的充分肯定，还赢得了社会大众的广泛认可，以及金融机构的高度信赖，步入了良性循环的发展轨道。其示范带动作用突显，辖内1000余家农民专业合作社有50多家与其开展了银社合作学习交流，共享合作社发展壮大建设成果。

普惠金融催生农村电商新业态

2015年以来，某县级市金融部门以该市力争打造"全省农村电商服务示范县"和"全省电子商务产业品牌"为契机，以深化农村普惠金融为导向，催生农村电商新业态，通过金融助力打造全省网淘强县市。

一、主要做法

（一）政策"引路"，构建金融支持农村电商服务体系

一是政策保障。人行某县级市支行拟定并促请市政府出台了《某县级市普惠金融工作实施方案》、《某县级市电商金融工程实施方案》、《关于金融支持农村电子商务发展的指导意见》等政策，从加大信贷投入、创新信贷产品、完善基础设施等多个方面，要求各金融机构为农村电子商务发展提供有力的金融保障，对金融机构支持农村电商等重点领域和环节给予支农再贷款、再贴现等政策支持。二是搭建平台。在金融机构的大力支持下，某县级市农村电商公共服务中心成立；同时成立覆盖"县、镇、村"三级农村电商服务站，并启动农村电商项目正式开业。三是银商对接。人行某县级市支行通过定期组织银行机构业务人员与淘宝大户面对面交流会，对接推介项目，寻求合作意向。2015年共召开对接会3次，签约对接项目36项，对接金额2.2亿元，目前，全市银行机构对农村电子商户授信户数已达2500余户，授信金额达15亿元。

（二）基础"铺路"，增强金融支持农村电商服务能力

农村电商虽源于"三农"但作为一种新业态对金融有着更为强烈的需求，而普惠金融铺筑的坚实基础才能为其插上腾飞的"翅膀"。一是引入乡村金融机构。至2016年，除传统的四大国有商业银行外，九江银行、赣州银行、江西银行纷纷在某县级市设立网点，全县23个乡镇银行网点已达33家，成立了小额贷款公司4家，设立"三农"保险营销服务点60多个。全市涉农类贷款余额188亿元，年均增长率保持在20%以上。二是优化金融基础设施。鼓励和引导涉农金融机构持续加大对乡镇金融基础设施投入力度，延伸金融服务"触角"，拓宽服务覆盖面。据统计，全市建立

了168个村级电商金融服务站，布设ATM机92台、POS机586台，设立助农取款服务点36个，提供小额存取、便民缴费、农产品销售等多位一体的服务。三是推广网银和手机银行新业务。积极推动涉农银行机构推广网上银行、手机银行、电话银行等层次分明、功能互补的新型、移动支付结算工具，农村电商的网银和手银渗透率达到100%。同时，支行还积极协调银联机构将POS机线下收单手续费标准降低，切实降低农村电商经营成本。四是提升农村电商金融素养。支行针对农村电商相比普通农户头脑更灵活、新鲜事物接受能力强的特点，推出了农村电商金融知识服务"套餐"，讲解网银、手银、网络反诈骗、信用卡等金融知识，深受广大农村电商的欢迎。同时，在政府门户网设立"中小微企业融资服务中心"网页，建立了农村电商项目数据库、银行信贷产品资料库等，银行和农村电商实现了线上数据互通共享。

（三）创新"开路"，挖掘金融支持农村电商的内在潜力

一是创新信贷产品。针对农村电商缺少土地、房产"两证"、有效抵押物不足等问题，人行某县级市支行引导各金融机构创新产品，如农商行向10户农户发放林权抵押贷款800万元，实现了"两权"抵押贷款"零突破"，农行和邮储银行则推出了"电商贷"。至2016年，全市银行机构对农村电商累计发放各类贷款3.8亿元。同时，人民银行向农商行累计发放支农再贷款3.8亿元，缓解了涉农银行机构资金紧张矛盾。二是开辟绿色信贷通道。对农村电商产业实行优惠政策，根据担保方式、借款人结算业务量以及交息、还款及时性等情况实行不同优惠利率，如农商行对农村电商及上下游加工商户实行贷款利率比一般农户优惠10%，并实行贷款限时5天办结制度，推进农村电商贷款证定向授信模式，贷款额度放大到30万元，实行"一次审批，三年内随用随贷，周转使用"。

（四）信用"护路"，营造金融支持农村电商的良好环境

稳步推进农村信用体系建设。目前，已为8.1万户农民建立了农户信用档案，农户信用档案建档率达90%。积极开展信用评比活动。全市有36个自然村和5个乡（镇）被评为信用村、信用乡（镇），有26家企业被评为诚信企业，文明信用农户达5.6万户，36名农村青年被评为"农村青年信用示范户"。深入推进中小企业信用体系建设。依托中小企业信用信息辅助管理系统采集小微企业信息2310户，共有532家

小微企业通过中小企业信用信息管理系统和银行建立了合作关系。至2016年，农户贷款平均不良比例同比下降到2.79%。

二、取得成效

（一）越来越多的村镇发展成为"淘宝村"

目前，全市网络店铺数量超过1200余家，农业产业和电子商务的良性互动，带动了原料供应、辅料生产、包装物流等产业的快速发展，申通、中通、圆通、韵达等十余家物流公司进驻电商集中乡镇，据统计，2016年全市农村电商交易额突破2.4亿元，越来越多的村镇发展成为"淘宝村"。

（二）助推了农村电商和农业产业健康发展

在金融支持下，该市农村电商服务网络覆盖市、镇、村，产品销售辐射江西省甚至全国。至2016年，全市银行机构对农村电商及相关上下游企业贷款余额达13.6亿元，共向600余户农村电商发放贷款8200万元，分别同比增长45%和20%，远远高于市贷款平均水平。全市农村电商户达2200余户，同比增加42%。全市30余家农业龙头企业通过电商平台销售产品，销售额达3.6亿元，同比增长26%，18家村级服务站日均完成订单210笔，交易额突破日均1.2万元。

（三）激发了"大众创业，万众创新"热潮

截至2016年，进入农村电子商务中心的入园企业从设立之初的12家增到目前的48家，带动了物流、包装、广告设计、农业龙头企业、种养殖大户等相关产业链就业人数约5000人，农村电商共安置创业人员600余人，实现创业项目128个，为返乡创业群体提供了很好的就业、创业平台。

行业端合力联动　场景端重点突破

为贯彻人民银行移动支付工作要求，深入推动移动支付的广泛应用，人行某市支行以便民惠民为导向，出台措施、"四导"并举，积极引导辖内各家银行围绕商

圈、菜场、助农取款点等多个场景，因地制宜拓展市场，推动以"云闪付"APP为核心，符合行业标准的二维码、手机闪付等移动支付在行业端和场景端的协同发展，取得明显成效。

一、基本情况

截止2019年7月31日，全市金融机构重点打造了中汽森泽商贸城、瑞州菜场两个银联支付场景示范点。全市云闪付APP注册用户达1.48万户，有效用户1.1万户。共发生手机闪付和二维码支付交易9.6万笔，交易额2.8亿元。布放智能POS机具283个，各类设备投入48万元。全市移动支付推广及受理环境升级改造取得阶段性成果。该市农商行作为移动支付推广的生力军，共拓展移动支付商户1.24万户，占辖内商户的34.65%，绑定账户余额5.71亿元。该行支付品牌聚合支付收单交易357.91万笔，累计交易额25.26亿元，减免商户手续费505.18万元。

二、主要做法

（一）悉心传导，形成机制。今年初，支行在市金融办主导下，协调成立了移动支付便民工程推进领导小组，把该项工作作为各有关单位"一把手"工程来经营，作为践行普惠金融的民生工程来谋划，作为惠民、便民的标杆工程来打造，出台了实施方案，从机具升级、商圈建设、便民场景推广等方面提出要求，先后多次召开"移动支付工作推进会、协调会"，及时传导上级人民银行移动支付工作要求，周密部署、精心组织12家商业银行认领应用场景改造任务，制定各自推广策略、开展营销活动，全市形成"政府主导、人行推动、部门帮扶、银商联动"工作机制。引导高安农商行采取"抢、围、拓、对"四字推广策略，收到良好效果。

（二）强化督导，凝聚合力。为督助落实商业银行受理场景建设情况，加强工作调度考核，支行先后组织开展了多次专项督查，是否按照工作步骤和时间节点落实各项工作，受理环境是否优化，受理机具功能是否合格。督导"云闪付"标识张贴、商户POS机终端升级改造到位情况，受理非接、开通双免、收银员培训等情况。了解社会公众对推广工作的认知度和满意度，对各商业银行按照任务数、进度表、责任人等指标实行动态管理，定期考核通报。同时加强与政府相关部门的沟通协调，明确职责，各司其职，形成合力。针对反映突出的"部门积极性不高、协调难、APP界面不够直观简洁"等问题，及时召开协调会，共同解决工作推广中的难点、堵点问题。

（三）**分类指导，树立标杆**。支行根据商业银行各自业务优势和产品特点进行分类指导，着力打造优质服务示范点和标杆场景。菜场是关系百姓日常生活的重要便民支付场景，也是推动移动支付落地应用的首要突破口。辖内九江银行瑞州小微支行，是距离瑞州菜场最近的银行网点，今年初，该行就制定营销方案，组成小分队一户户走访摊贩问需求，针对摊主普遍反映的"收单及支付到账要方便快捷、语音播报"等需求，该行重新修订了"随机减"、"云闪付"智慧菜场解决方案，方案设定，通过该行收单平台消费满5元随机立减0.2-10元，每逢周一、六、日，客户通过该行"码上收"二维码使用银联支付，每户每天不超过5笔、20次，每个活动日总量不超2000笔。该行推出"码上收"产品后，各类设备投入达3万余元，很快赢得了客户认可。通过微信推送，宣传物品的发放，大力推进"随机减"活动，吸引了大量办理收单业务的商贩。截止8月10日，该行共营销瑞州菜场商贩及经营户78余户，占所有商贩的82%，客户绑定云闪付263户，活跃用户189户，手机闪付和二维码支付交易2.65万笔，交易额1350万元，为商摊让利1万余元。该行营销的瑞州菜场成为场景建设中的标杆。

（四）**示范引导，重点突破**。中汽森泽国际商贸城，被选定为全市商圈推广的重点示范区后，各家商业银行纷纷跟进，开展了形式多样的用户拓展活动。主要有：一是在该商圈内的超市、餐饮店、便利店、配件店等场所快速拓展云闪付受理商户，同步开通小额双免功能。二是大力推广和布放云闪付自助售货机，支持全天24小时使用云闪付购买饮料、零食等小商品。三是将商圈停车场与银联云闪付进行系统对接，通过"挥挥手"或扫码等方式实现免找零快速出场。四是推出云闪付体验让利优惠政策，如"客户单笔刷卡金额满减优惠"等。市农商银行依托网点优势，设立专门的"云闪付"体验与注册专区，指导客户下载银联"云闪付"APP，完成绑卡、密码设置等操作。挨家挨户派发宣传折页，互动解说云闪付APP的功能、下载流程、各种优惠便利等，让商户切实体会到"云闪付"带来的实惠和便利。截止7月31日，该商圈共有178户商家下载"云闪付"APP，收单交易1.91万笔，累计交易金额1978万元。

三、主要成效

（一）行业端受理环境不断优化，场景端交易额稳步提升。 目前全辖银联移动支付产品支持率达98%以上，配备终端机具商户中有88%开通双免业务。截止2019年7月末，全市银联手机闪付或二维码支付绑定商户1.8万户，支付交易9.6万笔，交易额2.8亿元。布放POS机具283个。九江银行不断加强向场景端的定向渗透，通过持续开展每周三天的满额立减活动，进一步增加了商户粘性，培植了客户资源，培养了客户移动支付习惯。

（二）商户与银行实现了互动共赢，银商环境进一步改善。 瑞州菜市场商户使用九江银行"码上收"二维码，可以通过语音播报了解销售及收款情况，商户越用越喜欢，"随机减"活动带来的高人气，不仅让商摊得到实惠，营业收入也有了大幅增长。也带动了该行客户数、存款等零售业务的增长，让更多的公众了解移动支付产品，方便老百姓的衣食住行，扩大了自身业务品牌知名度和影响力，进一步融洽了银商合作关系。

（三）促进了覆盖面的大提升，农村支付环境进一步改善。 全市完成50个助农取款点移动支付设备的升级改造，布放具有移动支付功能的智能POS机具283个，投入各类移动支付终端设备48万元。高安农商银行依托聚合支付服务终端，对有条件的农户每户开通一部手机银行或网银，手把手教会下载银联"云闪付"APP、绑卡、密码设置等操作。逐步构建了完善的农村移动支付"村村通"网络，广大村民足不出户就可享受消费、转账、缴费等快捷便利的金融服务。

"四导"并举拓新路　扶弱助贫促就业

再就业工程，是当前构建和谐社会的重要的环节，也是党中央关心弱势群体的民心工程。贯彻落实好再就业的各项政策，引导金融机构运用信贷杠杆，撬动创业推进再就业，是基层央行的重要职责。近年来，人行某县级市支行积极参与地方再就业工程建设，深刻领会、全面贯彻国务院、人总行关于再就业工作的政策、文件精神，灵活运用货币政策工具，"政策传导、窗口指导、信贷引导、考核督导"四导并举，创新推出多种工作思路，建立了金融支持再就业工作的长效机制，有力地促进了再就业小额担保贷款业务的长足发展。

一、实施成效

某县级市再就业小额担保贷款业务，于2003年9月开办。三年来，该项业务取得了长足的发展。截至2007年9月末，全市再就业小额担保贷余额达2183万元，比上年末增长1.2倍，累放额达4243万元（其中，小微企业贷款累放1300万元，余额1000万元），担保基金524万元。贷款发放总量和增长速度均处于全省前列，直接扶持创业和带动就业3000多人，实现营业额4000多万元。贷款还贷率为98%。利息回收率达99%，小额担保贷款对全市新增就业贡献率达12%，产生了良好的社会效益和经济效益，实现了政、银、创业者三赢。2006年，某县级市再就业小额担保贷款净增额排在全省各县市第三位，受到江西省再就业工作领导小组的通报表彰。在江西省再就业工作高安现场汇报会上，人行某县级市支行作了典型发言，其工作成效与做法受到与会者的好评。

二、主要做法

（一）政策传导有道。为贯彻落实《国务院关于进一步加强就业再就业工作的通知》和人总行、财政部、劳动和社会保障部《关于改进和完善小额担保贷款政策的通知》等文件精神。市人行及时组织召开了金融机构行长联席会，领会政策意图，统一思想认识，明确工作职责，协调解决各种新情况，新问题，进一步强化了金融支持再就业工作的政策传导。市人行还编辑了《再就业政策导向》、《个人信贷业务服务指南》等读本，在银行柜台和居民中散发。通过电视媒体等宣传再就业小额贷款的政策及申贷条件、办理程序。开通再就业小额担保贷款咨询服务电话。协助市政府成功举办了"江西省诚信与建设新农村大型征信宣传启动仪式"，组织金融机构，现场解答小额担保贷款等货币信贷政策咨询300人次，深入乡村散发宣传单5万余份。大造声势，营造"守信获益，勤劳致富"的浓厚氛围，江西电视台进行了报道。

（二）窗口指导有方。一是创建信用社区，解决担保难瓶颈。为了帮助那些急需贷款而又缺乏担保条件的下岗职工享受国家优惠政策，该行积极协助政府部门开展信用社区创建工作，并出台相关办法，减少贷款环节。如对信用社区内的下岗失业人员申请小额担保贷款的，经过个人信用评估，工商、税务、计生、综治、街道劳动保障事务所等相关部门及左邻右舍出具相关证明后，在社区内公示一周无异议，就可以发放信用贷款。目前共创建瑞州、筠阳、建山信用社区3个，引导金融机构对其发放再就业小额信用贷款43户，金额86万元。二是出台《某县级市金融支持全民创业与再就业信贷指导意见》，该意见根据市政府全民创业若干意见，针对不同的创业主体，分类提出不同的扶持措施，扩大了小额担保贷款的扶持对象。对于吸纳一定比例下岗失业人员的私营业主和民营企业，扩大授信额度，允许办理非全额担保贷款，或者办理适量比例的信用贷款；对于外籍企业来本地创业的，优先给予信贷支持，着重增加其流动资金贷款；对于下岗失业人员重新创业的，凭劳动保障部门的《再就业优惠证》等相关证件和担保证明，申请小额担保贷款；对于打工人员回乡创业、普通市民创业、失地农民创业的，采取一次授信、多次提款、额度循环的方式发放抵押贷款或信用贷款。《指导意见》要求全市金融机构要依托政府部门的支持与协调，增强大局观念和责任意识，充分发挥城镇社区在落实小额担保贷款政策中的联系协助功能，努力扩大小额担保贷款覆盖面，促进对再就业工作的辐射拉动作用。各金融机构要在"开立帐户、小额贷款、费用减免、企业财务咨询"等方面，切实做好支持再就业的相关金融服务。

（三）信贷引导有效。一是引导金融机构创新信贷方式，增加信贷品种。市人行用科学的发展观领会和延伸再就业小额担保贷款政策的真正内涵，引导金融机构改进对个人创业贷款的授信管理，做到一次授信，循环使用，随用随贷。加快对个人信贷方式的创新，推出新的信贷品种，切实解决担保难瓶颈，尝试"动产抵押、仓单质押、权益质押、第三方担保"等多种担保方式发放贷款；开办了对自然人、企业法人代表、核心股东、主要经营责任人提供的以其个人财产或权利为抵（质）押的贷款。开办多个创业企业对其中一个创业企业联保贷款。开办买方信贷、出具保函、开出信用证等新的信贷工具。在市人行引导下，金融机构将贷款对象放宽到退伍军人，并尝试将贷款额度由2万元增加到5万元。该行还积极鼓励金融机构对吸纳下岗失业人员达到规定条件的劳动密集型小企业提供信贷支持，如市农行在市人行协调下，向下岗失业人员占30%以上的卓林制衣厂，发放贷款200万元，企业不仅扩大了生产规模，还增加了就业人员，出现产销两旺的好势头，发挥了小企业带动个人就业的倍增效应。二是引入信贷竞争机制，扩大小额担保贷款的规模效应。市人行主动邀请异地金融机构到高安考察项目，为本地企业搭桥联姻，目前共有南昌商业银行、交通银行等4家异地金融机构对高安中小企业放贷1.8亿元，其中南昌交通银行对下岗失业人员安置较多的劳动密集型小企业放贷800万元。目前全市开办再就业小额担保贷款业务的金融机构已达8家。

（四）考核督导有度。一是建立目标考核与奖励机制。市人行拟定的《金融机构工业信贷考核奖励办法》得到市政府的批转执行，今年该行建议政府将小额担保贷款的考核奖励纳入该办法，得到市政府采纳。办法规定，小额担保贷款的考核奖励与贷款目标责任制挂钩，对金融机构小额贷款余额、净增额、累放额等指标进行考核。该行还建立了"贷款风险警示评价及工作进展情况通报制度"，制定"再就业小额担保贷款风险监测统计表"，每月对任务完成情况和存在问题向金融机构进行通报，针对问题及时召开会议，研究对策并及时向政府有关部门反馈意见，为推进小额担保贷款工作提供了良好的保障机制。二是牵头召开联席会议，建立与财政局、劳动保障局等经济综合部门、金融机构之间的联动机制，健全再就业贷款信息沟通渠道。政府各部门对再就业小额贷款开办给予了积极响应和支持，在办理证照、收取规费、财政贴息、开业等方面开通了"绿色通道"，为贷款的及时发放提供了便利条件。三是正确处理好金融机构与信用担保机构之间的风险共担、利益共享关系。由于小额担保贷款管理办法中对贷款逾期后是否罚息、贷款逾期后欠息是否由担保基金代偿等问题并没有明确，给经办银行贷款带来了不确定性风险。在处理金融机构与信用担保机构间的风险分担及保证方式等问题上，市人行在兼顾两者利益的基础上，与两家密切磋商，使双方的权利与义务对等，最终达成共识，从而降低了协作风险。

三、几点启示

（一）运用小额担保贷款，撬动创业促就业是构建和谐社会的"民心工程"，其发展前景广阔。小额担保贷款的开办，是对国家就业政策的积极配合，是帮助一部分弱势群体成功实现创业、就业的行之有效的措施，既为急欲创业而受制于资金缺乏者通过信贷支持实现创业，又分担了一部分社会压力，解决了一部分人的再就业问题。金融支持再就业，具有广阔的发展前景和重大现实意义。

（二）灵活运用货币政策工具，指导小额担保贷款业务可持续发展，是基层央行提高货币政策执行效能的具体体现。在人民银行的指导下，金融机构创新推出多种形式的信贷品种，深受创业者欢迎。小额担保贷款业的开办不仅促进了金融机构的经营行为与人民银行的货币政策意图"合拍"，还促使金融机构调整优化了信贷结构，保持了信贷投入的稳定增长，实现了公益与效益的平衡。

（三）加快个人信用体系建设是再就业小额贷款发展壮大的根本。在市人行牵头下，该市自2001年起开展金融信用环境治理工作，个人信用状况大有改善，为再就业小额贷款的顺利启动并迅速推广提供了条件。由此看来，贷款能否持续、向纵深开展，取决于个人信用体系建设状况，取决于区域金融生态环境建设状况，加快信用社区创建工作是当务之急。

（四）地方政府出台的配套扶持政策是再就业小额担保贷款得以拓展的动力。下岗失业人员较分散不易管理、没有担保物或担保不足、缺乏经营管理经验等是再就业小额贷款风险的潜在因素。从目前某县级市情况来看，再就业小额贷款金融部门承担的风险较大，要降低风险，政府出台配套扶持政策尤为重要，因此，建议政府要增加相应的优惠政策措施，解决好再就业小额贷款风险补偿、扩大利息补贴范围、减少规费收取等问题，为该项业务的拓展营造良好的社会环境。

（五）建立政府部门、金融机构、信用社区之间的联动协作机制和金融支持再就业的长效机制是再就业小额担保贷款业务稳定健康发展的保证。实践证明，加强各部门的协作沟通，形成支持下岗失业人员再就业的社会合力，是确保再就业小额担保贷款良性循环和长足发展的关键。

推动地方支柱产业发展金融普惠

金融助推陶瓷主产区供给侧结构性改革的高安样本

某县级市是全国五大建筑陶瓷主产区之一，全市共有陶瓷及配套企业126家，陶瓷生产线189条，年产能8亿平方米。但该市陶瓷产业长期存在产能利用率低、产品档次不高、市场竞争力不强等弊端。2016年以来，人行某市支行指导辖区金融机构结合陶瓷产业发展实情，充分发挥信贷资金的引导和支撑作用，围绕"三去一降一补"大力推动陶瓷产业供给侧结构性改革和转型升级发展。通过建立灵活有效的工作机制，探索出一条政银联动、银企互动促'三去'；减费让利、主观能动降成本；资金引领、创新驱动补短板"的金融支持模式，形成金融助推供给侧结构性改革的高安样本。

一、政银联动、银企互动促"三去"

年初，人行某县级市支行根据中央供给侧结构性改革的主要精神，按照"区别对待、有扶有控"的原则，出台了《金融支持陶瓷产业供给侧改革指导意见》。一方面主动加强与发改委、工信委等经济管理部门沟通协作，实现信贷政策与产业政策的精准对接，淘汰落后产能；另一方面，积极引导金融机构优化信贷结构，推行联合授信、贷款重组、牵头行主办制度等措施，降低企业资金杠杆、化解债务风险。

（一）综合治理、统筹规划去产能。产能过剩造成价格恶性竞争，资源浪费，产品同质化加剧，最终削弱了整个行业竞争力。市委、市政府深刻认识到产能过剩带来的危害，着力构建去产能有效机制，先后出台了《陶瓷产业供给侧改革若干意见》，制订去产能行动计划，要求年产能由去年的8亿平方米减少为7.5亿平方米，产品库存同比下降50%。目标明确后各有关部门上下联动，金融机构主动参与，企业积极响应。目前全市共改造落后生产线42条，淘汰不符合环保要求生产线12条。2016年上半年，40家陶瓷企业产品库存比上年末下降35%。瑞阳陶瓷通过大力压缩产品库存，仅仓库租赁费用就比去年同期减少150多万元。

（二）有保有压、差别化政策去杠杆。根据人行某市支行《金融支持陶瓷产业兼并重组转型升级指导意见》，各金融机构对陶瓷产业实施有保有压差别化信贷政策，主要体现在对陶瓷企业实行名单制分类管理：某商业银行对科技型、节能环保型、市场竞争力强的企业列入优先支持类；对有市场前景出现暂时经营困难的企业，列入维持类，帮助其扭亏、重组、脱困；对于环保不达标企业，列入压缩类，对长期亏损、失去清偿能力的"僵尸企业"列入退出类。共筛选26家企业进入优先支持企业名录库，6家企业进入压缩或退出企业名录库。市农行则对产业龙头企业通过产业链、信托等多个组合融资手段解决其资金需求，支持其技术改造和环保升级。对长期库存积压过大，产能过剩企业实行融资总额控制，未取得合法手续的新增产能项目，一律不予放贷，对违约出险企业制定风险防控预案。市工行对雅星集团分公司等"走出去"在南非建厂扩线、转移产能的陶瓷企业，打破信贷余额限制，且在审批申报环节享受绿色通道的快捷服务。

（三）一企一策、资产重组去风险。民间借贷成本过高、一企多贷、过度举债，存在较大金融风险隐患。对此类企业的化解方法主要是整合各家金融机构信贷资源、统一协调、整体联动，帮助企业利用资产重组降低负债，有效化解信贷风险。为此，人行某市支行推动政府建立了"债权人会商与牵头行主办"制度，组织主要贷款行定期召开债权人会议，整合各行信息，互相通报涉贷出险企业及关联企业的信用状况、担保、联保等信息，分析研判风险状况并进行分类排队，最终对企业联合授信、贷款重组、信贷退出等形成共识，从而降低企业的债务负担和风险隐患。如：新高峰陶瓷由于管理不力、负债过重被迫停产，并出现职工、供应商堵路、上访等偏激行为。公司所欠四家金融机构1.4亿元债务面临悬空危险。人行某市支行在调查研究的基础上，运用"债权人会商与牵头行主办"制度，促使四家金融机构统一签订"债权人一致协议"，有针对性地制订细化风险处置方案，最终，该企业被瑞源陶瓷集团兼并重组，企业资产及金融机构1.4亿元债务得到有效整合和化解。2015年以来，通过"一企一策"的方式，金融机构先后协助6家涉贷出险企业进行资产重组5.8亿元，产业资源得到优化配制，企业信贷风险得到有效缓解。

二、减费让利、主观能动降成本

省委、省政府《关于降低企业成本优化发展环境的若干意见》要求开展形式多样的专题活动，着力帮助企业减轻负担，增强盈利能力。为落实《若干意见》精神，人行某市支行加强督查和强化指导，着力引导金融机构简化续贷手续、主动承担贷款中介费用、减费免费、减费让利合理制定贷款定价，切实降低企业融资成本。

（一）简化续贷手续，降低贷款过桥成本。为减少企业续贷过桥资金成本，人民银行某市支行推出《信用示范企业续贷帮扶资金管理办法》，得到该市委、市政府的全力支持，下拨专项资金成立续贷中心。截至6月末，累计为62家企业提供贷款过桥资金7.2亿元，为企业节约融资成本1580万元。同时，指导金融机构创新转贷和担保方式，简化信贷审批流程，在贷款到期前提前介入，开辟评级授信绿色通道，统筹配置存量贷款到期收回与增量配置，对成长型陶瓷企业不抽贷、不压贷，确保转贷续贷"无缝对接"，2016年1—6月为陶瓷企业办理续贷达16亿元。

（二）主动减费免费，降低贷款中介费用。贷款评估、抵押登记等中介环节费用偏高，一定程度上拉升了企业贷款总体融资成本。为切实降低贷款中介费用，一方面鼓励竞争，要求金融机构不得指定贷款抵押物评估机构，同时推动政府在全省率先实行集中式办公、规范化管理的"中介超市"改革模式，为企业节省中介费用374万元，出台了减半收取抵押登记费用的规定，切实把评估、抵押登记收费标准降下来。另一方面，在辖区开展贷款中介费用专项清理活动，要求辖区金融机构按照物价部门规定的"谁主张、谁交费"的原则，认真理清贷款中介费用缴交对象，不得将应由银行机构承担的贷款中介费用转嫁至贷款企业。据统计，对照以往的缴交标准和对象，2016年上半年全市陶瓷企业减免贷款中介费用近500万元。

（三）合理贷款定价，降低企业融资成本。结合人民银行基准贷款利率下调以及金融市场资金价格下行，人行某市支行加大了陶瓷企业贷款利率定价的督导力度，要求金融机构对陶瓷企业贷款利率科学定价、合理定价，进一步降低陶瓷企业融资成本，支持陶瓷企业转型升级发展。据监测，2016年上半年，全市陶瓷企业贷款加权平均利率为6.1%，较上年同期下降1个百分点。以6月末陶瓷产业贷款余额25亿元计算，每年可降低企业融资成本0.25亿元。

三、资金引领、创新驱动补短板

品牌建设滞后、产品同质化严重、环保治污压力大是该市陶瓷产业发展的"三大短板"。为此，人行某市支行积极指导金融机构加大技改贷款和绿色贷款投放力度，实施差异化评级授信政策，引导陶瓷企业不断加大科研和技术投入，以科技创新补齐"三大短板"。

（一）以技改贷款引领企业补产品短板。加大技术改造和科研投入，是企业补齐产品短板的唯一路径。面对全市陶瓷产业转型升级的现实需求，该支行指导辖区金融机构积极与上级行沟通，突破体制机制约束，进一步加大陶瓷企业技改贷款投放力度。近一年多来，在金融机构3.5亿元技改贷款的支持下，全市30余家陶瓷企业改线（生产线）、并线13条，淘汰落后生产线12条，薄型砖、环保砖等产品层出不穷。新中源陶瓷公司在中行高安支行2000万元贷款扶持下，薄砖减薄比例达到30%以上，技术处于全国领先水平。按照基地企业产品平均减薄10%计算，每年可节约能源500万吨标准煤，少用原料2000万吨以上，减少二氧化碳排放约1300万吨。

（二）以绿色贷款引领企业补环保短板。围绕陶瓷企业的环保改造和发展后劲，全市金融机构累计发放绿色贷款近8亿元。一是大力支持绿岛科技、爱和陶等资源回收利用型企业，支持该类企业建成年处理陶瓷废料200万吨的生产装置，有效解决的全市陶瓷废料处理难、填埋难问题。绿岛科技公司在邮储银行的支持下，成功研发出陶瓷废渣生产透水砖技术，变废为宝，产品成为海绵城市建设的重要载体并出口十多个国家。二是支持企业开展环保整治活动，淘汰链排炉59座，186条建陶生产线实现除尘脱硫。三是支持建设陶瓷窑炉燃料集中供气项目，项目总投资30亿元，项目建成后既可缓解废气排放环保压力，又可降低企业燃料成本，大大增强陶瓷产业发展后劲。

（三）以授信倾斜引领企业补品牌短板。品牌形象是企业综合实力的集中体现。为引导企业加强品牌建设，金融机构将企业商标级别列为贷款评级授信的内容之一，按照中国驰名商标、江西省著名商标、知名商标等级，分别给予评级加分。同时，加大无形资产质押贷款创新力度，先后开办了"商标权质押"贷款、"环评合格证质押"贷款等无形资产质押贷款，累计发放该类贷款2680万元。金融机构在评级授信和贷款质押方面对商标权的认可，增强了陶瓷企业推进品牌建设的信心和决心。目前，该市陶瓷企业拥有中国驰名商标总量达13件，列全省县市区第一；高安建筑陶瓷基地被国家工信部列为全国新型工业化示范基地和全国知名品牌创建示范基地，"高安建筑陶瓷"品牌价值达到39.1亿元。新明珠陶瓷公司旗下的"冠珠"牌瓷砖为全国十大品牌之一，产品远销欧美。

在金融部门的大力推动和策应下，该市陶瓷产业供给侧结构性改革顺利推进，产能利用率、科研实力和产品竞争力明显提升，银行信贷结构、资源配置进一步优化，陶瓷产业与金融行业呈现良性互动发展。2016年上半年，全市陶瓷产业实现主营业务收入136.2亿元，列全国五大陶瓷主产区第三位，同比增长7.8%，实现利税13.4亿元，同比增长16.5%；陶瓷产业不良贷款余额1.19亿元，较年初下降0.48亿元，不良率4.76%，较年初下降2.5个百分点。

开辟地方重点产业金融风险监测与处置的新途径

中国建筑陶瓷产业基地落户某县级市以来，企业聚集效应、基地比较优势愈益明显，目前已发展成为全国建陶五大主产区和全省20个重点产业集群之一。2014年以来，随着经济下行压力加大，该市陶瓷产业出现了淡季提前、停产增多、产品积压严重、资金紧张加剧等困境，部分企业因互保联保引发的担保圈、资金链风险逐渐暴露，企业流动性风险有更加显性化迹象，呈加快暴露趋势，产业经营风险和民间融资风险加速向金融体系传导，金融风险暴发因素增多。人行某县级市支行针对这一现状，尝试开展陶瓷产业风险监测工作，积极探索地方重点产业风险监测方法和手段，通过建立重点企业数据库，对产业风险进行监测分析，对信贷风险进行压力测试，提前识别、及时反映产业风险状况，构筑联防共处风险处置平台，形成一套较为完善的地方重点产业风险监测和防范体系，有效遏制了产业风险向金融风险传递，促进了地方重点产业稳健发展。

一、主要做法

支行先后召开辖内产业运行调查分析会、金融风险监测协调会6次；联合开展陶瓷产业风险监测、评估1次，陶瓷产业风险压力测试1次，参与人员87人次；开展金融稳定知识培训，参与人数100余人次；上报有关信息10期，及时采取了4次监测情况通报、3次约见金融机构高管人员谈话和风险提示，选派专人到上级行学习有关知识，主动邀请上级行领导对产业风险防范工作进行现场指导等。

（一）建立重点陶瓷企业金融风险监测数据库。组织召开金融机构和陶瓷产业相关部门负责人会议，下发《关于报送重点陶瓷企业金融风险监测数据库有关事项的通知》，建立数据专报与专人负责制，及时获取企业经营情况、债务规模和结构、负责人行为等信息。目前，产业风险监测数据库已按月采集了全市45家陶瓷企业2011年以来的主要财务数据。

（二）对陶瓷产业信贷风险承受力进行压力测试。为了评估商业银行贷款损失风险承受能力，选取了房地产销售面积和陶瓷均价作为压力指标，并结合实际情况针对两个压力指标设计了三种不同程度的假想冲击，估算了不同压力情况下的陶瓷行业信贷风险违约概率，并得出了"陶瓷行业信贷风险的变化对陶瓷均价更为敏感"的结论。以此评价产业风险对金融风险影响程度，进而达到对产业风险提前识别和预警目的。

（三）完成"高安陶瓷产业风险监测分析报告"。制定并由市政府转发《陶瓷产业风险监测预警办法》，通过监测产业动向，分析监测指标总体情况和运行特点，主要风险及趋势，对风险状况、程度进行总体评判并提出对策建议，为防范和化解产业风险提供预警性动态信息。

（四）对风险企业实行"名单制"管理。根据获取的企业数据库，对生产出现异常的六类企业（不良贷款上升大、资产负债率高、民间借贷过多、库存积压占比大、企业关停、法人跑路失联）进行名单制管理，并建立了生产异常企业的建档立卷和企业风险隐患和重大突发事件报告制度。帮助银企双方提前识别和获取金融风险方面的信息，尽早控制、化解各类风险。

（五）建立产业风险部门联动和协调处置机制。为妥善处置风险，支行提请政府成立金融稳定协调工作委员会，定期召开工作会议，完善应急处置预案，依法处置产业风险。完善部门协作的内容与形式，在信息共享、风险监测、事件报告、联合查处等方面形成合力。各部门针对不同风险程度企业采取债权人协调、债务重组、收购兼并、关停破产等措施妥善处置。

（六）出台"企业续贷帮扶资金管理办法"。旨在为帮助部分有市场、有潜力、临时资金周转困难的陶企解决续贷"过桥难，过桥贵"问题，减轻企业融资成本，得到市政府采纳并实施。目前政府出资1亿元设立企业续贷过桥周转金，并成立续贷中心，由市民营局负责具体运作，市人行、财政局负责资金监管。

二、主要成效

陶瓷产业风险监测机制的建立和实施，改变了以往专注于金融风险监测的模式，将监测触角延伸到产业和重点企业，侧重于产业风险如何向金融风险传导和蔓延，从产业发展前景、企业经营状况、贷款偿还能力等方面，对存在的金融风险进行全方位的前瞻性监测，较好的预警了因产业危机引发的金融风险。探索出一条地方重点产业风险监测新途径，并实现了四大提升。

（一）产业风险联防共处、应变能力进一步提升。产业风险部门联动及协调处置机制的建立，促进了共同论证风险性质、风险类别，确定风险处置措施工作的常态化。在上级行指导及政府牵头组织下，采取债务重组、收购兼并、关停破产等措施成功处置了4家生产出现异常、贷款出现风险企业，协调处理闹事债权人180多人次。银行对三家有市场、有潜力的困难企业新增贷款5600万元，帮助其恢复生产，对40多家陶企续贷3.8亿元。市法院妥善处置涉及陶瓷企业的民间借贷纠纷案件12起，涉案标的2863万元。目前，陶瓷产业基地停产的48条生产线，有24条已恢复生产，行业产销率由65%上升起到85%，税收贡献同比增长25%。

（二）金融机构提前识别、风险防范能力进一步提升。金融机构、陶瓷基地管委会等部门积极配合落实重大事件报告制度，使支行能够在第一时间掌握突发事件的源头，及时把风险状况告之贷款行。今年以来由于6起风险事件的提前识别和及时风险提示，贷款行得以及时到法院办理抵押物保全措施，涉及风险贷款1.8亿元。有效防范了民间债权人哄抢企业财产事件发生。陶瓷行业贷款集中度下降，贷款逾期率下降8个百分点，不良贷款增长势头以及存贷款期限错配、短贷长用等行为得到有效遏制。支行完成的《高安建筑陶瓷产业风险监测分析报告》得到南昌中支领导签批肯定。

（三）拓宽了基层央行金融维稳渠道，履职能力进一步提升。通过建立监管合作、风险监测、应急处置"三位一体"的金融维稳机制，提前识别、发现和处置风险，增强了金融维稳工作的前瞻性、务实性、系统性，提升了产业风险转化为金融风险的应对能力，为探索地方重点产业风险防控提供了思路和借鉴。增强了基层央行在金融风险识别、获取、防范和处置方面的针对性、超前性和有效性。通过监测发现，部分隐性不良贷款不断暴露，主要集中于异地金融机构，调查的9家问题企业隐性不良贷款中异地金融机构占比达64.44%。由此完成的《异地金融机构贷款风险加剧值得关注》被南昌中支王信行长和张智富副行长签批肯定，并指示相关部门在全省范围内展开调查。如新阳陶瓷企业因产品积压严重，银行借款、民间借款负债过多，造成资产负债率、抗风险能力等监测指标超过红色警戒线，支行及时启动预警机制，并通报相关部门。在政、银、企联合协助下，该企业渡过了生产难关，按期归还了600万元的银行贷款，甩掉了300多万元的民间借贷债务，生产步入良性循环。

（四）地方政府风险处置能力进一步提升。为防止民间借贷风险向产业风险传导，进而转化为非法集资风险、信贷集中暴发风险，该市政府召开了"防范打击非法集资工作会议"。开展了为期三个月的专项整治。为解决陶企还贷续贷过桥贵难题，支行出台的《企业续贷帮扶资金管理办法》得到该市政府的高度重视并组织专班实施，此项做法在宜春尚属首例，某地级市政府在全辖推介，周边多个县市前来学习考察。截2015年至11月末，续贷中心已为36家企业提供续贷资金1.2亿元，降低企业成本2180万元。预计每年可为企业节约融资成本两千万元以上。目前，陶瓷产业基地停产的生产线基本恢复生产，企业风险事件不断暴发的势头得到有效遏制。

地方重点产业金融风险监测评估工作的创新探索

近年来，人行某市支行结合地方经济特点，积极探索重点产业金融风险监测评估的手段和方法，建立起一套较为完善的重点产业风险监测评估体系。通过创新监测分析手段、及时反映产业风险状况，构筑风险处置平台，有力推动了金融风险监测评估工作的日常化、制度化、规范化。为上级行、地方党政领导提供了有效的决策参考，维护了辖区金融稳定，促进了地方重点产业稳健发展。

一、工作创立背景

江西省（高安）建筑陶瓷产业基地，2007年始建，截至2010年已承接陶瓷企业88家，合同引进资金170.4亿元，产能占全国的四分之一，成为中国建筑陶瓷五大主产区之一。随着建筑航母新中源、新明珠陶瓷集团等企业61条生产线的相继投产，基地板块经济正迅速崛起，产业集群效应逐步显现。经济发展的产业化，推动了区域金融投入的超常化，近两年，该市金融业各项贷款以每年净增20亿元的速度增长，陶瓷产业金融风险防范问题已引起业内人士的高度关注。因此，建立重点产业金融风险监测评估体系，强化风险处置手段，防止行业性风险引发为系统性金融风险，是一项紧迫而艰巨的任务。近年来，人行某市支行积极推进风险监测与评估体系建设，借鉴金融稳定评估方法，结合当地产业特点，不断研究探索，初步构建了涵盖辖内金融机构、陶瓷行业的风险监测评估体系。

二、确立风险监测指标体系

（一）确定金融风险监测评估指标体系

金融机构风险监测指标体系主要由6类一级指标和20个二级指标构成。

1.资本风险指标，包括3个二级指标，核心资本充足率和资本充足率、可用资本资产比例。

2.安全性风险指标，包括4个二级指标，不良贷款率、最大单一客户贷款比例、最大十户贷款比例、陶瓷业贷款展期率。

3.流动性风险指标，包括5个二级指标，超额准备金率、资产流动性比例、存贷款比例、上存资金比例、存贷款期限结构匹配比例。

4.经营性风险指标，包括3个二级指标，贷款收息率、资产利润率和资产费用率。

5.抗风险能力指标包括2个二级指标，拨备覆盖率、贷款损失准备充足率。

6.突发事件风险指标，包括3个二级指标，机构发生挤兑挤提、恶性金融诈骗、大额信贷资产损失。

（二）确定经济运行和重点企业风险监测指标体系

该指标体系主要为外延性产业运行风险提供监测依据，经济运行指标主要由4类一级指标和16个二级指标构成。一级指标包括：经济发展水平、陶瓷产业投入与产出，投资环境、金融生态环境。二级指标包括GDP、规模以上工业增加值、财政收入、物价指数、产业基地总投资额，实际投资额、亩均土地投资额、达产达标率，投入产出率、百元贷款产出率、能耗水平等。企业主要监测指标：项目总投资、达产达标率、产量、产值、销售收入、产成品库存、产销率、资产利润率、偿债能力，贷款和融资总量。

（三）金融风险监测数据计算程序

首先确定各指标的标准值。其次确定各指标的权数，根据金融监测指标与各类风险的关联程度，估算出每个指标在监测系统中的权重。然后计算各指标的个体指数，运用已确定的各指标权数，对个体指数进行加权平均，即得金融风险综合指数。最后根据金融风险综合指数大小，确定金融风险的大小。

（四）综合评价

重点关注全市投资环境、企业生产形势、金融生态环境变化对金融机构资产质量、资产流动性的影响，尤其是整个陶瓷行业贷款的景气状况对金融机构后续经营的影响。关注陶瓷行业信贷增长和投向的新特点，以及信贷投放的速度、节奏、重点，全面评估辖区内经济环境变化和行业结构调整对金融机构经营状况的影响。在上述监测分析基础上，对行业风险现状进行总体评价，对风险发展趋势进行判断。

三、主要监测手段

（一）建立监测报表定期报送和考核制度

组织召开金融机构和重点陶瓷企业负责人会议，并与金融办联合下发《关于报送陶瓷产业风险监测报表的通知》，严格按照要求及时、准确、完整地报送相关数据资料，年底进行考核通报。目前，该监测系统已涵盖辖内所有金融机构及20家重点陶瓷企业。对全市陶瓷产业信贷风险状况实行按季监测，形成分析报告，客观评价金融机构和陶瓷行业风险程度。监测分析报告的内容包括：监测指标总体情况说明、关键指标变动趋势分析、风险状况总体评判、对策建议四个部分。

（二）建立约见谈话和风险提示制度

人民银行针对偏离监测标准值的金融机构和企业，及时采取召开相关会议、通报情况等风险预警措施外，同时通报监管机构。对严重背离监测指标、出现风险苗头的金融机构，对其主要负责人进行约见谈话，发出风险提示通知书等形式，严防信贷集中、贷大贷长和和严重存贷款期限错配等现象发生。

（三）强化风险处置组织程序

我们提请政府由市金融办牵头成立金融稳定协调工作委员会，定期召开金融稳定工作会议，根据重点产业风险监测分析报告，研究论证风险性质，确定风险处置措施。必要时商请市政府有关部门和金融监管部门参加论证。对于有可能引发系统性、行业性风险的，采取以下紧急措施：一是及时上报有关主管部门和地方党政主要领导。并在市政府统一领导下，积极参与风险处置工作。二是组织专班进行现场检查，提出整改意见。三是督促风险机构尽可能筹集资金进行自救，同时建议监管部门组织协调行业救助。四是根据需要，人民银行按规定审批动用存款准备金，或提供再贷款进行紧急救助。

（四）注重外源性经济活动的监测

一是建立20户居民、20陶瓷企业民间借贷监测点，监测企业民间资金的融入规模及偿债能力等融资风险。分析报告《民间资金过度流向国家限制行业应予重视》，揭示该市大量高息民间融资涌向"三高一低"的陶瓷、化工等企业，并引发系列社会问题，极容暴发群体性民间集资风险，进而引发系统性金融风险。文章被中支主要领导签批，武汉分行《专报信息》采用并上报总行。二是建立政府融资平台类贷款风险监测制度。制定《地方融资平台类贷款监测月报表》，密切关注贷款银行、贷款用途、抵押方式、还款来源，及时提醒政府要举债有度，用债有方、还债有源。三是建立全市经济运行主要监测指标，包括4个一级指标和16个二级指标，对盲目投资、严重浪费资源、高污染、高能耗和产能过剩、低水平重复建设的企业和项目及时向政府反馈并作出风险提示。

（五）典型调查与现场检查相结合

一是针对产业苗头性风险，开展了《对欠发达地区承接陶瓷产业转移的调查与金融思考》、《信贷高速增长下的风险防范》等前瞻性分析调研。二是针对金融机构风险薄弱环节，进行新增不良贷款、存款准备金管理、征信管理、统计执法等专项检查。三是对检查中发现的金融机构严重存贷款期限错配、十大客户贷款集中度超比例，资本充足率不足等问题分别进行了风险提示或经济处罚。

四、取得成效

该行通过"人民银行牵头、市金融办推动、金融机构联动、企业及主管部门合作"等方式，整合金融系统和社会资源，搭建了金融风险监测评估支撑平台，形成了一套规范有序的工作新机制，开辟了一条基层央行做好金融稳定工作的新途径。金融风险监测评估工作的有效开展，得到了上级行、地方政府、金融机构、和社会各界的认可和好评。

（一）通过监测信息反馈，为政府提供有价值的决策参考，提升了基层央行在政府工作中的话语权

我们在进行监测信息反馈的同时注重加强产业政策和发展方向的引导。在监测报告中提请政府"及时调整产业结构和发展方式，提高建陶项目准入的环保门

高安市人民政府办公室文件

高府办发〔2014〕14号

高安市人民政府办公室
转发市人民银行关于国家级陶瓷产业基地金融
风险监测评估办法的通知

各乡镇人民政府、街道办事处、相城墨璃场，市政府有关部门：

为防范和化解陶瓷产业金融风险，维护辖内金融稳定，更好地促进我市重点产业持续、稳健运行，经市政府同意，现将市人民银行拟订的《关于国家级陶瓷产业基地金融风险监测评估办法》予以转发，请认真遵照执行。

高安市人民政府办公室
2014年3月20日

（此件不予公开）

— 1 —

槛，建设生态型、集约型基地、加强金融生态建设"等意见得到政府主要领导的认同和采纳，从而确立了"控制性扩张、结构性提质、有序性开发"的产业发展思路，决定停止引进常规性陶瓷企业，重点引进环保型、品牌型、个性化和外资型企业和项目。还转发了支行呈报的《关于进一步优化金融生态环境促进全市经济健康发展的指导意见》、《金融支持高安陶瓷业发展的指导意见》等文件。出台了支行参与起草的《某县级市陶瓷企业环境保护管理暂行规定》。调查报告《对某县级市承接陶瓷产业转移的调查与金融思考》，对影响高安陶瓷业发展的主要问题和风险因素进行了深刻剖析，并提出了对策方略。文中提到的"基地基础设施高投入与引资企业投资强度不匹配、资本加速扩张与配套资源供给不匹配，产业链低端化与可持续发展目标不匹配"等问题引起某地级市委主要领导的重视，并批示有关单位要认真阅研。

（二）通过监测评估工作的延伸，增强了规避风险的前瞻性，提升了基层央行监管权威和履职效能

通过加强金融突发事件管理、及时进行风险提示、约见谈话等监测评估工作的延伸，促进了监测评估工作成果有效利用和转化，提升了基层央行履职效能。今年，我们通过监测发现，某金融机构一季度末活期存款增加3亿多元，定期存款约有下降，而中长期贷款却增加3亿多元，存贷款期限严重错配。我们及时对该机构进行风险提示，但未能引起该机构的重视，反而为掩盖问题，把增加的中长期贷款人为调整为短期贷款，我们就通过执法检查，对其进行了经济处罚，并责令限期整改，最终取得良好效果。我们还对部分金融机构存在的贷款过于集中，十大客户贷款超比例，资本充足率不足等问题分别进行了风险提示或查处，有力树立了基层央行监管权威。

（三）有效的监测评估工作，赢得企业及主管部门一致好评，开辟了一条基层央行做好金融稳定工作的新途径

企业积极配合人民银行做好监测报表的报送工作，政府投资新上项目的可行性报告，主动征求人民银行意见，帮助分析风险环节。政府及企业主管部门也经常向人民银行进行政策咨询、索取监测分析报告、邀请参加决策会议、参加有关文件的起草和修订。该支行的实践证明，基层央行在维护辖区金融稳定、为地方经济发展保驾护航中大有可为。

某县级市创立汽运产业链"全程覆盖式"融资模式取得实效

中国汽车流通协会称，2011年前三季度，随着汽车下乡政策的退出，国内重卡、轻卡等载货汽车销量出现负增长。同时，我国整车销售收入通过银行信贷方式实现的比例还不到20%，与欧美日等发达国家70%的比例存在巨大差距。2011年以来，人民银行某地级市中支引导辖内金融机构针对汽运产业链各环节特点定制信贷产品，进行全方位配套服务，打通汽运产业融资瓶颈，形成汽运产业链"全程覆盖式"融资模式，取得公司及车主增收、银行增效、财政增税的良好成效。

一、基本情况

江西省某县级市人口84万，是全国汽运大市，位列全国四大汽车县市之首。该市拥有货运汽车1.92万辆，汽车运输公司235家，汽配企业326家，组建二级资质的汽运集团3家，物流和信息服务部500多家，汽车修理厂210家，汽车配件店82家。该市"的士军团"在全国20多个城市创办的士公司260家，自主经营小汽车5600多辆。近几年来，受油价上涨、货运成本上升、保监会全面叫停汽车保证保险等因素影响，汽运公司及车主还款意愿下降，导致该市车贷不良贷款曾高达2280多万元，银行纷纷减少甚至停办该项业务。在此背景下，人民银行某地级市中支积极引导金融机构推出一系列适应市场需求的汽车融资品种，形成汽运产业链"全程覆盖式"融资模式。

二、主要做法

（一）构建银企对接、信息共享平台，提供信用信息服务

2011年8月，人民银行某地级市中支牵头召开银行、保险、担保公司、金融办、涉运部门、部分企业参加的"汽车融资品种推介会"，推介汽车融资品种，洽谈融资项目，银企对接现场签约贷款3.8亿元。此外，该中支将汽车贷款及个人担保信息纳入征信系统，采集某县级市188个汽运公司非银行信用信息，占比该市总数的81%，并建立金融机构共享的信用信息数据库并开展监测分析，避免发生一人多贷和一车多贷情况。

（二）推出"6种信贷模式"提供量身定制的融资服务

在人民银行牵头推动下，某县级市商业银行结合产业链各阶段客户的融资需求、资产状况及信用等级等实际情况，为汽车产业链上游制造及采购、中游经销商、下游汽运车主、2010年获批的"江西省货运专用车产业基地"引进企业等融资主体量身定制全方位的融资产品，这些融资品种具有抵押门槛低、手续便捷、适应性强等特点，特别是满足了缺抵押、少担保客户的信贷需求，形成覆盖全产业链的融资服务体系。

表1　某县级市金融机构创新信贷的6种模式

贷款模式	模式特点	贷款对象	客户特点	融资情况
"汽车贸易融资"模式	客户根据信用等级向银行交纳一定比例的保证金后，即可签发银行承兑汇票。	产业上游的企业原材料采购、中游的经销商	具有时间急、融资期限短等特点。	全市8家金融机构均开办办理票据业务6.8亿元。
"汽车合格证质押贷款（融资）"模式	汽车销售商与贷款行签订车辆合格证质押合同并已办理合格证登记手续，在根据信用等级向银行交纳一定比例的保证金后，可获得新车款60%以内的贷款、签发银行承兑汇票或综合授信。	产业中游的汽车销售商或改装企业	拥有车辆作为抵押物品。	某县级市建行、农行发放贷款及办理票据业务3162万元。
"汽运公司担保+车辆抵押+保证金+保险"模式	1.车主挂靠一家愿为其提供贷款担保的汽运公司，并具备车款40%的自有资金；2.到车管所办理车辆抵押登记；3.汽运公司向贷款行缴纳20%的保证金；4.保险公司为车主提供车辆保险。若达到以上要求，农村信用联社即可按车款的60%发放贷款，期限1–3年。	贷款车主的士车主	货运车主多来源于农民，申请车贷缺乏抵押物。	某县级市农村信用联社对27家汽车运输公司的贷款余额7469万元。
"直客式车房捆绑抵押贷款"模式	车主无需挂靠汽运公司，便可直接向银行办理汽车贷款业务，贷款期限1–3年，按季结息。		车主有一定经济基础，有住房和新购的士作为抵押物。	祥符农村信用社对14户的士司机贷款余额360万元。

贷款模式	模式特点	贷款对象	客户特点	融资情况
"担保公司+车房抵押"融资模式	1.与市中小企业担保公司签订担保协议,交付1.8%的担保费,将暂未发证的土地、厂房作为反担保要件进行抵押。2.贷款行签订车辆合格证质押合同,办理合格证登记手续。满足以上条件后,银行对客户资信审查,据此进行贷款或融资,期限1年以内。	"江西省货运专用车产业基地"客户	拥有暂未发证的土地、厂房。	交通银行、浦发银行为客户发放贷款及办理票据业务1860万元。
"三户联保+征信"模式	由三户法人企业向贷款行签订联保协议书,自愿为其中之一企业贷款、签发银行承兑汇票承担连带保证责任,企业法人也需到人民银行征信部门办理个人担保卡,承担个人连带责任。贷款期限在1年以内,签发银行承兑汇票的在6个月以内。	汽车销售商、维修保养、汽车配套企业、物流企业	客户具有相互了解、愿共担风险、易于结成信用共同体等特点。	南昌银行为客户发放贷款及签发银行承兑汇票1.98亿元。

(三)构筑"四道屏障"防范信贷风险

一是商业银行与交警部门合作加强贷后管理。金融机构每月在媒体和汽运业协会公布违约拖欠贷款车主名单,交警可依据该名单拒绝办理逃废债车辆的年检、年审和车辆过户等手续;金融机构则利用交警监测网络查知逃废债车辆的GPS动态。二是银行与运管部门合作加大收贷力度。运管部门在接到银行的车辆逃债通知单后,采取扣押车辆营运执照等措施,督促车主归还贷款。三是市政法委牵头成立"政法系统驻汽运产业综合执法大队",专门协调处理汽车债务及案件纠纷,目前该大队共追缴债务360多万元,处理纠纷、案件13起。四是人民银行对出现车贷风险苗头的机构采取发出"车贷风险警示书"、约见高管人员谈话、年终考评处罚、启动金融稳定预案等措施,督促其尽快采取有效措施,防范信贷风险。

三、主要成效

一是推动该市汽运行业的快速发展。至2011年9月末,某县级市汽车产业信用总量为12.8亿元，较年初增长28%。其中汽车物流及配套企业贷款余额3.04亿元，票据融资余额6.8亿元，受益车辆3962部。银行贷款回收率在96%以上，收息率达98%。

"高安车贷"放得出，收得回，风险可控，效益可佳，成为远近知名信贷品牌。在金融机构的信贷支持下，促进了该市由汽运大市向物流强市转变；货运专用车产业基地集汽车贸易、物流仓储、专用车制造为一体、逐步向集聚配套转变，呈现较强的竞争力、影响力、带动力。全市有6家亏损企业因银行资金的注入而扭亏为盈，1-9月全市新增货运汽车4162辆，同比增长21%。目前，汽车产业正以三家汽运集团为龙头进行整体包装上市；促进了汽运产业结构进一步优化，产业原来主要依靠货运环节单一化发展，随着江西陆骏挂车制造有限公司等11家企业落户基地，签约资金7.8亿元。制造、销售、物流等企业已覆盖了产业链全程；促进了财税增长和产融结合。2010年，上缴税收1.3亿元，今年1-9月完成税收1.62亿元，同比增长54%。今年6月，陆骏挂车制造有限公司注资6000万元，牵头成立了"高安瑞银小额贷款公司"，促进了产业资本和金融资本的进一步融合；带动了相关产业的发展。带动了汽配、维修、饮食、信息业发展，全市汽车修理厂210家，汽车配件店82家，在全国20多个城市创办的士公司260家，自主经营小汽车5600多辆，年打的收入6亿多元。

二是带动农民收入和就业增加。某县级市机动车辆司机已突破7万人，汽车从业人员15万人，汽车业主80%来自农民，缓解了农村富余劳力和下岗职工的就业压力。例如，全省汽车"第一村"的龙潭镇塔水村，曾经是"青年壮年都离家，妇女老人种庄稼"的空心村，该村三户农民借助农村信用社50万元贷款起家，带动全村跑运输，示范效应引起在外打工农民纷纷回乡创业。目前全村拥有大型货运汽车430辆，平均1.5户拥有1台车，全村人均年纯收入达1.5万元，几乎家家盖了新房，成为全省闻名的"小康示范村"。汽车信贷成就了许多农民的创业梦想，在高安涌现了多个这样的汽车村。农民依靠汽车产业脱贫致富，带动新农村建设成为全省闻名的"高安模式"。全市有2万多户靠车致富的农民进城购房或送小孩进城读书，促进了全市城市化进程。

三是激活了银行效益新增点。汽车融资模式的推广，带动了金融机构各项业务的发展，促使商业银行主营收入结构发生转变。至2011年8月末，全市汽车信用总量12.8亿元，比年初增长28%，受益车辆3962部，银行贷款回收率在96%以上，收息率达98%。"高安车贷"放得出，收得回，风险可控，效益可佳，成为远近知名信贷品牌，金融机构通过吸收产业链上客户存款，使各项存款年净增12.8亿元。汽车融资模式的创新，促使商业银行主营收入从主要依靠传统的利差收入逐步向营业外收入、中间业务收入拓展。1~8月全市金融机构实现中间业务收入0.9亿元，同比增长22%。

四、实践启示

综观某县级市实施汽运产业链"全程覆盖式"信贷模式的全过程，其成功之处主要得益于四个方面：

一是不断更新理念，坚持可持续发展，形成符合本地特色的产业发展模式，这是推动县域经济发展的思想根基。实践证明，该市汽车产业的做强做大，正是遵循了市场法则，不断更新理念，引导产业朝着规范、高效的轨道发展。该市汽车产业链融资新模式，正是突破了信贷体制约束，不断创新融资和管理新方式，并经受了市场变化的考验才得以可持续发展。该市引导汽车产业运用金融支持做大规模，显现出"以产兴业、以业致富"的强大生命力，是县域经济走产业化发展道路的成功范例。

二是基层央行引导信贷方式的创新，必须依托地方特色产业的比较优势，整合有效资源，找准落实货币信贷政策与支持地方产业链发展的结合点和切入点。汽车产业链融资新模式在于找准了产业链各环节的信贷切入点，较好地破除了信贷体制障碍，使汽车信贷不因信贷权限上收、规模偏紧而削弱，不因贷款保证保险的退出而停滞不前。也为基层央行提高货币政策执行力，增强公信力提供了范例。

三是搭建好与政府及经济职能部门的协作互动平台，营造好外部环境和社会氛围，是汽车融资新模式成功实施的根本保证。政府在税收返还，重奖运输大户，对运输户子女入学等方面实行了一系列的优惠政策，为产业的发展提供了优厚的政策环境。维护良好信用环境，形成打击逃废银行债务的高压态势。各涉运部门按照"手续从简、收费从低"的要求，满足了车主在办证、检测、信息服务等方面的需求，形成了汽车产业大发展的浓厚氛围。

四是创新必须与管理相结合，风险控制是金融创新持续发展的生命线。实践表明，汽车产业链融资模式成功运作的重要标志是其运行的安全性和发展的可持续性。风险控制关键要找到并建立一个环环相扣的风险防控链条，并通过这一链条将信贷风险分散到各个专业机构之中。为此，在推动融资模式创新过程中，银行要遵循风险可控、成本可算、信息充分披露的原则，从研发定价、前台销售、中台控制和后台支持等方面，形成有利于风险防控和创新发展的联动效应。

中小企业担保机制建设的创新探索

近几年，某县级市众多中小企业因自身缺乏抵押品而无法从银行获得抵押贷款导致融资难，面对这一突出问题，人行某县级市支行主动作为，积极探索，致力于该市担保机构外部环境和内部机制改造，于2009年促成该市中小企业投资担保有限责任公司成立，注册资本金达到1亿元，成为江西省第一家由政府控股、企业参股、注册资本金达亿元的县级担保机构。担保贷款实现了从300万元到5亿元的新跨越和"代偿零损失"安全营运，成为搭建银行和中小企业互动发展的重要纽带，充分发挥了"引路"和"搭桥"的作用。

一、主要做法

（一）引导担保机制重构。2008年，针对该市担保机构业务基本处于停滞之状态，人行某市支行在参与政府对新余、温州等地担保机构考察的基础上，调查分析了影响担保公司做强做大的症结所在，认为市担保中心的实收资本仅1000万元，既不能满足企业的担保需求（金融机构的担保贷款比例最多放大到担保基金的5倍，且单笔担保贷款不能超过实收资本金的10%），又不能满足与金融机构合作的要求（上级行制度规定担保公司若与金融机构合作，所需担保资本金不能少于5000万元），担保公司要想做大做强，关键必须扩充担保资本金，据此向该市政府提出对该市现行担保机构内部机制实行重组改造的建议，很快引起地方党政主要领导的高度重视。市政府成立了以分管副市长为组长、人行行长为副组长的担保工作管委会、以市中小企业局主要负责人为法人代表的运作机构和以市财政局主要负责人为主席的监事会，决定将担保公司注册资本扩充到1亿元，并授权委托人行拟定下发了《某县级市中小企业贷款担保试行办法》，为新的担保公司业务顺利开展提供了制度保证。2009年9月，该市中小企业投资担保有限责任公司成立，注册资本金1亿元，政府控股51%（以两处土地房产评估充值4000万元和现金1100万元入股），会员股东占49%。为了鼓励私人资本投资，人行建议市政府参股的4000万元实物资本不参与公司分红，现金参与分红，并且分红所得的50%用于公司风险补偿。意见被市政府采纳后，大大激发了企业投资的积极性，4900万元股本迅速被7家企业抢购。至此，市中小企业担保公司步入了市场化运作、商业性运行轨道。

（二）确立风险分担机制。银保双方在风险分担比例的确定上一度存在严重分歧。合作银行抱怨，风险发生后承担的损失比例过高，不符合盈利性与安全性的信贷原则；市中小企业担保公司则认为自身承受代偿的风险过高，覆盖风险比例接近或达到100%难以接受。人行为此反复协调磋商，引导双方加强对担保企业的保前资信调查、贷款风险评估、保后履约监督、追偿债权等方面的联动，以切实解决担保贷款的放大比例、资本金补充比例和债务追偿办法等实际问题，防止过度担保滋生信贷风险，最终圆满地敲定了双方愿意接受的比例，并为今年6月因洪涝灾害造成厂房、设备等担保物损毁严重的企业全额担保贷款的顺利发放奠定了坚实的基础。如该市宏达纺织公司因重灾损失惨重，急需资金恢复生产，在人行的积极推动和某县级市中小企业担保公司的支持配合下，企业在较短时间内获得200万元贷款，很快恢复了生产。经过这次重大灾害的严峻考验，人行面对担保贷款企业遭受的重大疫情和自然灾害损失，从推动金融机构信贷支持，延伸至探索如何引导保险机构提供"企业灾害补偿险"，主动协调保险公司开办突发性灾害新险种，同时建议市政府对经办该险种的保险机构的保费进行补贴并适当减免税费。此举，担保贷款风险分散机制得以有效确立，市中小企业担保公司与协作银行的风险共担意愿进一步巩固，担保合作银行也从最初的一家发展到目前的五家。

（三）创新贷款担保模式。中小企业贷款难，主要是缺乏足够的贷款抵押物。针对这一普遍现象，人行某市支行充分利用窗口指导等货币政策工具，助推某县级市中小企业担保公司尝试探索"企业+股东捆绑式担保和动产抵押以及企业联保"等担保方式创新；引导担保公司对未及时办证的土地、房产、资产实行反担保。对没有充足抵押物，但产品有市场、发展有前景的企业，支行建议该公司与企业签定协议，采取资产回购、与政府有关职能部门共同监督等担保形式，突破贷款抵押物不足的担保瓶颈。某市超鹰机械厂是一家小型齿轮厂，由于缺少有效抵押物难以获得银行贷款，在人行的支持配合下，市中小企业担保公司调查发现该企业的竞争力较强，有着较大的发展前景，便及时为企业担保贷款100万元，解决了企业的燃眉之急，企业由此走上了发展壮大之路，2009年以来，产值增幅均在40%以上。2010年，为满足企业多样化、多层次融资担保需求，人行某市支行广泛收集了在全国有影响、适合本地情况的38种担保模式向某县级市中小企业担保公司推介，引导其探索开展仓单质押、贴现、信用证、履约担保等新业务，推进中小企业知识产权、商标专用权、应收账款质押、联保、出口退税等多种贷款担保形式，促成该公司与网点多、规模大、运转规范的邮政物流企业的合作。仅今年头2个月市中小企业担保公司已经为6家企业累计办理担保贷款2400万元。担保业务的内容和方式的不断创新，有力地促进了公司的做大做强。除本地五家金融机构与该公司合作外，人行某市支行还促成了4家异地金融机构与其建立了长期合作关系。

（四）搭建金融服务平台。一方面，人行某市支行根据本地实际制定了《某县级市中小企业融资服务实施方案》，提请市政府成立了中小企业融资服务中心；支行每年受市政府委托牵头组织召开两次由全市银行、市中小企业担保公司、政府职能部门和申贷企业参加的信贷洽谈会，为引导促进某县级市中小企业担保公司与金融机构的担保合作，以及与民营担保公司、外地担保公司的横向合作提供了良好的融资服务平台和横向交流平台。2009年，尽管受到国际金融危机的冲击和影响，很多中小企业资金面临周转困难，但市中小企业担保公司在人行的引导下及时为企业提供担保贷款1860多万元，帮助企业尽快地恢复了生产。另一方面，人行引导担保公司将被担保企业接受担保情况、担保公司的代偿和追索情况纳入企业征信系统，对企业股东个人担保贷款配发担保卡，以便担保公司和银行准确判断贷款企业及法人、股东的担保风险。利用企业征信系统，人行收集整理了有关信贷需求企业的相关信息，供各金融机构和市中小企业担保公司参考。此外，该支行还充分利用资源优势，积极协助该公司向上争取政策性补助资金。目前，该公司获得担保服务项目补助资金累计580万元，为担保业务的做大做强发挥了重要作用。

二、主要成效

通过两年多的运作，担保贷款逐步成为某县级市中小企业获贷的重要方式，市中小企业担保公司实现了"代偿零损失"的安全营运目标，发展水平进入全省先进行列，取得了较好的经济和社会效益，实现了政银企三方共赢共荣。

从企业层面来看：通过获得信用担保，拓宽了融资渠道，缓解了资金紧张局面。该市中小企业担保公司组建后，积极更新担保理念，改变由银行直接推荐的单一方式，变被动担保为主动担保。仅在公司组建当月就为三家企业提供短期担保贷款400万元，在支持企业生产经营方面发挥了"四两拨千斤"的作用。截止2009年底，担保公司累计为68户企业办理贷款担保4.02亿元，占某地级市中小企业信用担保机构贷款担保总额的27.4％。2011年1–7月共为22户企业担保贷款1.75亿元，另有41户企业、2.92亿元的担保贷款正在申报中。

从政府层面来看：夯实了政府融资服务平台，确保了国有资产保值增值，增强了履职公信力。某县级市中小企业担保公司及主管部门通过监测、评先，对优胜企业优先推荐担保贷款，帮助企业解决资金短缺等实际问题，行政服务效能得到进一步强化。企业配合政府部门开展工作的积极性也明显提高，政府出台帮扶企业的各项措施也得到了更好地落实。

从社会层面来看：贷款担保的开展，增强了社会贡献度，促进了社会就业。大批弱小企业、成长型企业资金短缺矛盾得到缓解，彰显了该市中小企业担保公司勇于践行社会责任的博大胸怀，有力地促进了企业产值增长和财政增税。到2011年底，该担保公司支持的中小企业累计完成产值20.3亿元，实现利税1.8亿元，安排就业8300人，与担保前比，新增产值5.8亿元、利税1.2亿元、就业2400人。

从带动效应来看：某县级市中小企业担保公司成功运作的示范效应，使本地各类担保机构如雨后春笋般发展，担保机构从一家发展到五家，形成政策性、商业性、私营性并驾齐驱、共同发展之势。某县级市的实践经验，也带动了某地级市信用担保工作的发展，加快了担保体系建设。目前交通银行、浦发银行南昌分行等异地金融机构纷纷加入了合作之列，南昌银行高安支行已获批筹建；高安乐亿担保有限公司等一批民营担保公司迅速组建起来；周边县市也组建了高安模式的担保机构。到2010年底，某地级市各级县市建立担保机构26家，当年新增8家，注册资金突破6亿元，累计为企业提供贷款担保14.4亿元，比上年增加7亿元。

从模式效应来看:目前，该市中小企业担保公司是全省注册资金最多的县级担保公司，担保贷款5亿元，实现了"代偿零损失"的安全运行目标，风险得到有效控制。担保贷款放大倍数逐步由五倍扩大到十倍，有效带动了全市贷款增量的急剧上升，2009年该市贷款净增20.3亿元，列某地级市第二位。2010年上半年净增13.5亿元，在某地级市排第一。担保贷款的迅速增长，有效地缓解了企业融资难、担保难，也成为辖内银行业盈利的主要增长极。人民银行在地方政府中的工作地位得到提升，履职能力得到加强，推动了信用担保体系建设，金融生态环境进一步优化，政银企实现良性互动发展。高安经验在江西省中小企业信用担保工作会议上作了交流，其担保模式和成效得到省政府有关领导的充分肯定。

三、完善建议

（一）搭建三方融资对接平台。建议由市政府金融办牵头定期召开政府职能部门、银行、市中小企业担保公司和企业参加的洽谈会，为融资项目对接搭建好平台，发改委、经贸委、中小企业局等部门在会前收集有关信贷需求企业的信息，交付各金融机构和担保公司进行筛选，对于双方共同看中的企业分别由金融机构和担保公司进行项目申报、评估，并按照审批程序确定是否贷款和担保，以增强银保合作的成功率。

（二）健全贷款担保运行机制。一是控制贷款担保风险。建议担保公司每年要按担保贷款增量的一定比例补充资本金，同时合理确定担保贷款的放大比例，防止过度担保滋生信贷风险。二是建立银保信息共享机制。要改变现行担保公司先审查、企业再找承贷行这种做法，遵循企业、银行、担保公司三方互动的原则，银保要加强对中小企业的保前资信调查、贷款风险评估、保后履约监督、追偿债权等方面的联动，实现信息共享。三是加强各担保机构之间的横向联系。引导促进某县级市中小企业担保公司与各类商业性担保公司的深度合作，包括业务互荐、联保、再担保、培训和股权合作。

（三）建立担保风险补偿机制。一是建立中央财政层面的担保贷款风险补偿基金，对当年担保贷款形成的损失进行风险补偿。二是建立地方财政层面的担保贷款风险补偿基金，结合担保贷款投向、期限结构、实际效果进行考核，按担保贷款增加额和累放额的一定比例进行补偿。三是建议对担保企业遭受的重大疫情、自然灾害损失引入商业保险，并建立企业保费补贴机制。

（四）拓宽征信系统服务功能。一方面征信系统中应设定担保机构查询企业信用信息的权限，以便帮助其提高风险防控能力；另一方人民银行应牵头或引入第三方信用评级机构，制定统一的评级指标，对中小企业、担保机构进行信用等级评定，银行根据信用级别给予授信额度。

创新窗口指导方式　　助推县域经济发展

近年来，人行某县级市支行为推动地方优势产业和小微企业发展，以创新"窗口指导"方式为突破口，整合部门资源，出台系列措施，引导推动金融产品和担保模式创新，破解融资难题，有力助推了县域经济发展。

一、丰富"窗口指导"内涵

针对目前县市支行"窗口指导"形式单一、内容老套、指导性不强、作用不突出等问题，该支行转变观念，理清思路，对"窗口指导"方式进行了大胆创新。一是丰富"窗口指导"内涵。2013年，支行出台并由政府转发了《金融支持高安小微企业发展指导意见》，提出在优化投向、防范风险的前提下，保持信贷总量的稳定增长，从总量、投向、结构上明确了小微企业重点扶持领域和优先保证产业，要求全年社会融资规模增量达到40亿元，信贷增量不低于32亿元，其中小微企业信贷增量不低于上年水平，增速不低于各项贷款平均增速。二是倾力落实"指导意见"。为确保指导意见落到实处，支行牵头在全市掀起了一场创新金融产品破解小微企业融资难的攻坚战。创立的"汽车产业链全程覆盖"、"财园信贷通"融资模式，"银商保"担保模式，具有抵押门槛低、手续便捷、适应性强等特点，满足了缺抵押、少担保客户的需求，迎合了小微企业"短、少、频、急"资金需求特点，打通了小微企业融资难瓶颈。它成为政府招商引资的金融名片，成为大批项目落户工业园的吸铁石和小微企业成长的孵化器，推动了地方优势产业的转型升级。全市小微企业贡献了52.7%的税收、56%的就业，在稳增长、扩就业、促创新等方面的作用日益明显，实现了广覆盖、普惠利、助民富的社会效益，2013年全市财政收入实现25亿元，增长16.3%。

二、强化"窗口指导"督导

在提升货币政策传导效能方面，将往年以"增加信贷总量"为主转变为"盘活存量、优化增量、激活内力、强化督导"为主；以货币政策导向效果评估、检查为手段，侧重对金融产品和服务方式创新、银企签约、履约、流动性管理等情况进行监测督导，合理把握信贷投放的力度、节奏和重点。对信贷投向是否偏离三农、小微企业、民生领域，是否投向"两高一剩"行业进行适时监控，同时提请政府加大对金融机构信贷投放奖励力度，激活商业银行主动作为的内生动力。一是把党的群众路线教育贯穿于央行履职实践中，引导金融机构践行社会责任、关注弱势群体、推动普惠金融、民生金融政策落实。将往年牵头召开的金融形势分析会变为金融产品和服务方式创新对接小微企业、民生项目现场洽谈会、推介会、观摩会。二是按照项目化、责任人、时间表的要求，按月督导量化各机构农村金融产品和服务方式创新进展情况，努力打造特色化、差异化的农村金融产品。引导金融机构在农户联保、信用共同体、农民专业合作社、家庭农场等领域推出具有典型的、可复制的、易推广的、适合"三农"需求特点的信贷产品和服务方式10多个，其中"牛产业'四连环'信用担保模式"、"仓单质押贷款"在省内推广，帮助大批农民实现小生产与大市场的有效对接，推动了传统农业向现代农业升级。三是变"道义劝说"为"诚勉谈话"。对货币政策执行不力或存在偏差的金融机构主要负责人先后进行了3次诚勉谈话，指出了存在的问题，明确了工作方向。

三、实现"窗口指导"联动

在金融生态环境建设上，改变以往事后监测、宣传维护为主的被动格局，主动搭建示范带动平台，通过建立政府主导、人行推动、银企响应、部门参与工作联动机制，与部门共同协解金融生态环境建设中的突出问题，形成信贷供需协调、银企对接搭台、信用培植分类、失信联合制裁工作格局。一是大力营造示范带动氛围。联合市委宣传部开展了"金融知识进千家入万户"活动，推动"信用农户"、"信用乡镇"、"信用企业"创评工作，共评定信用农户1.08万户、农村青年信用示范户0.58万户、信用村21个，为8.5万农户建立了信用档案。二是以"百户企业信用培植"活动为示范，提升企业信用等级、融资能力和申贷成功率。牵头举办银行信贷与企业融资知识讲座，聘请专家开展信贷流程辅导、财务管理培训，引导企业合理有效融资，评选上报了115户某地级市信用企业，工业园被某地级市政府评为"金融信用工业园"。三是将征信系统的企业、个人信用记录查询等功能，应用到工商、民政、社保等部门的日常工作中，以此为示范，逐步拓展征信系统在各行各业的应用功能。

四、注重"窗口指导"参谋

向地方党政领导传导、解读货币政策是"窗口指导"的重要内容，过去我们往往侧重于金融数据的分析报送、政策文件的口头汇报。近年来，该市支行为进一步提升窗口指导的决策参谋作用，围绕党政领导关注的经济金融热点、难点问题，如社会融资规模、影子银行、信贷规模调控、流动性管理、差别准备金等，采取授课、研讨、专题调研等形式进行传导和解读，做到既讲好北京话，又讲好地方话，收到较好成效。如支行联合市委办围绕建陶产业转型升级亟待解决的问题进行了深入调研，调查报告被省委办公厅《信息研判专报》刊登，省委书记强卫2013年10月12日阅后批示：请贻煌同志协调省直有关部门帮助解决相关问题，促进高安建筑陶瓷产业健康发展。为落实强卫书记的批示，10月30日分管副省长率领省直有关部门负责人到该市进行现场办公，协调解决有关问题。支行向政府提交的"新城区建设资金解决方略"、"建议企业项目贷款要先过环保评估关"等大批调查报告和建议得到地方党政采纳，有力提升了调研的决策参谋作用和人民银行在地方的话语权。

五、提升"窗口指导"效能

一是窗口指导呈现较强辐射力。支行运用全新的"窗口指导"方式和手段，不断向金融管理、金融服务等领域渗透。如支行联合市金融办及时取缔了一非法农村资金互助组织，拟定并由政府下发了"关于严禁非法吸收公众存款擅自发放贷款的紧急通知"，一些违规"影子银行"的经营风险受到全社会的关注；支行妥善处置了两起金融消费者投诉案件，避免了一起30多人的群体性上访事件发生，维护了金融消费者权益和辖区金融稳定。

二是金融创新呈现较强影响力。"窗口指导"方式的创新，有效提升了基层央行的货币政策传导效能和社会公信力，激活了金融机构参与金融创新的主动性，金融创新覆盖了全市90%的村镇、50%的小微企业，金融服务品种快速增长，手机银行等支付结算电子化发展迅速，特别是农村金融产品创新工作取得明显成效，该市荣获"江西省农村金融产品创新示范县市"称号。金融创新工作得到市主要领导的签批肯定，多家媒体进行了报道，引起周边多个县市前来学习考察。"窗口指导"方式的创新，有效促进了金融产业的快速发展，全市社会融资规模增量突破40亿元，信贷增量实现历史性突破，达到33亿元，居宜春各县市之首。

3.风险隐患与防范化解

随着国内经济下行压力不断加大，普优惠金融运行中不确定性、不稳定行因素不断增加。部分小微企业生产经营陷入困境，一些农民专业合作社不规范运作，信用违约率上升。金融扶贫中强制供给现象凸显信贷风险新隐患。民间融资风险向银行体系传导加速，各种风险相互交织、转移、传染和扩散，可能引发区域性、系统性金融风险爆发。特别是近年来各类隐性风险有更加显性化的迹象，呈加快暴露趋势。如不加以妥善处置和引导，将对普惠金融生态环境和地方经济金融发展造成重大影响。因此，揭示风险隐患，深入分析各类风险产生的原因，密切关注其可能或者已经引发的金融风险，通过列举防范化解金融风险的典型案例，进一步加强普惠金融消费者保护和教育，并提出合理化处置建议，对于制定及完善普惠金融发展的相关政策，有效化解区域性、系统性金融风险，守住安全底线具有重要借鉴意义。

普惠金融产品创新中的会计风险与防范

金融是实体经济的血脉，服务实体经济是金融的天职，是金融的宗旨，也是防范金融风险的根本举措。金融创新服务于实体经济，要符合监管要求，对那些披着"创新"外衣的伪金融创新行为甚至是非法金融行为必须重拳出击、及时遏制。

当前，普惠金融产品创新的力度、深度和广度，不仅决定着银行机构整体经营水平，也影响着其服务"三农"、私营小微企业、弱势群体等作用的有效发挥，而银行机构在产品创新中受体制约束、研发水平局限、信贷控制局限等因素影响，暴露出诸多金融风险，其中会计风险更是一个薄弱环节，而会计风险造成的损失往往是不可估量的。因此，如何在有效控制会计风险的前题下，加快普惠金融产品创新步伐，成为十分紧迫的课题。这对提升"三农"、私营小微企业、弱势群体等普惠金融服务水平都具有现实意义。本文结合辖内地方法人金融机构的经营情况，分析银行机构普惠金融产品创新现状特点及主要会计风险，探寻风险产生的原因，提出风险防范策略。

一、普惠金融产品创新意义

产品创新是银行机构提升竞争能力的前瞻性抉择。风险管理能力、财务创利能力和持续发展能力是银行业的核心竞争力最终体现。从风险管理能力看，高风险业务控制得越好，创新业务发展就越快。从财务创利能力看，大多数创新产品具有资本占用少、贡献度高、现金流量稳定的特点，在经营收入中的比重越来越大，可获取更高的净资产收益率和资本回报率。从持续发展能力看，要想在竞争中胜出，关键是要在产品和服务上不断进行升级换代，不断提升科技含量，走资产、负债、中间业务相互促进、相互协调的可持续发展之路。产品创新也是银行机构提升独创能力的内生性动力。

二、普惠金融产品创新现状特点及主要会计风险

普惠金融产品创新现状特点

（一）资产类产品创新发展相对较快。近年来，江西省农村信用联社开发的金融新产品共22类90多个品种，其中信贷创新产品占了近90%。个人住房，汽车、养

殖、农产品加工、商业流通等领域信贷品种创新带动了个贷业务的快速发展。仓单与应收帐款等质押、林权抵押，共同体、社团信贷，贴现、银行承兑汇票等公司类信贷创新品种增长较快，贷款余额大幅上升。但信贷款创新品种单一，创新产品与融资方式的不匹配制约了中小企业、底层群众的融资需求。

（二）电子银行产品创新普及缓慢。目前农村商业银行依托现代化网络和功能强大的计算机系统，推出了一些新型产品，但在广大农村网上银行、电话银行、手机银行、移动支付功能升级等产品普及缓慢。目前一些新型产品中最具代表性的是银行卡，其主要特点是申办简便、功能完善、使用简便、安全高效、深受农民及中小企业喜爱。但数字化普惠金融还有广阔的发展空间。

（三）中小银行机构中间业务创新品种占比小。中间业务是指不构成其表内资产负债而形成的非利息收入的业务，具有风险小、收益高的特点受到各商业银行帐号的青睐。资料显示，我国大型银行的中间业务收入占总收入的比重接近20%，而中小银行机构中间业务收入占比却不到10%，且仍以传统形式为主，而理财产品、国际结算、托管业务、保函业务、代销基金、财务咨询等还有待开发。

（四）负债类创新能力弱小，创新品种单一。主要体现在地方法人金融机构，其存款品种的创新主要集中在对存款的增值、产品咨询、理财服务、代收代负、汇兑即时到帐等方面，设计都是以期限为尺度进行，创新品种单一，具有存款便利性的电话银行、网上银行、手机银行等起步较晚。

普惠金融产品创新主要会计风险

（一）资产类会计风险：一是由于贷款形态反映不真实、收贷收息不入帐等信贷业务风险引发的会计风险非常突出，形成的损失触目惊心。二是由于管理手段落后、财务人员责任不落实，致使资产、负债、所有者权益发生失衡，存在资本充足率不足甚至资不抵债现象，财务管理出现跑冒进滴漏及假数字、假报表现象，导致经营状况和经营成果失实。三是内部会计核算混乱，会计规则不执行，重要空白凭证及印、押、证管理出现盲区，会计报表不真实，以贷收息掩盖真实利润，粉饰报表掩盖风险，会计科目不规范，设置帐外帐，使分散性个体风险演变成集中性整体风险。四是贷款拨备计提充足性和审慎性得不到保障，利润率、收益率等指标全面低于警戒线。五是创新产品由于设计不完整或太复杂，或成本核算过高引发核算风险。六是由于前台信贷业务流程操作失误引起会计操作系统失灵，以及越权进入操作系统、通讯突然袭击中断、主机失灵引发会计信息失真或灭失等。

以某地方法人金融机构个性化服务最成功的贷款创新品种货运汽车贷款为例。近十年来，该行是推动全市汽车产业发展的主力军，共对60多个汽车货运业主（以农户为主），发放货运汽车（按揭）贷款8.8亿元，不良贷款率却高达7%。该产品的最明显的特征是公司加农户，货运汽车的经营权属于汽车业主，公司负责帮助购车户办理上户、保险、费税缴交和货运汽车抵押及归还贷款等服务，车主和公司捆在一起，提高了贷款发放的透明度。但受货运政策性因素影响（火车提速、油价上涨、费改税、治理超载等），使货运汽车贷款仍形成一些不可测风险。一是贷款贷后监督环节设计存缺陷。由于司机常年在外，银行不能对其经营过程全程跟踪，有的业主不讲信用，把挣来的钱用于赌博、嫖娼或挪用于经营其他生意，银行却不知道，造成贷款逾期。二是汽车行业竞争激烈，贷款还贷环节设计存在缺陷，该产品还本结息都由汽车公司代理，一旦该公司扣押贷款户利息或携款潜逃，势必增加新的风险。对汽车运输公司的信贷风险控制仅借助于企业提供的相关资料和银行对单笔贷款资金归还情况的监控，来控制风险和防范风险，是不全面和滞后的。

（二）电子产品创新会计风险。主要集中在产品的融资功能上：农商行普通借记卡虽不可以透支，但具有贷款功能，一种是循环贷款，另一种为质押贷款。贷款功能与信用卡的透支相比，具有利率优惠的优势（透支利率为18%，而贷款利率为5%-8%左右），且期限较长。该产品最大的风险点：一是办理支取业务时发生恶意透支现象而没有及时发现。二是系统出现故障没有及时对帐，产生单边帐。三是内部作案产生的道德风险和员工操作失误产生的操作风险。四是卡质安全管理的欠缺，出现制卡、刷卡环节持卡人密码不慎泄密；不法分子利用伪造、盗窃、骗取他人银行卡或客户资料进行诈骗活动。五是联名卡联名对象的选择风险，防止与信誉度低、营销能力差的合作伙伴发行联名卡。六是会计信息失真风险。当该类产品履行了贷款功能时，会计如何核算在产品设计时并没有明确核算细则，如继续纳入银行卡业务核算势必掩盖贷款风险，导致会计信息失真。

（三）中间业务创新会计风险。目前中小金融机构中间业务创新风险主要集中在代理收付产品环节，如代收代付业务、代发工资业务、代发养老金业务、代理保险业务等。代收代付业务，主要业务范围是代发粮食补贴资金及其他政策性支农资金。具体操作流程是由各财政所制作普通EXCLE表格，交信用社进行处理，若发现账号与户名不符时，财政所经办人员、信用社经办人员均可进行手工更改，这就极易产生挪用资金的道德风险。中间业务风险具有潜在性、滞后性、突发性等特点，风险控制不当极易产生各种业务纠纷和赔付风险并引起灾难性后果。

（四）负债类产品创新会计风险。放松客户身份的识别虽是一种便利的稳住客户手段，但由此产生的代价是严重的。负债类风险主要包括：违反资产负债比例管理规定，超比例、超范围运用资金；违反规定大额提现及非法转帐；存款不入帐，搞帐外经营；不计成本高息揽存；柜面操作违规，发生交易额差错或留下风险隐患；不执行存款实名制、大额取现报备、假币收缴、反洗钱等有关规定发生洗钱风险。分析风险产生的原因，可以概括为三种：一是一些信用社在业务发生时事先并没有留下个人的身份证复印件或身份证号码，而在后期办理款项支付时，却凭身份证支付，造成核对依据缺乏，客观上给一些不法分子伪造身份证骗取银行资金提供了可能；二是另一些结算业务即便是留下了号码，但由于临柜人员没有严格操作手续，工作疏忽，结果造成资金的被冒领；三是对伪造的身份证，临柜人员很难作出真假判断，造成资金风险的发生。四是客户信息不对称带来的洗钱风险。客户识别、分析、维护，综合业务系统、信贷管理系统及外部系统对接不畅通，大额存款及存单签发业务监控不到位都有导致洗钱风险的发生。

（五）中小金融机构人力资源管理和岗位设置不能适应风险防范要求，为操作风险埋下众多隐患。一是随着金融创新产品的不断增多，风险控制点相应增加，因此一人多岗、一人多卡、主管混岗等失控现象频频发生，岗位轮换、强制休假制度得不到落实。二是计算机系统的不完善和操作失误形成的风险影响面广、范围大，如某基层支行职工对计算机过于依赖没有及时发现错误，更为严重的是部分人员在知道出错误的情况下也没引起重视向上反映又没有及时性答复，造成贷款计息错误拖了一个多月才更正。又如某职工业务处理系统对于手续费减免的监测和控制不严密，出现手续费漏收或未经授权自动减免的情况，影响了会计核算。

（六）系统功能设置存在风险点。一是系统来账处理以账号为准自动记账，不校验户名，如果收款人账号户名存在不符现象，系统可能导致串户错误，一旦接收人已将款项使用，引发经济纠纷，从法律角度上难以操作，易引发资金风险。二是有的系统中一些重要事项（如对计息账户参数的设定和修改）可以由业务主管独立完成，查询查复信息录入和发送等重要操作均由一人完成，缺乏复核制约。三是通过数据转换介质导出的会计、财务报表，能对基础数据进行手工修改，存在报表信息失真的风险等。四是大多数系统未设置操作员超时自动签退功能，一旦操作员忘记签退，已打开的操作界面容易被他人利用，产生安全隐患。五是一些系统的权限控制在系统操作中并没有通过相应的授权卡或在线授权进行控制。

三、普惠金融产品创新中会计风险产生的深层次原因

（一）风险责任配置错位。地方法人银行机构在绩效分配中，突出了对中高级管理人员的正向激励，忽视了对一线员工激励，这种收入"收入分配上移、风险责任下移"的分配机制不但增加了基层员工的不满，也挫伤了其遵章守纪、规范操作的自觉性。错位的人员配置在造成基层机构无法按风险控制定岗定员的同时，还导致了必要的学习培训和轮岗休假的制度难以执行，无形中提高了道德风险发生的概率。

（二）现有的有关法规政策和制度安排不尽合理。中小金融机构创新不足，关键由于创新带来的收益小于现有产品的收益，而且由于目前制度上的缺陷，使其不愿意触动既定的制度框架而防范金融风险，再加上突破现有制度约束后现行既得利益也会受到不同程度的损失，诸多因素造成中小金融机构产品创新的动力缺失。与金融创新相配套的金融法律法规缺失或跟进不及时，使一些创新业务处于自行开发、产品价格、操作程序各不相同等无序竞争状态，部分业务存在监管真空。特别是电子银行、服务价格收费标准等法规文件缺乏。有关电子银行的交易的权利与义务、规则、民事责任等法律内容未能明确，引发电子银行犯罪案件增多。

（三）创新产品结构单一、同质化严重，高附加值产品占比低。地方法人金融机构创新品种主要集中在结算业务、代理收付、银行卡业务等劳动密集型产品上，资产证券化、电子银行、信息咨询、理财业务等新兴业务没形成规模，收入占比低，而收入重头戏的证卷交易、资产管理、期权等金融衍生产品基本没涉及。

（四）服务手段落后，科技化程度低。一是现有的会计信息很难全面反映中间

业务的规模与质量，二是高度依赖于通讯和电子网络安全性，增加了系统风险。对业务创新的风险估量不够，风险防范的控制机制没有真正形成。三是受技术开发能力和网络技术水平的限制使得技术创新成为中小金融机构产品创新的最薄弱环节，造成网络银行、电子银行的发展缓慢。

四、普惠金融产品创新中会计风险控制与防范策略

银行机构金融创新潜力迫使其在竞争激烈的金融市场中谋求制度创新和选择高效率的创新手段，因此业务创新中出现的会计风险的控制与防范迫在眉睫。

风险管理目标：主要是按照新会计准则风险管理标准和要求，使金融机构的不良资产率、资本充足率、资产流动比率、奖金备付率、资产利润率、资产损失准备充足率等安全性、流动性、效益性指标达到现代金融企业风险管理标准。

风险控制基本框架：建立良好的风险管理决策体系，明确的制度、原则、权责关系和报告渠道；制定合理的适应市场变化的风险管理战略、政策和操作规程；构健全面的风险管理功能体系，包括风险识别、评估、监督、控制等；构健有效的内控和合规功能；构健充分的信息管理支持系统。

（一）资产类产品创新会计风险防范。首先结算账户是信贷单位资金风险的序时"记录仪"。充分使用单位开立的结算账户，银行在完成企业资金核算的同时，就能足不出户、低成本地采集到各企业单位真实、可靠、直观的经营信息资料，包括银行存款余额变动、发出与收到托收、应收、应付款项变动、销售收入与费用支出、现金收入与现金支出情况、汇票与贴现等银行信贷资产情况。其次银行会计核算资料是信贷单位经营风险的"晴雨表"。根据银行会计核算的账务归属和账务核算的内容，企业单位的经营状况都可归并在开户行，通过结算业务量及结算资金的变化、货款归行率的变化、结算种类和结算账户使用情况等变化来进行真实的反映。

（二）中间业务创新会计风险防范。充分发展代理业务、拓宽业务范围、巩固现有代收代付业务，同时积极发展业务渠道。推广代理保管与保险代理业务，加大产品设计时的会计风险防范。如农商行的代收代付系统应引进电子控制手段，建立电子银行入侵侦测与保护系统。在办理粮食直补业务时，采用加密传输系统（U盾），先由财政所提交（信用社提供软件），信用社经办员采集数据后，业务主管加密解码，

比对一致后，系统方可进行处理，若数据有错系统自动返回，不能进行手工干预，从而有效防范操作风险及道德风险。

（三）存款业务创新会计风险防范。存款业务创新可分为三种方式:一是增强流动性和可转让性，对银行存款业务进行创新。二是增加服务便利。即通过增加存款方式所提供的各种附加服务且方便客户的存取款项目，对存款业务进行创新。三是增加存款客户安全性，防范客户信息不对称带来的风险。通过可转让支付命令、电话转账制度和自动转账制度、协定账户、定活两便存款账户等各种措施保障存款的安全性和可靠性。但创新中如何执行客户身份识别是重中之重，笔者认为必须建立客户关系管理系统并与综合业务系统、信贷管理系统及外部系统对接畅通，构筑客户信息资源共享平台，防范洗钱风险。

（四）提供差别化服务，防范系统性风险。商业银行在预算其成本后对不同客户进行等级划分，然后对不同等级的客户施以不同层次和不同程序上的差别化服务，为此商业银行的经营理念要从以产品为中心向以顾客为中心方向转化。产品创新，要通过业务量、规模以及客户资信等指标将客户划分为不同的等级，为不同客户提供不同的创新产品。比如在存款业务中实行收费差别化，规定存款保持在某一限额以上可支付低费用或者不收费，在这一限额以下时则收取相对高的费用。针对贷款客户，则根据不同信用等级给予不同额度的贷款。

（五）建立风险预警评价体系，对银行关键风险指标的风险等级进行识别、评价、预警。建立风险控制模型，量化风险监控指标。一是道德风险指标。包括员工思想品德及稳定性、薪酬制度、业务素质等。二是业务操作风险指标。包括操作人员执行失误，帐户录入错误、清算错误、员工越权操作等。三是系统控制风险指标。包括系统失灵、系统漏洞系统操作失误、不明攻击或病毒入侵、通讯中断、主机、备用机损坏等。四是设立违约损失率、违约风险暴露和有效期限等关键风险指标，通过内部评级来进行预期损失和风险资本的测定。指标选定后各设定不同的权重，进行识别、评价，根据不同的等级用黄色或红色进行预警。

企业兼并重组过程中银行债务悬空问题值得关注

伴随去产能结构调整步伐加快，今年以来，江西某市作为全国第三大陶瓷主产区，以并购、租赁为主要形式的企业兼并重组力度加大，各种隐性风险也随之暴露，企业违约、悬空银行债务现象日渐增多，如不加以妥善处置和引导，势必引发陶瓷产业金融风险的集中暴发，应予高度关注。

一、基本情况

该市是全国五大建筑陶瓷主产区之一，全市共有陶瓷及配套企业126家，陶瓷生产线189条，年产能8亿平方米。但该市陶瓷产业长期存在产能利用率低、产品档次不高、市场竞争力不强等弊端。2016年以来，该市围绕"三去一降一补"，压线限产，大力推动陶瓷产业供给侧结构性改革和转型升级。截止目前，改造落后生产线42条，淘汰不符合环保要求生产线12条，停产生产线10条。在此轮兼并重组、动能转换过程中，呈现强者更强、弱者更弱的特点，优胜劣汰效应较为明显。截至2017年5月末，全市陶瓷企业贷款余额30.6亿元，其中不良贷款余额3.2亿元，占比9.56%，同比上升4个百分点。调查的15家兼并重组企业中，9家采取整体租赁形式，2家被并购，2家拟破产，2家停产关闭。15家兼并重组企业共涉及银行贷款7.46亿元，其中12家陶企3.2亿元银行债务面临被悬空搁置的风险（见表1）。近日，又有新红梅陶瓷等三家陶企因环评不合格被责令停产，涉及的7835万元银行债务同样面临悬空搁置风险。

表1 涉贷出险陶企租赁或并购情况统计表

单位：万元

原企业名称	重组后企业名称	重组形态	租赁或并购金额	银行贷款余额	其中：欠贷金额	欠息金额	隐性风险
江西恒辉陶瓷有限公司	江西金牛陶瓷有限公司	租赁	1300/年	5550	0	0	续贷、展期
江西新高峰陶瓷有限公司	江西沁园春陶瓷有限公司	并购	20000	12080	0	0	续贷
瑞鹏陶瓷有限责任公司	市新鹏陶瓷有限公司	租赁	1000/年	2700	950	28	民间借贷（1000万元）

原企业名称	重组后企业名称	重组形态	租赁或并购金额	银行贷款余额	其中：欠贷金额	欠息金额	隐性风险
江西长城陶瓷有限公司	市德邦陶瓷有限公司	租赁	840/年	3750	0	0	续贷、展期
江西东阳陶瓷有限公司	江西满江红陶瓷有限公司	租赁	1000/年	4060	2000	21	续贷
江西瑞雪陶瓷有限公司	江西瑞雪陶瓷有限公司	并购	15000	11035	2300	0	展期、续贷
江西中瑞陶瓷有限公司	江西华唯陶瓷有限公司	租赁	2000/年	8238	2988	16.57	民间借贷（8200万元）
新中英陶瓷集团有限公司	江西瑞旺陶瓷有限公司	租赁	2000/年	12550	8050	261	民间借贷（7000万元）
江西红宝石陶瓷有限公司	佛山市好望角陶瓷有限公司	租赁	1500/年	2890	2890	576.74	民间借贷（1000万元）
江西伟鹏陶瓷有限公司	江西伟鹏陶瓷有限公司	拟破产		4600	4600		民间借贷（7000万元）
金刚石陶瓷有限公司	市博德陶瓷有限公司	租赁	1500/年	3000	3000	236	民间借贷（1500万元）
江西威臣陶瓷有限公司	江西国美陶瓷有限公司	租赁	5600（对外担保）	500	500		民间借贷（500万元）资不抵债（11000万元）
新澳实业有限公司	市新澳实业有限公司	拟破产		2700	2700		
大华陶瓷原料有限公司		停产关闭		750	750	1139.31	
江西瑞环陶瓷有限公司		停产关闭		180	180		
15家合计				74583	30908	1139.3	

二、原因分析

（一）产能扩张过快，流动性紧张加剧而无力还贷。近两年来，该产区共新增49条生产线，每条线投资近亿元，消耗了企业多年的资本积累，市场预期又未然如愿，加大了企业流动性风险，加剧了产能过剩。新中英陶瓷公司跨界在九江市修水县新增3亿多元投资项目，当地银行未提供信贷支持，资金链吃紧，导致公司只能采取整体租赁方式经营。主营西瓦的伟鹏陶瓷公司因盲目增线，加上管理不善，产品品质差，长期亏损，公司被迫停产。新澳陶瓷公司增线至七条，因生产同质性严重，产品竞争处于劣势，库存大增，占用了大量的资金，导致公司现金流短缺，法人欠下2700多万元贷款后直接跑路。

（二）民间借贷成本高，银行贷款违约成本低而不想还贷。部分企业为弥补流动性缺口，不惜高息向民间借贷。因银行违约成本低于民间借贷成本，因此一旦资金链面临断裂，企业往往选择先还民间借贷而将银行贷款搁置。根据调查，企业用于续贷的资金大都通过高息民间借贷过桥获得。为弥补过桥续贷、到期银票等资金需求，民间借贷高达2.62亿元。伟鹏陶瓷涉及民间借贷7000余万元，终究被高额利息压垮，企业被迫停产，银行4600万元贷款被悬空。据法院了解，今年审理涉及企业的民间借贷案件占民事案件的46%，涉案标的额增长58%，企业资金链断裂无力还款是主因。

（三）公司管理不善，法人沾染恶习而不愿还贷。威臣公司股东均为广东人，佛山、高安两地经营，并以高安公司资产作抵押贷款7200万元，用于佛山公司经营，法人长期不在公司，高安公司所有的运营均托付给了管理团队。由于管理者与董事会经营目标不一致，管理者行为较少受到股东的监督，公司对外担保5600万元，民间借贷500万元，也没向董事会报告，最终公司因资不抵债1.1亿元而停产，市中行500万元贷款最终形成不良贷款被搁置，该公司与国美陶瓷公司签订租赁经营协议中也无归还贷款事项。

（四）退出机制受"维稳与坏账暴露"制约，放任企业欠贷。一些出险关停企业得不到有效处置，一方面源于地方政府出于维护产业发展和社会稳定的考虑，尽量不让其破产，企业一旦破产无疑会造成许多职工下岗，甚至上访，催生新的不稳定因素。另一方面，一些银行出于对出险关停企业产生不良贷款的担忧，只要企业能付息，就可办续贷，这样报表也好看，对上也好交账，而企业一旦破产，就意味着坏账暴露，银行维权将更难。这也是伟鹏、新澳等多家资不抵债企业，迟迟没有破产还债的原因。

（五）调整贷款形态，人为掩盖不良，怂恿企业欠贷。银行通过贷款展期、续贷、贷款重组、表内贷款挪至表外等方式调整贷款形态，延迟贷款风险暴露，没有反映贷款质量与风险真实状况。调查显示，截至2016年12月31日，全市银行表外业务同比增长28%，陶瓷业贷款中续贷或展期的占86%。某商业银行各项贷款余额61.5亿元，其中不良贷款余额1.71亿元，不良率2.77%。应计入不良的正常类、关注类的隐性不良贷款余额1.1亿元，反映出的真实不良率为4.56%。近期，这一隐性风险有更加显性化的迹象。

（六）疏于管理，绕开监管，银行消极收贷。银行放贷普遍存在"贷前调查重形式合规、轻偿债能力审查；贷后管理忽视第一还款来源而过度依赖抵押担保"等问题。高安恒辉陶瓷公司无法维持经营后，在未告知放贷银行情况下，擅自将贷款抵押物全都租赁给金牛陶瓷公司，其中部分资产被法院查封也是事后告之。由于银行没有提前介入和及时跟进，致使资产保全明显滞后。据了解该公司年租金为1300万元。银行贷款5550万元，欠息330万元、工资910万元、欠水电费204万元，本年已无资金偿还贷款，该公司与租赁方的协议中也没涉及贷款归还计划。一些银行绕开规模管理、甚至虚开银票，人为增加风险敞口，将大量信贷资金移至表外，既掩盖了存款的真实性，也弱化了央行宏观调控政策效果。

三、对策建议

政府层面：一是制定企业兼并重组总体规划，制定处置预案。二是规范企业兼并重组行为，加强监管，明确企业兼并重组必须有债权银行的全程参与。三是加大政策扶持力度，通过搭建"产权交易、股权融资、产业引导基金、续贷帮扶基金"等平台，帮助资金周转暂时困难企业还贷续贷，降低融资成本，企业通过各类平台向社会募集资本。对关停企业加大拍卖、租赁、转让等整合力度，用活闲置土地。

银行层面：一是积极参与企业兼并重组全过程，对兼并重组型企业采取给于定向并购贷款支持；对长期亏损、失去清偿能力的"僵尸企业"要提前介入，掌握主动权，通过债权转移、资产证券化等形式降低银行追债成本。二是建立淘汰落后产能的信贷惩戒与激励机制，对环评不合格、产能工艺落后、盲目扩大生产而导致过度负债的企业，要设立信贷限制或退出门槛。三是建立"牵头行主办和债权人会商"制度，对企业联合授信、贷款重组、信贷退出等决策形成共识。

企业层面：一是优化陶瓷企业构成。积极开展对资不抵债、长期亏损的弱小企业实施并购重组。通过吸纳社会资本参与企业股权转让、资产置换、收购、增资等，推进企业管理、技术、业态等多重创新与升级。二是与债权银行共同制定维护金融债权的具体计划与实施方案，确保金融债权落到实处。

建筑陶瓷产业金融风险监测分析报告

自2008年中国建筑陶瓷产业基地落户某县级市以来，入驻企业聚集效应、基地比较优势愈益明显，形成了完整的产业链并跻身于全国五大建陶主产区第一方阵。作为全省20个重点扶持的产业集群之一，目前基地建成区面积20平方公里，共引进陶瓷及配套企业178家，总投资210亿元，建成陶瓷生产线218条，年产能7.5亿平方米，列全国五大产区第三，并支撑起江西建陶业的80%江山。今年以来，随着经济下行压力加大，陶瓷企业面临前所未有的困难，出现了停线压产增多、产品积压严重、资金紧张加剧、环保压力增大等困境，部分企业因互保联保引发的担保圈、资金链风险逐渐暴露，企业流动性风险有更加显性化迹象，呈加快暴露趋势，对陶瓷产业的生存与发展带来了巨大冲击，也对银行信贷资产安全带来严峻挑战。

一、陶瓷产业信贷增长及结构特点

1. 产业信贷集中度和增量均有所下降。截至2014年末，112家陶企银行融资43.94亿元，其中贷款余额31.3亿元，银行承兑汇票余额12.64亿元；贷款余额占全市各项贷款余额的19.4%，同比下降5.6个百分点，其中农商行贷款余额比年初下降4000万元。贷款净增额2.4亿元，同比少增3.3亿元。

2 信贷投向偏向集团客户和大企业，小型陶企获贷仍较困难。在建陶业贷款中，集团客户占58%，大企业占36%，知名陶企贷款占比相对较高，居前列的罗斯福陶瓷1.9亿元、新中源1.5亿元、佳宇陶瓷1.54亿元。

3 从期限结构上看：贷款流动性较强，中长期贷款占比不大。调查的40户重点监测企业，1年以内贷款占68%；1-3年占22%；3年以上占10%，贷款短期为主与生产周期延长不相吻合。

4. 从贷款方式上看：主要是抵押（或质押）、担保、保证、保函、信用证等，其中抵押（或质押）贷款占比63%，担保贷款占比15.8%，保证贷款占比15.2%。

5. 从贷款形态上看：可疑、关注类贷款呈上升趋势。至8月末，9户陶企可疑、关注类贷款余额1.75亿元，占陶企贷款余额31.3亿元的5.6%，同比上升3个百分点。

二、产业发展中面临的主要风险

受全国经济下行、房地产萧条、农村建房用地严控等因素影响，今年陶瓷产业出现淡季提前、库存积压严重、销售低迷、资金紧缺加剧等情况，当年行业产销率78.7%，同比下降18个百分点。库存积压超亿元的企业有5家，超5000万元的企业有9家，企业总库存量达到17.8亿元，28条生产线停产。部分企业拖欠职工工资、税费、电费，9户企业生产出现异常，其中5户已停产。产业周期性震荡比2011年更加猛烈，或将进行新一轮洗牌，部分企业面临兼并或重组，产业风险向信贷风险传递压力加大。

（一）多种问题的相互叠加，加大了企业经营性风险。一是产品定价权仍受制于广东佛山，品牌竞争处于劣势，影响发展后劲。基地陶瓷产品以中低档为主，虽然拥有136个自主品牌，但真正在全国叫得响的知名品牌极少。同样品质的产品、基地的售价不到佛山品牌的1/3。因此，本地产品在销售过程中贴佛山品牌，甚至产地也标上佛山，利润多被授牌方拿走，这是造成基地陶企产品价格动荡甚至内耗的主因。二是产能扩张过快，自有资本比例低，企业流动性风险日益显现。去年以来陶瓷产业共新增49条生产线，每条线投资近亿元，消耗了企业多年的资本积累；调查显示，在企业资金结构中，自有资金过低，并且绝大部分都投入了固定资产，导致流动资金严重不足。调查的40户企业中，银行借款占总负债55.06%，占流动负债62.36%，其中12户企业自有资本占资金来源比例只有20%，其余资金主要依赖银行贷款、民间借贷、挤占供应商和经销商货款，40户企业应付帐款是应收帐款的2.03倍。

（二）银票激增、短贷长用、期限错配蕴涵着巨大信贷风险。一是银行承兑汇票激增隐性放大信贷规模。做大银票业务是银行规避信贷规模限制、缓解存款压力的普遍做法，不仅将大量信贷资金移出表外，形成信贷资金的"表外循环"，影响存款数据的真实性，也弱化了宏观调控政策效果，少数银行甚至在没有真实的贸易背景下，为企业虚开银行承兑汇票，人为增加风险敞口。2014年末，陶瓷产业银行承兑汇票余额12.64亿元，比年初增加3.8亿元，其中：9户生产异常陶企风险敞口余额7464万元，比年初增加4239万元。二是商业银行短贷长用、存贷款期限错配掩盖了大量隐性不良贷款。调查显示，陶瓷贷款中续贷或展期的占89%。大量流动资金贷款以展期、续贷形式被企业长期占用或用于弥补项目资金的不足，影响贷款增长的可持续性和均衡性，蕴涵着巨大的信贷风险。近期这一隐性风险有更加显性化的迹象，2014年末全市不良贷款余额1.2亿元，不良率0.96%，比年初上升0.3个百分点。9户生产异常陶企可疑、关注类贷款余额1.75亿元，占陶企贷款余额的5.6%，同比上升3个百分点。

（三）资金链、担保链断裂风险正加速向金融风险传递。一是企业民间借贷过重导致资金链断裂个案增多。特别是用于续贷的民间过桥资金融资成本大大高过银行。表现为小贷公司收费标准普遍高出银行基准利率3-6倍甚至更高，调查的两家小贷公司42%的贷款都收取了咨询费或财务顾问费，共计186.7万元。调查的40户企业今年上半年为弥补续贷、展期贷款、到期银票等资金需求共新增民间融资2.8亿元，其中伟鹏陶瓷民间借贷1919万元，终因负债过重而停产。据法院了解，今年上半年审理的民间借贷案件占民事案件的38%，涉案标的额增长78%，涉及企业案件同比增长四成，企业资金链断裂无力还款是主因。民间借贷潜在的风险已由资金链、产业链逐步衍生为更广范围，民间借贷资金链断裂可能引发群体性债务纠纷的集中爆发，最终将把风险转嫁给银行。二是担保、联保链断裂风险。调查的40户企业担保、联保总额达8.7亿元，其中已出现重大风险的担保、联保圈4个，涉及信贷资金3.8亿元，伟鹏陶瓷对外担保891万元，被担保1.51亿元。随着企业担保联保的非理性扩张，单个企业过度担保风险被放大并蔓延及整个担保圈，引发担保企业的"多米诺骨牌效应"，牵涉的贷款量大、企业面广，造成产业不良贷款的集中暴露。

目前，部分企业银行贷款与民间借贷两头融资，在民间借贷利率上升、房地产市场持续萎靡等情况下，民间金融风险敞口将进一步放大，可能引发一批出险企业倒闭，出现损害群众利益、大量信访群访等问题，影响社会稳定。即便稍有偿债能力也是优先偿还利息高的民间借贷，必然导致银行不良贷款攀高，形成恶性循环危及金融生态。

（四）异地金融机构贷款风险呈加快暴露趋势。通过监测发现，部分陶企因涉及民间高利贷导致负债过重、资金链断裂，这一潜在风险正加速向银行传递和转嫁，引起大量隐性不良贷款不断暴露，且主要集中于异地金融机构。据调查，一些异地金融机构在跨区放贷中存在"贷前调查重形式合规、轻偿债能力等实质性审查、贷后管理忽视第一还款来源而过度依赖抵押担保、违背承诺随意抽贷、监管渠道不畅、监管信息闭塞"等问题，当企业流动性风险来临之时，其风险防线最为脆弱，这些潜在风险在陶瓷产业领域有更加显性化的迹象。调查的9家问题企业不良贷款余额1.80亿元，其中异地金融机构贷款余额1.16亿元，占比64.44%；银行承兑汇票风险敞口1.58亿元，其中异地金融机构为1.05亿元，占比66.46%。9月末，全市共有20家外埠银行对辖内168户企业发生过信贷业务，贷款余额22.57亿元，占全市贷款余额的14.12%。9家问题企业涉及8家外埠银行，占全市埠外银行总数的40%。

三、总体评价和未来走势

综上所述，今年以来，建陶业出现的问题是市场的周期性震荡、优胜劣汰及结构调整的阵痛与产能扩张、产能过剩的消化在同一时期产生的叠加效应，是产业发展中形成下行压力的集中体现。并不影响整个产业生产平稳增长、技术装备水平不断提升、企业抗风险能力明显增强等基本面向好的运行总趋势，对整个行业产生大范围冲击破坏程度有限，行业风险整体可控。但在国内经济下行大环境下，产业潜藏的金融风险存在进一步集聚、扩散并随时爆发的可能，特别要警惕民间借贷风险的集中爆发和交叉传递对产业风险、金融风险、实体经济的重大影响。预计明年国内建陶市场低迷状态将会有所改善，但短期内陶瓷产品价格仍将处于低廉阶段，行业"高产能、高成本、低价格、低效益"状态短期内难以扭转，价格竞争将更加激烈，行业或将进入微利时代。

四、政策建议

一、制定产业振兴总体规划，加快产业转型升级步伐。随着国家新型城镇化战略的实施和城乡一体化进程的加快推进，陶瓷产业未来仍有较大发展空间。要从市场准入、环境保护、产能扩张约束、资源优化组合等方面入手制定产业振兴和长远发展总体规划，同时政府要加大政策层面的扶持力度。日前省政府在下发的《关于促进经济平稳增长若干措施》中提出，为促进产业转型升级，省财政安排30亿元资金专门用于支持产业集群发展。高安要抢占先机，充分利用这些利好政策，借力发展，优化各类生产要素配置，推进建陶产业管理效率、环保效力、品牌效应、配套效能、综合效益升级，实现产业可持续发展，向千亿级产业目标统筹推进。

二、降低融资成本，引导困难企业进行生产自救。针对企业融资续贷中"过桥难、过桥贵"问题，建议地方财政拿出一笔专项资金，成立续贷中心，制定"企业续贷帮扶资金"管理办法，实施封闭运行，帮助有市场、有潜力、临时周转困难企业解决临时救急之需。引导企业不要过度依赖银行贷款，更不可盲目扩张产能，应充分考虑到在资金链出现问题时，过度举债可能面临的重大财务风险。在遇低迷时企业家要敢于担当，加强与上、下游企业合作，互助互救，抱团取暖，有条件的可设立"应急互助基金"等企业间资金互助组织，拓宽融资渠道，合力维持各企业的人、财、物正常流转，银行要根据企业的实情，尽量保证合理的展期和续贷要求。

三、建立风险化解和补偿机制，分散信贷风险。一是对企业实行"名单制"分类管理。按照风险可能爆发程度，对企业进行分类排序，分为高中低三类风险，重点监测企业不良贷款和关注类贷款上升、资产负债率高、库存积压大等财务信息，密切关注企业民间融资、联保、互保、停产、"三品、四表、一流水"等非财务信息对高风险企业制定处置预案。加强对保证人的准入管理，对外担保超过净资产的要进行风险警示。银行既要为好企业锦上添花，也要为暂时困难、有市场、有潜力企业雪中送炭、慷慨解囊，对抽逃资金、改换门庭等恶意逃废债行为，要依靠政府和公安力量实施联合制裁。二是建立地方财政层面的担保贷款风险补偿基金，对陶瓷企业遭受的重大事件、自然灾害损失等，引入商业保险和贷款保证保险，并建立企业保费补贴机制。

四、整合监管资源，形成产业风险监测长效机制。一是运用人民银行征信管理等资源，建立健全产业风险压力测试、分析评价系统和重点企业监测数据库，监测产业动向，信用状况，风险程度，把握风险趋势，为防范和化解产业风险提供预警性动态信息。二是建立部门协作机制。充分发挥工业园管委会、民营企业局等部门组织协调优势，建立企业重大事项报告制度。帮助银企双方提前识别和获取金融风险方面的信息，尽早控制、化解各类风险。重点从"报什么、怎么报、报给谁、重要信息如何运用和处理"等方面积极探索，增强基层央行在金融风险识别、获取、防范和处置方面的针对性、超前性和有效性。

互联网金融发展与风险防控问题探讨——以余额宝为例

当前，互联网金融的核心内容是支付方式、信息处理、资源配置，并且不断衍生出互联网技术类公司、电子商务类公司、管理工具类公司、互联网货币等，投资标的为风险较小、流动性较强的金融资产。面对如火如荼的互联网金融发展浪潮，互联网金融的风险隐患、监管主体存在缺失、交易成本不透明、复合型人才缺乏等诸多问题逐渐暴露，基于此，本文以余额宝的运作模式为例，分析探讨我国互联网金融运行中潜在的风险隐患及其防控，为更好地利用互联网金融推动普惠金融发展提供对策参考。

一、余额宝发展现状

自2012年提出互联网金融概念以来，2013年6月阿里巴巴支付宝公司推出"余额宝"业务，链接天弘基金旗下的天弘增利宝货币市场基金，成为互联网金融的第一只产品。由于其具有操作简便、收益率远高于活期存款利率、购买赎回不受限制、即时到帐等特点，一度受到大众的热捧。

（一）余额宝客户数突破1亿人，增长速度有所放缓

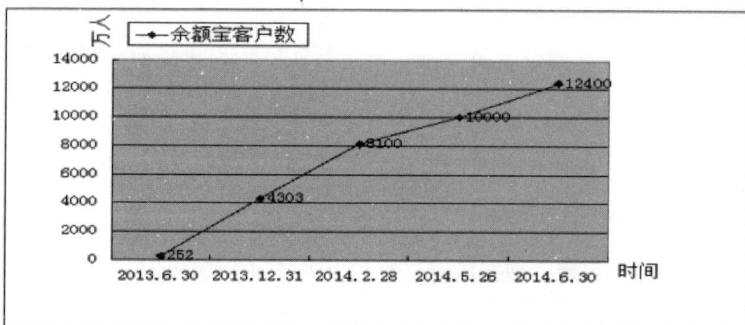

图1　2013年6月末至2014年6月末余额宝客户人数

数据来源：天弘增利宝货币市场基金2013年2季度—2014年2季度季报

从余额宝产品上线以来，客户人数不断激增，截至2014年6月末，客户人数高达1.24亿，同比增加48.21倍，2014年3月以来，客户人数增速有所放缓，但总体客户人数仍然不断增加，显示余额宝客户粘性依旧呈正增长趋势。

（二）余额宝余额接近6000亿元，规模趋于稳定

2013年2季度末以来，余额宝规模井喷式增长，截至2014年2季度末，余额宝余额高达5742亿元（见图2），短时间一举成为国内第一大规模基金，全球排名第七。

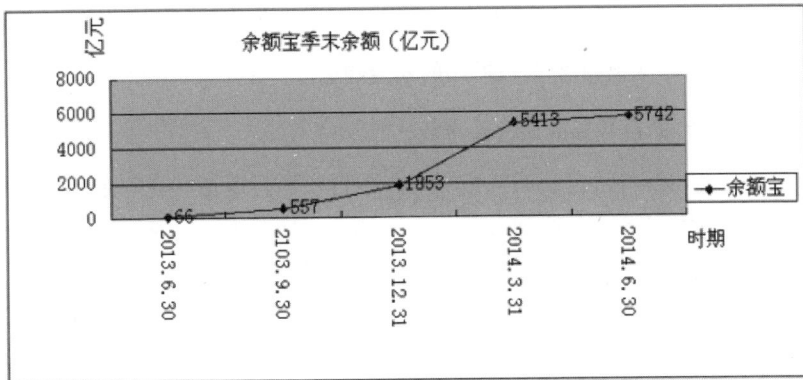

图2　2013年二季度—2014年二季度余额宝季末余额折线统计图

数据来源：天弘增利宝货币市场基金2013年二季度—2014年二季度季报

（三）余额宝收益率整体呈先增后减趋势，回报率趋于稳定

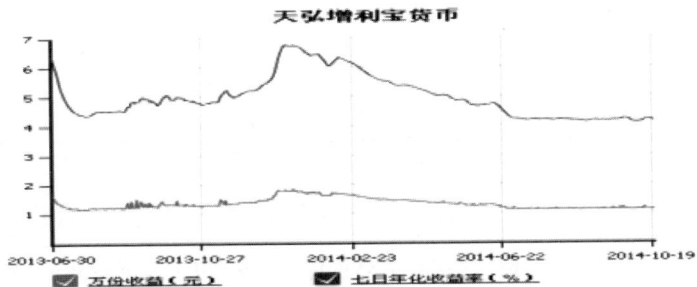

图3　余额宝七日年化收益率与万份收益率曲线图

数据来源：天弘增利宝货币市场基金2013年二季度—2014年二季度季报

2014年以来，余额宝收益率步入下降通道，由最高峰的"7"时代，一路跌破

"6"、"5"，步入新常态的"4"时代，随着收益率的下跌，余额增速下降明显，客户数增速也呈现放缓趋势。

二、余额宝运作模式

（一）余额宝的所有人、管理人和托管人三者相互制约

余额宝是链接天弘基金旗下的增利宝货币基金，广大的余额宝客户通过支付宝页面的链接购买余额宝即相当于投资了货币基金，为余额宝的所有人。货币基金运作模式按照证监会要求投资于货币市场，基金的管理人为天弘基金，托管人为中信银行，三者相互制衡，杜绝了资金被挪用的安全隐患。

（二）余额宝的投资标的为货币市场

货币基金将与银行协定利率将集资存入银行，银行返还利息到余额宝，最终用户获得高额利息。货币基金主要投资于短期货币工具如国债、中央银行票据、银行定期存单、政府短期债券、企业债券、同业存款等短期有价证券的基金产品。2014年天弘增利宝货币市场基金二季度报披露的投资标的如下表1：

表1 2014年2季度末基金资产投资组合表

单位：亿元，%

项目	金额（亿元）	占基金总资产比例（%）
固定收益投资	332.24	5.64
买入返售金融资产	531.80	9.03
银行存款和结算备付金	5015.08	85.13
其他	12.00	2.00
合计	5891.12	100

数据来源：天弘增利宝货币市场基金2014年二季度报

由上述投资标的可以看出，余额宝资金进入货币基金账户以后，增利宝投资标的85%以上主要集中于银行存款和结算备付金，9%以上买入返售金融资产，5%以上为固定收益投资。

（三）余额宝增加了活期资金收益，巩固了支付宝用户粘性。

支付宝作为第三方支付工具，充当了收付款中介担保作用，当客户在淘宝上网购时，先把钱打到支付宝，待客户确认收货时资金转到卖家账户上。资金在支付宝账

户上这段期间，资金利息归支付宝公司所有。余额宝出现后，支付宝中多余的资金可以转入余额宝，享受货币市场基金收益，同时支付时可以用余额宝支付，达到收益与支付两不误的功效，支付宝用户粘性进一步增强。

其运作模式如下图2：

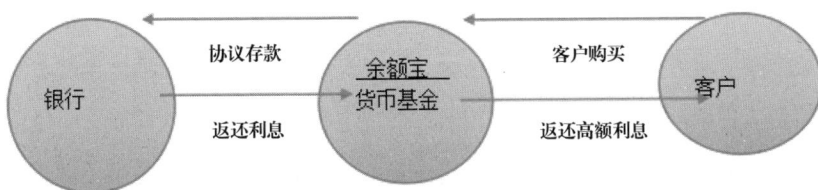

图2　余额宝运作模式图

客户不能直接购买余额宝，必须先开通支付宝账户，通过支付宝账户可以直接购买余额宝。余额宝对接的是增利宝货币基金，可以直接投资于货币市场，主要与银行间的协议存款，对应上图箭头的左方向。银行在接受协议存款后，需要向天弘基金支付协议存款利息，通常高于银行间拆借利率。基金公司获得的利息在扣除基金服务费（0.25%）、管理费（0.3%）、托管费（0.08%）后的收益返还给客户，一般远高于同时期银行活期存款利率，转出金额和到账时间受绑定的银行政策规定限制，没有手续费。

三、我国互联网金融发展中存在的问题

一是互联网信用风险防控存在缺陷。安全问题涉及操作风险和信用风险，操作风险是指系统的安全稳定性，网络金融市场上金融交易的运行必须依靠计算机，容易受到黑客和病毒的入侵，余额宝客户资金丢失问题反映出系统风控上的缺陷；信用风险指交易对手方未能按照合同要求履约风险，P2P平台跑路反应资金运作过程中透明性有待加强，资金去向监管仍然存在漏洞。

二是互联网金融监管主体存在缺失。对于类"余额宝"产品性质的界定，关乎其是一般存款对待还是货币基金对待，对应的政策差别很大，涉及到"一行三会"的跨部门合作监管，容易出现监管交叉和监管空白的问题。又诸如P2P平台容易引发非法集资和高利贷问题，变相的吸储和放贷也屡见不鲜。

三是网络金融市场交易成本不透明。虽然在理论上网络金融存在着降低交易费

用的巨大优势，但实际上除了原有的交易费用外，我国网络金融机构的客户还要承担上网费、电话费甚至会员费，使得交易成本不降反升，这极大地抑制了消费者进行网上金融交易的热情。诸如许多类似"P2P"平台贷款变相收取手续费，逃避监管，或者相关利益方收取费用不透明损害借款人或投资人利益。

四是客户的消费理念没有根本改观。电子商务、网联网应用、有关软硬件知识对大多数金融从业者来说，属于较少接触的知识领域，而我国有长期使用现金结算的习惯，消费信贷很不发达。人们对信用卡、借记卡等电子工具的认同尚有一段距离，要改变观念，接受电子钱包和网络货币这样看不见、摸不着的电子货币，需要一个较长的时间。

五是网络金融复合型人才缺乏。在网络经济时代，人力资源是最宝贵的资本，而在国际互联网和金融这样两个高知识含量产业的结合点——互联网金融业务中，更需要高素质人才。传统的银行人才培养和培训的主要方向是单纯的业务技能培训，而网上银行需要大量的复合型人才，他们既需要熟悉银行业务的各种规范和作业流程，又能够熟悉掌握和应用信息技术。但是，由于我国银行业冗员过多，整体员工队伍素质偏低，尤其是缺乏既熟悉金融业务又精通信息技术的复合型人才。

四、利用互联网金融推动普惠金融数字化发展的建议与对策

针对网络风险防控问题，一是研究开发新型有效的网络安全措施，防止非法用户侵入网络金融机构主体系统和数据库，确保网上金融的信息流通和操作安全。二是建立网络金融安全认证中心，数字认证最大的服务对象是电子商务用户，第三方的认证中心将会在商家与消费者之间建议一个信任的桥梁，可以说所有的电子商务活动均离不开认证中心的参与。三是加大金融科技投入，改善金融技术设备，提高金融信息系统的技术水平，建立起完善的电子服务系统、安全系统和风险防范系统的同时发展各种投资、咨询和各种服务软件系统等。为此支付宝增加了登陆密码和支付密码双层保护，超过设置限额时还要支付绑定手机动态码，大大完善了客户资金安全性，同时与平安保险合作，客户资金出现意外丢失，在找不回来的情况下给予全额赔付，给余额宝用户吃了定心丸。

针对监管主体缺失问题，一是尽快建立和完善各类有关互联网金融和在线数字

化支付的法律规范，为互联网金融的发展提供良好的制度环境。二是从法律上明确网上电子商务和电子资金流动安全标准和程序，强化对网上银行和网上电子支付结算中心的资格认证，为互联网金融的发展和创新提供法律保障。三是"一行三会"联合工信部门及金融业进行合作与谈判，根据互联网金融业的特点，以战略的眼光从总体上把握普惠金融市场的发展方向，达成对互联网金融市场监管的共识，以促进互联网金融市场的良性发展。

针对交易成本不透明问题，建议取消价格管制，公开收费项目，投融资双方信息，促进价格市场化。面对网络金融发展的机遇，人民银行应加快推进利率市场化改革的步伐，为网络银行的发展提供良好的市场环境，同时，证监会、保监会也应积极采取措施，放松价格管制，只有这样网络金融机构才能实现让利于客户，推动网络金融服务规模的扩大，形成良好的规模效应和数字化普惠金融发展的良性循环。

针对客户消费理念问题，一是要大张旗鼓地宣传数字化普惠金融，认真地研究信息化、数字化时代对银行和其他金融机构的影响，紧跟世界互联网金融和电子商务的潮流，增强大众网络金融意识。二是积极创造条件，使企业和大众都能学习必要的金融知识、电子化知识、计算机知识及数字通讯知识，及时更新观念，为迎接网络金融和电子货币时代的到来做好充分准备。三是做好互联网金融消费者权益保护。

针对复合型人才缺乏问题，一是切实加强金融机构员工的再教育培训，大力开发人力资源，建设一支适应时代发展要求的高素质队伍。二是加强知识管理，提高知识经济生产力，合理分配、使用和管理知识资本，充分利用知识资源。三是在培养网络金融人才方面加大投入力度，制定一系列在网络金融创新方面的激励机制，为培养网络金融人才创造更好的条件。

区域金融业务交叉及风险问题研究

区域金融业务交叉经营是指银行、保险、证券、期货、基金、信托机构等都可以相互进入对方业务领域，进行业务多元化经营。随着全球金融一体化浪潮不断高涨，我国区域性金融业务交叉经营已成为金融业发展的主导趋向。外资金融机构的不断涌入，以及跨国公司的渗透更加剧了金融业务交叉经营的进程。区域性金融业务交叉经营，在提高金融运行效率，全方位满足客户的各种需求，提升市场竞争力等方面具有明显的比较优势。同时，金融业务交叉竞争引起的各类风险又具有复杂性，高传染性，高危害性特征，威胁着金融稳定，因此加强对金融业务交叉及风险的研究，对有效防范金融风险，保持金融稳定具有十分重要的现实意义。本文从金融业务交叉经营发展趋势及现状特征入手，重点剖析了交叉经营中存在的几种主要风险，并结合实际提出了规避风险的现实途径。

一、区域金融业务交叉经营是金融业务的必然选择

区域金融业务交叉，实际上是金融体系结构打破传统行业分工模式，市场分工细化导致金融功能配置格局重构的结果，这也符合效率优先原则。

1. 金融业务交叉经营与传统经营模式的比较优势明显

目前我国金融业实行是分业经营模式，其主要目的在于货币市场与资本市场中间建一堵"防火墙"，避免银行资金进入高风险的证券，期货市场，以确保银行业的稳定，但严格的分业经营和金融管制不仅降低了金融业的竞争程度和运行效率，也不利于微观金融的活跃。实行金融混业经营的银行能全方位满足客户的各种需求，所以能较多的获得客户认同，竞争力较强，同时由于经营业务多元化能稀释单一业务带来的经营风险，所以，金融混业经营与分业经营的比较优势在于能提高金融机构的运行效率，是效益性，安全性原则的充分体现。

2. 金融业务交叉经营是多种利益博弈下制度变迁的结果

从微观层面上看，金融业务交叉经营既反映金融业发展状态，也反映金融活动的经营策略变化，金融机构要依据市场环境及自身优势，立足比较成本的考虑来决定是采取哪种经营的策略。从宏观层面上来看，金融分业到混业是一种制度选择和制度变迁，是多种利益博弈下的制度变迁的结果，市场结构、监控资源积累状况，人文因素等都影响制度结构和变迁路径。

从宏观和微观层面均反映金融机构在传统业务经营中显然有些自缚手脚，新的机制等待破茧而出，一是追求规模经济与范围经济的驱动，即具有更大规模经济潜力

和越来越明显的范围经济效应驱使，也是丰富金融企业利润来源，降低经营成本，满足客户多元化需求。二是金融行业的高风险性决定了只有通过多元化经营才能分散风险的动力所驱。三是国内金融机构传统业务功能的单一，规模弱小，加上我国将履行市场准入和国民待遇等方面的承诺，在金融市场对外开放的大背景下为了让金融机构在金融市场上具有竞争力必然选择业务交叉经营策略。

3. 金融业务交叉经营是技术进步的必然结果

技术进步刺激了金融创新和金融产品的多样化，导致金融机构间业务界限模糊，具有比较成本优势的金融创新管理模式和金融创新工具不断涌现出来

以计算机与互联网为特征的新技术革命极大地降低了金融通讯与金融数据处理成本，使金融管理技术开发与金融信息传播效率大大提高，从而使金融机构业务性能力大为增强，可以进入原先不敢进入或无法进入的其他业务领域。

金融工程技术与金融衍生品为风险控制提供了全新手段，现代金融工程技术的革命性进展，金融衍生品与对冲手段的不断丰富，也使金融机构控制多元化经营风险能力大幅度提高。

另外金融业务交叉只是金融结构变化的外在表象，其深层次因素是金融工具的创新导致市场分工协作关系深化，促进了金融功能配置格局的重构，使得传统金融行业分工越来越模糊，金融机构之间的业务交叉越来越普遍，使金融混业经营模式的形成与发展成为必然。

二、金融业务交叉经营现状及其表现特征

当前跨行业，跨市场的金融工具主要是银行、证券，保险机构联合开发的融合多行业特点的金融产品，如跨银行、证券市场的银行同业拆借，国债市场回购，股票质押贷款，银证转帐，银证通等，跨银行、保险市场的保单抵押贷款，住房贷款配套保险，汽车贷款保障保险，银行代卖保险和代收保险费等；跨证券，保险市场的投资连接保险，万能寿险、跨行业、市场的金融控股公司等。金融机构相互渗透总体趋势是由业务层面向资本层面演进，可以预见，随着相关政策出台和金融创新的不断涌现，交叉的金融产品将十分普通，当前区域金融业务交叉经营显现以下特征：

特征之一，利益驱动。金融机构作为企业，其首要目标是利润最大化，为实现

这一目标，金融机构会不断进行业务创新，找寻新的利润增长点，如在金融市场化程度高的环境下，证券，保险机构进入同业拆借市场，通过拆入，拆出资金，调剂短期资金的余缺，可使金融机构闲置资金得到充分得用，提高资金使用效益，促进了证券，保险机构进入同业拆借市场的积极性，又如银行机构代卖保险，代卖基金，获得中间业务收入，丰富了利润来源。

特征之二，风险分散。银行，证券，保险等金融机构可利用所掌握的市场信息及时调整投资的品种，利用金融期货，期权等衍生产品交易分散风险，避免金融市场出现大的震荡。金融机构业务交叉经营衍生出金融超级市场，金融百货公司，这种超级复合体能规避因单一业务竞争加剧，利润下降引起的经营性风险，又能提高金融运行效率，增强金融竞争力，有利于金融的稳定和安全。

三、当前金融混业经营形成的主要风险

有资料显示，证券机构由于自营和受托理财业务发生巨额亏损，加之市场不景气，造成证券业全行业亏损，由于混业经营多米诺骨牌效应，与证券相关的其它金融机构出现连锁较大的风险，由于证券投资基金收益下降使保险业投资收益率下降，甚至出现巨额亏损，这仅是混业经营所带来的风险一个例子，当前金融业务交叉经营风险主要面临着制度性风险，操作性风险，监管风险等。

1. 金融业务交叉经营面临的制度性风险

制度性风险亦称法律风险。长期以来，我国金融业一直坚持分业经营制度，1993年中央政府在对1992年以来的银证经营混乱，乱拆借，大量违规资金进入股市等状况进行治理整顿的过程中，为防范金融风险，加强金融监管，明确了分业经营的思想，分业经营奠定了我国金融法律框架基础，随后颁布的一系列金融法规亦遵循了这一准则。现行的金融法律加《中国人民银行法》《商业银行法》《证券法》《保险法》对交叉经营的金融工具和金融控股公司都没有明确的法律定义。金融产品，往往分不清债权产品与委托、信托产品的法律关系，导致出现众多的金融风险由于缺乏法律依据。金融业务交叉经营相配套的制度尚未完全建立，实行业务交叉经营缺乏相应的、可靠的法律保障体系，相关金融主体和金融业务法律制度的缺失，放大了金融体系中的一些潜在风险，目前跨行业、跨市场的金融风险增加正成为影响我国金融体系

稳定的新因素，这在很大程度上与缺乏对这些新的金融主体和金融法律规范有关。

2. 金融业务交叉经营面临的操作性风险

①流动性风险。交叉性金融工具的使用，使金融机构面临的流动性风险更为复杂，以基金产品为例，当基金出现流动性问题时，首先需要商业银行的融资支持，因而将流动性支付的压力迅速传递给商业银行，如果出现严重的挤赎风险，从资本扭带角度看，基金的责任肯定会落在控股该家基金公司的商业银行上，如此，金融机构在资本市场上的操作失误会迅速传递到货币市场，风险向银行转移，引发货币危机。

②市场化风险。随着利率市场化的推进，特别是存款利率上限的放开，基金收益率的波动将会导致资产组合的比价轮动效应，产生存款负债产品出现利率攀比风险，当基金收益率显著高出存款利率一定空间时，促进银行存款向基金转化，而流动性压力将会使银行不断地提高存款利率，以控制存款持续滑坡产生的流动性缺口，从而导致市场利率的扭曲。

③道德风险，商业银行经营者为了追求短期效益，会将资金用在高风险领域，一旦操作失误会对商业银行造成巨大损失，金融控股集团下的银行，证券，保险公司之间以及金融与实业之间的关联交易往往缺乏有效的控制措施。还有上市公司，证券公司和商业银行之间的关联交易，形成银行融资，购并，上市的资金循环和利用金融机构与企业的关系，套取银行的资金或挪用客户资金解决关联企业资金需求的风险，从而导致道德风险产生。

3. 金融业务交叉经营面临的监管风险

目前各金融监管机构现状是以"分业监管，机构监管"为监管分工基础，各监管机构之间相互配合的协调问题没有根本解决，不能合理利用各自的监管资源形成整体合力，面对金融交叉经营的监管，难免会出现监管重复和监管真空。加之监管人员素质有待提高，一时很难适应新的监管业务需求，这些因素势必影响金融混业经营的平稳运行。

四、金融混业经营风险防范对策

完善有关制度，加强金融业协调与配合，共同推动金融产品和机制创新，合理引导资金流向，推动金融业务交叉的市场竞争力，有利于货币市场、资本市场、保险市场协调发展，达到分散风险，增强金融业核心竞争力目的。

1. 进一步修订、完善相关金融法律、法规、制度，使之与金融业务交叉经营发展相配套。目前金融业务交叉经营缺乏相应的、可靠的法律保障体系，随着金融业的迅猛发展，对立法提出了大量需求。金融法规和制度不是要消灭所有的金融风险，而是要将金融风险控制在一定范围之内，针对目前现状和今后发展趋势，应对《人民银行法》《银行业监督管理法》《商业银行法》《证券法》《保险法》等进行相应的修改和完善。如对限制金融控股发展的条款，对不同行业监管有冲突，应予完善。重点对不同金融机构之间交易活动，特别是涉及关联交易、内部交易的有关条款进行规范。

2. 整合监管资源，建立金融监管协调委员会，提高监管效率。建立以中央银行为核心的金融监管协调委员会。一是《中国人民银行法》明确规定，人民银行具有维护金融稳定的职能，要从国家金融安全的高度对交叉性金融风险进行监测、评估。一旦出现系统性风险倾向，在货币政策和流动性方面做出及时、正确反映和处置，减轻系统性风险对整个金融业和国民经济所产生的危害。二是人民银行作为保持流动性最后贷款者，有必要随时掌握金融体系的动态，及时对金融体系的整体风险和金融机构的个别风险作出正确评估。三是人民银行支付系统给不同类别的金融机构搭建平台，提供支付可能性，容易识别支付风险的产生，可以推进保护投资人、存款人、投保人机制的建立。四是建立以人民银行为核心，对金融业务交叉性工具和金融机构监管，能够避免监管部门监管套利问题的产生。

3. 统一监管信息平台，加强监管机构协调机制建设，有效解决监管信息不对称问题。一是监管模式应由功能型监管逐步取代机构型监管；二是加强协调与合作。建立人民银行与三家监管机构互信、合作的协调机制，定期交流监管信息，避免监管真空和重复监管。从而提高中央银行货币政策决策的科学性，增强金融监管的针对性。三是转变监管理念，从过去重视由监管机构全面测量金融机构的风险程度，转变为重视监督其自身建立和执行完善的风险监测机制，并借助市场与公众约束；四是提高监管水平，一方面监管手段向自动化方向发展，另一方面监管员素质要进一步提高，熟悉更多、更广的金融业务。

4. 督促金融机构建立全面风险管理，强化内控制度建设。积极鼓励金融控股公司加强对金融机构的控制，改进金融机构治理结构，完善金融控股公司内控制度建设，在不断完善的基础上，实现全面风险管理，这不仅要重视传统的信用风险管理，而且要对日益重要的业务交叉市场风险和操作风险进行管理，加快市场风险管理技术的研究，尽快建立风险管理模式，实现风险数量化管理，提高识别、计量，监测和控制市场风险的能力。

县域农商银行信贷风险集中上升应予高度关注

近年来，农商银行作为县域地方法人金融机构，由于业务区域高度集中性和密切关联性，在经济下行延续、企业兼并重组力度加大形势下，业主违约、逃赖债等风险案例也随之增多，其不良贷款余额和占比呈现"双升"态势，县域金融风险管控面临新挑战，如不尽快遏制，将对地方经济金融发展造成重大影响，应予高度关注。本文以某县级市农商行为调查个案，根据现状特点，分析问题原因，提出对策建议。

一、基本情况

截至2017年9月末，该农商行贷款余额72.4亿元，其中正常类贷款70.2亿元，关注类贷款1488万元，次级类贷款为519万元，可疑类贷款为20199万元，损失类贷款为141万元，不良贷款余额为2.1亿元，较年初上升3804万元，不良贷款率2.88%，比2015年底上升0.25个百分点。实际应计入不良的正常类、关注类隐性不良贷款余额1.1亿元，反映出的真实不良率为4.41%，濒临5%的警戒线。

二、主要特点

1. 从违约行业来看，陶瓷行业不良贷款集中度最高。建筑陶瓷业是该市的支柱产业，全市约25%的贷款集中在陶瓷企业以及与之配套的上下游企业。2016年以来，部分经营管理不善的陶瓷企业纷纷停产或者被兼并重组，由此带来的相关信贷风险也直接传导至放贷银行。截至2017年9月末，该农商行陶瓷行业的贷款余额6.1亿元，占比达8.40%，其中1.1亿元的贷款形成不良，占同期该农商行不良贷款余额的53.01%。

2. 从违约主体来看，对公业务不良贷款集中度最高。不同于早期农商银行的不良贷款主要集中为对农户的小额信用贷款，近年来农商银行的不良贷款增加主要为数额较大的对公贷款，呈现贷款出险频率增多、单笔金额扩大、风险更为集中的特点。截至2017年9月末，某商业银行共有22笔企业不良贷款，同比多增8笔，占全部不良贷款的78.8%，同比上升5个百分点。其中14笔金额在500万元以上，主要集中于陶瓷企业。

3. 从清收方式来看，不良贷款处置手段较为单一。目前农商行不良贷款清收主要通过向法院起诉，处置手段较为单一，加上呆账核销监管审核、制度约束更加趋严等都造成该农商行不良贷款的清收核销越来越难。9月末，该行22笔企业不良贷款中，通过法院起诉清收有19笔，占86.4%，通过呆账核销3笔，占13.6%。通过核销呆账处置不良贷款12笔，金额3219万元，仅占不良贷款余额的15.43%。

三、原因分析

1. 银行方面

一是贷款审查制度执行不严。县域农商银行贷款制度执行普遍比国有商业银行更为宽松，信贷人员的综合素质也有待提高，放贷普遍存在"贷前调查重形式合规、轻偿债能力审查；贷后管理忽视第一还款来源而过度依赖抵押担保"等问题。例如该农商行对恒辉陶瓷有限公司发放1093万元的流动性贷款，该公司无法维持经营后，擅自将贷款抵押物全都租赁给金牛陶瓷公司，而放贷银行事后才得以了解。由于银行没有提前介入和及时跟进，致使资产保全明显滞后。据了解该公司年租金为1300万元，在偿还欠息330万元、工资910万元、欠水电费204万元，计1444万元后，已无资金偿还银行贷款，该公司与租赁方的协议中也没涉及银行贷款归还计划。而放贷银行作为主要债权人由于贷后审查的不及时、不严格、不到位，在整个兼并重组中完全被边缘化。

二是贷款形态归类不真实。为了维持账面资产的"好看"，在宏观经济下行，企业经营不景气的环境下，银行往往通过贷款展期、续贷、贷款重组、表内贷款挪至表外等方式调整贷款形态，没有反映贷款质量与风险真实状况。该农商行20859万元的账面不良贷款，有82.35%是经过展期和续贷的，部分贷款风险被延迟暴露。此外，农商银行少数员工不遵守职业规范，擅自发放亲情贷款、人情贷款，人为掩盖贷款的真实性，大大增加了贷款操作风险，加大了资产风险管控难度。

2.企业方面

一是环保管控力度加大，部分企业成本压力上升。2016年以来，该全市围绕"三去一降一补"，压线限产，严格环保把关，大力推动陶瓷产业环保改造和转型升级，重点包括企业气改建设和在线脱硫除尘监测设备安装。陶瓷企业的环保支出大幅增加，全市共改造落后生产线42条，淘汰不符合环保要求生产线12条，关停生产线10条。威臣陶瓷有限公司在某县级市率先进行"煤改气"，累计投资数千万元，造成公司运营资金紧张，加之产品行情动荡，企业无力抵御市场风险，最终企业被迫停产，涉及的500万元银行贷款也无力偿还。

二是盲目扩大生产规模，经营管理不善。部分企业在市场行情好、企业盈利时大幅扩张生产规模，忽视风险管控，缺乏对市场的把握，一旦销售转冷，前期大量资金投入无法转化为利润，企业经营就陷入困境。新中英陶瓷有限公司在前些年企业盈利，资金充裕时，大幅扩大异地投资，在九江市投资建厂，新增生产线3条，累计投入3亿多元，占用了大量的资金，造成公司资金周转紧张。加上企业经营管理不善，疏于成本控制和产品品质的提升，公司负债过重，被迫走上租赁经营之路。农商行对该企业2300万元的贷款纳入不良已经26个月，虽然已经提起诉讼，法院也已经受理，但是处置仍然难有进展。

三是民间借贷成本高昂，资金周转困难。县域企业以小微企业为主，多处于创业、成长阶段，流动资金缺口大，资金需求旺盛，在经济下行压力下，贷款到期后，往往依靠民间借贷、小额贷款公司借款来"过桥"，这种"过桥"资金的成本非常高，一旦企业经营出现波动，高额的利息负担将使企业陷入恶性循环，而在出险后，考虑到民间融资的高成本性，企业往往会优先偿还民间借款，银行信贷风险由此产生。江西省鑫达包装有限责任公司在经营资金周转出现困难后，法人代表在民间借了至少600万元的高息贷款，借款利率达到年利率36%，造成企业的资金链最终断裂，农商行的1040万元贷款无法得到偿还，形成不良。

四是企银对接沟通不够，双方信息不对称。一方面在经济下行压力下，企业生产经营状况波动比较大，企业"逐利"的天性驱使企业在经营出现风险时不会及时地告知贷款行；另一方面由于一些银行信贷人员贷后审查不力，对企业的经营状况缺乏实时了解，这就导致了信息的严重不对称。以江西省鑫达包装有限责任公司为例，2014年下半年受到经济下行以及行业波动的影响，该公司经营出现波动，加之前期大量的固定资产投资，资金压力明显加大。考虑到该公司存在的风险，5家授信银行从2014年底开始压缩贷款，至2017年10月各行压缩贷款2560万元。纸质包装品市场行情较好，公司销售良好，不存在产品滞销的情况。但是银行在企业出现暂时的经营困难时，没有对企业经营情况及市场行情进行充分调查了解，在企业产品价格大幅上涨时未对企业进行贷款支持，使企业错失近10个月的生产期。各贷款银行在某种程度上只为规避风险压缩贷款。另一方面企业也未充分了解银行的信贷创新产品以及信贷政策的调整。在环保趋严的情况下，如果考虑到银行的贷款政策变化，可能会压缩贷款，就会延缓新厂房的投建，避免出现资金难以周转的被动局面。

3. 政府层面

一是部门间协作存在一定困难。调查的15家兼并重组陶瓷企业中，有9家采取整体租赁形式，2家被并购，2家拟破产，2家停产关闭。9家整体租赁的企业和2家并购企业均没有通知银行参与，而是由政府有关部门审核审批通过。

二是执行难的问题没有得到根本解决。截至2017年9月末，该市农商行累计有19笔、金额为18772万元贷款均已向法院提起诉讼，法院已判决但执行难度较大。

四、对策建议

1. 加强信用环境建设，营造良好的金融生态环境。政府应通过行政的、经济的、法制的手段加大社会信用环境建设力度，把信用环境建设纳入对各级政府、部门业绩考核的重要内容。应通过广播电视和新媒体加强法制宣传，增强企业和个人的金融法制意识，营造良好的社会信用环境和金融生态环境。

2. 创新处置方法和手段，提高不良资产处置效率。地方农商银行要重视对不良贷款的成因分析，对症施策，对于具备还款能力和还款意愿的，主要采取直接现金清收方式，加大清收力度；对于具备还款能力但还款意愿差的，实施诉讼追偿；对于具有还款意愿但无本息全额清偿能力的，利用减免息方式推动贷款回收；特别是对于还款困难但具备重组价值的，要积极参与企业债务重组，及时跟进，化解风险、保全资产。同时应加大清收处置手段的创新，综合使用置换、资产证券化等手段处置不良资产。

3. 密切与公检法部门合作，加大打击逃废债务力度。一是成立专门机构。设立由政法机关牵头部门参与的打击逃废银行债务工作领导小组，专门负责逃废银行债务的核实、取证、申诉、追讨工作；二是树立典型案例。金融系统筛选出一些典型案件，政法部门集中力量，加快侦办、审结及银行胜诉未执行案件的执行力度，采取果断措施，从严打击恶意逃废银行债务行为。三是建立恶意逃废银行债务联合惩戒机制。由相关政府部门牵头，银行与各部门密切配合，加强合作，定期开会交流、信息共享，建立打击逃废债行为、维护银行债权的长效机制。

4. 做好风险早期识别，完善牵头行主办和债权人会商制度。一是人民银行联合商业银行做好企业风险早期识别工作，特别是针对本地特色支柱产业，定期分析研判出险企业风险状况并进行分类排队，合理确定多头贷款企业授信规模，对企业联合授信、贷款重组、信贷退出等决策形成共识。二是定期召开商业银行行长联席会议，加大对关注企业的信息共享，对风险苗头早发现、早处理、早化解。对商业银行隐瞒贷款风险、掩盖不良贷款真实性行为要严格实施问责和约谈制度。三是对出险、涉及兼并重组的企业，各债权银行要加大合作力度，及时介入，实时跟进，形成合力，确保银行资产的安全。

异地金融机构贷款风险加剧值得关注

今年以来，随着经济下行压力加大，部分企业因互保联保引发的担保圈贷款风险逐渐暴露，一家企业如经营不善或涉及高利贷、非法集资等行为导致资金链断裂，将殃及多家企业，并向银行体系传递，引发多米诺骨牌效应。调查显示：由于异地金融机构贷前调查重形式合规、轻偿债能力等实质性审查、贷后管理忽视第一还款来源而过度依赖抵押担保、不讲诚信随意抽贷、监管渠道不畅、监管信息闭塞等问题，当企业流动性风险来临之时，异地金融机构风险防线最为脆弱，特别是近期这一潜在风险有更加显性化的迹象，呈加快暴露趋势，应予重点关注。

一、基本情况

2014年4月份以来，某县级市外埠银行抽贷断贷现象时有发生，使得相关企业生产经营顿时陷入困境，成为银行信贷风险暴露的导火索，引起政府部门和监管机构高度重视。通过对辖内9家问题企业（贷款形态：3家可疑、6家关注）调查发现，异地银行贷款占比大是其共同特点，截至2014年7月末，9家问题企业不良贷款余额1.80亿元，其中异地金融机构贷款余额1.16亿元，占比64.44%；银行承兑汇票风险敞口1.58亿元，其中异地金融机构为1.05亿元，占比66.46%。到9月底止，全市共有20家(其中省外7户)外埠银行对辖内168户企业发生过信贷业务，贷款余额22.57亿元，占全市贷款余额的14.12%。9家问题企业涉及8家外埠银行，占全市埠外银行总数的40%。

二、存在问题

（一）贷前调查重形式合规，轻偿债能力等实质性审查

外埠银行大多数为股份制银行，受网点分布限制，借款人基本情况、当地市场环境等贷前调查不得不靠短期、集中完成，难以获得长期、全面的信息资料，贷款授信盲目跟进本地四大国有商业银行。在贷前调查环节往往为迎合上级审贷标准重形式合规、手续完备，轻偿债能力等实质性审查，忽视了企业负债真实性等细节，从而埋下风险隐患，只要企业在征信系统中没有不良记录，贷款一周内基本能迅速发放。以企业"江西省瑞星铝业有限公司"为例，异地金融机构民生银行贷前调查该公司土地、设备、厂房评估价为1300万元，银行负债540万元，法人跑路后发现该公司欠外债3528万元，其中民间借贷1919万元，担保公司719万元，小额贷款公司130万元，拖欠职工工资20万元。

（二）贷后管理忽视第一还款来源而过度依赖抵押担保

外埠银行对本地企业放贷后，没有把第一还款来源作为授信额度控制和贷款风险管理的首要条件，而是过度依赖抵押、担保等第二还款来源。事实上，外埠银行由于对企业的经营状况、抵押标的变化情况难以及时了解，对企业不规范担保，特别是过度对外担保风险隐患缺乏足够重视，导致担保有名无实、担而不保，贷款第二还款来源缺乏保证。目前，企业间互保、联保、对外担保现象较为普遍，部分企业过度担

保，担保总额甚至超过资本总额，其信贷风险通过环环相扣的担保圈蔓延出去，一旦风险暴露，牵涉的贷款总量大、企业面广，造成信用风险的集中暴露。据对25户有异地贷款企业调查，对外担保总额达7.7亿元，占其资本总额的89.6%，其中伟鹏陶瓷对外担保891万元，被担保1.51亿元，企业最终因负债过重被迫停产。

（三）银行抽贷加剧了企业资金紧张困境

由于企业的基本户在本地开立，外埠银行无法监测企业销售收入、现金流和资金流，不能准确预判企业盈利能力、偿债能力、行业前景和风险状况，无法对企业潜在风险提前预警，往往在企业生产形势较好时"晴天送伞"，生产出现问题时"雨天收伞"。发现企业生产陷入困境时为时已晚，只好釜底抽薪，匆忙断贷或低价转让风险资产。例如，去年某县级市政府为解决汉唐光电有限公司偿还浦发银行某分行到期贷款问题，与浦发银行协商由财政垫资1500万元，后因浦发银行没有续贷造成财政资金至今无法收回。今年四月，江西新中英陶瓷有限公司在交通银行某分行的1000万元贷款到期，按常规这笔贷款可续贷，但这次却突然告之不能续贷，企业不得不以72%的高息向民间借贷中介公司中亿佰联借贷救急，成为企业资金链骤然紧张的导火索。江西省红宝石陶瓷有限公司生产出现问题后，某外地商业银行将1600万元风险贷款转让给本地赣州银行。

（四）监管渠道不畅、信息闭塞，跨区监管存在制度缺失

外埠银行因为网点和监管处于"两头在外"，无法全面评估企业总承贷能力和他行授信情况，对风险信息传递渠道不畅通，对企业突发事件普遍反映迟钝，延误了对风险的及时准确判断和处置。本地监管部门因属地监管原则而导致监管信息反馈渠道不畅，外埠银行贷款从发放之始就基本脱离了监管视野，以至于企业发生"拖欠职工工资、拖欠税费、设备和产成品遭供应商哄抢，企业法人跑路"等重大事件也不知晓。例如，今年7月25日，永源陶瓷企业法人跑路失联，民生银行某分行8月才向有关部门核实情况，导致其200万元承兑汇票风险敞口损失。新澳陶瓷法人由于抽逃资金被逮捕，企业财产被法院查封，造成浦发银行某分行600万元贷款形成不良，三家异地银行承兑汇票风险敞口达1700万元，直到8月才完善风险资产保全措施。

三、对策建议

如何有效防范和化解异地银行贷款风险？这既考验异地银行自身风险防控能力，也给监管部门提出了新的要求。

（一）尽快出台《异地金融机构贷款管理办法》，建立异地金融机构贷款报备制度。应尽快出台《异地金融机构贷款管理办法》和实施细则，将外埠银行的授信总量、发放额度、风险资产状况、不良贷款占比、资产利润率等指标进行考核，形成分等级的异地贷款准入制度安排，以形成优胜劣汰的信贷市场竞争机制。建立异地金融机构贷款报备制度，外埠银行应及时向当地监管机构报备贷款发放情况，通过持续监控每笔异地贷款，以便监管机构及时动态掌握企业异地贷款动向，特别是企业多头授信情况，规范异地金融机构信贷贷前备案审查，贷后风险监测与分析。

（二）建立跨区域监管合作协调机制，防止异地贷款出现监管真空。当地监管部门要引导外埠银行优化信贷资源配置，将异地贷款占比控制在合理范围内。在时间和空间上对异地贷款风险监控关口前移。在时间上，企业突发事件能及时传递到债权银行，使债权银行能在第一时间完善资产保全措施。在空间上，两地监管部门要加强合作与协调，保持监管信息的畅通和共享，建立对异地贷款的联动监控机制。

（三）对出现异地贷款风险的客户实施名单式管理。要按照异地贷款风险爆发的可能性及损失大小，对客户进行筛查排序，将客户分为高中低三类风险，并对高风险企业制定风险抵押处置预案。重点监测银行贷款依存度高、民间融资依存度高、对外担保大、生产经营不正常的担保圈企业。要加强联保互保业务及保证人的准入管理，对外担保超过企业净资产的要进行风险警示。对随意抽贷断贷的异地金融机构制定约见谈话等措施，既要为好企业锦上添花，也要为困难企业雪中送炭，既要为暂时出现困难但有市场有效益的诚信企业慷慨解囊，更要对经营无望的"僵尸企业"尽快处置。

（四）建立与地方相关部门的协作机制，落实好重大事项报告制度。要充分发挥工业园区管委会、中小企业局等政府部门组织协调优势，建立企业重大事项报告制度。帮助银企双方提前识别和获取异地贷款风险方面的信息，尽早控制、化解各类风险。建立与地方相关部门的协作机制，落实好重大事项报告制度。重点从"报什么信息、怎么报和谁来报、报给谁、不报怎么办、重要信息如何运用和处理"等方面积极探索，增强异地贷款风险防范的针对性、超前性和有效性。

新常态下建陶行业产能过剩引发的风险及其对策

当前，国内经济下行压力不断加大，金融运行中不确定性、不稳定行因素不断增加。很多企业生产陷入困境，突出表现在产能过剩行业风险暴露增多，信用违约率上升、民间融资风险向银行体系传导加速，此类风险相互交织、转移、传染和扩散，可能引发区域性、系统性金融风险集中爆发。因此，深入分析产能过剩的原因，密切关注其可能或者已经引发的金融风险，对于制定及实施促进经济结构调整和产业转型升级的相关政策，积极防范和有效化解区域性、系统性金融风险具有重要意义。本文以全国建陶业主产区之一的某县级市为例，通过对行业产能过剩现状、引发的风险进行调查分析，揭示问题根源，提出参考对策。

一、该市建陶行业产能过剩现状

2014年，我国陶瓷砖产能与产量步入相对过剩阶段，行业内竞争不断加剧，出现比以往更严重的产品库存积压爆仓现象，表面上是总量过剩，其实质是产业转型升级阶段的结构性过剩。

（一）总量性产能过剩情况

作为全国建陶五大主产区之一，自2007年筹建以来，产区充分发挥自身比较优势和聚集效应。截止2014年，建成国家级陶瓷产业基地一个，建成区面积20平方公里，共引进陶瓷及配套企业178家，总投资210亿元，建成陶瓷生产线218条，同比增长16%，高于全国增速的5.6个百分点。年产能8.2亿平方米，增长9.3%，列全国五大产区第三，占江西建陶业的79.76%，实现主营业务收入264亿元。

2014年，我国年人均瓷砖消费量已达5.91平方米/人，已处世界高位，全国瓷砖消费量达到79.65亿平方米，据测算，至少有15%-20%的产能过剩。而就该产区而言，一方面经济下行压力加大及房地产萧条、农村建房用地严控等因素约束了产品需求，另一方面投资过度、产能扩张过快致使产品供应剧增，致使该产区也出现了停产压线增多、库存积压严重等产能过剩问题。调查显示：2014年底，该陶瓷产业基地119条生产线中，有37条停产，大部分企业产销比为1:0.8，同比下降18个百分点，产品价格下降10%至15%。调查的40家企业库存积压28.3亿元，同比增加2.92亿元。据测算，产区产能利用率约78%，作为国内外衡量是否产能过剩的比较一致的标准，业界的共识是，如果产能利用率小于75%，那就是产能严重过剩。

（二）结构性产能过剩情况

该产区产品定位以中低端为主，销售半径以500公里为主。产业规划区域偏小，工业用地紧缺成为产业发展瓶颈。此外，内部企业之间及与外部之间疏于信息交流，产品缺乏创新活力，附加值低。而随着新型城镇化建设的迅速推进，农民市民化步伐加快，农村消费者陶瓷产品购买力及结构性需求正逐步削弱，致使该产区产品中低端化及主要面向小城镇与新农村建设的战略定位失去优势，结构性产能过剩问题日益凸显。2014年以来，生产设备陈旧、工艺落后、品质差的旧产品库存积压严重，而高安产区随着全抛釉、喷墨等生产新技术、新工艺的不断出现，创新开发出的新产品层出不穷，80*80微晶石、通体超白砖、超平釉等差异化、高附加值新产品供不应求。1到8月，80*80钢化微晶石（太阳陶瓷公司生产）销售同比增长8%、超晶石（金牛陶瓷公司）销售同比增长6%、通体超白砖（恒辉陶瓷公司）销售同比增长12%、大理石（精诚陶瓷公司）销售同比增长15%、微晶镜面瓷片（神州陶瓷公司）销售同比增长5%、超平釉销售同比增长4%以上。新高峰陶瓷公司 80*80（MM）超级石材抛光砖甚至每片卖到65元，价格同比增长16%。钢化微晶石价格同比增长6.8%。预测9月后差异化、高附加值产品仍将持续产销两旺的好势头。

二、产能过剩引发的主要风险

（一）银行信贷风险

供需失衡导致信贷违约率上升。调查显示：40家企业应付账款5.17亿元，是应收账款的2.02倍，同比增加3.22亿元。而银行贷款为21.2亿元，同比少增5.87亿元。一方面，企业盲目扩张，投资需求不断上升，而产品滞销、库存积压影响资金回笼，企业数量的增多也使得竞争加剧、产品利润下降，综合导致企业现金流短缺。多家法人因无法偿还到期贷款，债台高筑，出现跑路或失联现象，职工讨薪、堵路事件多发。在出险企业资金结构中，自有资金比例过低是普遍现象，调查的40户企业，银行借款占总负债56.86%，占流动负债63.56%，其中14户企业流动性指标远达不到规定要求，自有资本占资金来源比例只有18%，而企业历年都投入了固定资产，把流动资金缺口留给银行。另一方面，受绿色信贷理念引导，目前部分银行对陶瓷业信贷审慎从严、严控新增贷款、停止发放项目贷款、联保贷款等，部分银行甚至违背承诺对企业随意抽贷、压贷、惜贷，直接导致陶瓷信贷规模增长速度放缓和企业生产成本的上升。利润下降、成本上升导致的企业无力还款以及银行信贷的加速收紧，使得信贷违约率快速反弹。

银行违规操作掩盖不良贷款。一是银行承兑汇票激增隐性放大信贷规模。通过循环开票等方式做大银票业务是银行规避信贷规模限制、缓解存款压力的普遍做法，不仅将大量信贷资金移出表外，形成信贷资金的"表外循环"，影响存款数据的真实性，也弱化了宏观调控政策效果，同时也增加了企业的财务支出，加重了企业的负担。少数银行甚至在没有真实的贸易背景下，为企业虚开银票，人为增加风险敞口。到2015年7月末，陶瓷产业银票余额12.74亿元，比年初增加3.9亿元，其中：10户生产异常陶企风险敞口余额7564万元，比年初增加4339万元。二是商业银行短贷长用、存贷款期限错配掩盖了大量隐性不良贷款。调查显示，陶瓷贷款中续贷或展期的占89%。大量流动资金贷款以展期、续贷形式被企业长期占用或用于弥补项目资金的不足，影响贷款增长的可持续性和均衡性，蕴涵着巨大的信贷风险。2015年7月末全市不良贷款余额1.2亿元，不良率1.36%，比年初上升0.4个百分点。10户陶企可疑、关注类贷款余额1.96亿元，占陶企贷款余额的5.87%，同比上升4个百分点。银行人为增加贷款流动性及风险敞口的行为，使得信贷风险进一步积聚。

（二）民间借贷风险

融资成本过高导致资金链断裂。银行信贷收紧，企业为弥补流动性缺口，不惜高息向民间借贷。调查显示：小贷公司收费标准普遍高出银行基准利率3-6倍甚至更高。调查的40户企业2015年上半年为弥补续贷、展期贷款、到期银票等资金需求，共新增民间融资2.8亿元，少数企业甚至不惜以90%的年利率向民间借高利贷。部分企业因负债过重导致资金链断裂而无力还款。据法院了解，2015年上半年审理的民间借贷案件占民事案件的38%，涉案标的额增长78%，涉及企业案件同比增长40%。企业资金链断裂无力还款是主要原因。

资金链断裂引发担保圈、联保圈"多米诺骨牌效应"。担保、联保圈内企业的债务链断裂将导致群体性债务纠纷集中爆发，整个担保圈稳定性快速瓦解。调查的40户陶企担保、联保总额达8.7亿元，其中已出现重大风险的担保、联保圈4个，涉及贷款3.8亿元，单个企业过度担保风险被放大并蔓延整个担保圈。例如江西伟鹏陶瓷有限公司企业负债率高达110%，对外担保891万元，民间借贷达超过1000万元。而该公司一方面与江西精诚陶瓷有限公司、江西东方王子陶瓷有限公司组成联保圈，在赣州银行获得各1000万元银行承兑汇票敞口，期限一年，敞口500万元，三家企业保证金各为200万元。由于该公司的违约造成为其联保的两家企业为其代偿资金400万元；另一方面，该公司在南昌民生银行还有未结清银行承兑汇票敞口300万元，授信方式为与市金刚石陶瓷有限公司（300万元）、江西红宝石陶瓷有限公司（300万元）三户联保，三家企业联保保证金各为100万元。由于伟鹏陶瓷有限公司该笔贷款违约逾期并停产，为其担保的两家企业被其拖累，不得不为其还贷200万元，并造成资金链断裂，生产难以为继。

目前企业银行贷款与民间借贷两头融资，在民间借贷利率上升、房地产市场持续萎靡等情况下，民间金融风险敞口将进一步放大，引发出险企业成批倒闭，出现损害群众利益、大量信访群访等问题，影响社会稳定。此外，稍有偿债能力的企业会优先偿还利息高的民间借贷，进一步导致银行违约率和不良贷款上升，形成恶性循环危机金融生态。

（三）异地融资风险

信息不对称导致异地贷款风险显性化。通过监测发现，部分陶企因涉及民间高利贷导致负债过重、资金链断裂，引起大量隐性不良贷款的暴露主要集中于异地金融机构。据调查，一些异地金融机构在跨区放贷中存在"贷前调查重形式而轻偿债能力等实质性审查，贷后管理忽视第一还款来源而过度依赖抵押担保，违背承诺随意抽贷、压贷，监管信息闭塞"等问题。因此当企业出现流动性风险时，其风险防线最为薄弱。调查的10家问题企业涉及8家外埠银行，占全市外埠银行40%；风险贷款余额

1.8亿元，其中外埠银行占比64.44%，为1.16亿元；银行承兑汇票风险敞口1.58亿元，其中外埠银行占比66.46%，为1.05亿元。

三、对策：产业升级、差异化竞争与多元融资创新

在国内经济下行大环境下，产能过剩引发的诸多风险存在进一步集聚、扩散并随时爆发的可能，特别是民间金融风险的交叉传递对产业风险、金融风险带来的影响不可估量。化解产能过剩要建立政银企联动机制，既要有政府政策扶持、企业核心竞争力的形成，也要有银行融资产品的创新与推动。

（一）政府方面：强力推进产业转型升级

随着国家新型城镇化战略的实施和城乡一体化进程的加快推进，陶瓷产业未来仍有较大发展空间。产业能否可持续发展，关键是能否在转型升级、绿色环保上有所突破，顺利实现新旧增长引擎的更替。

（1）制定产业转型升级总体规划。地方政府要停止对GDP增长的过度偏执，认识经济增速由高速向中高速增长的新常态。减少盲目投资及重建复设，舍弃投资主导型粗放式增长模式，从市场准入、环境保护、产能扩张约束、资源优化组合等方面入手，高标准制定产业转型升级和遏制产能过剩总体规划，推动产业集群向资源节约和生态环保型转变，依照"兼并一批、淘汰一批、转移一批"的产能过剩行业处理思路，引导部分经营不善、竞争力较弱、产品销路不畅的企业进行股权转让、并购、租赁承包，或转产粉料、模具等形式的兼并重组与技术改造，制定淘汰落后产能的名录库、时间表、责任人，以及对出险企业制定处置预案。

（2）加大政策层面的扶持力度。地方政府要制定严格的标准对风险企业进行甄别，确定帮扶和淘汰对象，对市场前景好、符合产业导向、生产暂时困难企业，出台帮扶政策。

——设立专项扶持资金。一是设立"企业融资续贷专项资金"帮助资金周转暂时困难企业还贷续贷，降低企业融资成本。二是加大政府控股的担保机构支持力度，有条件地为担保链上企业提供贷款担保，帮助风险企业摆脱担保难困境。建立地方财政层面的担保贷款风险补偿基金。三是对陶瓷企业遭受的重大事件、自然灾害损失等，引入商业保险和贷款保证保险，并建立企业保费补贴机制。四是设立"行业转型

升级专项资金"，一方面为企业转型发展提供资金保障，支持和引导部分产能过剩行业和企业加强科技创新和技术研发，切实提高产品的附加值。另一方面鼓励落后产能退出市场，利用此项资金对因政策需要进行关停的企业采用赎买、补助等措施，逐步实现产能过剩的兼并、淘汰和转移。

——提高土地投资效率。目前陶瓷基地土地投资强度过低，亩均投资额低于100万元，大大低于沿海发达地区每亩200—250万元的平均水平。土地价格过低引发企业盲目圈地投资冲动，加剧产能过剩和用地紧张局面。因此，政府要制定单位面积土地最低投资标准，对集约用地进行评估，建立土地利用状况、用地效益和土地管理绩效等考核、监督、奖惩机制，督促企业按照合同约定高效使用土地，加大对闲置土地的处置力度，对投资强度不足要求的企业征收一定罚金，对超过动工期限仍未开工的征收土地闲置费直至没收土地，对关停企业采取拍卖、租赁、转让等形式整合、用活闲置土地。

（二）企业方面：着力提升差异化竞争能力

（1）细分产品市场，改善生产工艺。将产品发展战略定位调整为"发展高档、巩固中档、限制低档"，拓展陶瓷产品新领域，抢占陶瓷细分市场，把产区打造成现代化产业基地。一方面，引进先进高端化生产技术与装备，应用现代化管理模式，实施技术改造，促进产品结构优化升级，推广薄型及薄板等高精尖生产工艺，开发各类新型节能、安全、美观的产品，不断满足人们在居住质量、人文欣赏等方面的要求。另一方面，改善原料结构，加大固体废弃物等资源的利用力度。要致力打造国家级生态型建陶生产示范基地，限期淘汰煤烧窑等落后产能和技术装备，降低资源消耗和三废排放，采用清洁能源和科学配方，改变商业区银行对陶瓷产业高排放、高污染的看法。

（2）加强品牌建设，拓展营销渠道。作为国内发展最为迅速的新兴陶瓷产区，虽然在生产设备、生产环境等硬件设施以及产品质量上与广东产区相差无几，但定价权受制于广东佛山。同样品质的产品，该产区的售价不到佛山品牌的1/3，虽然拥有136个自主品牌，但真正在全国叫得响的知名品牌极少。部分本地产品甚至在销售过程中贴佛山品牌，产地也标上佛山，致使利润多被授牌方拿走，而即使有自主研发的新产品也很难在市场上占有一席之地。

新高峰陶瓷，先后投入600多万元研发新产品、建立自主品牌，但新产品推出后，市场渗透力不足，没有达到预期效果，造成公司资金吃紧。最后公司不得不引进合作伙伴，对企业股权进行转让。陶企在品牌建设与渠道拓展上缺乏足够的经验及品牌沉淀，致使在高端建材市场难觅高安砖的踪迹。因此，优强企业要加大科技投入，走差异化创新发展之路。利用当地的资源、人才优势，加快本土特色产品的研发，以示范效应，做大做强高安自己的品牌，改变外界对高安瓷砖"低质、低价、低档次"看法。

（三）银行方面：积极创新机制和融资工具

（1）创新沟通对接机制。针对信贷权限大幅上收的现状，人民银行应建议国有商业银行实地考察陶瓷基地，加强其支持和理解。利用园区管委会对企业资金实力、纳税情况等熟悉的特点，与管委会、担保公司三方合作，解决银企信息不对称、企业担保难、续贷过桥难、银行贷款难问题，同时加强与政府及其他金融监管机构的信息交流沟通，为信贷供求衔接搭建好平台。

（2）建立淘汰落后产能的信贷机制和防范与化解产能过剩风险的动态预警机制。一方面对仍在用落后产能、工艺生产、盲目扩大产能而导致过度负债企业要设立信贷限制或退出门槛，对优质企业量身定制差异化信贷产品，引导企业进行股份制改造，支持企业通过发行短期融资卷、中期票据等方式融资。另一方面，要及时监测陶瓷行业产能发展动向，把握风险趋势，为防范和化解产能过剩风险提供预警性动态信息，当前，特别要警惕民间借贷风险的集中爆发和交叉传递对产业风险、金融风险造成的影响。

（3）督促商业银行创新信贷融资品种，严格把控内部管理。一是鼓励和引导商业银行根据企业特点量身定制信贷品种和服务方式，提高信贷政策的针对性和灵活性，探索仓单质押、权利质押、保理质押和应收账款质押贷款等新型贷款品种，开展陶企贷款保证保险、产业链、供应链全覆盖等融资模式创新，有力支持"兼并一批、淘汰一批、转移一批"产能过剩行业处理思路。对一企多贷、担保圈复杂企业实行牵头行协调制度，合理确定授信规模，协调解决多家银行融资对接中的困难和问题。二是完善对商业银行的激励约束机制，充分发挥商业银行治理产能过剩问题的作用，强化金融机构在处置及化解产能过剩方面的动力，完善不良资产处置核销办法，赋予金融机构更大自主权处置风险。三是监测督促商业银行加强内部管理，防范为规避信贷规模限制，增强名义资金流动性而出现的违规操作，进一步完善信贷审核管理制度，注重对贷款对象的偿债能力、第一还款源等实质性问题的审查和管理。加强银行信用建设，杜绝违背承诺随意抽贷压贷等行为。

参考资料：

《2014中国陶瓷砖产能报告暨中国建筑卫生陶瓷产业发展白皮书》，中国建筑卫生陶瓷协会。

《2012-2016年中国陶瓷制造行业发展前景与投资预测分析报告》，中国尚普咨询。

《某县级市统计年鉴》2010-2014。

民间借贷过度流向国家限制行业应予高度关注

据人民银行某县级市支行对该市150户居民、50户个体经营户、50家中小企业和50个经济组织抽样调查显示：从紧货币政策下民间借贷趋于活跃，并出现区域性新特点，其中民间借贷过渡流向国家限制行业现象较为突出，不仅削弱了国家宏观调控政策效应，对地方经济金融运行以及居民生活带来的负面影响也不容忽视。

一、民间借贷过渡流向国家限制的高污染、高能耗行业，削弱了国家节能减排政策实施效应

民间借贷只注重市场需求量和自身效益，不会按照国家宏观调控下的产业政策和金融政策要求去调整融资规模和结构，使地方投资热不断升温，并居高不下，国家限制的"五小"企业，因民间借贷的参与，使这些企业生产仍然红红火火，一些属于国家严令关闭的企业，因民间借贷的参与而死灰复燃，继而产生重复建设、资源浪费、环境污染等负面效应，严重影响了国家节能减排等宏观调控目标的实现。调查的

300户样本，今年一至四月民间借贷融资总额为6254万元，同比增长63%；2007年民间借贷融出总额为18621万元，同比增长44%，从投向结构上看，投向陶瓷企业、小水泥、小化工、小造纸等"五小"企业共9683万元，占52%，同比增长76%。其中7家小水泥厂民间融资4862万元，小化工企业8家民间融资1257万元，小造纸6家民间融资1358万元。据市环保部门了解，全市共关闭高污染、高耗能企业15家，调查的5家关停企业，1.8亿元的资金来源中民间借贷占56%，其中800多万元形成不良。关停的康盈铜业、瑞明纸业等公司，有的异地改建，有的躲进深山继续生产。去年以来，该市依托丰富的资源优势，主动承接东部地区产业梯次转移，引进建筑陶瓷项目48个，合同引进资金108亿元，拟建生产线149条，掀起了新一轮的陶瓷热，当地一些小采矿、小化工等配套企业大量涌现，对民间借贷需求欲望不断增强。调查的6个乡镇，16个自然村，依托当地丰富的硅铅矿、瓷土等资源，以村集体等组织形式共吸引周边450多户农户参与，每户集资2-10万元，共筹资2300多万元民间资金参与小化工、小采矿业。

二、民间借贷过度流向房地产行业，削弱了国家从紧货币政策实施效应

央行提高房贷首付比例和利率等信贷紧缩调控措施的出台，促进了辖内房地产贷款的进一步回落，但旺盛的房地产资金需求却加剧了房地产民间借贷的活跃，使当地房地产行业未能如期降温，对冲了货币政策实施效应。同时，民间资金的体外循环，分流了银行大量的储蓄存款和信贷资源，并流失了数以亿计的存款利息所得税，大大削弱了国家宏观调控效力。调查的300户样本，2007年民间借贷融出总额为18621万元，其中房地产6874万元，占36.92%，同比增长68%。据调查，2007年，全市有房地产开发企业28家，完成投资15亿元，同比增长63%，资金来源中民间融资6.8亿元，占45.3%。房地产开发商一方面以高息向民间借贷，另一方面通过房地产卖方市场如"预付定金"、"投资性商铺、酒店"等销售方式高息向民间筹资。房产开发、冲标竞价等方面的民间借贷利率均很高，有的转变为高利贷。如某房地产公司法人代表刘总在近2年间共借入民间高利资金680万元，月利率一般在20-30%之间。最大的一笔为50万元，利率高达40%。高利贷主均具有一定的经济实力和社会背景，少数高利贷行为已与权力、资本及黑道、洗钱相互渗透融合，容易滋生腐败，并腐蚀社

会风气。更为严重的是高利贷危及银行信贷资金安全。部分企业原本势单力薄，借入高利贷后，时间一长，便陷入偿债泥潭无法自拔。致使周转资金被抽空、生产被迫中断、银行贷款被挪用、高利债务被转嫁。企业因现金链的断失，使原本安全的银行贷款被牵连被套牢，无形中银行、信用社便成了民间高利贷的最终买单人。据调查，近几年来，由于高利贷陷阱，导致银行、信用社所放贷款8000余万元贷款本息被套牢而无法收回。

三、民间借贷由于监督管理的缺乏致使债务纠纷案件增多，诱发系列社会和经济问题

民间资金的高盈利性和流动性注定了它的高风险性。由于盲目借贷和无力承担高利风险，使各方之间债务链极为脆弱，一旦断裂，则会引发经营中断、资产变卖、信贷受损、借贷诉讼、暴力催讨、外出躲债、妻离子散等系列社会经济问题。据市法院调查，2006年全市发生民间借贷纠纷案489件，标的4189万元，2007年民间借贷纠纷案528件，标的5653万元，今年一季度159件，标的2131万元。显然，民间借贷纠纷案标的资产规模呈不断扩大之势。形成原因：一是民间借贷到期还款率偏低。样本调查显示，民间借贷的按期偿还率平均为45%，55%的借债需要延期偿还，其中无法偿还债务的占8.5%。二是民间借贷一般采用口头协议、借条、便条等不规范方式操作，容易发生债务纠纷。三是民间高利率给债务人带来沉重负担，在债务人无力偿还的情况下，有的债权人往往求助于黑社会而发生暴力追讨欠款行为，对构建和谐社会造成极大危害。四是由于监管不到位，有的民间借贷被用于赌博、吸毒等并引发暴力犯罪活动，增加了社会不稳定因素。某镇汽车运输公司经理冷昌明，因赌博成瘾，致使民间借贷150多万元全部输光，当地50多户居民财产血本无归。去年以来出现几起较大的诉讼案件都与民间借贷有关，有的造成家破人亡。某饭庄老板民间借贷300多万元，因经营不善而倒闭，引起40个债主集体上诉，尽管饭庄经法院判决拍卖160多万元，但债主资金仍损失过半。市里一重点工程项目，因严重超概算，为弥补资金缺口，发动职工集资5000多万元，工程峻工后因无力偿还集资款利息，不惜以拖欠银行贷款750万元为代价，以确保职工集资款利息的支付。此外，民间借贷主要以现金形式，容易成为洗钱的重要途径，增加了反洗钱的难度，潜伏着巨大的金融风险和社会

不安定因素。

四、民间借贷新出现的职业放债人和中介人活动处于无人监管，无序发展状态

据调查，随着民间资本的扩大，一些专业放债人和中介人相继在城乡出现。调查的样本企业中有八户将360多万元的富余资金转向民间放贷，有一户则退出生产领域，专门从事放贷收息，成为专业放债人。一些中介人为借贷双方牵线搭桥，收取中介费，有的发展成中介机构，如民间信用担保公司，在为银行提供担保的同时，也为民间借贷提供担保。中介人通过刊登广告、通过互联网发布信息等形式吸引客户，拓展业务，根据放款人资金数额、期限等信息与借款人的资金需求情况提供中介服务。调查的18个中介人为民间借贷双方年融资量达3600万元。由于此类民间借贷已转变为有组织的金融活动，虽然处于初始阶段，但业务发展迅速又较为隐蔽，有的已变相为非法集资，并用于境外房地产开发，加大了民间资金风险，而目前对此类民间借贷的监管还缺乏专门的法律规范性文本和明确的监管部门。民间中介活动基本处于无人监管，无序发展状态。

五、几点建议

民间借贷作为金融市场资源配置的补充形式在经济发展中起到了较好的助推作用，但其毕竟是非正规金融，需要在法律、制度等层面予以规范，并加以合理引导，趋利避害。

1. 健全法律法规，引导和规范民间借贷行为。一方面要尽快出台《放债人管理条例》、《反高利贷法》等规范民间借贷发展的法规或条例，从法律上严格界定非法融资、非法集资的标准，明确民间融资的管理部门，解除对民间借贷的有关政策歧视。另一方面要将民间借贷纳入国家金融监管体系，明确从事民间借贷的范围和准入条件，设置禁止类条款，防止民间资金投向国家限制或禁止的行业。建立民间借贷的登记备案和监测、预警、通报等制度，将民间借贷司法机关处置信息纳入人民银行征信系统管理。建立政府主导、监管机构负责、工商、税务、公检法等部门共同参与的民间借贷监管和风险处置机制。

2. 优化产业项目结构，用项目引导民间借贷流向。当前，既要处理好地方政府安

排发展项目与信贷结构调整的关系，更要防止利用民间投资盲目发展高耗能和对环境保护不利的产业项目，特别是欠发达地区在承接东部地区产业转移中，利用民间借贷发展项目时，应注重用地方产业结构的和谐发展，促进地方经济的协调健康快速发展。此外，政府应高度重视民间高利借贷问题，要发挥地方政府的主导作用，协调各部门采取综合治理措施，形成打击整治合力，规范民间借贷行为，妥善处理民间借贷债务纠纷，维护辖区经济金融稳定。

3.发挥银行的信用中介职能，为民间借贷牵线搭桥。加强对民间借贷行为的"窗口指导"，使民间资本符合货币政策、宏观调控的需要，增强民间金融活动在经济金融发展过程中的正向效应。金融机构可把民间借贷纳入商业银行中间业务范畴，规范开展个人委托贷款业务，根据委托人确定的对象、用途、期限、利率等代为发放、监督使用，并协助收贷。通过个人委托业务为委托人提供更多的投资理财机会，最终使民间借贷由地下转为规范的市场融资行为；同时，把民间借贷纳入国家金融统计范畴，有利于人民银行货币信贷政策的制定和实施。

4.加强对民间借贷职业放债人和中介人的管理。制定"民间借贷中介机构和中介业务管理办法"等地方性法规，对中介机构、中介人的界定、业务范围、形式、责任等作出规定。可以从借贷行为次数、金额、放债收入占总收入比重三方面对职业放债人进行界定，对具有从业资格的职业放债人必须在管理部门领取"职业放债许可证"，并定期向监管部门提交业务报表。进一步规范放债人和中介人的借贷行为。规定放债人只能用自有资金放债，中介人只能收取中介费，不能参与放债赚取利息差。

区域性民间借贷的新特点和新问题值得关注

某县级市是一个有着83万人口的农业大市，其民间融资状况具有中部欠发达县市的典型特征。为了解从紧货币政策背景下民间借贷的新动向，人民银行某县级市支行对该市150户居民、50户个体经营户、50家中小企业和50个经济组织进行了抽样调查，调查显示：从紧货币政策下民间借贷趋于活跃，并出现区域性新特点，民间借贷与微观经济的关联度提高，与正规金融的博弈日益凸现。民间借贷的活跃也引发了一些新问题，不仅削弱了国家宏观调控政策效应，对地方经济金融运行以及居民生活带来的负面影响不容忽视。

一、从紧货币政策下民间借贷区域性新特点

1. 从紧货币政策助推了民间借贷规模的快速增长，并逐渐向地方特色产业聚集。某县级市近年来民营经济的迅速发展和农业产业结构调整加快奠定了民间借贷活跃的基础，而城乡居民收入的增长为民间借贷的发展壮大提供了充裕的资金来源，金融制度供给短缺和存款利率长期处于低位甚至负利率状态，进一步催生了民间借贷的发展。调查的300户样本，2008年一季度民间借贷融资总额为6254同比增长48%。2007年样本民间借贷融资总额为18621万元，同比增长34%。从结构上看，2007年样本家庭融资总额为786万元，其中借出464万元，借入322万元；样本企业和经济组织融资总额为17835万元，其中借出2116万元，借入15719万元。从投向上看，样本民间借贷投向房地产、汽车物流、陶瓷三大行业15455万元，占83%。根据调查样本的平均水平和投向结构，结合同期银行存贷款总量对比分析测算，2007年全市企业民间借贷规模在26亿左右，家庭民间借贷规模在6亿元左右。调查显示，民间借贷以家庭借出、企业借入为主，其资金流向具有明显的行业特征，经济发展较快的地区民间借贷越活跃，且以生产性融资为主，经济欠发达地区民间借贷相对较少，且生活、消费性借贷占比大。

2. 从紧货币政策引起民间借贷利率不断攀升，借贷利率按行业划分趋势明显。2007年央行的六次降息，特别是从紧货币政策的实施以来，某县级市民间借贷出现投资行业不同，利率走势也不同的特征。目前，某县级市民间借贷平均利率保持在年利率12-16%之间，比去年初提高了3-4个百分点，最高利率甚至达到了年息40%。房地产和高耗能企业在20%-30%之间，陶瓷及加工企业在15%-20%之间，汽车物流、商业流通、居民个人在12%-15%之间。据300户被调查对象对当前民间借贷利率升降情况的反映，95.4%的人认为从紧货币政策下，民间借贷利率将会继续走高。

3. 民间借贷的活跃催生职业放债人和中介人的出现。据调查，随着民间资本的扩大和可观的收入，一些专业放债人和中介人相继出现。调查的样本企业中有八户将

360多万元的富余资金转向民间放贷，有一户则退出生产领域，专门从事放贷收息，成为专业放债人。一些中介人为借贷双方牵线搭桥，收取中介费，发展成中介机构，民营性担保公司，在为银行提供担保的同时，也为民间借贷提供担保。中介人通过刊登广告、通过互联网发布信息等形式吸引客户，拓展业务，根据放款人资金数额、期限等信息与借款人的资金需求情况提供中介服务。调查的18个中介人为民间借贷双方年融资量达3600万元。

二、从紧货币政策下民间借贷对经济金融运行的负面影响

1. 民间借贷的自主随意性导致民间资金流向偏离国家产业政策和货币信贷政策，削弱了从紧货币政策实施效应。调查显示，民间借贷不仅在总量上使央行货币政策调控有效程度下降，而且在结构上使民间资金流入一些国家限制的行业或明令禁止的高污染、高能耗项目。一方面，民间借贷只注重市场需求量和自身效益，而不会按照控产业、金融政策要求去调整融资规模和结构，使地方投资热不断升温，并居高不下，这严重影响了国家宏观目标的实现。另一方面，民间借贷在带动民间投资增长的同时，也带来了重复建设、资源浪费、环境污染等负面效应，一些小水泥、小化工、小造纸、小采矿等行业，因民间借贷的参与，使这些限制企业生产仍然红红火火，一些属于国家严令关闭的企业，因民间借贷的参与而死灰复燃。如调查的7家水泥厂民间融资4862万元，小化工企业8家民间融资1257万元，小造纸6家民间融资1358万元。据市环保部门了解，全市共关闭高污染、高耗能企业15家，调查的5家关停企业，1.8亿元的资金来源中民间借贷占66%，其中800多万元形成不良。关停的康盈铜业、瑞明纸业等公司，有的异地改建，有的躲进深山老林继续生产。全市共有房地产开发企业28家，完成投资15亿元，同比增长63%，资金来源中民间融资6.8亿元，占45.3%。房地产开发商以高息向民间借贷，另一种手段是通过房地产卖方市场如"投资性商铺、酒店"等销售方式高息向民间筹资。随着农村小采矿业等限制行业对民间借贷需求欲望的不断增强，使农村民间借贷与支农方向严重偏离，阻碍了从紧货币政策在农村的有效传导。调查的6个乡镇，16个自然村，依托当地丰富的硅铅矿、瓷土等资源，以村集体等组织形式共吸引周边450多户农户参与，每户集资2-10万元，共筹资2300多万元民间资金参与小采矿业。

2. 从紧货币政策使民间借贷对储蓄分流的冲击力不断增强，与正规金融的博弈日益凸现。民间资金来源很大一块是将储蓄转化为投资的，2007年下半年全市居民储蓄存款增加额为4亿元，同比少增1.6亿元，今年一季度同比少增0.8亿元。调查的灰埠镇民间借贷监测点规模8500万元，超过信用社的储蓄存款总额2000多万元，其增长速度也明显快于储蓄存款。每年的棉花收购季节，当地的棉花收购专业户要筹集民间资金2300多万元，致使当地储蓄存款下降近2000万元。民间借贷的替代效应使政规金融在当地的融资主导地位被严重削弱，甚至被边缘化。储蓄存款的快速分流使银行特别是农村信用社存贷比增高，并带来一定的支付风险。调查显示，民间借贷活跃的乡镇不仅促使农村资金体外循环扩大，还导致当地信用社信贷总量和盈利能力的缩小，影响三农信贷投入。一些农村信用社在央行收缩流动性和民间借贷分流存款来源、争夺黄金客户的多重压力下出现了流动性紧张问题，甚至引发资金缺口问题。目前，某县级市农村信用社备付率为5.86%同比下降6个百分点。

3. 民间借贷由于监督管理的缺乏致使债务纠纷案件增多，诱发系列经济和社会问题。民间资金的高盈利性和流动性注视定了它的风险性。据市法院调查，2007年全市发生民间借贷纠纷案489件，标的4189万元，2008年民间借贷纠纷案528件，标的5653万元，今年一季度159件，标的2131万元。显然，民间借贷纠纷案标的资产规模呈不断扩大之势。形成原因：一是民间借贷到期还款率低的风险扩大形成，样本调查显示，民间借贷的按期偿还率平均为45%，55%的借债需要延期偿还，其中无法偿还债务的占8.5%。二是民间借贷一般采用口头协议、借条、便条等不规范方式操作，容易发生债务纠纷。三是民间高利率一方面给债务人带来沉重负担，同时放债务人在得不到法律有效保护情况下，往往求助于黑社会而发生暴力追讨欠款行为，对构建和谐社会造成极大危害。四是由于监管不到位，有的民间借贷被用于赌博、吸毒等并引发暴力犯罪活动，增加了社会不稳定因素。龙潭镇汽车运输公司经理冷某明，因赌博成瘾，致使民间借贷150多万元全部输光，当地50多户居民财产血本无归。去年以来出现几起较大的诉讼案件都与民间借贷有关，有的造成家破人亡。某饭庄老板民间借贷300多万元，因经营不善而倒闭，引起40个债主集体上诉，尽管饭庄经法院判决拍卖160多万元，但债主资金仍损失过半。市里一重点工程项目，因严重超概算，为弥补资金缺口，发动职工集资5000多万元，工程竣工后因无力偿还集资款利息，不惜以拖欠银行贷款750万元为代价，以确保职工集资款利息的支付。

4. 民间借贷转银行贷款、贷款转借贷现象增多，致使银行信贷资金被异化，形成新的信贷风险。民间借贷风险不能在大的范围转移，一旦资金链断裂，带来的打击可能是致命的。调查发现，一些借款人还不起民间借款时，就向银行贷款，把民间借贷风险转嫁给银行。该市农村信用社去年以来新增不良贷款中就有近4000万元是农户由于民间借贷欠款而转为贷款，致使农贷不能按期收回，有的形成呆帐。另一方面，民间借贷出现了以银行贷款为资金来源的借贷形式，放债人在获取银行贷款后，又在外面放债，使部分低息贷款变成高息民间借贷，从而滋生非法金融问题扰乱了金融秩序。去年以来，农村信用社发放员工责任贷款5982万元，其中2393万元约40%被转为民间借贷。

5. 民间借贷主要以现金形式运转，且现金交易规模日益增大，不利于金融机构准确预测现金库存，给金融机构现金管理增加了难度。再者，民间借贷交易的隐蔽性极容成为洗钱的重要途径，增加了反洗钱的难度，潜伏着巨大的金融风险和社会不安定因素。

6. 民间借贷的有关法律界定条款有冲突，增加了监管难度。据最高法院的司法解释，当前，约定有息借贷但不超银行同类贷款利率4倍、企业向单个或多个公民借贷都属合法民间借贷。然而这样的民事行为用1998年颁布的《非法金融机构和非法金融业务活动取缔办法》来解释就可能变成了违法行为。

7. 新出现的职业放债人和中介人的民间借贷行为，缺乏专门的法律规范或管理办法，由于此类民间借贷的经营活动虽然处于初始阶段，但发展迅速且较为隐蔽，有的已变相成为非法集资。要改变这种无人监管和无序发展现状，必须尽快出台具有法律约束力的规范性文本。

三、几点建议

民间借贷作为金融市场资源配置的补充形式在经济发展中起到了较好的助推作用，但其毕竟是非正规金融，需要在法律、制度等层面予以规范，并加以合理引导，趋利避害。

1. 健全法律法规，引导和规范民间借贷行为。一方面要尽快出台《放债人管理条例》、《反高利贷法》等规范民间借贷发展的法规或条例，从法律上严格界定非法融资、非法集资的标准，明确民间融资的管理部门，解除对民间借贷的有关政策歧视。另一方面要将民间借贷纳入正式监管体系，明确从事民间借贷的范围和准入条件，设置禁止类条款，防止民间资金投向国家限制或禁止的行业。建立民间借贷的登记备案和监测、预警、通报等制度，将民间借贷司法机判处置信息纳入人民银行征信系统管理。建立民间借贷风险处置机制，明确风险发生后的责任承担方式，建立对责任者的惩诫制度。

2. 大力发展村镇银行、社区银行、典当行、民间信用担保机构等地方性金融机构，放宽创办条件，放宽民间资本参股限制，取消村镇银行、社区银行设立必须有一家法人银行为出资人这一硬性规定。

3. 发挥银行的信用中介职能，为民间借贷牵线搭桥。银行可推广个人委托贷款业务，根据委托人确定的对象、用途、期限、利率等代为发放、监督使用，并协助收贷。通过个人委托书业务为委托人提供更多的投资理财机会，最终使民间借贷由地下转为规范的市场融资行为。

4. 加强对民间借贷职业放债人和中介人的管理。制定"民间借贷中介机构和中介业务管理办法"等地方性法规，对中介机构、中介人的界定、业务范围、形式、责任等作出规定。可以从借贷行为次数、金额、放债收入占总收入比重三方面对职业放债人进行界定，对具有从业资格的职业放债人必须在管理部门领取"职业放债许可证"，并定期向监管部门提交业务报表。进一步规范放债人和中介人的借贷行为。规定放债人只能用自有资金放债，中介人只能收取中介费，不能赚取利息差。

5. 改进对高利贷的法律界定。鉴于目前对银行贷款浮动利率已取消上限，按同期同档次基准利率的四倍确定高利贷的司法认定条款显然不合理。建议高利贷的认定标准可以参照当地金融机构同期同档次贷款最高浮动利率的2倍执行，或以达到、超过月息30%以上就可认定为高利贷。

区域性产业风险加速向金融风险传导应引起重视

江西某市建陶产业集群是全国建陶五大主产区之一，年产能7.5亿平方米，占全国陶瓷砖产能的十分之一，并支撑起江西建陶业的80%江山，2014年以来，随着经济下行压力加大以及房地产萧条、农村建房用地严控等因素影响，该市陶瓷产业出现了淡季提前、停产压线增多、库存积压严重、销售低迷、资金紧张加剧等困境，部分企业担保圈风险、流动性风险、民间借贷资金链风险逐渐暴露，信贷违约率不断上升。迹象表明，产业风险诱发的多种风险因素增多，正加速向金融体系传导，应引起高度重视。

一、区域性产业主要风险

2014年陶瓷市场淡季比往年提前了两个月，到年底，全行业产销率78.7%，同比下降18个百分点，37条生产线停产。调查的38家企业库存积压5000万元以下11家，5000至1亿元的18家，超亿元的9家，企业总存货28.3亿元，同比增加2.92亿元。应付帐款5.17亿元是应收帐款的2.02倍，同比增加3.22亿元。银行贷款20.2亿元，同比少增5.87亿元。部分企业拖欠职工工资、税费、电费，10户企业生产出现异常，其中3户出现债权人哄抢设备、堵路、法人跑路等事件，已停产。产业遇到的周期性震荡比2011年更加猛烈，部分企业面临兼并或重组，产业风险向信贷风险传递因素增多，压力加大。产业出现的问题是市场优胜劣汰及结构调整的阵痛与产能扩张、产能过剩的消化在同一时期产生的叠加效应，是产业发展中形成下行压力的集中体现。在对过剩产能进行整合、淘汰的过程中，企业的潜在经营风险集中暴露，银行不良贷款率快速反弹。

二、风险产生原因及影响

（一）政策原因。陶瓷产业对房地产业和国家基本建设的依存度较高，国家调控政策、产业政策变化、新一轮投资的波及程度等都将对建陶市场需求、价格、成本等方面带来影响。随着国家新型城镇化建设的迅速推进，未来几年我国大量农村人口将不断向城市集中，农民市民化步伐将加快，农村消费者陶瓷产品购买力及结构性需求将大大削弱，而高安陶瓷中低端的产品结构及主要面向小城镇与新农村建设的战略定位将面临严峻考验。环保政策方面，随着国家《建筑卫生陶瓷产品单位能源消耗限额》新标准实施，不达标的企业将被淘汰出局。政府大力推进煤改气环保治理等节能措施，企业环保成本将大大增加。信贷政策方面。陶瓷行业的高污染性是信贷政策中谨慎或限制进入的行业。在绿色信贷理念下，未来将重点向"三废"治理达标的陶企倾斜。去年部分银行对陶瓷业信贷政策也有所变化：陶瓷信贷审慎从严、严控新增贷款、停止发放项目贷款、联保贷款等，陶瓷信贷增长将更加困难。此外，监管部门为遏制不良贷款的上升，今年将进一步加强银行短贷长用、存贷款期限错配的风险监管。

（二）产能扩张过快，企业流动性紧张加剧。陶瓷产业属产能过剩、资金密集型行业，需要大量的资金投入。调查显示，陶企资金结构中，普遍存在自有资金过低、过度依赖银行贷款、资产负债率偏高问题，绝大部分盈余资金都投入了新增生产线，导致流动资金严重不足。2013年以来该市陶瓷产业共新增49条生产线，每条线投资近亿元，消耗了企业多年的资本积累。调查的38户企业中，银行借款占总负债55.06%，占流动负债62.36%，其中12户企业自有资本占资金来源比例只有20%，其余资金主要依赖银行贷款、民间借贷、挤占供应商和经销商货款，38户企业应付帐款是应收帐款的2.02倍，同比增加3.22亿元。

（三）银行拒贷惜贷增多，企业信贷违约率上升。一方面部分银行违背承诺对企业随意抽贷、拒贷、惜贷，企业无赖只有向小贷公司或民间等组织高息借贷，填补资金缺口，加大了企业资金成本。另一方面一些企业本身资金周转就十分困难，又担心银行不续贷，索性不还贷，导致信贷违约率上升。此外，商业银行短贷长用、存贷款期限错配掩盖了大量隐性不良贷款。调查显示，陶瓷贷款中续贷或展期的占89%。大量流动资金贷款以展期、续贷形式被企业长期占用或用于弥补项目资金的不足，影响贷款增长的可持续性和均衡性，蕴涵着巨大的信贷风险。近期这一隐性风险有更加显性化的迹象，12月末全市不良贷款余额1.14亿元，新增0.39亿元，不良率0.86%，比年初上升0.2个百分点。10户生产异常陶企可疑、关注类贷款余额1.76亿元，占陶企贷款余额的5.53%，同比上升4个百分点。在国内经济下行大环境下，产业潜藏的金融风险正进一步集聚、扩散并有随时爆发的可能。

（四）异地金融机构贷款风险暴露更具显性化。一些异地金融机构在跨区放贷中存在"贷前调查重形式合规、轻偿债能力等实质性审查、贷后管理忽视第一还款来源而过度依赖抵押担保、违背承诺随意抽贷，监管渠道不畅、监管信息闭塞"等问题，当企业流动性风险来临之时，其风险防线最为脆弱，这些潜在风险一旦暴露，将很快漫延到本地商业银行，诱发区域性金融风险。调查的10家生产异常企业风险贷款余额1.80亿元，其中异地金融机构占了1.16亿元，占比64.44%；银行承兑汇票风险敞口1.58亿元，其中异地金融机构为1.05亿元，占比66.46%。2014年薪12月末，全市共有20家外埠银行对辖内168户企业发生过信贷业务，贷款余额22.57亿元，占全市贷款余额的14.12%。10家问题企业涉及8家外埠银行，占全市外埠银行总数的40%。

（五）民间借贷案件攀升，企业外部环境进一步恶化。据市法院了解，2014年审理的民间借贷案件占民事案件的38%，涉案标的额增长78%，涉及企业案件同比增长四成，企业资金链断裂无力还款是主因。民间借贷潜在的风险已由资金链、产业链逐步衍生为更广范围，民间借贷资金链断裂可能引发群体性债务纠纷的集中爆发，最终将把风险转嫁给银行。此外，企业担保、联保链断裂、企业法人跑路失联案件持续发生。调查的40户企业担保、联保总额达8.7亿元，其中已出现重大风险的担保、联保圈4个，涉及信贷资金3.8亿元，伟鹏陶瓷对外担保891万元，被担保1.51亿元。新澳、永新陶瓷等多家法人因资金链断裂无力还款，选择跑路或失联，引起职工讨薪、堵路等事件多发，政府协调处理闹事债权人180多人次，甚至出动警力疏通道路、制止哄抢企业财物事件发生。

影响：一方面，随着企业担保联保的非理性扩张，单个企业过度担保风险被放大并蔓延及整个担保圈，引发担保企业的"多米诺骨牌效应"，牵涉的贷款量大、企业面广，最终将造成产业不良贷款的集中暴露。全行业"高产能、高成本、低价格、低效益"状态短期内难以扭转。另一方面，部分企业银行贷款与民间借贷两头融资，在民间借贷利率上升、房地产市场持续萎靡等情况下，民间金融风险敞口将进一步放大，可能引发一批出险企业倒闭，出现损害群众利益、大量信访群访等问题，影响社会稳定。即便稍有偿债能力也是优先偿还利息高的民间借贷，必然导致银行不良贷款攀高，形成恶性循环危及金融生态。

三、政策建议

（一）制定产业振兴总体规划，加快产业转型升级步伐。随着国家新型城镇化战略的实施和城乡一体化进程的加快推进，陶瓷产业未来仍有较大发展空间。要从市场准入、环境保护、产能扩张约束、资源优化组合等方面入手制定产业振兴和长远发展总体规划，同时政府要加大政策层面的扶持力度。

（二）建立风险化解和补偿机制，分散信贷风险。一是对企业实行"名单制"分类管理。按照风险可能爆发程度，对企业进行分类排序，分为高中低三类风险，重点监测企业不良贷款和关注类贷款上升、资产负债率高、库存积压大等财务信息，密切关注企业民间融资、联保、互保、停产、"三品、四表、一流水"等非财务信息对高风险企业制定处置预案。加强对保证人的准入管理，对外担保超过净资产的要进行风险警示。银行既要为好企业锦上添花，也要为暂时困难、有市场、有潜力企业雪中送炭、慷慨解囊，对企业抽逃资金、改换门庭等恶意逃废债行为，要依靠政府和公安力量实施联合制裁。二是建立地方财政层面的担保贷款风险补偿基金，对陶瓷企业遭受的重大事件、自然灾害损失等，引入商业保险和贷款保证保险，并建立企业保费补贴机制。

（三）整合监管资源，形成产业风险监测长效机制。一是帮助银企双方提前识别和获取金融风险方面的信息。运用人民银行征信管理等资源，建立健全产业风险压力测试、分析评价系统和重点企业监测数据库，监测产业动向，信用状况，风险程度，把握风险趋势，为防范和化解产业风险提供预警性动态信息。二是建立部门协作机制。充分发挥工业园管委会、民营企业局等部门组织协调优势，建立企业重大事项报告制度，增强基层央行在金融风险识别、获取、防范和处置方面的针对性、超前性和有效性。当前特别要警惕民间借贷风险的集中爆发和交叉传递对产业风险、金融风险、实体经济的重大影响。

"三导"并举促"三赢" 车贷防险"四连环"

近年来,人行某市支行在认真履行央行职责中,注重把握好落实货币政策与发展县域经济的结合点,抓住农村经济运行中的亮点,"窗口指导、政策传导、信贷引导"三举并施,不断创新工作方式方法,为支持当地支柱产业和农业主导产业发展,分散化解信贷风险,闯出三条新路,促进了财政增税、农民增收、银行增利,走活了经济金融一盘棋,最近被该市人民政府通报表彰并授予"支持地方经济建设先进单位"。其主要做法是:

一、创建"四连环"汽车信贷模式和风险防范体系,为扶持壮大高安支柱产业闯出一条路子

某县级市汽车货运产业位列全国四大汽车货运县(市)之首,全市有168多个货运公司,420多家货运信息服务站,1万余辆货车在全国各地奔跑,这与金融部门有效信贷投入是分不开的。为把全市汽车贷款业务做大,同时降低贷款风险,该行不断总结几年来发展汽车贷款的经验与教训,协调引导金融机构和交警、涉运部门携手合作,逐步建成一整套"四连环"信贷风险防范体系,从而使汽车贷款步入贷得出、收得回的良性循环轨道,推动了高安汽车货运业的发展。

第一连环:银行和保险公司携手合作,分散贷款风险。该行组织银行与保险公司联手推出了汽车贷款保证保险新险种,保险公司按贷款额1%收取保费,若车主还不了贷款,保险公司承担部分保障责任,从而分担一块信贷风险。几年来,保险公司累计为3亿多元汽车贷款办理了保证保险,保费收入400多万元,未发生一笔保费赔付业务。

第二、三连环:银行与交警、运管部门携手合作,加大收贷力度。该行组织协调促成金融机构与交警、汽车运输管理部门签订合作协议,对故意拖欠贷款的车主,交警和运输管理部门在接到银行的通知单后,可采取扣押车辆、营运执照、不办理车辆过户及年检手续等措施,督促车主归还贷款。

第四连环:银行与汽运公司携手合作,增强担保实力。金融机构与汽运公司签

订担保协议，对方承诺在车主还不了贷款的情况下，履行担保义务，使汽运公司也分担了一块车贷风险。

针对全市汽车信贷业务操作方法不一、管理手段不同、业务发展不平衡等问题，该行出台了《关于加强汽车信贷规范化管理的指导意见》等措施，并带领金融机构负责人赴外地学习先进经验，一些好建议和措施得到市委书记的亲笔批示。此外，该行还牵头组织金融机构举办了汽车信贷营销推介会，向社会公开服务承诺，开通业务咨询电话、举报电话，利用街道宣传橱窗开辟了货币政策、信贷业务宣传栏，举办专题讲座和理论研讨会，进行横向交流，工作做法和措施被《金融时报》报道。

二、组织开办肉牛贷款保险业务，化解肉牛贷款风险，为扶持壮大农业主导产业闯出一条路子

高安肉牛产业是某地级市十大农业主导产业之一，该行抓住这个亮点，借鉴汽车贷款风险防范成功经验，积极引导金融机构拓展肉牛贷款业务，建立肉牛贷款风险防范机制，组织协调农村金融机构、保险公司开办肉牛贷款保险新险种。在市政府的支持下，该行与市保险公司多次磋商，充分酝酿，拟定初步意见，牵头召开了由银行、保险等七个部门参加的座谈会，共同拟订了《某县级市肉牛贷款保险操作办法》，该办法本着利益共享、风险共担原则，在投保对象、保险责任、被保险人义务、承保办法、赔偿处理等六方面作了详细规定。该行还协调政府有关职能部门，督促金融机构与贷款担保中心签订肉牛贷款担保协议，与市农业开发办、畜牧水产局、卫生防疫部门签订责任状或承诺书，明确各自职责，共同监督肉牛贷款的发放和收回。肉牛保险的开办，为养牛10头以上的348户专业户免遭灾害损失解决了后顾之忧，同时分散了肉牛贷款风险，促进了该项业务的发展。目前，全市金融机构累计发放肉牛贷款1380多万元，每年增长率保持在10%以上，全市年出栏肉牛15万头，成为全省肉牛生产大市。

三、成立乡镇信用担保中心，分散农业信贷风险，为解决农业龙头企业、种养大户贷款难闯出一条路子

针对当前农业龙头企业、种养大户贷款担保难、金融机构难贷款等突出矛盾，该行出台了《灵活运用农业信贷促进农业产业化发展的指导意见》，明确把成立乡镇

信用担保中心作为一项重要工作。经过与部分乡镇政府多次座谈酝酿和反复修改，制定了《乡镇农业贷款担保试行办法》，该办法对担保资金筹集，担保对象及业务范围，担保程序，代偿与追偿，风险防范与控制，财务管理等方面作了明确规定，该办法被上级行转发到各地借鉴推广。同时，该行将该办法印发至农村金融机构，抄送各乡镇政府，并在八景镇开展试点，乡镇信用担保中心在某地级市率先成立，有关做法被省政府《江西政务》报道。迄今为止，仅担保中心担保的肉牛贷款就有3800多万元，帮助养牛专业户购买肉牛6万多头。

人民银行"窗口指导"、"政策传导"、"信贷引导"三导并举和有效实施，使该市的汽车货运业和肉牛产业不断发展壮大，出现了财政增税、银行增利、农户增收的"三增效应"。

一是促进了农业产业结构调整，财政增税、政府满意。当年汽车运输业上缴的财政税收达2900多万元，增长52.6%。汽车运输业还带活了饮食、修理、加工等一批相关产业，转移增加了近5万名农村剩余劳力和企业下岗职工。全年全市肉牛存栏达19.8万头，出栏肉牛8.8万头，产值超亿元。

二是促进了农民增收和脱贫致富，农民高兴。目前，全市养牛100头以上的专业户达3480户，养牛500头以上的专业村86个，农民从养牛业中人均增收1340元。全省闻名的汽车村——龙潭镇塔水行政村，平均3户拥有一辆汽车，平均每辆车贷款6万元，大部分车主年均纯收入超过3万元，汽车货运成为该村农民致富的主要财源。

三是促进了金融机构各项业务的发展，银行增利。全市所有银行机构都开办了汽车信贷业务，贷款余额达2.1亿元，近五年获贷车辆3962部，年均累放汽车贷款5800多万元，银行贷款回收率在96%以上，收息率达98%，通过"四连环"信贷风险防范体系，共收回汽车不良贷款936万元，目前，不良贷款只占贷款总额的2%。汽车信贷还有力地促进了金融机构各项业务的发展，其中通过吸收经销商存款、银行承兑汇票保证金存款、保险公司存款使金融机构各项存款年净增1.8亿元，还带动了银行卡、借记卡、票据等业务的发展，仅中行、建行开出的银行承兑汇票就达6980多万元。据测算，汽车信贷的综合收益率可达8%，远高于其他贷款。仅开出银行承兑汇票的收益率就可达2%。汽车信贷成为最具发展潜力的信贷品牌。

四是缓解了贷款难、难贷款矛盾，改善了辖区信用环境。乡镇信用担保中心的成立，一方面填补了农村担保机构的空白，分散了信贷风险，使农业龙头企业、种养大户贷款难，金融机构难贷款的矛盾得到有效缓解，从而增加了信贷投放量。另一方面，乡镇政府也能利用担保中心的融资调节功能，适时调整当地农业产业结构，促进乡镇经济发展。同时，一些获得担保贷款的企业亲身感受诚实守信与自身利益息息相关，更加自觉地维护企业信用；对于没有参与担保的企业个人，通过"守信获利"的示范效应，进一步增强了信用意识；对于政府部门来说，加强了对金融工作的理解沟通，减少了行政干预，增强了政府信用观念，从而更积极地支持了金融工作。

综观人民银行某县级市支行"三导"效应的全过程，其成功之处主要得益于：理清思路，进一步解放思想，开拓创新，树立服务意识、责任意识、发展意识，这是履行好"三导"职能的思想基础；根据地方经济的特点，把握好贯彻实施货币政策与县域经济发展的结合点，并努力寻求突破是充分发挥"三导"作用效果的关键；灵活运用信贷政策，营造好金融支持地方经济发展的外部环境和社会氛围，并形成合力是发挥好"三导"效应的根本保证。

商业银行规避信贷宏观审慎管理的主要表现及其危害

监管套利一般是指各种金融市场参与主体通过注册地转换、金融产品异地销售等途径，或利用不同监管机构制订的不同甚至相互冲突的监管规则或标准，选择金融监管相对宽松的市场展开经营活动，以此降低监管成本、规避管制和获取超额收益的行为。2010年以来，监管部门根据金融机构业务的发展变化，逐步对银信合作、票据会计核算、同业代付、理财投资等业务进行规范，堵住了金融机构规避信贷宏观审慎管理措施的一些通道。但在竞争压力和利润驱动下，当前，部分商业银行又出现了以股权及其他投资、买入返售资产等统计科目持有非标准化债权资产，向难以获得一般贷款的企业提供融资的现象，成为突破信贷宏观审慎管理限制的新形式。

一、主要违规表现

首先，商业银行通过与信托公司、金融租赁公司、保险公司、证券公司等金融机构合作，以股权及其他投资形式受让信托受益权、金融租赁资产、保险公司债权计划、证券公司投资产品等非标准化债券资产。资金来源范围包括同业资金、自有资金和部分一般存款，但从调研情况看，同业资金是最主要的资金来源。由于股权及其他投资科目不在信贷宏观审慎管理范围内，因此相当于商业银行利用同业资金，向非金融企业融资。调查显示，截至2013年4月末，辖内商业银行人民币股权及其他投资余额2316万元，同比增长31%。2013年3月底，银监会印发《关于规范商业银行理财业务投资运作有关问题的通知》（银监发〔2013〕8号）文后，要求理财资金投资非标准化债权资产的余额在任何时点均以理财产品余额的35%与商业银行上一年度审计报告披露总资产的4%之间的低者为上限。部分超标的商业银行出现将理财资金对接的非标准化债权资产转移到股权及其他投资科目，造成4月份股权及其他投资出现"暴增"。

其次，由于股权及其他投资科目下持有信托受益权转让资产风险权重较高，因此当前商业银行有动力再通过买入返售科目互持对方非标准化债权资产，将对企业的债权转换为对其它商业银行的债权，从而降低经济资本占用。根据最新《商业银行资本管理办法》规定，商业银行对我国其它商业银行债权的风险权重为25%，其中原始期限三个月以内(含)债权的风险权重为20%；而对一般企业债权的风险权重为100%。商业银行通过以买入返售业务形式"互换"非标准化债权资产，实际上是将双方股权及其他投资科目下对一般企业债权转化为对其它商业银行的债权，交易双方均可降低经济资本占用水平。另外，部分城商行等规模较小的商业银行分支机构，由于新增信贷额度受到其总行严格限制，且客户营销能力和风险控制能力相对较弱，因此也存在以股权投资或买入返售业务形式增持非标准化债权资产的动力，以期提高自身资产收益水平。

二、问题危害剖析

一是商业银行通过股权及其他投资和买入返售资产业务持有非标准化债权削弱了信贷宏观审慎管理政策的实际执行效果。商业银行利用同业资金，通过股权及其他投资和买入返售资产科目为企业融资，由于这类融资业务并未计入一般贷款项下，不占用银行的信贷规模，因此突破了信贷宏观审慎管理政策的限制，削弱了政策的实际执行效果。

二是同业存款资金是股权及其他投资、买入返售资产业务的主要资金来源，事实上是商业银行变相用同业存款资金发放贷款，且不受存贷比限制。另外，同业存款期限普遍较短，具有较强不稳定性，但商业银行利用同业资金持有的非标准化债权资产中不乏中长期品种，在迅速增长背景下，也加大了资产负债期限错配风险。个别机构同业资产余额超过同业存款，部分资金依靠同业拆入补充。

三是商业银行持有的非标准化债权资产风险普遍高于一般贷款，不利于商业银行稳健经营和金融系统稳定。信托受益权转让等资产一般风险较高，且其中包括不少地方政府融资平台、土地储备融资等高风险项目，尤其在3月底监管部门对理财投资进一步规范后，相当部分原来由理财资金对接的高风险项目转由同业资金对接，如某银行4月新增股权及其他投资1243万元，全部为原理财资金对接的信托收益权转让项目，具有较高风险。利用同业资金大量持有高风险、高收益项目，容易形成潜在的不良"贷款"，从长期看，不利于商业银行稳健经营和金融体系稳定。

四是目前同业存款没有明确的投向限制，期限多为短期，也没有额度限制。利用同业资金大量持有非标准化债权资产，存在一定监管缺位，长期下去，易于造成银行融资体系的混乱和失序，影响宏观调控的正确判断与实施。

农民专业合作社仿照银行经营模式从事非法金融活动应予关注

《农民专业合作社法》颁布以来，各地农民专业合作社发展迅猛，在促进社员互助共盈、信用增信、信息共享等方面发挥着重要作用。然而一些农民自发组织，以农民专业合作社为"幌子"，假借"股金"名义非法吸纳公众存款，高利放贷，或套取银行信用加价转借贷款，致使支农信贷资金流向非农行业，成为扰乱农村金融秩序的隐性风险之源。有的地方已由个案逐渐演变为区域性非法集资、群体性挤兑事件，特别是近期这一潜在风险有更加显性化的迹象，呈加快暴露趋势，应予重点关注。本文以某县级市为个案，通过管窥其违规行为，剖析其危害，提出规范发展建议，以保障农民利益，促进农村金融组织健康发展。

一、基本情况

江西某县级市是传统农业大市，农业人口65万人，占全市总人口的77%。近年来，该市农民专业合作社发展迅猛，截至2014年底，该市在工商注册的农民专业合作社达412家，其中国家级示范社5家，虽然专业合作社经营模式良莠不齐，但资金管理运作不规范几乎是通病，而主管部门对其监管处于缺失状态，导致违规经营案例多发，玉河农信农业合作社就是一例。

（一）资金互助业务开展情况。"玉河农信资金互助部"以其在工商部门注册的"某县级市玉河农信农业合作社"为依托，设立于某县级市伍桥镇，有从业人员5人，该社在未经有关部门批准情况下擅自制作以上两块牌子，于2013年7月26日挂牌开业。对外散发彩印宣传折页，门口电子视屏滚动播放"打造农民自己的银行"等标语。该资金互助部以缴纳不低于200元资格股为条件向全市农民招股，共入股67人4.2万元，向市内农民吸收存款63笔56万元，并发有储金证，年利率6.06%。以"股一借十"的借贷比例放贷，向本市农民发放贷款4笔共计30万元。

（二）依法处置措施。人行某市支行接到群众举报后及时将有关情况通报市政府。在市金融办牵头下，市公安局、人民银行、银监办、工商局组成工作组，通过现场调查取证，掌握了该资金互助部非法吸收公众存款和违规发放贷款等事实，并果断采取了以下处置措施：一是对该资金互助部进行摘牌取缔，并摘除营业场所内电子视屏及所有制度办法等。二是立即消除、停止虚假广告宣传，明确专业合作社性质。三是责令立即停办所有业务，对已发生业务进行整顿、清理、规范。四是承担违规风险，限期清退非法吸收的存款、收回已发放的贷款。

（三）后续预防措施。为掌握类似事件的规模和发展状况，市人行联合金融办、银监办在全市开展了农村经济组织从事非法金融排查活动，截止2015年2月末，发现有7个乡镇及周边存在类似情况，其中田南镇钱杰农业合作社，模仿农村信用社外观装修，选址于人员密集地方，以年利率8%的高息揽储或入股，余额290万元。灰埠镇互民农民专业合作社选址于农村信用社旁，以入股方式吸纳农户资金。周边如新余市某镇颖泉农民合作社，距某县级市田南信用社付墟分社仅1公里，完全仿照信用社经营模式装修店面，通过社员入股等方式吸收存款，以"助跑农村经济，服务广大农民"等广告词，在周边乡镇公开散发彩色宣传单，以固定高额分红为诱饵吸引农民入股集资，股金分红年利率：活期0.8%、三个月5.6%、半年6%、一年8%、二年8.5%、三年9%、五年10%；社员借款年利率高达18%之多，特别是其使用的社徽与农村信用社的社徽极度相似，容易给人造成误导，许多农户误认为是正规的农村信用社而被蒙骗，严重损害了农村信用社形象。目前宣传单已发至某县级市田南镇付墟村及周边5个村组等地段。

为防止风险扩散和漫延，人行某市支行拟定并由市政府及时下发了《关于严厉打击辖内非法吸收公众存款等违法金融活动的紧急通知》，对蓄意扰乱金融秩序的地下组织起到了震慑作用，维护了辖内金融和社会稳定，保障了农民利益。

二、存在问题

（一）虚假宣传，欲盖弥彰。玉河农信农业合作社对外宣称是"中央一号文件支持的准农民银行"，宣传单印有"金融许可证"影印件及开业盛况，仔细看才知是某试点省份经银监会批准的一家农村资金合作社金融许可证，其他字很难看清。门口的电子视屏滚动播放"打造农民自己的银行、发家致富的靠山"、"国家政策支持的农民银行"等广告。明明是非法组织，却宣称是银监会批准的农村资金互助社以混淆视听。

（二）仿照正规金融经营模式公开挂牌营业。玉河农信农业合作社资金互助部的徽标设计、店面内外装修、柜台、电脑、点钞机，甚至工作人员制服完全仿照邻近的农商行，室内墙面上LED电子视屏公开挂牌存款期限和利率档次及比照银行利率的股金预期收益，业务流程、借款程序、信贷管理办法，业务数据处理系统、相关安全设施也都仿照农商行配备齐全，大门口挂有两块门牌和LED电子广告宣传视屏。

（三）业务超范围违规经营。根据有关文件规定，农村合作经济组织开展农村金融业务，只能在一定的区域范围内（乡镇、行政村）发展社员，在社员内部开展资金互助合作业务，不能超范围吸收社员及存款。但不少专业合作社在发展社员的过程中，吸收非该社所在地居民入社、入股并放贷，违背新型农村合作金融组织"社员制、封闭性、社区性、不对外吸储放贷"的规定，属非法吸收公众存款。其次，按照规定农民专业合作社只能对社员进行盈余分配，玉河农信农业合作社却支付了利息，违背"不对吸收的资金支付固定回报"等规定。

（四）混淆概念，影响恶劣。农民专业合作社本应以"专业合作"为核心，主要为内部社员提供技术、信息支持，不应具备融资性功能，但玉河农信资金互助部依托其在工商注册的"玉河农信农业合作社"合法外衣，套用全国试点省市"农村资金互助社"运作模式，名义上为专业合作社，但事实上具备了资金互助社性质，开展了融资放贷业务，混淆了农村专业合作社与正规资金互助社概念。据调查，该资金互助部的开业，周边已有7个乡镇农民前来拜访，竞相效仿，有的正在装修店面择机开业，已造成极坏的负面影响。

三、相关建议

（一）厘清相关概念，明确监管主体。农民专业合作社是在农村家庭承包经营基础上，同类农产品的生产经营者或服务的提供者、利用者自愿联合、民主管理的互助性经济组织，监管主要以农业局为主；农民（村）资金合作（互助）社是不以赢利为目的，是农民民主管理，自主经营，自负盈亏，自我发展，服务农民自己的组织机构，监管主要由民政局、农业主管部门（或农工部）等发证部门为主；农村资金互助社是指经银行业监督管理机构批准，由乡（镇）、行政村农民和农村小企业自愿入股组成，为社员提供存款、贷款、结算等业务的社区互助性金融机构，其组织原则：一是社员制、封闭性、社区性；二是不对外吸储放贷；三是不对吸收的资金支付固定回报，监管主体是银监部门。

（二）引导发展资金互助组织，开展资金互助活动。建议在资金实力强、经营效益高的农民专业合作社联合社中推荐申报"农村资金互助社"试点，引导建立示范社。在银社合作活跃的村镇偿试建立"农民信用互助合作社"组织，社员按银行授信额度的10%交纳互助基金，政府按银行授信额度的5%拨付贷款风险补偿基金，主办行对社员评级授信，按社员缴纳互助金的10倍发放信用担保贷款，同时积极推广"银行十合作社十农户联保"融资模式，既要保证风险可控，又要支持农民增收。

（三）加大政策支持力度。农民专业合作社与资金互助社，在缓解农民互助合作中融资困难、促进农民增收具有积极意义，符合中央"引导农村新型经营主体发展，建立多种所有制金融组织"精神。各地要加大财政、信贷、税费减免等政策扶持力度，促进农民专业合作社做大做强。对"地下资金互助社"监管部门要疏堵结合，要在风险可控的前题下扩大正规"农村资金互助社"试点范围，引导处于隐蔽状态下的资金互助社规范经营。

（四）要加大风险排查和正面宣传。每年定期开展农民专业合作社风险排查，重点排查合作社是否脱离主业开办资金业务，是否存在信贷加息转借、高息揽储、高利放贷行为，防范资金互助业务引发的非法集资风险。对专业合作社、资金互助社的性质、功能、业务范围要进行正面宣传，防止其以合作名义，以揽储形式诱导农民入股，演变为吸储与放贷机构。要对农民进行风险教育，远离欺骗陷井和分红利息诱惑，防止将非法组织误认为是农村信用社类似机构，而忽视风险的存在。

（五）加强部门合作，明确责任分工。建议建立由农业、工商、公安、人行、银监等部门参加的"新型农业经营主体合作监管联席会议"，负责研究制定监管政策和措施，协调有关部门做好业务指导和风险防范工作，明确各部门分工与职责。建议上级行加强对基层行对此项工作的指导，明确自身监管职责，在加强与地方部门合作的同时，要摆正位置，谨慎对待，既要防止越权，又要提防"不作为"，防止出现履职风险。

步步高超市收银台拒收现金案例

案情简介

2019年6月4日，人民银行某市支行接到一消费者举报某县级市步步高超市拒收人民币5角、1角投诉件，举报者称该超市收银台旁边还张贴有拒收人民币5角、1角的提示，并附有现场拍摄的举报图片。支行立即组成工作组，驱车前往该超市，对举报件进行了现场核实。

核实情况

一、核实方法。工作组向该超市财务主管表明身份和来意后，通过现场拍照、制作询问笔录、工作底稿，收集、保存物证等方式进行了现场取证和核实。现场取证后，工作组约见了该超市负责人，对具体情况作深入了解。

二、核实结果。经核实，超市收银台现场五个收费处均张贴写有"由于银行拒收五毛与一毛纸币，谢谢您的配合，给您带来不便尽请谅解"等字样的告示，内容与举报图片一致，属于拒收现金行为。现场核查后，工作组走访了该超市开户银行，进一步核实有关情况。

三、违规成因。该超市负责人介绍，该超市出纳把收到的第四套人民币现钞到开户行缴款时，开户行明确告之第四套人民币禁止流通后，后续集中兑换点为市中行营业厅，但5角、1角纸币不在禁止流通范围。出纳没有向财务主管说明情况，也没有尽告之义务，错误地理解第四套人民币禁止流通，加上角币缴款嫌麻烦，为图方便，就随意在各个收费处张贴"银行拒收5角、1角纸币"提示，导致拒收现金违规行为的发生。

案例定性

一、法律依据：《中华人民共和国中国人民银行法》（以下简称《人民银行法》）第四十六条和《中华人民共和国人民币管理条例》（简称《条例》）第三条："中华人民共和国的法定货币是人民币。以人民币支付中华人民共和国境内的一切公共的和私人的债务，任何单位和个人不得拒收。"

《中国人民银行公告》（〔2018〕第10号，以下简称公告）明确指出"中华人民共和国的法定货币是人民币，包括纸币和硬币（以下统称现金）。任何单位和个人不得以格式条款、通知、声明、告示等方式拒收现金，依法应当使用非现金支付工具的情形除外。""在接受现金支付的前提下，鼓励采用安全合法的非现金支付工具，保障人民群众和消费者在支付方式上的选择权。经自愿、平等、公平、诚信协商一致，通过互联网等信息网络方式、无人销售方式提供商品或者服务、履行法定职责，且不具备收取现金条件的，可以使用非现金支付工具。"该案例中，以张贴告示方式拒收现金，属于典型的拒收现金行为，违反了上述《人民银行法》《条例》及《公告》的有关规定。

二、行为定性：经工作组现场宣传教育，该超市负责人及相关人员对违法事实表示认可，并表示将依法落实整改要求。鉴于该超市能主动承担违法责任，并且当场撤除了所有拒收现金的告示，也尚未引起不良社会影响，工作组认定其拒收现金行为情节轻微。

三、适用的场景归类及整治要求：该拒收案例属于零售机构—超市类，对此类拒收场景，对该超市作出了"立即清理整顿所有场所有关拒收现金的告示和行为，认真学习落实好《整治拒收现金工作指引》等法规、按照法律法规要求收取和缴纳现金"等整治要求。

处理措施

工作组对该超市作出了约见谈话、行政警告，责令限期整改处理，对该超市出纳违规行为提出了严肃批评，要求全体财务人员接受提醒和学习教育等处罚措施。

后续跟踪

该超市负责人对违法事实表示认可，并组织专班进行了认真整改。工作组经过后期暗访调查，没有发现该超市类似违规行为。并将处罚措施及执行情况告之当事人，当事人较为满意。为防止事态扩大化，支行还对该事件进行舆情跟踪监测。

案例启示

1. 案件处置要以法律、法规为准绳。拒收现金行为处置，应当遵循"依法合规、属地管理、公正客观、分类处置"原则，以事实为依据，以法律为准绳，坚持处罚与教育相结合，才能收到较好效果。本案正是抓住了"现场取证详实、违规定性准确、处理措施到位、后续反馈满意"等关键环节，找准了问题的解决办法，收到商家、银行、消费者三方满意的效果。

2. 人民币流通及使用宣传工作缺位。部分银行机构对人民币流通及现金使用存在麻痹大意、管理松懈、理解不透、解释不清等现象，特别是"第四套人民币禁止流通后续指定兑换点，及角币不在禁止流通之列"等细节规定没有宣传到位，导致公众、收银员、消费者不了解或错误地理解有关条款，无意中做出拒收现金等违规行为。

3. 银商要齐心协力做好重点领域宣传工作。目前，行政服务大厅、超市、商场、旅游景点等重点收费场所，相当部分收银人员对人民币知识了解不足、向公众解释不完整、以"找零不便、怕收假币、人手不足"等各种理由不收现金，导致的投诉屡见不鲜。重点领域、行业发生拒收现金现象存在共性，各银行机构应着重开展自查，加强对客户人民币知识的宣传和培训。收费单位要加强对人民币流通知识的学习，自觉遵守有关法律、法规，不得以任何理由拒收现金。

高安及时调解一起公交公司拒收硬币行为

2019年9月29日下午，人民银行某市支行接到李女士因乘座市公交时投角币硬币遭拒的投诉，支行工作人员立即联系该乘客，就其投诉一事进行回访了解。次日，支行工作人员前往市公交公司进行了调查核实。

工作人员通过现场连线投诉人、走访司机等相关人员、询问记录等方式进行了现场取证。经核实，李女士于9月28日上午10：02分座市3路公交车时，因身上无壹元零钱，便把身上仅有的5个1角，1个5角硬币，投进了投币机，当班司机在没有作解释工作的情况下，只简单对李女士说公司不收，要求重投1元硬币，李女士不肯再投，司机便拒载李女士，也没有退钱给她。该司机行为违反了《中华人民共和国人民币管理条例》第三条，《中国人民银行公告》（〔2018〕第10号）等法律法规有关规定，属于拒收现金行为。

事实认定后，工作人员约见了该公司负责人和财务主管，对该公司员工拒收硬币行为的危害进行了相关政策宣讲，依据人总行《整治拒收现金工作指引》等法规，对该公司提出了警告并进行了提醒教育。该公司对违法事实表示认同，并对当班司机给予学习教育10天、深刻检讨、扣罚2天工资的处罚。鉴于该公司能主动承担责任，积极整改，采取积极态度解决投诉，投诉人对处理结果满意，未造成不良社会影响，工作组认定其拒收现金行为情节轻微，决定不予以行政处罚，同时要求加强司机管理。

4.制度办法与实施方案

　　发展普惠金融是基于我国现阶段贫富差距较大并由此引发经济社会矛盾的现状，以及实现经济可持续发展、国家长治久安、社会和谐文明目标的长期性制度安排，是国家长期发展战略。要落实好这一国家战略，就要有全局思维和顶层设计，做好规划和目标，完善制度框架，弥补制度短板，巩固扩展现有普惠金融成果，建立具有中国特色的普惠金融发展长效机制。普惠金融受众主体"弱势群体"特征，使之应具有包容性，这也有利于制度性目标的实现。制度的作用不仅在于规范普惠金融参与主体的行为，保护金融创新和受众者权益，也有利于促进普惠金融参与各方加强自我约束。因此，普惠金融要构建宏观、微观的制度保障体系以及风险控制、融资渠道、数字化等多层次的核心竞争力。笔者在普惠金融实践中制定的或被上级转发的诸如"企业续贷帮扶资金管理办法"、"金融支持精准扶贫工作实施办法"、"金融支持小微企业及"三农"经济发展指导意见"、"金融风险监测评估办法"、"金融突发事件应急预案"、"普惠金融考核指标"等微观性或区域性制度办法，尽管或许是对普惠金融宏观制度框架的"管中窥豹"，然而确是现实普惠金融运行的客观反映，或许对从业人员在工作中有所裨益、有所启发。

某县级市信用示范企业续贷帮扶资金管理办法（试行）

第一章 总则

第一条 为贯彻落实国务院会议精神，切实降低企业融资成本，缓解辖内中小企业融资难、过桥贵，由市财政出资设立"中小企业续贷帮扶资金"，用于弥补企业还贷、续贷出现的临时性资金不足，防范企业因资金链断裂而引发系列风险。依托央行征信系统等资源，逐步建立辖内"企业信用评价和发布中心、融资咨询服务中心、银企对接项目推荐中心、金融业监管协调中心"等四大服务体系，特制定本办法。

第二条 市政府成立"某县级市信用示范企业续贷帮扶资金管理领导小组"，由市政府常务副市长任组长，分管工业和金融的副市长任副组长，金融办、财政局、工信委、民营企业局、工业园、建陶基地管委会、人民银行、银监办、各商业银行等单位主要负责人为成员，建立政府主导、人行主抓、部门推动、银企联动机制。领导小组下设"某县级市信用示范企业续贷帮扶资金管理中心"（以下简称中心），中心主任由民营企业局主要负责人担任，成员由财政局、工业园、建陶基地管委会、人民银行、商业银行等单位分管领导组成，负责处理日常事务。

第三条 本办法所称信用示范企业，是指符合《中小企业标准暂行规定》要求，在本市范围内设立、诚信守法、合规经营、制度健全、具有盈利能力、在人行征信系统信用记录良好、经中心确定的法人经济实体。

第四条 本办法所称的"续贷帮扶资金"是指中心对本市范围内基本面好，符合国家产业政策和信贷政策企业，还贷、续贷出现临时困难、急需予以解决的资金。该项资金在市农商行开设账户，由市政府全权委托中心负责运作、具体承办，市财政局、市人民银行负责监督管理。

第五条 续贷周转金管理原则：以救短、救急、救频、微利为宗旨，周转金按照"设立专户、专款专用、总额控制、封闭管理"原则，统一要求、统一标准、统一管理和使用，坚持部门审核，中心批准，按时收回。

第六条 续贷帮扶资金实行有尝使用，借用周转金的借款人应支付相应的资金占用费、按借款时间长短而定，7天以内按月息2‰收取，7—15天按3‰收取，15天以上一个月以内按5‰收取，超过一个月的由领导小组确定，但最高不得超过央行规定的半年期贷款基准利率。

第二章　设立、使用要求及审批程序

第七条　续贷帮扶资金遵循"总量控制、一次核定、适时拨付、周转使用"原则，专项用于信用示范企业临时性还贷续贷资金周转。设立规模为6000万元，试运行成熟后可视发展情况增加。人民银行与财政部门共同做好续贷周转金的监管、协调和调剂工作。

第八条　续贷帮扶资金运作采取"征信+续贷+承贷十周转金"模式，必须明确职责、专人管理、封闭运行。借款人资金使用要确保符合国家产业政策和货币信贷政策，不得挪作他用。

第九条　续贷帮扶资金的使用要求：

（一）续贷帮扶资金只能用于信用示范企业续贷应急的短期流动资金所需，不得用于固定资产投资和其他用途。

（二）续贷帮扶资金使用期限一般为7—15天，原则上不超过一个月。

（三）借款人申请续贷帮扶资金额度原则上不超过1000万元，其中规模以下企业原则上不超过300万元，具体额度视企业税收贡献率确定。

（四）续贷帮扶资金实行分级审批，300万元以下的由中心审批300万元以上（含）的，报领导小组审批。

（五）如遇特殊情况，续贷帮扶资金用途可扩展到用于企业办理银行承兑汇票或企业间互保联保链断裂、自然灾害引起的临时资金救急，须报经某县级市信用示范企业续贷周转金管理领导小组研究决定。

第十条　续贷帮扶资金审批程序

（一）借款人申请续贷帮扶资金时，须在银行贷款到期日20个工作日前，向承贷银行提出申请。

（二）承贷银行在接到借款人《某县级市信用示范企业借用续贷帮扶资金申请书》后，认真审查、审核、将符合条件的借款人推荐到中心，并在填报的《某县级市信用示范企业申请续贷帮扶资金审批表》上方签署推荐意见。

（三）中心接承贷银行送来的借款人申请书和《某县级市信用示范企业申请续贷帮扶资金审批表》后，报市财政局和市人民银行资格审核，通过后由中心负责人审批。

（四）借款人持中心签署意见的《某县级市信用示范企业申请续贷帮扶资金审批表》，承贷银行出具的《某县级市企业续贷承诺函》。与中心、承贷银行三方签订《某县级市信用示范企业续贷帮扶资金使用协议书》，办理借款手续。

第十一条　借款人申请续贷周转金须提交以下材料：

（一）借款人填制《某县级市信用示范企业借用续贷帮扶资金申请书》、《某县级市信用示范企业申请续贷帮扶资金审批表》。

（二）借款人借款合同原件及复印件；

（三）承贷银行出具的《某县级市企业续贷承诺函》。

（四）其它资料。

第三章　管理与监督

第十二条　承贷银行为企业办理续贷手续时，必须及时通知中心和借款人，将贷款资金与资金占用费及时归还中心，并监督借款人将贷款资金与资金占用费及时划入续贷周转金专用账户，归还借用的周转金。

第十三条　承贷银行不能有效履行承贷义务，致使借出的周转金不能按时收回的，将视情况采取有效措施进行清收，包括取消该行的财政性资金存款业务、金融机构表彰和信贷投入贡献奖等，并追究出具承诺函银行的相关责任。

第十四条　借款人逾期不归还周转金的，视同挪用财政资金，将依据所欠金额，按日加收万分之五的罚息，并依法依据进行清收。构成犯罪的，依法追究刑事责任。

第十五条　信用示范企业的评定与奖励。信用示范企业的评定条件按人民银行有关规定掌握，实行动态管理。中心每年对借用周转金企业进行信用评定，对评选结果优良的借款人，次年使用周转金时予以优先考虑，对评选结果较差的借款人，暂停或取消使用资格。

第十六条　管理机构、续贷中心、贷款行相关人员与借款人弄虚作假，造成资金损失的，将依照有关规定进行处理、处罚，构成犯罪的，依法追究刑事责任。

第四章　附则

第十七条　本办法由市信用示范企业续贷帮扶资金管理中心负责解释。

第十八条　本办法自发布之日起执行。

附件一：某县级市信用示范企业续贷帮扶资金管理领导小组组成人员名单

附件二：某县级市信用示范企业借用续贷帮扶资金申请书

附件三：某县级市信用示范企业申请续贷帮扶资金审批表

附件四：某县级市信用示范企业续贷帮扶资金使用协议书

附件五：某县级市企业续贷承诺函

附件一：略

附件二：某县级市信用示范企业借用续贷帮扶资金申请书

企业名称			
企业地址			
法定代表人		电　话	
申请人意向	企　业（签章） 法人代表（签章） 　　　　年　　月　　日		
承贷银行推荐意见	承贷银行（签章） 客户经理（签章）　　　　负责人（签章） 　　　　年　　月　　日		

附件三：某县级市信用示范企业申请续贷帮扶资金审批表

借款人名称			所属行业		
详细地址			组织机构代码		
注册资金			税务登记证号码		
基本账户开户行名称					
法定代表人	姓名		财务负责人	姓名	
	手机号码			手机号码	
本次到期贷款	额度		时间		
	用途				
	还贷银行及帐号				
	续贷期限	天（ 年 月 日至 年 月 日）			
帮扶资金申请额度					
帮扶资金使用期限	天（ 年 月 日至 年 月 日）				
借款人意向： （盖章）	市承贷银行推荐意见： （盖章）			市人民银行征信查询情况： （盖章）	
市信用示范企业续贷帮扶资金管理中心审核意见： （盖章）					
市信用示范企业续贷帮扶资金管理领导小组审核意见： （盖章）					

附件四：某县级市信用示范企业续贷帮扶资金使用协议书

某县级市企业续贷周转金管理中心：＿＿＿＿＿＿＿＿＿＿甲方

借款人：＿＿＿＿＿＿＿＿＿＿＿＿＿＿＿＿＿＿＿＿乙方

续贷银行：＿＿＿＿＿＿＿＿＿＿＿＿＿＿＿＿＿＿丙方

为明确责任，恪守信用，根据《某县级市信用示范企业续贷帮扶资金管理办法》和已批准的续贷周转金审批表签订本协议，请共同信守。

一、借款种类：＿续贷帮扶资金＿

二、借款金额：（大写）＿＿＿＿＿＿＿

三、借款用途：＿归还到期银行流动资金贷款＿

四、借款期限：借款时间自＿＿＿年＿＿＿月＿＿＿日至＿＿＿年＿＿＿月＿＿＿日止，共＿＿＿天。

五、放款方式：乙方向甲方开具借款收据后，甲方一次性支付借款，由乙方存入丙方指定还贷账户，用于归还到期的借用丙方流动资金贷款。

账户全称：＿＿＿＿＿＿＿＿＿＿＿＿＿＿＿＿＿＿＿＿＿＿

开 户 行：＿＿＿＿＿＿＿＿＿＿＿＿＿＿＿＿＿＿＿＿＿＿

帐 号：＿＿＿＿＿＿＿＿＿＿＿＿＿＿＿＿＿＿＿＿＿＿

利 率：＿＿＿＿＿＿＿＿＿财政资金占用费：＿＿＿＿＿＿＿

六、丙方根据规定程序协助乙方办理续贷相关手续，并按照承诺确保续贷资金及时足额到位。

七、资金归还：丙方监督乙方在续贷资金到帐之日起2个工作日内，将借用的续贷周转金及借款占用费一次性足额转入甲方指定的还款账户。

八、违约责任

1. 甲方未能按照本协议约定按期足额拨付续贷周转金，并由此给乙方造成损失的，应履行补偿责任。

2. 乙方不按本协议约定存放和使用续贷周转金的，甲方有权责令乙方立即归还，丙方应予积极协助。

3. 乙方不按规定时限足额归还续贷周转金，甲方有权商请丙方代为扣款清偿，并按逾期额每日加收0.5‰的罚息。

4. 丙方未能履行续贷承诺和监督责任，造成乙方未按本协议及时足额归还甲方还贷周转金的，应代乙方归还甲方还贷周转金，并承担相关责任和损失。

九、甲方、丙方有权检查乙方贷款使用情况，了解乙方的生产经营、财务活动情况。乙方应及时提供有关统计、会计、财务等方面信息资料，并保证其真实完整。

十、本协议自签订之日起生效，借款及滞纳金全部清零后失效。

十一、本协议一式三份，甲方、乙方、丙方各执一份。

甲方（某县级市企业续贷帮扶资金管理中心）：　　　　（签章）

乙方（借款人）：　　　　（签章）

丙方（原贷款银行）：　　　　（签章）

签订日期：　　年　　月　　日

附件五：某县级市企业续贷承诺函

某县级市企业续贷帮扶资金管理中心：

因_____（企业名称）在我行办理续贷手续时，发生暂时性资金周转困难，需向你中心申请使用续贷周转金，经综合调查分析，我行研究决定，同意于_____年____月_____日前向该企业续贷流动资金_____万元（大写），用于归还该企业申请使用的续贷周转金，并承诺贷款发放到位后当日立即将资金划转至续贷周转金管理中心指定的还款账户。如有违约，一切责任由我行承担。

特此承诺

承贷银行名称：

行长签字：

年　　　　月　　　　日

国家级陶瓷产业基地金融风险监测评估办法

中国人民银行xx市中心支行文件

xx发〔2010〕102号

关于辖内xx市陶瓷产业金融风险监测
评估工作的报告

人民银行xx中心支行：

为加强金融稳定工作，积极探索重点产业金融风险监测评估新途径、新机制和新模式，更好地促进重点产业持续、稳健运行，我行指导辖内某县级市支行制定了《国家级陶瓷产业基地金融风险监测评估办法》，并进行了有效监测评估，取得了一定成效。现将工作情况呈上，请予审阅。

附件：一、国家级陶瓷产业基地金融风险监测评估办法
　　　二、开辟基层央行履行维稳职责新途径

二〇一〇年十一月二十三日

附件一：

国家级陶瓷产业基地金融风险监测评估办法

第一章 总则

第一条 为加强货币信贷政策的指导，积极探索辖区陶瓷产业金融风险监测评估新途径，引导金融机构在加大陶瓷产业信贷支持的同时把握好信贷投放的节奏、进度和结构，防范化解和妥善处置行业性金融风险，有效促进产融结合，提高货币政策传导效能，根据《中华人民共和国中国人民银行法》、《中华人民共和国商业银行法》等法律法规，制定本办法。

本办法的制定坚持规范性、灵敏性、系统性、可操作性、时效性原则。

第二章 监测评估的主体和对象

第二条 人民银行某县级市支行是本办法中监测评估的主体。

第三条 监测评估的对象是某县级市辖内银行业金融机构，包括在高安开展业务的异地金融机构，重点监测法人金融机构。

第三章 监测范围和重点

第四条 监测范围包括某县级市陶瓷生产和配套企业的生产经营和信贷总量变化情况，重点监测与银行有业务往来的前20名信贷大户，有无不符合国家产业政策和环评以及排放标准的信贷项目，有无不良贷款、贷款展期、欠息、信贷集中、贷长、贷大、存贷款期限严重错配等现象。

第四章 监测评估的内容

第五条 监测评估指标体系的确立

〈1〉金融风险监测评估指标体系。金融机构风险监测指标体系主要由6类一级指标和20个二级指标构成。一级指标包括：1. 资本风险指标，主要由3个二级指标构成：核心资本充足率、资本充足率和可用资本资产比例；2. 安全性风险指标，包括4个二级指标：不良贷款率、最大单一客户贷款比例、最大十户贷款比例和陶瓷业贷款展期率；3.流动性风险指标，包括5个二级指标：超额准备金率、资产流动性比例、存贷款比例、上存资金比例和存贷款期限结构匹配比例；4.经营性风险指标，包括3个二级指标：贷款收息率、资产利润率和资产费用率；5.抗风险能力指标，包括2个二级指标：拨备覆盖率和贷款损失准备充足率；6.突发事件指标，包括3个二级指标：机构发生挤兑挤提、恶性金融诈骗和大额信贷资产损失。

〈2〉经济运行和陶瓷企业风险监测指标体系。该指标体系主要为外延性产业运行风险提供监测依据，主要由经济运行指标和陶瓷企业主要指标构成，经济运行指标由4类一级指标和12个二级指标构成。4类一级指标包括：经济发展水平、陶瓷产业投入与产出、投资环境、金融生态环境。12个二级指标包括：全市GDP、规模以上工业增加值、财政收入、物价指数；陶瓷产业总投资额、实际投资额、亩均土地投资额、达产达标率，投入产出率、百元贷款产出率、能耗水平、节能减排。陶瓷企业主要监测指标：项目总投资、产能达标、产量、产值、销售收入、产成品库存、产销率、应收帐款增减额、资产利润率、偿债能力、贷款和融资总量、企业主要负责人品德、消费行为以及诚信度。

〈3〉金融风险监测数据计算程序。首先确定各指标的标准数值。核心资本充足率≥4%、资本充足率≥8%、不良贷款率≤5%、贷存比≤75%、流动性比例≥25%、单一客户授信集中度≤15%、最大十户客户贷款占比≤50%、可用拨备覆盖率≥100%、贷款损失准备充足率≥100%等。其次确定各指标的权数。根据金融监测指标与各类风险的关联程度，估算出每个指标在监测系统中的权重。然后计算各指标的个体指数，运用已确定的各指标权数，对个体指数进行加权平均，即得金融风险综合指数。最后根据金融风险综合指数大小，确定金融风险的大小。

〈4〉综合评价。在上述监测分析基础上，结合经济运行监测指标，进行横向或纵向的比较，对某类变化异常指标进行单独评价，最后对整个行业风险现状进行总体评价，同时对风险发展趋势进行分析判断，有效揭示不同层面的风险薄弱环节。

第五章　监测分析

第六条　监测分析报告构架及重点。银行业金融机构定期报送风险监测分析表（见附件1）。人民银行根据监测指标变动趋势，对金融机构陶瓷产业信贷风险状况实行按季监测，对未来陶瓷产业金融风险变化的可能因素进行跟踪关注，及时发出不利变化的预警信号，以制定抑制行业性金融风险的可行方案，防止金融风险的发生和恶化。监测分析报告，要客观评价金融机构的经营状况和陶瓷行业风险程度，并做好资料档案管理工作。监测分析报告的内容应包括：监测指标总体情况说明、关键指标变动趋势分析、风险状况总体判断和评价、对策建议四个部分。重点关注以下风险：全市投资环境、企业生产形势、金融生态环境变化对金融机构资产质量、资产流动性的影响，尤其是整个陶瓷行业贷款的景气状况对金融机构后续经营的影响。关注陶瓷行业信贷增长、信贷投向的新特点，以及信贷投放的速度、节奏、投向重点，全面评估辖区内经济环境变化和行业结构调整对金融机构经营状况的影响。关注抵押不能变现、质押权不能实现、担保无效，不良贷款增长，信贷集中度加大，存贷款期限结构错配。人民银行将监测分析报告及时发送给相关金融机构，必要时抄送其上级机构、同级银行监管部门和地方政府。

第六章　风险预警

第七条　预警的条件：当金融机构监测指标中流动性、安全性和经营性等三类指标各出现一项以上指标连续两季度超出临界值，且呈逐渐恶化趋势时，对其发出"黄色预警通知书"（附件5）。当金融机构监测指标中资本风险、抗风险能力、突发事件指标各出现一项以上指标连续两季度超出临界值，且呈逐渐恶化趋势时，对其发出"红色预警通知书"（附件6）。

第八条　约见谈话制度。对金融机构发出预警通知书前，人民银行应对该金融机构主要负责人发出"约见谈话通知书"（附件2），约见谈话要提示该机构的风险情况，了解其风险成因及应对措施，提出人民银行的指导意见，并建立约见谈话记录档案。

第七章　风险处置

第九条　制定风险处置预案。人民银行针对金融机构风险成因、状况制定可能引发风险的处置预案。出现一般性风险将会同银监部门督促金融机构实施自救，组织融通资金，清收不良贷款，控制发放新贷款；出现突发性金融风险，在金融机构自我救助无法化解时，按照规定程序和权限，采取向人民银行申请紧急救助再贷款或动用法定存款准备金等办法。

第十条 启动金融稳定协调机制。被预警的金融机构整改效果不明显，造成风险进一步加剧的，人民银行要启动金融稳定协调机制，牵头召开由政府金融办、银监办、金融机构参加的联席会议，必要时提请政府成立"金融风险处置领导小组"，合力化解金融风险。

第十一条 现场检查。人民银行发出预警的金融机构，可对其进行现场检查。

第十二条 建立风险化解督导责任制。人民银行要对被预警的金融机构和涉及的陶瓷企业予以重点关注，并实施分片逐户督导，落实责任制，并采取相应措施。

第八章 附则

第十三条 充分利用企业征信系统，建立风险控制的信息共享平台。发挥征信系统在帮助金融机构准确识别借款人身份、判断借款人信用状况、有效防范信贷风险方面的作用，实现金融机构之间的信息共享，规避信贷风险。可将全市陶瓷企业的信用信息集中监测，适时发布有关信息，降低风险防范成本。

第十四条 金融机构要按照国家统计法规和金融法规如实报送指标数据，一旦发现金融机构弄虚作假，擅自修改会计、统计报表等行为，将被视作隐瞒风险，将依法、依规严肃追究相关金融机构主要负责人的责任。人民银行要严格执行保密规定，对相关监测数据、分析报告等涉密内容，不得对外公开。

第十五条 本办法由人行某县级市支行负责解释和修改。

第十六条 本办法自下发之日起执行。

附件：1. 银行业金融机构风险监测分析表

2. 全市经济运行主要监测指标分析表

3. 20户重点陶瓷企业景气分析表

4. 金融机构主要负责人约见谈话通知书

5. 金融风险黄色预警通知书

6. 金融风险红色预警通知书

附件:

1. 银行业金融机构风险监测评估指标分析表

被监测金融机构名称: 单位: 万元、%

一级指标	二级指标	上季度	本季度
资本风险指标	核心资本充足率		
	资本充足率		
安全风险指标	不良贷款率		
	最大单一客户贷款比例		
	最大十户贷款比例		
	陶瓷业贷款展期率		
流动性风险指标	超额准备金率		
	资产流动性比例		
	存贷款比例		
	上存资金比例		
经营性风险指标	贷款收息率		
	资产利润率		
	资产费用率		
抗风险能力指标	拨备覆盖率		
	贷款损失准备充足率		
突发事件指标	机构发生挤兑挤提		
	恶性金融诈骗		
	大额信贷资产损失		

制表人: 审核人:

附件：

2. 某县级市经济运行主要监测指标分析表

填报单位：   单位：万元

一级指标	二级指标	上季度	本季度
经济 发展 水平	全市GDP		
	规模以上工业增加值		
	财政收入		
	物价指数		
陶瓷 产业 投入 与 产出	陶瓷产业总投资额		
	实际投资额		
	亩均土地投资额		
	达产达标率		
投资 环境	投入产出率 投入投入产出率 产出率		
	百元贷款产出率		
	能耗水平		
	节能减排		
金融 生态 环境	金融信用企业占企业比重		
	信用乡镇占比		
	信用农户占比		
	审结胜诉金融案件执行率		

制表人：   审核人：

附件：

3.20户重点陶瓷企业景气分析表

企业名称：   单位：万元

指标名称	本季金额	比上季增减	备　注
货币资金			
应收账款			
存货净额			
固定资产净值			
资产总计			
借款总额			
其中银行借款			
应付帐款			
负债合计			
所有者权益合计			
销售收入			
销售成本			
利润总额			
流动负债比例			
资产利润率			

制表人：   审核人：

附件：

4. 中国人民银行某县级市支行

金融机构主要负责人约见谈话通知书

20XX年第X号

XX金融机构：

根据陶瓷产业金融风险监测工作需要，兹定于20XX年X月X日X时X分，在人民银行某县级市支行办公楼三楼会议室，我行约见你单位主要负责人，就陶瓷产业金融风险及主要经营指标运行情况进行谈话，请准时赴约会谈。如有特殊情况不能参加，请书面说明。

特此通知。

（签章）

20XX年X月X日

附件：

5. 中国人民银行某县级市支行

金融风险黄色预警通知书

20XX年第X号

XX金融机构：

1.提示内容

我行根据根据近期全市经济金融形势变化情况，以及对你行有关经营指标的监测分析，发现你行流动性（或安全性和经营性）指标出现连续两季度超出临界值，且呈现逐渐恶化的趋势。

2.整改建议

根据国家宏观政策和货币信贷政策有关要求，鉴于你行出现的上述情况，请你行密切关注流动性（或安全性和经营性）指标运行情况和营运资金趋向，采取有效措施，切实做好有关风险防范工作。

（签章）

20XX年X月X日

附件：

6. 中国人民银行某县级市支行

金融风险红色预警通知书

20XX年第X号

XX金融机构：

1.提示内容

我行根据根据近期全市经济金融形势变化情况，以及对你行有关经营指标的监测分析，发现你行抗风险能力（或资本风险和突发事件）指标出现连续两季度超出临界值，且呈现逐渐恶化的趋势。

2.整改建议

根据国家宏观政策和货币信贷政策有关要求，鉴于你行出现的上述情况，请你行务必引起高度重视，密切关注抗风险能力（或资本风险和突发事件）指标运行情况和营运资金趋向，尽快遏制风险苗头，提高抗风险能力，采取有效措施，切实做好有关风险防范工作，

（签章）

20XX年X月X日

附件二：

开辟基层央行履行维稳职责新途径

近年来，人行某县级市支行结合地方经济特点，积极探索重点产业金融风险监测评估的手段和方法，建立起一套较为完善的重点产业风险监测评估体系。通过创新监测分析手段、及时反映产业风险状况，构筑风险处置平台，有力推动了金融风险监测评估工作的日常化、制度化、规范化。为上级行、地方党政领导提供了有效的决策参考，维护了辖区金融稳定，促进了地方重点产业稳健发展。

一、工作创立背景

江西省某县级市建筑陶瓷产业基地，2007年始建，目前已承接陶瓷企业88家，合同引进资金170.4亿元，产能占全国的四分之一，成为中国建筑陶瓷五大主产区之一。随着建陶航母新中源、新明珠陶瓷集团等企业61条生产线的相继投产，基地板块经济正迅速崛起，产业集群效应逐步显现。经济发展的产业化，推动了区域金融投入的超常化，近两年，某县级市金融业各项贷款以每年净增20亿元的速度增长，陶瓷产业金融风险防范问题已引起业内人士的高度关注。因此，建立重点产业金融风险监测评估体系，强化风险处置手段，防止行业性风险引发为系统性金融风险，是一项紧迫而艰巨的任务。近年来，人行某市支行积极推进风险监测与评估体系建设，借鉴金融稳定评估方法，结合当地产业特点，不断研究探索，初步构建了涵盖辖内金融机构、陶瓷行业的风险监测评估体系。

二、确立风险监测指标体系

（一）确定金融风险监测评估指标体系。金融机构风险监测指标体系主要由6类一级指标和20个二级指标构成。一级指标包括：1. 资本风险指标，主要由3个二级指标构成：核心资本充足率、资本充足率和可用资本资产比例；2. 安全性风险指标，包括4个二级指标：不良贷款率、最大单一客户贷款比例、最大十户贷款比例和陶瓷业贷款展期率；3.流动性风险指标，包括5个二级指标：超额准备金率、资产流动性比例、存贷款比例、上存资金比例和存贷款期限结构匹配比例；4.经营性风险指标，包括3个二级指标：贷款收息率、资产利润率和资产费用率；5.抗风险能力指标，包括2个二级指标：拨备覆盖率和贷款损失准备充足率；6.突发事件指标，包括3个二级指标：机构发生挤兑挤提、恶性金融诈骗和大额信贷资产损失。

（二）经济运行和陶瓷企业风险监测指标体系。该指标体系主要为外延性产业运行风险提供监测依据，主要由经济运行指标和陶瓷企业主要指标构成，经济运行指标由4类一级指标和12个二级指标构成。4类一级指标包括：经济发展水平、陶瓷产业投入与产出、投资环境、金融生态环境。12个二级指标包括：全市GDP、规模以上工业增加值、财政收入、物价指数；陶瓷产业总投资额、实际投资额、亩均土地投资额、达产达标率，投入产出率、百元贷款产出率、能耗水平、节能减排。陶瓷企业主要监测指标：项目总投资、产能达标、产量、产值、销售收入、产成品库存、产销率、应收帐款增减额、资产利润率、偿债能力、贷款和融资总量、企业主要负责人品德、消费行为以及诚信度。

（三）金融风险监测数据计算程序。首先确定各指标的标准值。核心资本充足率≥4%、资本充足率≥8%、不良贷款率≤5%、贷存比≤75%、流动性比例≥25%、单一客户授信集中度≤15%、最大十户客户贷款占比≤50%、可用拨备覆盖率≥100%、贷款损失准备充足率≥100%等。其次确定各指标的权数，根据金融监测指标与各类风险的关联程度，估算出每个指标在监测系统中的权重。然后计算各指标的个体指数，运用已确定的各指标权数，对个体指数进行加权平均，即得金融风险综合指数。最后根据金融风险综合指数大小，确定金融风险的大小。

（四）综合评价。重点关注全市投资环境、企业生产形势、金融生态环境变化对金融机构资产质量、资产流动性的影响，尤其是整个陶瓷行业贷款的景气状况对金融机构后续经营的影响。关注陶瓷行业信贷增长和投向的新特点，以及信贷投放的速度、节奏、重点，全面评估辖区内经济环境变化和行业结构调整对金融机构经营状况的影响。在上述监测分析基础上，对行业风险现状进行总体评价，对风险发展趋势进行分析判断。

三、主要监测手段

（一）建立监测报表定期报送和考核制度。组织召开金融机构和重点陶瓷企业负责人会议，并与金融办联合下发《关于报送陶瓷产业风险监测报表的通知》，严格按照要求及时、准确、完整地报送相关数据资料，年底进行考核通报。目前，该监测系统已涵盖辖内所有金融机构及20家重点陶瓷企业。对全市陶瓷产业信贷风险状况实行按季监测，形成分析报告，客观评价金融机构和陶瓷行业风险程度。监测分析报告的内容包括：监测指标总体情况说明、关键指标变动趋势分析、风险状况总体评判、对策建议四个部分。

（二）建立约见谈话和风险提示制度。人民银行针对偏离监测标准值的金融机构和企业，及时采取召开相关会议、通报情况等风险预警措施外，同时通报监管机构。对严重背离监测指标、出现风险苗头的金融机构，对其主要负责人进行约见谈话，发出风险提示通知书等形式，严防信贷集中、贷大贷长和和严重存贷款期限错配等现象发生。

（三）强化风险处置组织程序。我们提请政府由市金融办牵头成立金融稳定协调工作委员会，定期召开金融稳定工作会议，根据重点产业风险监测分析报告，研究论证风险性质，确定风险处置措施。必要时商请市政府有关部门和金融监管部门参加论证。对于有可能引发系统性、行业性风险的，采取以下紧急措施：一是及时上报有关主管部门和地方党政主要领导。并在市政府统一领导下，积极参与风险处置工作。二是组织专班进行现场检查，提出整改意见。三是督促风险机构尽可能筹集资金进行自救，同时建议监管部门组织协调行业救助。四是根据需要，人民银行按规定审批动用存款准备金，或提供再贷款进行紧急救助。

（四）注重外源性经济活动的监测。一是建立20户居民、20陶瓷企业民间借贷监测点，监测企业民间资金的融入规模及偿债能力等融资风险。分析报告《民间资金过度流向国家限制行业应予重视》，揭示该市大量高息民间融资涌向"三高一低"的陶瓷、化工等企业，并引发系列社会问题，极容暴发群体性民间集资风险，进而引发系统性金融风险。文章被上级行主要领导签批，武汉分行《专报信息》采用并上报总行。二是建立政府融资平台类贷款风险监测制度。制定《地方融资平台类贷款监测月报表》，密切关注贷款银行、贷款用途、抵押方式、还款来源，及时提醒政府要举债有度，用债有方、还债有源。三是建立全市经济运行主要监测指标，包括4个一级指标和16个二级指标，对盲目投资、严重浪费资源、高污染、高能耗和产能过剩、低水平重复建设的企业和项目及时向政府反馈并作出风险提示。

（五）典型调查与现场检查相结合。一是针对产业苗头性风险，开展了《对某市承接陶瓷产业转移的调查与金融思考》、《某市政府融资平台建设与风险防范对策》、《某市信贷高速增长下的风险防范》等前瞻性分析调研。二是针对金融机构风险薄弱环节，进行新增不良贷款、存款准备金管理、征信管理、统计执法等专项检查。三是对检查中发现的金融机构严重存贷款期限错配、十大客户贷款集中度超比例，资本充足率不足等问题分别进行了风险提示或经济处罚。

四、取得成效

该行通过"人民银行牵头、市金融办推动、金融机构联动、企业及主管部门合作"等方式，整合金融系统和社会资源，搭建了金融风险监测评估支撑平台，形成了一套规范有序的工作新机制，开辟了一条基层央行做好金融稳定工作的新途径。金融风险监测评估工作的有效开展，得到了上级行、地方政府、金融机构、和社会各界的认可和好评。

（一）通过监测信息反馈，为政府提供有价值的决策参考，提升了基层央行在政府工作中的话语权。我们在进行监测信息反馈的同时注重加强产业政策和发展方向的引导。在监测报告中提请政府"及时调整产业结构和发展方式，提高建陶项目准入的环保门槛，建设生态型、集约型基地、加强金融生态建设"等意见得到政府主要领导的认同和采纳，从而确立了"控制性扩张、结构性提质、有序性开发"的产业发展思路，决定停止引进常规性陶瓷企业，重点引进环保型、品牌型、个性化和外资型企业和项目。还转发了支行呈报的《关于进一步优化金融生态环境促进全市经济健康发展的指导意见》、《金融支持陶瓷业发展的指导意见》等文件。出台了支行参与起草的《某县级市陶瓷企业环境保护管理暂行规定》。进行的调查《对某县级市承接陶瓷产业转移的调查与金融思考》，对影响该市陶瓷业发展的主要问题和风险因素进行了深刻剖析，并提出了对策方略。文中提到的"基地基础设施高投入与引资企业投资强度不匹配、资本加速扩张与配套资源供给不匹配，产业链低端化与可持续发展目标不不匹配"等问题引起某地级市委书记的重视，并作重要批示。

（二）通过监测评估工作的延伸，增强了规避风险的前瞻性，提升了基层央行监管权威和履职效能。通过加强金融突发事件管理、及时进行风险提示、约见谈话等监测评估工作的延伸，促进了监测评估工作成果有效利用和转化，提升了基层央行履职效能。今年，我们通过监测发现，某金融机构一季度末活期存款增加3亿多元，定期存款约有下降，而中长期贷款却增加3亿多元，存贷款期限严重错配。我们及时对该机构进行风险提示，但未能引起该机构的重视，反而为掩盖问题，把增加的中长期贷款人为调整为短期贷款，我们就通过执法检查，对其进行了经济处罚，并责令限期整改，最终取得良好效果。我们还对部分金融机构存在的贷款过于集中，十大客户贷款超比例，资本充足率不足等问题分别进行了风险提示或查处，有力树立了基层央行监管权威。

（三）有效的监测评估工作，赢得企业及主管部门一致好评，开辟了一条基层央行做好金融稳定工作的新途径。企业积极配合人民银行做好监测报表的报送工作，企业新上项目的可行性报告，主动征求人民银行意见，帮助分析风险环节。政府及企业主管部门也经常向人民银行进行政策咨询、索取监测分析报告、邀请参加决策会议、参加有关文件的起草和修订。高安支行的实践证明，基层央行在维护辖区金融稳定、为地方经济发展保驾护航中大有可为。

专栏报道：某县级市积极探索陶瓷产业金融风险监测评估机制

陶瓷产业是某县级市的传统支柱产业，在经历二十余年持续发展后，目前正处于产业调整、产品升级的发展阶段。为了防范因产业承接、转移和升级而引发的信贷风险，2010年人行某市支行针对辖区陶瓷产业较为集中的状况，尝试开展陶瓷产业金融风险监测评估工作，通过构建区域经济运行和陶瓷行业经营指标体系、区域金融发展风险指标体系、区域银行业机构风险指标体系和区域金融生态环境监测评估指标等多层次的风险监测体系，探索出助推产业稳健发展的金融风险监测评估新途径，并取得了较好的成效。

一是强化了地方政府防范产业风险的意识。在开展陶瓷产业金融风险监测工作中，提出"及时调整产业结构和发展方式，提高陶瓷企业准入的环保门槛，建设生态型、集约型基地、加强金融生态建设"等4条意见，促进了陶瓷企业健康发展，受到地方政府主要领导的高度认同和肯定。政府及企业主管部门经常向人民银行进行政策咨询、索取监测分析报告。

二是增强了基层央行金融维稳履职能力。通过定期季度分析和不定期现场调查，整合金融系统和社会资源，加强金融风险动态监测和金融突发事件应急管理，从而搭建了金融风险监测评估支撑平台。及时采取了2次监测情况通报、3次约见金融机构高管人员谈话、5次进驻陶瓷企业调查等形式进行风险提示，促进了监测评估工作成果有效利用和转化，增强了基层央行金融维稳的履职能力。

三是拓宽了基层央行金融维稳渠道。陶瓷产业金融风险监测评估机制的建立和实施，改变了以往专注于对金融机构风险监测的模式。通过将监测触角延伸到产业和重点企业，从产业发展前景、企业经营状况、贷款偿还能力等方面，对存在的金融风险进行全方位的前瞻性监测，较好的预警了因产业危机引发的金融风险，在实践中探索出一条金融风险监测新路子。如，通过监测，发现某市三星陶瓷企业因应收货款及产品积压严重，银行借款、民间借款负债过多，造成资产负债率、抗风险能力等监测指标超过红色警戒线，人行某市支行及时启动预警机制，并通报相关部门。在政、银、企联合协助下，该企业终于不仅渡过了难关，还按期归还了600万元的银行贷款及其他债务，现在该企业生产经营已步入稳健发展阶段。

某县级市金融支持精准扶贫工作实施办法

为认真落实市委、市政府《关于全力打好精准扶贫攻坚战的实施方案》（高发〔2016〕8号）和中国人民银行南昌中心支行、江西省发改委、江西省财政厅、江西省人民政府金融办公室、江西省扶贫和移民办公室、江西省银监局、江西省证监局、江西省保监局《江西省金融扶贫工作规划》（南银发〔2016〕45号）文件精神，加大金融扶贫的信贷支持力度，制定本实施办法。

一、明确目标责任

1. 实行责任银行金融扶贫分片包干责任制，确保实现"三个覆盖"：即：一是责任银行对接乡镇、街道、场、库、区全覆盖，农业银行负责7个乡镇：石脑镇、杨圩镇、灰埠镇、相城镇、新街镇、八景镇、独城镇；农商银行负责14个乡镇（街道、场、库、区）：大城镇、瑞州街办、上湖乡、太阳镇、汪家圩乡、祥符镇、村前镇、华林山镇、田南镇、相城垦殖场、大城开发区、矿山水库、上游水库、园艺场；邮政银行负责7个乡镇（街道）：筠阳街办、黄沙岗镇、蓝坊镇、荷岭镇、龙潭镇、伍桥镇、建山镇；二是建档立卡贫困户信贷需求调查全覆盖；三是符合贷款条件的建档立卡贫困户贷款投放全覆盖。

2. 做到三个"精准"：一是精准识别有脱贫意愿、有脱贫能力、有信用意识的贫困户；二是采取"一行一策"、"一村一品"、"一户一档"等措施精准对接；三是信贷扶贫责任落实到网点、到岗、到人，做到精准管理。

3. 创建"金融精准扶贫示范区"，实现"扶贫对象精准、扶贫路径精准、扶贫项目精准、贷款发放精准、贷款用途精准、风险防控精准"工作目标。

二、建立联动机制

市扶贫办、乡镇和责任银行要不断完善扶贫信息动态管理机制，建立精准扶贫数据信息平台，真实反映扶贫工作进展情况，实现扶贫信息互联互通。建立金融扶贫工作联席会议制度，联席会议成员单位由市人民银行、市金融办、民政局（扶贫办）、发改委、财政局、银监办、农业局、畜牧水产局、林业局、人社局、农业银行、农商银行、邮政银行和农业发展银行组成，联席会议的主要职责是：及时通报阶段性扶贫工作开展情况，会商解决工作中存在的问题和困难，协调推进扶贫政策落实、责任监督等工作。

三、强化协调配合

1. 设立扶贫贷款担保基金。发挥各类扶贫资金的联动效应，市财政整合资金3700万元，拨入市扶贫产业发展有限公司账上，建立担保基金。根据农业银行、农商银行和邮政银行落实扶贫任务的具体情况，采取预拨或分期到位的方式划入各商业银行扶贫贷款担保基金专用账户，各银行要按照1:8的比例提供扶贫贷款，用于支持解决所包干乡镇建档立卡贫困户发展产业或者就业创业的资金需求。

2. 建立扶贫贷款风险补偿金制度。制定《扶贫贷款风险补偿金管理办法》，设立贷款风险补偿金500万元，按照责任分工，合理确定贷款风险补偿金分摊比例，贷款风险补偿金分摊比例按2:8由市扶贫产业发展有限公司和各责任银行承担。

3. 建立扶贫小额信用贷款贴息制度。针对建档立卡贫困户，以小额信用贷款支持发展生产和经营为目的，以扶贫贷款贴息为杠杆，为符合条件的建档立卡贫困户提供5万元以下、3年期以内的小额信用贷款。《扶贫小额信用贷款贴息管理办法》另行制定，如上级政府有文件规定，以上级政府为准。

四、资金精准投入

各责任银行要按照市委、市政府及扶贫开发领导小组的工作部署，认真对接好十大扶贫职能部门，将资金精准投入到扶贫领域。

1. 精准投入到光伏产业。各责任银行要主动与帮扶乡镇对接，按照该乡镇建档立卡贫困户总数的80％和每户不少于4万元的标准提供贷款额度，用于支持乡镇发展光伏产业，具体操作办法由各银行与参与光伏扶贫项目的投资商和项目所在乡镇商定。

2. 精准投入到种、养、加产业。各乡镇、街道、场、库、区负责收集、梳理好贫困户的脱贫需求，分门别类做好登记，统计好产业规模，制定好实施规划和年度计划。各责任银行要主动与乡镇对接，按照项目规划和计划，及时向符合贷款条件的建档立卡贫困户或农民专业合作社按每户3-5万元的标准发放产业扶贫贷款。要进一步完善和支持市农商银行与市兴旺农业合作社等龙头专业合作社"银社合作精准扶贫"模式，并作为示范逐步推广。

3. 精准投入到吸纳建档立卡贫困人口就业的企业。各乡镇要统计好本乡镇有劳动能力和就业意愿的建档立卡贫困户的劳动力状况，帮助寻找或者妥善安置就业岗位。鼓励本地企业优先吸收建档立卡贫困户就业，并统计好本地企业吸纳贫困人口就业情况，主动与帮扶银行对接，按照"每吸纳1人、提供5-10万元优惠贷款"的政策要求，支持吸纳企业做大做强。

五、工作要求

1. 提高认识。各责任银行要始终牢记金融扶贫是各商业银行应尽的社会责任，相关部门和乡镇街道、场、库、区要充分认识产业扶贫、就业扶贫对贫困群众稳定增收的重大意义，始终保持"主动作为、密切联动"的作风。

2. 精心部署。各单位要按照职责分工，科学制定工作规划和年度计划及资金需求，按照"项目化、时间表、责任人、"的工作要求，各乡镇要将资金需求计划于每年4月20日前上报市扶贫办和相关责任银行进行审核审批，并于当年6月30日前组织实施。

3. 全力推进。各乡镇要尽快统计贫困户产业就业需求，主动与责任银行和相关部门对接；责任银行要按照任务分工，迅速发放扶贫贷款；相关单位要切实做好服务保障工作，按照时间节点有序展开各项工作，力争到2017年底实现"户户都有1人就业、家家都有1项产业"的目标，同时确保贷款"放得出、用得好、收得回"。

4 强化考核。扶贫开发领导小组将金融扶贫工作列入年度脱贫攻坚考核重要内容，按照区分责任的原则对各单位进行量化打分，对工作扎实，成效显著的给予适当奖励；对推诿扯皮、工作不力、考核不合格的市管单位主要领导严肃问责，条管单位将上报宜春扶贫开发领导小组和其上级主管单位。

2017年3月28日

高安市人民政府文件

高府发文〔2013〕97号　　　　签发人：xxx

关于申报江西省农村金融创新示范县的请示

江西省农村金融产品和服务方式创新工作办公室：

根据《江西省农村金融创新示范县（市）评选工作实施方案》（南银发〔2013〕145号）工作安排，结合本市实际情况，现特向贵办申请推荐我市申报江西省农村金融创新示范县市。

特此请示，望推荐为盼。

附件：高安市申报江西省农村金融创新示范县基本情况

高安市人民政府

2013年9月6日

高安市人民政府办公室　　　　2013年9月6日印发

附件

xx市申报江西省农村金融创新示范县基本情况

2009年以来，全市金融机构围绕"三农"发展需求，积极开展农村金融产品和服务方式创新，优化业务流程、丰富产品种类、提高服务效率，推动了农村金融创新工作深入开展。政府积极支持、部门主动联动，在建立健全工作机制，创优外部环境，提升内生金融创新动力和活力等方面取得较好成效，满足了农村多元化、多层次、宽领域的需求。对照申报条件和要求，我们认为某县级市符合申报的优先考虑条件和必备基础条件。

一、某县级市经济金融基础条件、自身特色和比较优势

某县级市位于江西省中部、距南昌仅42公理。杭南长高铁在该市设站，赣粤高速在该市设有入口，320国道由东向西贯穿境内50多公里。全市总人口90万，面积2439平方公里。2012年国民生产总值157.8亿元，其中农业增加值28.75亿元。固定资产投资额130亿元，财政收入21.5亿元，农民人均纯收入8875元。金融机构各项存款余额225.9亿元，各项贷款余额107.5亿元，其中涉农贷款79.6亿元。近两年，各项贷款以年均20亿元的增速始终排在宜春各县市的前列，今年1-8个月各项贷款净增22.44亿元，排名第一。

该市拥有多个全国级名片：是全国建筑陶瓷五大主产区之一，全国汽车货运第一大县市，全国第一批商品粮基地县，全国无公害蔬菜生产基地，全国农田水利先进单位，连续第七年被评为全国粮食生产先进县，粮食生产实现"九连增"，2012年粮食总产量14.5亿斤，排全省前五名。今年夏粮喜获丰收，产量达6亿斤，收购量3.64亿斤，占宜春全辖四分之一，收购资金4.8亿元，排全省前五名。

该市拥有多个省级名片：是鄱阳湖生态经济区现代服务业先导示范区，2010年被确定为全省统筹城乡发展综合配套改革试点县、全省现代农业示范区、2013年确定为全省可持续发展试点县。2012年工业用电量达到26.8亿度，列全省县市区第一。上湖蔬菜标准示范园为省级示范园，年蔬菜产量28.27万吨。连续多年被评为"全省畜牧业十强县"，黄牛生产全省第一，2012年114个养牛小区出栏肉牛14万头，八千多

个养猪厂出栏生猪226万头。全市拥有国家级农业产业化龙头企业一个，省级7个，市级21个。其中国家级农业产业化龙头企业，江西省维尔宝食品生物有限公司"维宝"牌，省级龙头企业大观楼集团的"大观楼"牌等五件商标获中国驰名商标，全市经注册的粮食加工厂134家，注册的农民专业合作社294个，从业人员2.6万人，其中市益农果业专业合作社荣获"全国农民专业合作社示范社"称号。

该市拥有多个农业大项目。涉农企业直接融资成效显著，培育后备上市企业成效显著：促成大观楼集团与北京二商集团（国企、产品专供中央国家机关）全面合作，投资5亿元生产加工腐竹、蔬菜等食品。与浙江海亮集团全面合作，投资20亿元开发高安富硒有机农业。此外，江西绿叶高效经济作物示范园，江西九州低碳农业示范园，灰埠鸡公岭富硒农业示范园等项目直接融资总额达5亿元，正向省级示范园迈进。3户后备上市企业经过近3年的培育、储备，取得实际进展，其中农业企业正邦化工有限公司有望今年成功上市。

二、2009年以来开展农村金融产品和服务方式创新工作进展情况及工作成效

（一）农村金融创新工作基础扎实，发展态势良好。县域经济金融发展态势良好，金融体系较为健全。现有银行业金融机构12家、营业网点88个，保险业19家，证券业1家，担保机构6家，小贷公司5家，金融市场日趋活跃，服务品种快速增长，银行卡发放和电子结算机具的布放年平均增幅分别达到16%和13.6%；市政府对农村金融工作高度重视，出台多个涉农金融领域的配套政策制度和财税激励措施，如成立"农经信用担保中心"等3家政策性担保机构、对贷款风险进行补偿、对涉农贷款增量、担保机构进行奖励、对农村信用社财税方面进行返还、补贴、减免等，对小额担保贷款进行贴息、对农业保险进行鼓励等支持农村金融发展的奖补机制，政府下发了《金融机构支持地方经济发展信贷奖励办法》，近两年，共发放金融机构信贷投放奖励170余万元；当地金融生态环境良好，政府下大力气帮助农村信用社清收不良贷款1.2亿元，辖内无恶意逃废银行债务、非法集资、非法证券、非法期货以及金融领域重大违法、违规情况发生；在创新农村金融新产品、扶持新型农村经营组织建设、盘活农村资源要素等领域取得较好成绩。

（二）开展农村金融创新工作成效显著。近几年，全市积极开展农村金融产品

和服务方式创新，建立健全工作领导机制，各部门协调配合、形成合力。出台十余项涉农金融专项工作意见、制度办法。涉农信贷投放力度不断加大，涉农贷款、保费收入增速高于全部贷款或保费收入平均增速，占比稳步提高。农村支付结算电子化建设发展良好，农业政策性保险与农村小额人身保险开展较好，农村金融创新风险可控。在农户信用和联保贷款、信用共同体贷款、农民专业合作社贷款、扩大家庭农场贷款抵押担保范围等领域推出具有典型的、可复制、易推广的、适合"三农"需求特点的金融创新产品和服务方式30多个，有一定的示范借鉴意义。其中最有影响、最具地方特色的主要有五个：

一是"肉牛产业信用担保模式和风险分散机制"。该模式中最有价值的创新点是创立了肉牛贷款管理模式，规范了操作流程，理顺了肉牛产业不同风险的承载主体。使信贷风险由农信社和担保机构承担、意外损失风险由保险公司承担，养殖市场风险由专业合作社社员共同承担，配套服务风险由政府职能部门承担。从而探索出一条农村金融产品创新与地方特色产业相结合、信贷政策与财政政策互动融合做强做大地方特色产业的成功路子。被人行南昌中支评为全省农村金融产品创新项目一等奖（南银发2010年265号），在全省推广。

二是"汽运产业链全程覆盖式融资模式"。其创新点在于找准了产业链各环节的信贷切入点，量身定做多种组合式融资品种，这些融资品种具有抵押门槛低、手续便捷、适应性强等特点，特别是满足了缺抵押、少担保客户的信贷需求，形成覆盖全产业链的融资服务体系。较好地破除了信贷体制障碍，打通了汽运产业融资瓶颈，使汽车信贷不因信贷权限上收、规模偏紧而削弱，不因贷款保证保险的退出而停滞不前。促成该市汽运产业由货运大市向汽运强市转变，出现了"十万大军搞运输、车轮滚滚奔小康"的壮观场面。《金融时报》2011年11月14日推介。

三是对接上湖省级蔬菜标准示范园，创新推出"合作社十农户十基地十信贷"、"合作社十农户十超市十信贷"信用模式。依托"全国汽车货运第一县"金字招牌的物流优势，将蔬菜产业链向大型农业基地和农产品超市延伸，统一生产、加工和质量标准，统一注册商标标识，统一营销策划，组织无公害、绿色和有机食品认证，提高农产品知名度，推动蔬菜专业合作社实现规模化、产业化、专业化发展，开通了全省首家"蔬菜网"，"秀英辣椒"等全省知名品牌打入国际市场，畅销港奥和欧洲等国。

四是对接农民专业合作社，创新推出"合作社十担保公司（保险公司）十信贷"信用方式。通过担保公司和保险公司的双重担保，构建"信贷风险由农信社和担保机构承担、意外损失风险由保险公司承担，市场风险由示范区承担，配套服务风险由政府职能部门承担"的工作机制，化解资金瓶颈。如2012年，市5家农机专业合作社，入社成员120人，注册资金161万元，每年完成机耕面积10万亩，机插面积2万亩，机收面积8万亩，年收入1000万余元。全省闻名的久洋农机合作社每年组织近百台半收割机跨省作业，年收入达700多万元。

五是对接家庭农场，创新推出"家庭农场十公司担保十信贷"、"家庭农场十农户联保、农场经营权质押"等信贷方式。信用联社对家庭农场贷款的评级、授信一次完成，贷款用途除了流动资金外，可购买农机具、农田基本建设等。此外，对水稻种植规模在500亩以上的家庭农场贷款额度放宽到200万元。引发广大农民创办家庭农场的热潮，20多户种养大户到工商部门申请注册，家庭农场成为农民增收致富的"新引擎"。目前有3户家庭农场获得信用社贷款、授信275万元。

辖内金融机构被总行或总部确定为金融产品首批试点县（市）的产品主要有：一是市农行被其总行确定为"全国200家金融创新重点推进行"之一，推出"简式快速通"等试点产品，获得独立授信单笔500万元的信贷审批权限。二是市信用联社被省信用联社确定为"仓单质押贷款、肉牛信用担保贷款"首批试点单位。三是南昌银行某市支行被其总行确定为"及时贷、林权质押贷款"信贷产品试点行之一，其中"及时贷"2011年被中小企业协会评为"国际优秀中小企业服务产品"。

（三）持续推动农村金融创新目标明确。市政府在十二五规划中，科学合理制定了农村金融发展目标规划，明确重点农村金融创新领域并加以有效推动；当地人民银行、金融办、银监、发改、农业、林业等部门能够围绕政府工作部署，出台具体政策措施，推动农村金融创新工作深入开展；金融机构能够结合实际，以担保方式、审批流程、授信机制、服务手段、贷款对象定位、贷款定价机制作为创新的切入点，改进信贷管理制度、完善审批机制、优化业务流程、丰富产品种类、提高服务效率；保险机构能够充分发挥保险保障功能，围绕"三农"保险需求，创新保险产品，改进保险服务，有效满足农村地区的保险需求。

三、未来重点创新领域及工作设想

未来重点创新领域要紧紧围绕农业发展优势，引导金融机构积极对接特色农业示范区，大型农业落地项目，培育金融支持示范体，因地制宜，创新推出适合示范区发展需求的融资模式。形成"政府搭台、部门联动、银企对接、农户响应"的工作机制，探索"产业链、资金链、物流链、信息链"互动发展的链式模式，在辖内催生"一区一品、一品多赢"的示范带动效应。

1. 对接现代农业示范区、富硒农业示范区，创新推广"农业龙头企业十保险公司十信贷"信用模式，以龙头企业浙江海亮集团作担保，引导保险公司开办"涉农贷款保证保险"新险种，破解生态有机农业开发项目融资难瓶颈，分散贷款风险，支持富硒产品的做强做大，打造有机农业品牌。

2. 对接大城低碳农业、农业科技示范区，创新推广"示范区十担保公司、保险公司十信贷"信用方式。农业科技和低碳农业示范区建设，具有高风险特征，金融部门大都不敢涉及，要通过担保和保险公司的双重担保，构建"信贷风险由农信社和担保机构承担、意外损失风险由保险公司承担，市场风险由示范区承担，配套服务风险由职能部门承担"的工作机制，其资金瓶颈就可迎刃而解。

3. 推动示范、带动、推广、辐射效应显现。通过对江西绿叶高效经济作物示范园，江西九州低碳农业示范园，富硒农业示范园等建设的金融支持，促进示范区建设提质增效，发展模式在辖内得到普及推广，并辐射到周边区域，形成"一区一品、一品多赢"的格局，带动产业优化升级，专业合作社稳健发展，农民持续增收。

4. 加大对家庭农场的支持力度。一是积极出台《金融支持家庭农场信贷指导意见》，对符合条件的家庭农场在发展特色种养业、农业产业化、标准化、土地流转、农机购置补贴等方面给予支持，农技推广项目向家庭农场倾斜，对协作银行在财税政策上给予倾斜，对营业税、所得税等优惠或减免，对协作行在乡镇布网点、安装ATM机等现代结算工具给予适当财政补贴。

综上所述，全市农村金融创新基础良好，开展农村创新工作成效显著，持续推动农村金融创新目标明确，除符合申报的必备条件外，还具备优先考虑县市中4个条件中的3个：即一是被确定为全省城乡统筹发展试验区、现代农业示范区、可持续发展试点县；二是有3家金融机构被其总行或总部确定为金融产品首批试点县（市）；

三是涉农企业直接融资成效显著和培育后备上市企业成效显著。

金融支持陶瓷产业供给侧结构性改革的指导意见

今年是十三五开局之年，也是高安陶瓷产业发展关键之年。为加大金融对我市陶瓷产业供给侧改革和稳增长、调结构、增效益的支持力度，进一步优化信贷结构，防范化解陶瓷产业风险，突破产业转型发展面临的融资难、融资贵等瓶颈，促进陶瓷产业持续健康发展，特制定本指导意见。

一、积极搭建银企对接平台，推动银企信息互联互通

（一）进一步完善政银企长效合作机制，创新对接形式、丰富对接内容。各商业银行在做好与陶企对接的同时，要切实抓好与总行规模调控对接，力争信贷规模不减；与相关部门项目对接，力争项目不漏、不拒；与货币信贷政策对接，力争用好用足。要根据陶企资金需求特点，开辟多种融资渠道，定制特色信贷产品，切实降低企业融资成本。主管部门要对有贷款需求的企业进行分类排队，及时向银行提供企业资金需求信息，力争全年商业银行新增陶瓷业贷款与融资10亿元，信用总量不低于50亿元。为确保信贷投放目标实现，建议成立陶瓷产业部门协调委员会，负责协调各职能部门共同解决银企对接中碰到的困难问题。

二、加强货币信贷政策支持，营造良好的货币金融环境

（二）为陶瓷产业稳增长、调结构、增效益创造有利条件。充分发挥货币信贷政策在引导信贷资金配置和调整信贷结构的积极作用，实现产业结构调整方向的有效对接。创新金融支持和服务方式，加强和改进对企业兼并重组、不良资产处置力度和效率，积极稳妥推进化解过剩产能和库存。指导商业银行合理确定利率水平和收费标准，降低企业融资成本。补齐产业短板，支持企业技术改造和设备更新，提高企业创新发展能力。

（三）落实差别化产业信贷政策。商业银行要根据重大技改、产业升级、结构调整项目目录，进一步完善信贷准入标准，区别对待、有扶有控，对产品有市场、效

益好的优质企业继续给予信贷支持，对有竞争力、有前景的暂时困难企业帮助渡过难关。对"三高"及环评不合格项目，不予授信；对长期亏损、失去清偿能力和市场竞争力的"僵尸企业"，或安全生产不达标且整改无望的企业及落后产能，给予压缩或退出相关贷款。

（四）加快陶瓷产业信贷产品创新。鼓励商业银行开办能效信贷、排污权抵押、碳排放权抵押贷款等绿色信贷业务，积极支持节能环保项目和服务。鼓励开发自主品牌、商标专用权等企业无形资产质押贷款业务。支持开展企业融资担保代偿补偿等业务，支持银行在有效管控风险下，落实好续贷帮扶、循环贷款等企业贷款还款方式创新，降低企业"过桥"融资成本。

（五）改进陶瓷产业信贷管理方式。对资金周转出现暂时困难但有市场竞争力的企业，在做好贷款质量监测和准确分类的同时，通过调整贷款期限、利率、还款方式等组合措施，缓解企业债务压力。推动行业主管部门进一步明确产业结构调整和转型升级方向，强化目录管理、标准管理等手段约束力，加强银行同业沟通协调，积极开展联合授信，保持对陶瓷企业的合理授信规模。

三、加大资本市场对陶瓷企业的支持力度

（六）设立陶瓷产业投资引导基金。积极运作国家中小企业发展基金和先进制造产业投资基金，发挥财政资金的放大效应，吸引社会资本积极参与。优化专项建设基金投向，支持重大技术改造工程、核心竞争力等转型升级项目。拓宽融资渠道，探索为企业创新提供股权和债权相结合的融资方式。支持符合条件的企业发行公司债券，短期融资券等方式，在银行间债券市场融资。

（七）进一步推进信贷资产证券化。符合条件的商业银行可探索开展不良资产证券化试点。加快推进应收账款证券化等企业资产证券化业务发展，通过盘活银行信贷存量来盘活陶瓷企业存量资产，从而加大对陶瓷产业的信贷支持力度。

四、推动陶瓷产业融资机制创新

（八）大力发展应收账款融资。完善应收账款质押和转让、融资租赁、存货和仓单质押等登记服务。建立应收账款交易机制，解决大企业拖欠中小微企业资金问题，推动大企业积极确认应收账款，化解陶企供应商融资难题。推动更多供应链加入

应收账款融资服务平台，确保银企双方通过应收账款融资平台成交15亿元，力争达到20亿元。

（九）积极推进产融对接融合。建议设立产业创投基金，为陶瓷产业链上企业提供资金支持。积极稳妥推进投贷联动试点，支持科技创新型陶企发展。在加大银行信贷支持的同时，要大力吸引外来资本投资本土陶企，以合资、合作、参股、并购等方式直接投资参与低效企业改制。要借鉴东部沿海银行先进信贷管理理念，加快建立产业资本与金融资本合作协调机制。

五、促进陶瓷企业兼并重组

（十）优化陶瓷企业兼并重组政策环境。出台陶企并购重组实施方案，建立并购重组陶企股份定价机制，丰富并购重组支付工具，提高陶企并购重组审核效率和透明度。鼓励陶企依托资本市场加强资源整合，调整优化资产布局，提高发展质量和效益。引导金融机构与企业自主协商、妥善解决陶企兼并重组中的金融债务重组问题，切实维护债权人合法权益。

（十一）针对一户多贷陶企，探索建立牵头行主办制度。主要贷款行定期召集各债权行，整合各行信息，互相通报涉及并购重组、涉贷出险企业及关联企业的信用状况、融资担保、联保等信息，分析研判风险状况并进行分类排队，最终对并购重组、出险企业是否追加、延缓、保持贷款额度形成共识，对"僵尸"企业的信贷退出、诉前风险保全、债务追偿等作出统一安排，形成同伙监督、风险共担、债务共处牵头行协调机制，共同维护金融资产安全。

（十二）扩宽陶企兼并重组融资渠道。完善并购企业贷款业务，适度增加并购贷款规模，合理确定贷款期限。进一步推动商业银行对兼并重组企业实行综合授信和贷款重组。允许符合条件的企业通过发行优先股、可转换债券等筹集兼并重组资金。对于暂时困难、未来现金流有合理市场预期的企业，通过债务重组等多种方式有效降低其债务负担和杠杆率。

六、切实防范化解金融风险

（十三）完善不良贷款处置的主体准入、组包项目等政策。用足用好现有核销政策，加快核销进度，做到"应核尽核"。进一步发挥金融资产管理公司在参与企业破产重组和债务处置中的作用。金融监管部门要完善风险监测制度，督促金融机构提高风险管控能力，及时处置化解风险隐患。

（十四）加强陶瓷产业信贷风险管控。要进一步完善陶瓷产业信贷风险的评估预警和动态监测制度，加强对重点企业、重点环节的风险隐患分析，综合评估行业盈利能力、抗风险能力和可能的坏账率，防止信贷过度集中、贷大、贷长和存贷期限错配，影响贷款增长的可持续性和均衡性。商业银行要进一步完善内控管理机制，加强责任约束，落实授权制度，严防操作风险。要加强对民间借贷行为的引导、管理和制度约束。对超过一定规模的民间借贷予以登记备案，接受政府的信息指引和风险管控。

七、大力推进金融生态环境建设

（十五）加大诚信宣传教育，增强公民的守信意识。按照"政府主导、人行牵头、部门配合、社会参与"的模式，出台改善信用环境的工作措施，形成部门联动机制，共同打造"信用高安"品牌。实现辖内金融秩序、银行资产良好、信用观念增强、融资成本明显降低、银行信贷和外来投资大量增加，金融生态环境改善，经济金融协调发展新格局。

（十六）开展"信用示范企业"创评活动，并实行动态管理，持续监测企业和法人信用状况，营造"诚信既是企业品牌也是竞争力"的良好氛围。充分利用政府信息发布平台和央行征信系统管理职能，建立公开透明的企业信息发布、投资渠道，信用状况等，推动信用信息公开和共享。

（十七）建立企业信用行为激励与惩戒机制。设立企业逃废金融债务惩处委员会，对金融欺诈、恶意逃废银行债务、非法集资等失信行为进行联合制裁。建立企业失信行为有奖举报制度，鼓励企业参与第三方机构信用等级评定，对诚实守信、信用等级高的陶瓷企业，商业银行要在贷款利率、期限、授信额度等方面给予优惠，简化抵押担保手续和流程，缩短审批时间。

（十八）优化执法环境，维护司法公正，提高金融诉讼案件的执行率。要维护银行在企业破产或并购重组中合法权益，在资产清算程序，避免悬空银行债务行为发生。在贷款抵押登记评估环节，要合理确定、适当降低中介收费标准，降低银企诉讼成本和抵押登记评估成本。

二〇一六年二月二十八日

金融支持小微企业及"三农"经济发展指导意见

为贯彻执行好稳健的货币政策，不断优化信贷结构，加大金融对小微企业及"三农"的支持力度，推动普惠金融发展，结合高安实际，特制定如下意见。

1. **以金融服务小微企业及"三农"为宗旨，执行好稳健货币政策。**金融部门执行稳健货币政策，要落实好"有扶有控"要求，坚持"稳中求进、稳中求好、稳中求新"，把握好支持实体经济发展与信贷规模调控之间的"度"。人民银行将积极宣讲和解读好稳健货币政策意图，提高社会公众对稳健货币政策的认知度。结合高安实际，要不断加强对全市经济金融形势的研判和辖内银行业的宏观审慎分析，适时适度对辖内贯彻执行稳健货币政策的力度、节奏和重点进行预调微调，引导金融机构加大对中小企业、"三农"、自主创新、社会事业等实体经济、民生领域的信贷投入。严格控制对高耗能、高污染和产能过剩行业贷款。切实加强对小额贷款公司、地方法人金融机构等金融薄弱、风险环节的日常监测、预警和管理，严格控制合意贷款规模。

2. **积极搭建银企对接平台，推动政、银、企协调互动，提高"窗口指导"的准确性、有效性和前瞻性。**各金融机构要牢牢把握金融服务实体经济的总基调，根据小微企业、"三农"资金需求特点，积极推动信贷融资品种创新，开辟多种融资方式，定制具有针对性的信贷融资产品，切实降低企业融资成本，帮助企业拓展直接融资渠道，有效解决实体经济融资难。积极协调，及时向政府反馈金融工作中出现的难题。引导金融机构优化信贷结构，服务实体经济，适当提高对小微企业贷款不良率容忍度。搭建平台，向企业推介各行社信贷政策、贷款发放条件、发放流程等。深入企业调研，对有贷款需求的企业进行分类排队，及时向银行提供企业资金需求信息，促成更多银企签约贷款的发放。今年全市金融机构要群策群力，新增贷款要力争完成35亿元，中小企业集合票据融资力争达3亿元，异地金融机构新增贷款力争达4亿元。要保证80%以上的新增贷款投向实体经济。

3. 加大信贷产品创新力度，帮助企业提升信用等级，切实解决实体经济运行中的实际问题。根据小微企业"短、少、频、急"资金需求特点，量身体定制信贷融资产品，推动信贷融资品种创新，探索开办具有抵押门槛低、手续便捷、适应性强的信贷产品，满足缺抵押、少担保客户的信贷需求，比如，针对小微企业普遍存在的贷款抵挡担保难问题，可开展小企业"没办证土地、厂房、应收帐款登记、原材料和产成品、注册商标权"等抵押物融资可行性调研，提出具有针对性的信贷产品，制定统一的特定抵押物授信管理办法和标准，有计划有步骤地组织实施。要积极推进信用客户管理，通过完善信用评级和授信管理，帮助企业提升信用等级，对信用等级高的企业实行额度倾斜、降低利率、限额管理、随借随还、循环使用等信贷优惠。同时优化贷款审批程序，简化抵押担保手续和流程，缩短审批时间。

4. 加强金融业管理，切实维护辖内金融稳定。一是要进一步完善陶瓷产业金融风险的评估、预警、监测制度，加强对重点产业、重点环节的风险监测分析，防范化解各类金融风险。特别要加强对即将在高安设点的赣州银行、村镇银行开业的管理和服务指导。二是要进一步加强金融消费者权益保护工作，深入剖析金融消费申诉案件，探索和完善金融消费纠纷解决机制，切实维护金融消费者合法权益。三是要加强对民间借贷行为的引导、管理和制度约束。通过对民间借贷的监测分析，探索建立民间借贷登记制度，对超过一定规模和限额的民间借贷行为予以登记备案，并自觉接受政府的信息导向。要引导小额贷款公司、民营融资公司等组织的规范发展，防止变相高利贷和群体性融资纠纷事件的发生。四是加强适应实体经济发展的信贷管理。金融机构在信贷管理上应逐步由集权向授权、集中向分散、严格审批向核准备案方向转变。要从服务实体经济发展的要求出发，避免为了应付考核，在季末、月末人为冲高考核指标，引起数据大起大落。要防止信贷集中、贷大、贷长和严重存贷期限错配，影响贷款增长的可持续性和均衡性。

5. 政府部门要采取措施，帮助银企解决融资中的实际困难。一是尽快启动市小微企业创业基地。小微企业创业基地是加强银企沟通，疏通对接渠道的最好平台。目前，该创业基地完成了用地规划，厂房设计规划，6个乡镇分别与12户入驻基地企业签订了项目建设协议，由于多方面原因，尚未开工建设，政府相关部门要加强协调，促成小企业创业基地尽快开工建设。开展企业相互联保，尝试集合票据融资、捆绑式打包、集群授信等业务。二是要优化小微企业发展环境。认真对待和妥善解决工业园贷款抵押土地变现难问题，要依法合规处置工业园被抵押土地，不能让银行资产悬空。三是成立市小微企业发展领导小组，协调各职能部门解决银企对接中碰到的困难。四是出台优惠政策，逐步建立小微企业市场监测、风险防范和预警机制，建立服务监管长效机制。积极推进小微企业生产要素自由流动，加大对小微企业公共服务体系建设的投资力度，引导和集聚社会资金投入小微企业，增强小微企业发展动力。

6. 加大征信宣传力度，提高社会公众和经济实体对信用记录重要性的认知度。广泛开展金融业务、金融法律、信用意识的宣传教育，营造诚实守信的良好氛围。要广泛宣传社会征信体系建设的重要性，扩大社会各界对征信知识的认知度，企业家要把诚信度作为一种品牌和竞争力来经营、来对待。

二〇一五年三月二十一日

建立某县级市中小企业综合服务平台的总体构想

为配置有效资源，提升对中小企业的服务方式、内容、效率和质量。按照政府支持中介、中介服务企业、企业回报社会的原则，建立以中小企业综合服务公司为主体的全市中小企业综合服务平台，以优化整合资源，拓展服务内容、提升服务质量和效率，进而降低企业相关成本及不必要的开支。

一、综合服务的内容

综合服务平台，是通过整合各种资源来为中小企业提供服务的中介平台。即：以企业网站建设为切入，建立建站企业的项目服务档案；对建站企业提供包括电子信息、政策咨询、法律咨询、经营管理、会计财务、市场预测、企业策划、营销策划、项目制作、投资分析、资金融通、合理避税、人力资源、教育培训在内的综合服务；

形成建站企业家俱乐部，以加强建站企业与政府及相关部门、银行及相关中介机构的沟通和联谊，促进与辖区内外企业的横向交流和商务往来。

二、综合服务的实施

（一）电子信息服务

1. 电子信息服务的重点是网站建设。通过建立企业网站，可以较为全面、深入地掌握企业实际情况；通过对企业网站进行后台管理，可以较为直接、及时地了解企业的动态变化；企业建立网站后，可以在中小企业综合服务平台上建立服务档案，以确定阶段性的服务目标和内容并得到综合性项目服务。

2. 在做好宣传解释工作的基础上，力争让更多的企业建立网站。网站建设必须坚持企业自愿的原则，并按合同履行。

3. 网站建制必须合法合规。网站建设必须符合法律规范和政府规定，符合建站企业经营特征和质量要求。

4. 网站建设按成本收费。网站为一级域名，空间200兆。网站制作完成后归建站企业所有。网站后台由中小企业综合服务公司管理。

5. 中小企业综合服务公司的网站建设与电讯部门不构成业务往来。

（二）综合项目服务

1. 为建站企业建立服务项目档案，明确阶段性服务目标和内容。

2. 有针对性地为建站企业提供项目服务。

3. 对建站企业提供有关经济、金融、法律、管理、会计、市场、策划、营销、项目、投资、融资、避税、人才等方面的信息。

4. 为建站企业提供信息咨询、经营管理、会计财务、市场预测、企业策划、营销战略、项目制作、投资分析、资金融通、合理避税、人才交流、教育培训等方面的服务。

5. 为建站企业建立与金融机构的沟通管道并提供相应服务。

6. 中小企业综合服务按项目实行优惠价格收费。

（三）综合平台服务

1. 实行建站企业的网站链结，以加强建站企业间的信息沟通。

2. 按建站企业的行业、商务、经营、购销等特征进行相互推荐。

3. 召开建站企业年会,加强建站企业间、以及建站企业与政府、银行等相关部门的沟通和联谊。

4. 征得建站企业同意后,建立建站企业家俱乐部。为建站企业、非建站企业、域内外企业的横向联系、商务洽谈、沟通联谊提供平台。

5. 在综合服务平台建设的基础上,逐步开展中小企业融资担保业务,直接为建站企业提供融资服务。

三、服务平台的建设

1. 明确中小企业综合服务公司的业务主管单位。中小企业综合服务公司为非盈利性民营服务机构,实行公司内部的股份制度。

2. 综合服务平台按照政府推动、市场运作的原则建设。由市民营企业局负责对中小企业综合服务平台进行管理、指导和整合服务资源。中小企业综合服务平台以中小企业为主要服务对象,兼顾个体创业业主。

3. 综合服务平台与政府相关部门、金融机构,及会计师、税务师、项目师事务所等中介机构建立协作关系。

附:1.中小企业综合服务平台实施方案

2.中小企业接受综合服务意向表

附:1　中小企业综合服务平台实施方案

中小企业综合服务平台，为中小企业提供包括电子信息、政策咨询、法律咨询、经营管理、会计财务、市场预测、企业策划、营销战略、项目制作、投资分析、资金融通、合理避税、人力资源、教育培训在内的综合服务。实施方案如下。

一、综合服务平台以政府推动、市场运作为实施原则。市民营企业局负责对中小企业综合服务平台进行管理、指导和整合服务资源。中小企业综合服务公司以中小企业为主要服务对象，兼顾个体创业业主。

二、市民营企业局是中小企业综合服务公司的业务主管单位。中小企业综合服务公司为非盈利性民营服务机构。

三、综合服务平台以中小企业综合服务公司为主体，与政府相关部门、金融机构，及会计师、税务师、项目师事务所等中介机构建立协作关系。

四、中小企业及个体创业业主申请加入综合服务平台，须填写《中小企业接受综合服务意向表》，经中小企业综合服务公司审批后方可接受服务。

五、中小企业及个体创业业主提出建立网站的申请后，与中小企业综合服务公司签订合同，按合同履行建站。网站为一级域名，空间200兆。网站制作完成后归建站企业所有，中小企业综合服务公司代为网站后台管理。中小企业综合服务公司的网站建设与电讯部门不构成业务往来。

六、网站建设按成本收费。

（一）网站建设费（一次性收费）计2860元，其中：

1. 空间占用费：200元。

2. 域名费：60元。

3. 网站策划费：1200元。

4. 制作费：1400元。

（二）网站维护费预计1060元。

七、中小企业综合服务公司为建站企业建立服务档案。

1. 建站企业提供企业的基本情况和经营情况。

2. 中小企业综合服务公司提供对建站企业的调查情况和建站企业的行业信息情况。

3. 建站企业提供对综合服务的需求情况。

八、中小企业综合服务公司受理建站企业的项目服务申请后，将项目服务申请内容纳入建站企业综合服务档案。同时，与申请企业按服务项目评估费用并签约后，提供上门服务或远程服务。

九、中小企业综合服务公司提供平台服务。实行建站企业的网站链结，以加强建站企业间的信息沟通；按建站企业的行业、商务、经营、购销等特征进行相互推荐；召开建站企业年会，加强建站企业间、以及建站企业与政府、银行等相关部门的沟通和联谊；征得建站企业同意后，建立企业家俱乐部，为建站企业、非建站企业、域内外企业的横向联系、商务洽谈、沟通联谊提供平台。

十、在综合平台服务的基础上，征得建站企业同意后，开展中小企业融资担保业务，为建站企业提供融资服务。

附:2 中小企业接受综合服务意向表

_____县（市、区）　企业名称_____

本企业自愿加入中小企业综合服务平台，接受中小企业综合服务公司的项目服务，并提供以下资料。

一、基本情况

法人代表：　　　　　　　　　　企业住所：

注册资本：　　　　万元　　　　企业类型：

经营范围：

联系电话：　　　　　　手机：

二、网站建设

本企业接受中小企业综合服务公司的网站建设服务，正式建站时间为 2009年月 日。

三、目前需要接受的服务（在所需项目后打V）

政策咨询　法律咨询　经营管理　会计财务　市场预测　企业策划　营销策划　投资分析　项目制作　融通资金　合理避税　人力资源　教育培训　其它（　　　　　　　）

法人代表（签字）

年 月 日

以绿色信贷推动普惠金融可持续发展的十条意见

发展绿色信贷，引导金融资源向生态环保、循环经济和低能耗行业、高新技术、文教、旅游、现代农业和新兴产业聚集，对促进地方经济发展方式转变和经济结构调整，以此推进区域性普惠金融可持续发展，具有重要的意义。

一、增加绿色信贷有效投入。鼓励支持商业银行积极调整信贷结构，加大对绿色行业、循环经济和低碳行业发展。实施环保政策"一票否决制"，即对不符合环保政策、未通过环保审批、存在环境违法行为或安全生产违规行为以及列入关停名单的企业坚决不予发放贷款。

二、创新绿色信贷产品。各商业银行要围绕生态产业、循环经济、可再生能源开发、污水处理、水资源节约、绿色交通、绿色消费等领域，探索发展环保金融、碳金融，创新发展生态项目收益权、林权、能效、清洁能源、绿色消费信贷等融资服务。围绕推进农业现代化、家庭农场和农业特色产业，探索和发展农业生产应收账款质押、仓单质押、存货抵押、农业订单质押信贷产品，满足多样化金融服务需求。在加快农村土地确权进度、健全两权评估体系和完善"两权"抵押贷款风险补偿机制的前提下，扎实推进农村"两权"抵押贷款，盘活农村存量资产。

三、拓宽绿色融资渠道。探索开展绿色信贷资产证券化，为绿色项目腾挪信贷空间。积极推动城投公司等平台企业对污水处理、垃圾焚烧发电、太阳能发电等具有一定的现金流的资产，进行资产证券化管理。鼓励产业发展投资基金、中小企业发展引导基金等各类基金支持绿色产业发展，逐步提高基金参与度。对有基金参与的绿色项目，优先予以信贷支持。引入绿色股权众筹、生态公益众筹等新业态，重点支持节能环保、清洁能源、新材料等绿色领域，扩大生态环境保护项目的社会参与度和资金来源渠道。

四、打造绿色信贷示范区。充分利用辖内丰富的旅游资源优势，推进"绿色信贷+绿色旅游"示范区建设；充分利用成熟的农村电商发展优势，推进"绿色信贷+农村电商"示范区建设；充分利用乡村普惠金融服务站、助农服务点，推进"绿色信贷+精准扶贫"示范区建设。因地制宜，采取有效措施促使绿色信贷与特色产业的有机融合，推动产业结构转型和升级。

五、建立绿色信贷工作机制。鼓励法人金融机构立绿色信贷事业部，逐步建立完善绿色信贷专业化经营体系，确定绿色信贷事业部的职责和权限。各商业银行根据绿色企业和项目特点，优化绿色信贷授信审批流程，建立兼具环保、金融专业水平的信用风险评估机制，提升从业人员绿色理念和专业水平，创新绿色信贷业务绩效考核机制，推动绿色信贷业务制度化、专业化、长效化。

六、发展绿色支付结算。发展网上银行、电话银行、手机银行、推广运用云闪付、微信、支付宝结算、银行卡划转、代收代付等无纸化、非现金结算、移动支付方式，大力推广自助银行、电子账单、ATM、POS机等服务手段，提高绿色支付、非现金结算比例。

七、建立绿色信贷"项目清单"。制定绿色信贷行业、企业和项目的信贷准入标准和企业名单，定期收集、主动跟进绿色项目信息，建立绿色信贷"项目清单"，并实行动态分类管理。围绕"绿色清单"积极拓展绿色信贷业务，加大精准投放力度，切实提升支持绿色发展的质效。

八、完善绿色信贷征信体系。加强与环保部门的沟通合作，根据相关规定和实际情况，研究探索将企业环境违法违规信息等企业环境信息纳入金融信用信息基础数据库，建立企业环境信息的共享机制，为金融机构的贷款和投资决策提供依据。

九、完善绿色信贷统计制度。进一步完善《绿色信贷专项统计制度》，统一数据口径和标准，确定衡量绿色信贷实施效果的关键表现指标，并采取抽查、重点检查等方式，强化数据质量督查，做到绿色信贷可量化、可核实、可评估。

十、强化考核激励。人民银行通过非现场监管和现场综合执法检查等方式，开展绿色信贷评估，对绿色信贷开展较好的银行业金融机构，在差别准备金动态调整、再贷款和再贴现、银行间市场业务准入管理等方面给予支持。对于绿色信贷评估结果较差的，要采取约谈、"两综合、两管理"等形式加大监督促进力度，促进绿色信贷工作取得实效。

某县级市银企对接活动实施方案

为进一步加强政银企合作，更好地服务实体经济发展，有效满足小微企业、"三农"、城市建设等项目资金需求，推动全市经济又好又快发展。经研究，决定在2015年3月末开展一次政银企融资对接活动，为确保此次活动取得预期效果，特制定本工作方案。

一、指导思想

围绕市委、市政府今年经济工作部署，按照"银企合作、政府促进、互利互动、注重实效"的总体要求，以"银企携手互信共赢"为主题，通过政府搭建对接平台，加强银企沟通合作，着力营造和谐的金融生态环境，做大做强信用总量，实现全年贷款增量35亿元、小微企业贷款增长三个不低于等金融工作目标。

二、主办、协办单位

主办单位：市人民政府金融办

协办单位：人行某市支行

三、时间、地点

时间：3月30日下午3点

地点：市行政服务中心四楼

四、对接活动流程

1. 前期工作准备：拟订活动方案，制定《2015年某市政银企融资对接签约项目明细表》，下发通知，督促各银行落实对企业信贷需求的前期调查摸底。

2. 信贷及融资品种宣传资料：货币信贷政策、信贷产品、信托、委托产品、业务流程、融资模式等宣传与推介。

3. 项目推介与银企洽谈对接：3月30日下午3点，各银行安排5室名信贷工作人员及5户有信贷需求的企业进行接洽，企业也可自主选择银行洽谈对接。

4. 现场签约。3月30日下午4点。参加人员：市政府有关领导，市财政局、工信委、民营企业局、农业局、招商局、统计局、工业园区管委会、建陶基地管委会、货运汽车产业基地管委会、大城西昌文化产业园管委会、各乡镇分管领导；市金融办、人民银行、银监办；市农发行、工行、农行、中行、建行、农商行、邮储银行、南昌银行、九江银行、赣州银行等金融机构负责人及信贷营销人员90余人，参会企业负责人65人。

五、组织机构与分工

为加强对此次政银企融资对接活动的组织领导，成立2015年全市政银企融资对接活动组委会。下设办公室，市政府金融办主任任主任，市政府金融办、市人民银行、银监办、市财政局、工信委、民营企业局、农业局、招商局、统计局、工业园区管委会、建陶基地管委会、货运汽车产业基地管委会、大城西昌文化产业园管委会负责人为成员。市政府金融办具体负责政银企融资对接活动日常工作安排。

1. 拟订活动方案；（市人民银行负责）

2. 制定并汇总《2015年某县级市政银企融资对接签约项目明细表》，督促各银行落实对企业的前期调查摸底。3月15日前完成。（市人民银行、市银监办负责）

3. 项目推介及信贷融资品种宣传资料：招商引资及重点项目《近两年全市招商引资签约项目一览表》由市招商局提供，信贷融资品种宣传资料人民银行、银监办、各金融机构自备。

3. 洽谈对接会场布置：会场布置、电子屏幕会标、银企对接桌签、现场签约模板、市领导讲话、银行、企业家代表发言安排。（市人民银行、行政服务中心负责）

4. 整体协调、组织对接活动；（市政府金融办负责）

5. 现场签约企业10名（由每家银行各负责推荐1名）银行、企业家代表发言各3人。

6. 政银企融资对接活动的宣传报道（现场签约盛况和成果发布）。（市政府金融办负责）

六、工作要求

各金融机构、政府有关部门要高度重视此次政银企融资对接活动，要先行组织摸底，掌握辖内企业、项目单位和银行在资金需求与供给方面的具体情况，掌握融资方式及意向，做好企业、项目单位与银行的供需衔接，同时将企业和银行达成初步合作意向的项目按照《2015年全市银企对接签约项目明细表》填报并汇总上报。

附：2015年全市银企对接签约项目明细表（略）

某县级市金融突发事件应急预案

第一章　总　则

第一条　为确保某县级市经济金融安全，促进金融业安全、稳健、高效运行，防范和化解系统性金融风险，有效处置金融机构突发事件，特制定本预案。

第二条　本预案所称金融机构是指辖内商业银行、农村信用合作社、保险公司。

第二章　组织机构及职责

第三条　成立全市金融突发事件应急领导小组（以下简称应急领导小组）。组长由市人民银行行长担任，副组长由市人民银行分管副行长，市各商业银行、农村信用合作社、保险公司负责人为成员。应急领导小组主要职责：

（一）分析金融机构支付风险状况，研究应对措施。

（二）领导辖内金融机构突发事件处置工作。

（三）协调辖内金融机构突发事件处置工作关系。

（四）及时向市政府汇报金融风险状况，争取其理解支持。

（五）维护金融机构信誉，降低或消除突发事件的消极影响。

第四条　应急领导小组下设办公室（以下称应急办公室），设在市人民银行货币信贷与统计股，主任由货币信贷与统计股股长担任，副主任由办公室主任担任，会计国库股、保卫股负责人为成员。应急办公室主要职责：

（一）跟踪监管风险金融机构的风险状况。

（二）收集、整理风险金融机构有关风险状况信息及突发事件状况。

（三）组织金融机构突发事件处置工作。

（四）处置工作结束后，负责撰写处置工作报告，向市政府、上级部门报送。

第三章　风险监测与预警

第五条　主要监测内容：

经济风险监测：经济增长率、物价指数、失业率、固定资产投资增长率等指标的变动情况。

国有商业银行风险监测：商业银行存贷比例、备付金比例、不良资产率等指标的变化情况。

地方法人金融机构监测：资本充足率、备付金比例、存贷款比例、资产流动性比例、拆入资金比例、不良贷款率、最大单一客户贷款余额占资本金比例、最大10户客户贷款余额占资本金比例。

保险业风险监测：加强保险业的跟踪分析，监测、预测市场运行态势，动态掌握市场变化情况，实时发现风险苗头，及时通报预警。

第六条　监测报表种类及报告程序：

各金融机构应在规定时间内向应急办公室报送如下报表和资料。

系列业务报表：月计表、资产负债表、损益表、信贷收支业务状况表。

监测分析报表：商业银行报送贷款质量五级分类季报（见附件1）；地方法人金融机构报送10家最大贷款客户授信表（见附件2）、贷款质量五级分类月报表（见附件1）和风险指标分析季报（见附件3）；需要保险公司报送的有关报表。

应急办公室按月对辖内金融机构报送的业务报表和监测分析报表有关数据进行综合分析，作出相应风险预警提示。要求金融机构对不同风险状况采取增资扩股、提高资本充足率，积极组织存款，清收逾期贷款和调（拆）出资金，及时调度资金、提高备付率等措施增加流动性储备；加强信贷管理，审慎发放贷款，降低单一客户贷款份额，严禁垒大户，提高资产质量，减少对外担保额和权益类证券金额等措施化解金融风险。要求风险金融机构立即报送金融风险化解紧急预案，进入紧急状态，采取断然措施防止风险进一步扩大，同时向上级人民银行报告，并告知金融监管部门和风险金融机构的上一级部门。

　惠普金融的理性思考与实证研究

第四章　应急预案

第七条　对商业银行的应急预案：

一是商业银行做好系统内自救。从严审批发放贷款，加大资产清收力度，大力组织存款。同时，真实反映危机状况，取得上级行的关注和资金支持；二是及时向政府汇报，加强金融系统和地方相关部门之间的协作，人行、银行监管机构密切合作，共同维护市场金融秩序；三是人民银行按有关规定积极帮助商业银行加快资金调度，适度调剂头寸资金支持，确保结算渠道畅通。

第八条　对地方法人金融机构的应急预案：

（一）支付危机处置预案

当农村信用合作社存款备付金连续3日低于1%的水平，或因突发事件导致存款在短期内非正常大幅下降时，应急办公室要对该农村信用社进行重点监控，督促风险机构及时调整资产负债结构，包括严格审批贷款、卖出持有国债、收回拆出资金、变卖固定资产和积极组织资金等措施，提高资产的流动性和变现性，防止支付风险的发生。

支付危机发生后，应急办公室要及时向应急领导小组汇报、反馈有关情况，由应急领导小组统一负责风险化解工作。一是政府救助。由政府协调，采取组织政府部门存入资金、财政注资、划拨优质资产等方式，增强风险机构的支付能力；政府协调公、检、法等部门帮助维护风险机构的现场秩序，协助风险机构清收不良贷款。同时，加强宣传舆论工作，做好稳定和疏导工作，确保社会稳定。二是风险机构自救。风险机构要切实做好风险救助方案。对拆放同业的资金不论到期与否一律予以清收；与债权人进行诚恳协商，力求达成延期或分期付款协议；将未到期的债权向同业转让，及时收回本金及应得利息；加强系统内资金调剂，积极向省农村信用联社申请资金支持。三是人民银行救助。按照动用法定存款准备金条件、操作程序，批准风险金融机构动用存款准备金用于保支付；按规定程序申请动用存款准备金后，仍不足以缓解支付困境，由省级农村信用联社向人民银行申请紧急再贷款。人民银行按有关规定对紧急再贷款和存款准备金的使用进行监督管理，确保其全额用于风险金融机构的支付需要。

（二）关闭风险金融机构处置预案

当风险金融机构危机进一步扩大，并救助无望时，必须依法关闭风险金融机构，以保护债权人的合法权益，防止金融风险扩大化，维护金融系统的稳定。一是依法成立风险金融机构关闭领导小组，领导小组统一负责关闭领导工作。二是依法成立清算小组，负责被关闭金融机构的相关债权债务处理工作。三是债权债务处理，清算小组要在对被关闭金融机构的资产负债认真清理的基础上，制定清算办法，依法开展个人债务的核对与兑付、对公债务的登记与确认、对外债权的保全和清收，以及固定资产的拍卖变现等工作。

第九条　对保险公司的应急预案：

一是风险机构及时向应急领导小组汇报，人民银行、金融监管部门以及风险机构及时向各自上级机构汇报，争取党政和上级部门的支持。二是加强宣传工作，防止大规模挤提证券保证金的事件发生。三是风险机构向其上级机构申请应急资金。四是人民银行依据有关规定以再贷款进行救助。五是对救助无望的保险机构依照法定程序予以关闭。

后 记

　　拿着出版社送过来的文稿清样，校对完最后一行字，掩卷闭目沉思，不仅感慨万千。做学问、搞调研，是十分艰辛的苦差事，既有走企业、下农村、进园区搜集一手资料的跑腿辛劳，又有挑灯夜战爬格子形成文字的劳神；既要有经常博览前沿学术研究新成果的恒心，又要有孜孜不倦破解经济金融新问题的决心。我八小时外的时间多半是用在读书、研究与写作上。虽然辛苦，但我十多年来让我无不释然的是，读书、学习、研究、写作，使我知识增进，业务长进，心境恬淡，做人诚实。我一以贯之的是，书读透心自静，学问深思无邪。我期待这本书尽早出版的同时，也期待读者朋友们能大度地接纳她，如果这本书对您在工作中有所帮助、有所启发、有所借鉴我就十分欣慰了。

　　调查研究是谋事之基，成事之道。做好普惠金融工作，感触最深的是，做为老百姓、底层群体排忧解难的事情，只要持之以恒、全身心投入，就会收到良好的社会效果，就会受到群众的频频点赞。要做到为老百姓排忧解难，首先要知民情、听民意，这就要搞好调查研究。工作中，最令我难忘的一次调研，是为解决小微企业续贷过桥中民间融资成本过高问题。我通过大量调查论证，形成调研报告，其中"建立续贷帮扶资金，破解小微企业融资难"的建议，得到市政府采纳。此后我又亲自拟定《企业续贷帮扶资金管理办法》，最终促成政府出资1亿元设立续贷帮扶资金，此后，企业续贷过桥就不用到民间借高息了，大大降低了企业融资成本。许多企业法人特意上门感谢，记得一位老板说过"过去企业1000万元到期贷款都是向民间借入高息资金用于过桥转贷，现在有了续贷帮扶资金，还贷一次就能减少利息开支50多万元，你们确实为企业办了一件大好事。""这可是咱企业的救命钱，省下的是真金白银啊"，小微业主发自内心的感激，让我倍感欣慰。据统计，这项措施的出台，目前已为企业节约融资成本4亿多元。这次调研对我触动很大，加深了对调研工作的认知，认识到做好调研工作不仅要有敏锐的眼光，还要善于发现并抓住热点、难点、群众关注点，扑下身子，用新视角、新方法去解决新情况、新问题，调研才会取得实效，从而体现调研的应用价值和影响力。调研工作的历练，不仅奠定了我的事业责任根基，也塑造了我的人生价值观，放飞了理想，淡泊了名利。

由于水平有限，在本书研究与写作中，有时会感到缺乏才气，叹惜修养不成熟、修炼不到位，因此书中难免会有学术上的肤浅，研究上的短视，文字上的粗糙，敬请读者朋友在谅解中雅正。

本书能顺利出版，要感谢出版社和编辑们，要感谢所有支持、帮助我完成本书稿的领导、专家、同事们！

作者
2019年10月

谨以此书献给八十五岁高龄的父亲、八十三岁高龄的母亲